Peter Schlobinski

Funktionale Grammatik und Sprachbeschreibung

Peter Schlobinski

Funktionale Grammatik und Sprachbeschreibung

Eine Untersuchung
zum gesprochenen Deutsch sowie zum Chinesischen

Westdeutscher Verlag

Die Deutsche Bibliothek – CIP-Einheitsaufnahme

Schlobinski, Peter:
Funktionale Grammatik und Sprachbeschreibung:
eine Untersuchung zum gesprochenen Deutsch sowie zum
Chinesischen / Peter Schlobinski. – Opladen: Westdt. Verl., 1992
ISBN 3-531-12348-3

Der Westdeutsche Verlag ist ein Unternehmen der Verlagsgruppe Bertelsmann International.

Umschlaggestaltung: Christine Nüsser, Wiesbaden
Druck und buchbinderische Verarbeitung: Langelüddecke, Braunschweig
Gedruckt auf säurefreiem Papier
Printed in Germany

ISBN 3-531-12348-3

Inhalt

Abkürzungen und Symbole

Allgemein
*	grammatisch inkorrekt, in hohem Maße nicht akzeptabel
??	fraglich, kaum akzeptabel
?	unter bestimmten Bedingungen akzeptabel

Morphologie

Affixe

Präf	Präfix
Suf	Suffix

Verbformen

{-FIN}	infinit
{+FIN}	finit

Kasus

Abs	Absolutiv	Erg	Ergativ
Akk	Akkusativ	Gen	Genetiv
Dat	Dativ	Nom	Nominativ

Person

1	1.Person
2	2.Person
3	3.Person

Numerus

s	Singular
p	Plural

Morphologische, morphosyntaktische Kategorien sowie *Position* in { }

Wortarten/syntaktische Kategorien

ADJ	Adjektiv	N	Nomen
ADJgr	Adjektivalgruppe	Ngr	Nominalgruppe
ADV	Adverb	NEG	Negationswort
ADVgr	Adverbialgruppe	NP	nominal phrase
ART	Artikel	NUM	Numeral
ASP	Aspektpartikel	P	Prä-/Postposition
DET	Determinator	Pgr	Prä-/Postpositionalgruppe
K	Konjunktion	PART	Partikel
K1	Konjunkt1	PRO	Pronomen
K2	Konjunkt2	PROgr	Pronominalgruppe
Kgr	Konjunktionalgruppe	St	(Verb)stamm
KL	Klassifikator	V	Verb
INT	Interjektion	Vgr	Verbalgruppe

Syntaktische Relationen

adv	Adverbial	kgeb	konjunktional gebunden
attr	Attribut	lgeb	lexikalisch gebunden
do	direktes Objekt	mgeb	morphologisch gebunden
erg	Ergänzung	ngeb	nominal gebunden
kompl	Komplement	partgeb	partikelgebunden
io	indirektes Objekt	vgeb	verbal gebunden
obj	Objekt		
präd	Prädikativ	[reg	X regiert Y]
subj	Subjekt		

Semantische Relationen

Ag	Agens	Neg	Negation
Ben	Benefaktiv	Poss	Possessor-Possessum
Des	Deskriptiv	Res	Restriktiv
Ess	Essessiv	Rez	Rezipiens
Ident	Identität	Temp	Temporal
Ins	Instrumental	Th	Thema
Lok	Lokativ	Z	Ziel
Mod	Modifikation		

Syntaktisch-semantische Kategorien in [ ].

[trans]	transitiv
[Mod]	Modus
[Asp]	Aspekt

Semantik/Pragmatik

[+/-F]	fokussiert / nicht fokussiert
[+/-K]	kontrolliert / nicht kontrolliert
p oder q	Proposition

Transkriptionskonventionen

(( ))	Kommentare
(.)	kurze Pause
(2.0)	Dauer der Pause (in Sekunden)
( )	unverständliche Passage
(wie)	nicht sicher gehörtes Wort, hier *wie*
=	direkter Anschluß bei Sprecherwechsel
// //^{n}	n-fache Wiederholung
Kapitälchen	lauter gesprochen

o   o   leiser gesprochen
\ oder .   fallende Intonation
/ oder ?   Frageintonation
!   Exklamativintonation
A: xxxxxxxx   Sich überlappender Sprecherwechsel; B setzt parallel
B: yyyyyy   zu A ein
gesprochenes Deutsch   Kleinschreibung ohne Interpunktion
gesprochenes Chinesisch   Pinyin ohne Interpunktion und nur Kleinschreibung

Pinyin					IPA				
b	d	g			p	t	k		
p	t	k			p^h	t^h	k^h		
z	zh	j			ts	tʂ	tɕ		
c	ch	q			ts^h	$tʂ^h$	$tɕ^h$		
s	sh	x	h	r	s	ʂ	ɕ	x	ʐ

Hauptvokale

a o e i u ü   a o e i u y

Die vier Töne werden als Akzente über die Vokalgrapheme gesetzt, der neutrale Ton wird nicht wiedergegeben:

1. Ton (Hochton 55)   mō
2. Ton (Steigton 35)   mó
3. Ton (Fall-Steig-Ton 214)   mǒ
4. Ton (Fallton 51)   mò

Transkriptionssigel
(aber-57/E:91-96 bzw. %)
(*aber*-Beleg 57/Erzählung:Korpusverweis bzw. prozentuale Stelle im Text)

Vorwort

Im Zentrum der vorliegenden Arbeit steht die Untersuchung grammatischer Strukturen des gesprochenen Deutsch (Kap. 4-7) sowie des gesprochenen Chinesisch (Kap. 3). Der Schwerpunkt liegt hierbei auf der Beschreibung ausgewählter grammatischer Strukturen aufgrund von Korpora, die systematisch per EDV ausgewertet wurden (vgl. Kap. 1.3). In den Kapiteln zur Subjekt- und Objektfunktion im Chinesischen (Kap. 3) und zum sogenannten Rezipientenpassiv (Kap. 4) sind satzinterne grammatische Strukturen und Funktionen relevanter als in den Kapiteln 5-7, in denen die Analyse von deutschen Konnektoren vorgenommen wird. Insbesondere in den Analysen zu *aber* spielen diskursive Funktionen eine wichtige Rolle, wird die Perspektive weit in den pragmatischen Bereich geöffnet.

Die vorliegenden Analysen erheben nicht den Anspruch, alle in der deutschen bzw. chinesischen Sprache möglichen Fälle zu behandeln, sondern es wird von den Fällen ausgegangen, die im Korpus belegt sind. Die vorgenommenen Generalisierungen basieren also in erster Linie auf den durchgeführten Korpusanalysen. Inwieweit andere, im vorliegenden Korpus nicht vorkommende Fälle für weitergehende Fragen zu berücksichtigen sind, sollte an weiteren Korpusanalysen überprüft werden. Die vorliegenden Studien verstehen sich als einen Schritt, systematisch korpusbezogene Analysen im Hinblick auf grammatische Strukturen der gesprochene Sprache durchzuführen. Die Auswahl der behandelten Phänomene richtet sich in erster Linie nach den Interessen des Verfassers und danach, daß insbesondere Konnektoren und Passivstrukturen sich eignen, pragmatische Aspekte in die Analyse einzubeziehen. Die Tatsache, daß intonatorische Phänomene weitgehend ausgeblendet wurden, hängt damit zusammen, daß die vorliegenden Sprachaufnahmen größtenteils im „freien Feld" aufgenommen wurden und valide spektographische Analysen nur sehr eingeschränkt möglich sind. Hinzu kommt, daß aufgrund der Variationsbreite z.B. Muster von Intonationskonturen nicht faktoriell ermittelt werden können.

Die korpusbezogene Analyse mit der Konsequenz, grammatische Strukturen im Kontext zu analysieren und nicht der traditionellen Einzelsatzlinguistik verhaftet zu bleiben, steht im Rahmen von Ansätzen der Funktionalen Grammatik (Givón 1984/1990, Dik 1980, Foley/van Valin 1984, Li/Thompson 1981) und der kritischen Auseinandersetzung mit diesen (s. Kap. 1 und 2). Die Kategorien der Analyse finden sich in Kapitel 2, in dem nicht der Anspruch erhoben wird, eine Theorie einer Funktionalen Grammatik zu formulieren. Es geht allein darum, den Rahmen der Analyse zu skizzieren. Die vorliegende Arbeit ist in Vergleich zu Dik (1980) oder Halliday (1985) theoriearm, aber dafür - hoffentlich - der sprachlichen Realität nah. Die empirisch fundierten Studien in den Kapiteln 3-7 sind prinzipiell auch ohne die einleitenden Kapitel zu lesen, so daß jeder, der sich für die eine oder andere empirische Studie interessiert, Kapitel 1 und 2 getrost überblättern kann. Wer indes auf der Folie bestimmter Voraussetzungen oder auf der Grundlage von Dürr/Schlobinski (1990) (weiter)arbeiten will, sollte das vorliegende Buch von vorn lesen.

Die in dieser Form vorliegende Arbeit ist eine revidierte Version meiner 1991 an der Universität Osnabrück eingereichten Habilitationsschrift *Funktionale Grammatik und Sprachdeskription. Die korpusbezogene Beschreibung grammatischer Strukturen der gesprochenen Sprache.* Für kritische Hinweise und Anregungen danke ich Michael Dürr, Gerd Helbig, Peter Lutzeier, Utz Maas und besonders Wolf Thümmel. Liuming Li danke ich für die Diskussion der chinesischen Sätze. Eine Übersetzung der Kapitel 2.4.4 und 2.4.5 sowie des Teils über Topik im Chinesischen (Kap. 3.1.1) ist von Stephan Schütze-Coburn überarbeitet worden. Die englische Version „On the topic of topic and topic continuity" ist unter Schlobinski/Schütze-Coburn in diesem Jahr in *Linguistics* 30 erschienen. Das Kapitel 5.2.1 ist eine Überarbeitung von Schlobinski (1988).

Die Druckvorlage wurde mit einem Text- und Graphikprogramm erstellt. Für typographische Mängel sowie Fehler ist allein der Verfasser verantwortlich.

Osnabrück, im März 1992

1. Grundlagen

Der gegenwärtige Stand in der Grammatikdiskussion läßt sich - bei aller die einzelnen Unterschiede vergröbernden Vereinfachung - durch zwei grundsätzliche Positionen umreißen: die Position des *linguistischen Mentalismus* und die des *linguistischen Realismus* (vgl. Lieb 1987). Der linguistische Mentalismus - das herrschende Paradigma in der Sprachwissenschaft - ist in erster Linie geprägt von Chomskys Ansatz der Universalgrammatik (Chomsky 1986). Daneben bestehen konkurrierende Theorien wie GPSG, LFG (vgl. hierzu Sells 1985) und Ansätze der „kognitiven Grammatik" (Langacker 1987). Grundlegend in diesen Ansätzen ist die Vorstellung, daß es universelle kognitive Strukturen gibt, die sprachliche Kompetenz und sprachliche Produkte erklären (s. auch Bierwisch 1987).

In der Universalgrammatik wird davon ausgegangen, die sogenannte „language faculty", die als biologische Komponente angesetzt wird, zu untersuchen. Gegenstand der Sprachwissenschaft sind nicht externe sprachliche Strukturen, sondern ist die „internalized language": «The I-language (...) is some element of the mind of the person who knows the language, aquired by the learner, and used by the speaker-hearer» (Chomsky 1986:22). Sprachwissenschaft ist folglich nicht ein autonomes Wissenschaftsgebiet, sondern ein Teilgebiet der Biologie: «Linguistics, conceived as the study of I-language (...) becomes part of psychology, ultimately biology» (ibid., S.27). Die Hauptaufgabe der „Sprachwissenschaft" besteht nunmehr darin, «to find the basic elements of I-language» (ibid., S.51). Die Frage nach der Analyse von natürlichen Sprachen wird ersetzt durch die Frage nach (mentalen) sprachlichen Wissenssystemen. Indem sprachliche Wissensstrukturen in das Zentrum der Linguistik gerückt sind, ist zwangläufig der Schritt zur Einbettung sprachlicher Wissensstrukturen in informationsbasierte Wissenssysteme vollzogen (s. Felix/Kanngießer/Rickheit 1990). In letzter Konsequenz wird postuliert, daß das Informationssystem „sprachliches Wissen" im Rahmen der Künstlichen Intelligenzforschung als Wissenssystem simuliert werden kann und dieses System im Prinzip ein Abbild des menschlichen kognitiven Wissenssystems sei.

Im scharfen Kontrast zu Auffassungen, die das kognitiv verankerte sprachliche Wissen zum Gegenstand der linguistischen Analyse gemacht haben, stehen die Vertreter des linguistischen Realismus (vgl. auch Abb. 1-1). Für sie besteht ganz allgemein die Aufgabe der Sprachwissenschaft in »der Erforschung der natürlichen Sprachen, sei es nun mit einzelsprachlichem oder universalistischem Schwerpunkt« (Lieb 1987:1), eine Position, die bei den Grammatikern des 19. Jahrhunderts (von der Gabelentz 1972 [¹1891]), in der Ethnolinguistik und der Dialektologie selbstverständlich war und ist. Für die konsequentesten Vertreter dieser Position ist Gegenstand der Analyse das, was Chomsky als E-language bezeichnet: „externalized language" ist ein Konstrukt «[that] is understood independently of the properties of the mind/brain» (Chomsky 1986:20). Nach den „Sprachrealisten" soll nicht die Sprechfähigkeit, sondern allein das sprachliche Material, nicht die Tiefenstruktur und Transformationen, sondern die Oberflächenformen Gegenstand der Analyse sein: »Die eigentlich wichtige und interessante Aufgabe einer Grammatik ist es, etwas über die Struktur der Ausdrücke einer Sprache mitzuteilen« (Eisenberg 1989:21). Hieraus ergibt sich die Frage, was als sprachliche Ausdrücke angesehen werden, und wie diese analysiert werden können.

Universalgrammatik	Deskriptive Grammatik
Teil der Biologie	Sprachwissenschaft
I-language	E-language
Homogenität	Heterogenität
Grammatik des sprachlichen Wissens	Grammatik der sprachlichen Produkte
generativ	strukturalistisch/funktional
explanatorische Adäquatheit	deskriptive Adäquatheit

Abb. 1-1: Universalgrammatik versus Deskriptive Grammatik

Im Rahmen des linguistischen Realismus, in dem die vorliegende Arbeit steht, gibt es zwei entscheidende Traditionslinien und Paradigmen: den *linguistischen Strukturalismus* und den *linguistischen Funktionalismus*. Strukturalistisch fundierte Ansätze, wie sie von Lieb (1983) und Eisenberg (1989) vertreten werden, sind stark geprägt von Bloomfield (1926, 1933), Tesnière (1965) und Hockett (1958, 1962), neuere Ansätze des Funktionalismus[1] (Givón 1984/1990, Foley/van Valin 1984, Dik 1980, Jakobsen 1990) sind beeinflußt von dem funktionalistischen Ansatz der Prager Schule sowie dem ethnolinguistischen von Sapir (1972 [¹1921]).
    Die strukturalistische Position ist vielleicht am deutlichsten in Bloomfields (1926) Axiomen formuliert worden, in denen grundlegende strukturelle Begriffe wie Morphem, Phrase, Formativ definiert sind. Die Definitionen sind «fully adequate to mathematics» (Bloomfield 1926:153) und werden aufgrund einfacher algebraischer Zusammenhänge aufgebaut, z.B.:

---

1 Davon abzugrenzen sind Ansätze, die zwar dem Titel nach als „Functional Grammar" fungieren, aber tatsächlich Varianten eines anderen Ansatzes sind, so Horn (1988) und Hoppe (1981).

«8. Def. A *minimum* X ist an X which does not consist entirely of lesser X's. Thus, if X_1 consists of $X_2X_3X_4$, then X_1 is not a minimum X. But if X_1 consists of X_2X_3A, or of X_2A, or of A_1A_2, or is unanalyzable, then X_1 is a minimum X.

9. Def. A minimum form is a *morpheme*; its meaning a *sememe*.

12. Def. A non-minimum free form is a *phrase*» (ibid., S. 155-156).

Entscheidend für Bloomfields Ansatz ist (a) die formale Explikation sprachlicher Zusammenhänge und (b) das Primat der Sprachdeskription gegenüber psychologischen Ansätzen. Eine formale Erweiterung hat Hockett (1962) vorgenommen, dessen „conversion grammars" (Hockett 1962:155-195) und die Einführung finiter Netzwerke wesentlich sind für moderne relationale Grammatiken wie die von Johnson/Postal (1980), Perlmutter (1983), Lieb (1983) und Eisenberg (1989). Der konsequenteste Vertreter eines neuen Strukturalismus ist Lieb (1987, 1983), für den »das gesamte Programm des Kognitivismus zusammengebrochen ist« (Lieb 1987:2). Sein axiomatischer Ansatz ist praktisch umgesetzt in Eisenbergs (1989) Syntax des Deutschen, in der unter Syntax »die Lehre von der syntaktischen Oberflächenform, eben von der Form selbst, und nicht die Lehre davon, wie man diese Form aus einer „tieferliegenden" erhält« (Eisenberg 1989:22), verstanden wird.

Während im strukturalistischen Ansatz die Analyse sprachlicher Formen und deren Verknüpfung untereinander im Zentrum steht, liegt der Fokus im Funktionalismus auf dem Gebrauch dieser sprachlichen Strukturen. Funktionalismus heißt «that it is designated to account for how the language is *used*» (Halliday 1985:XIII). Während die einen die Funktion direkt an den Aufbau sprachlicher Handlungen binden[2] - der Funktionalismus «sees the problem of language structure as a reflection of how speech is effectively or ineffectively used in social action...« (Silverstein (1980:5) zitiert nach Foley/van Valin 1984:10) - wird im allgemeinen die kommunikative Funktion der Sprache hervorgehoben[3]. Dabei wird oftmals die „Kommunikationslinguistik" als Gegenpol zur taxonomischen postuliert:

»Die Kommunikationslinguistik bildet eine Art Gegensatz zur taxonomischen Linguistik, die in der Regel beim Morphem beginnt und beim Satz aufhört. Die Kommunikationslinguistik hat einen linguistischen (...), einen psychologischen, einen soziokulturellen und einen semiotischen Aspekt. Diese Aspekte (...) sind in manchen Richtungen der modernen Sprachwissenschaft in recht hypertrophierter Art vertreten, können aber alle zusammen als in der Sprachwissenschaft legitim gelten, wenn sie von der *Kommunikation* (...) in der Sprache ausgehen, d.h., wenn die Sprache als Kommunikationsmittel ganzheitlich bleibt« (Kolschanski 1985:22-23).

---

2 Dies ist auch die Position der funktionalen Pragmatik, wie sie von Ehlich (1986) vertreten wird.

3 So auch Strecker (1986).

Dieser Ansatz geht auf das von Bühler sprachtheoretisch fundierte Programm einer funktionalen Sprachwissenschaft zurück und ist im Zusammenhang zu sehen mit der sogenannte *Prager Schule* (Trubetzkoy, Jakobson, Mathesius), also jenem Linguistenzirkel der zwanziger Jahre, der die funktionale Linguistik begründete und zu dem Bühler Kontakt hatte, und der insbesondere über die Halliday-Schule Auswirkungen auf die modernen US-amerikanischen Ansätze hatte[4].

In dem Sinne, daß vom strukturalistischen Ansatz her »nur relationale Systeme von Sprachelementen, nicht aber kommunikative Handlungen« (Kanngießer 1977:189) erklärt werden können, sind »der linguistische Funktionalismus und der linguistische Strukturalismus (...) in grundsätzlicher Art voneinander verschieden« (Kanngießer 1977:195). Diese Verschiedenheit wird auch deutlich, wenn Eisenberg gegen den funktionalen Ansatz von Dik (1978, 1980) einwendet: »Die Funktion gilt Dik als Meister der Form, sie wird mit dieser konglomeriert nach dem Grundsatz „Je mehr Funktion, desto weniger Form"(...). Die Formbeschreibungen dienen vor allem als Folie für das Dranschreiben dessen, was unter Funktion verstanden wird. Dieser Grammatiktyp interessiert sich eher für die Darstellung bestimmter Sprachfunktionen an sich als für die Beziehung zwischen Form und Funktion« (Eisenberg 1989:24). Eisenbergs Kritik ist berechtigt, daß in verschiedenen funktionalen Ansätzen die Strukturanalyse durch die Funktionsanalyse ersetzt wird. Am deutlichsten ist dies in der chinesischen Grammatik von Li/Thompson (1981) formuliert und praktiziert: «We attempt as much as possible to discuss the structural properties of sentences in the language in terms of pragmatic situations in which they are used, that is, with an eye toward their entire communicative context» (Li/Thompson 1981:xiii). Andererseits gilt gegenüber rein strukturalistischen Positionen: Selbst in einer Sprache wie dem Deutschen, die morphosyntaktisch äußerst komplex differenziert ist, müssen semantische und pragmatische Funktionen in die Strukturbeschreibung integriert werden, damit die Form nicht zum Meister der Funktion wird. Eine befriedigende Beschreibung natürlicher Sprachen hat strukturelle und funktionale Aspekte gleichermaßen zu berücksichtigen, damit weder die Form zum Meister der Funktion noch die Funktion zum Meister der Form wird.

1.1 Sprachbeschreibung

Sprachwissenschaft, so wie sie hier verstanden wird, hat ganz allgemein als Gegenstand die *Beschreibung* natürlicher Sprachen: ihrer lautlichen Systeme, ihrer Schriftsysteme, der Morphosyntax, der Semantik und ihrer Einbettung in situative

---

4 Obwohl der Einfluß der Prager Schule zentral ist für funktionale Ansätze in den USA, wird in den relevanten Publikationen entweder gar nicht (Foley/van Valin 1984) oder nur am Rande (Givón 1984:6) darauf Bezug genommen.

und kommunikative Zusammenhänge. Hierbei können sprachvergleichende oder einzelsprachliche Aspekte, historische oder gegenwartsspezifische, individuelle oder gruppenspezifische Fragen im Vordergrund stehen. Unabhängig von den im einzelnen interessierenden Fragestellungen, stellt sich das Problem, was sprachliche Daten sind und wie diese Daten zu behandeln sind. Wenn Sprachwissenschaft als empirisch fundierte Sprachwissenschaft verstanden wird, dann muß die Frage nach den emprischen Grundlagen geklärt werden. Dabei stehen drei Problemkreise im Vordergrund:

1. Was ist ein sprachliches Faktum?
2. Wie und von wem sind die sprachlichen Daten zu bewerten?
3. Wie sind Daten auszuwerten?

Es ist das vorherrschende Prinzip, daß Sprachwissenschaftler als Mitglieder einer Sprachgemeinschaft, d.h. aufgrund ihrer muttersprachlichen Kompetenz, entscheiden, was ein sprachliches Faktum ist oder was nicht und wie dieses zu bewerten ist. Vorausgesetzt, daß wir wissen, was ein Satz ist, wären die Sätze *Nun ärgert man sich wo* (nach Postal 1986:195) und *Er streichelt die Wangen ihr* (DUDEN 1984:630) ungrammatisch. Wie relativ die Bewertung nach der Grammatikalität eines Satzes ist, zeigt sich darin, daß 28 Studenten die obigen Sätze genau umgekehrt einstuften. Andererseits wurden die sprechsprachlich belegten Sätze *Stell dir vor, der legt auf den Tisch ein Buch, Andrej ärgert* und *Und dann soll ich sagen lassen mir, ich sei streng* von den Studierenden als ungrammatisch bewertet. Hier zeigt sich deutlich, daß die Bewertung dessen, was grammatisch korrekt ist bzw. nicht, äusserst problematisch ist. Ein Faktor dieser Heterogenität hängt mit dem Problem zusammen, daß Sätze aus dem Kontext isoliert und dann als nicht grammatisch korrekt behandelt werden bzw. Sätze erfunden werden, die ohne Kontext als nicht grammatisch korrekt erscheinen. Wenn Wegener in Hinblick auf das Beispiel *Dem Patienten geht der Atem ruhig* fragt: »Woher wissen wir, daß wir (...) den Empfindungsträger [nicht] im Dativ kodieren können« (Wegener 1989:19), dann ist tatsächlich die Frage, woher? Für einen Berliner ist die Akzeptabilität des Satzes unproblematisch, wie das folgende fiktive Beispiel (1) zeigt.

(1)

A: *Wie jehts deinem Nachbarn?*

B: *Dem jeht der Atem schon im Schneckentempo. Der pfeift*
       uff'm letzten Loch.

Zum einen spielt also die Kontextgebundenheit eine Rolle, die von vielen Vertretern der „Einzelsatzlinguistik" vernachlässigt wird: «It is only to the linguist, who works mostly with isolated sentences out of context, that those sentences seem to be poorly constructed» (Chao 1968:75). Zum anderen spielt die sprachliche Varietät und die damit verbundenen Gebrauchsregeln eine Rolle. Hier ist die Unterscheidung zwischen Schriftsprache und gesprochener Sprache von zentraler Bedeutung (vgl. Bartsch 1987:20-21). Innerhalb der Schriftsprache wiederum ist zwischen Textsorten (Gedicht, Werbetext, Prosa, etc.) zu differenzieren, in der gesprochenen Sprache zwischen Dialekten, Diskurstypen (Erzählung, Verkaufsgespräch, etc.) usw. Langacker (1987) hebt deshalb drei Faktoren hervor, die für die Beurteilung syntaktischer Konstruktionen relevant sind, wobei die Pole grammatikalisch korrekt/inkorrekt entlang eines Kontinuums zu sehen sind:

1. *Norm:* Welche Strukturen sind normiert und kodifiziert?

2. *Akzeptabilität/Legitimität:* Welche Strukturen sind möglich oder wahrscheinlich unter bestimmten Bedingungen?

3. *Strukturelle Adäquatheit:* Welche Strukturen sind unter systemischen Gesichtspunkten korrekt?

Als Konsequenz schlägt Langacker (1987:66) vor, den Begriff Grammatikalität durch Konventionalität zu ersetzen.

„Sprachrichtigkeit" ist also eine relativer Begriff, der abhängig ist von »Sprachgebrauch, ethischem Konsens, Logik und Konvention« (Der Sprachdienst 1989-1:28), von situativen Faktoren und außersprachlichen wie Herkunft oder Alter des Sprechers. Wenn man das Argument des Sprachgebrauchs ernst nimmt, dann hat dies für die Analyse grammatischer, insbesondere syntaktischer Probleme zur Folge, nicht mehr von fiktiven Einzelsätzen auszugehen, sondern von Texten und Diskursen wie ansatzweise Dürr (1987) und Li/Thompson (1981). Wichtig wäre demnach, «what people say rather what people think they should say» (Nida 1947:2). Dies allerdings hat weitreichende Konsequenzen für die der Analyse zugrunde liegende Materialbasis und die Auswertung der Daten und folglich auch für die Analyse selbst.

Während Vertreter des linguistischen Strukturalismus trotz der Forderung nach empirischer Fundierung (Lieb 1987) einer empirisch voraussetzunglosen Einzelsatzlinguistik verhaftet bleiben (so Lieb 1983), wird insbesondere in neueren Ansätzen des Funktionalismus der empirische Aspekt und die Kontextgebundenheit von grammatischen Strukturen in das Zentrum gerückt. Givón (1984:10) hebt für seinen funktional-typologischen Ansatz hervor, daß «it is a determinedly empirical approach, rejecting Chomsky's „competence" as anything except a useful preliminary/methodological heuristic in approaching a complex data-base.» Und Foley/van Valin (1984:10) schreiben: «functional analysis directs its attention to the context-dependent nature of linguistic units.» Deshalb sind Formanalysen bezogen «to pragmatic principles, and discourse and sociolinguistic universals, which themselves must be related to necessary properties of comunicative systems in general and human perceptual mechanismus and social interaction in particular» (ibid., S. 13). Praktisch jedoch werden trotz eingeführter Begriffe wie Topik, Pivot etc. im wesentlichen Einzelsatzanalysen durchgeführt, wobei sich die Frage nach der Validität der angeführten Beispiele stellt. Wenn man sich überlegt, daß für eine sprachlich so gut belegte Sprache wie das Deutsche mit seiner langen Grammatiktradition Foley/van Valin (1984:150) den Satz *Der Junge hat das Butterbrot gegessen und dann ist ins Kino gegangen* als korrekt angeben, wie sind dann Beispiele aus Sprachen wie dem Yukatekischen oder Iatmul zu bewerten? Schwerwiegender jedoch als dies ist vom methodischen Standpunkt her das Verhältnis von empirischer Grundlage und dem Postulat von sprachlichen Universalien, über die im wesentlichen pragmatische Aspekte in die Grammatikanalyse integriert werden[5].

1.1.1 Sprachliche Universalien: universelle Gesetzmäßigkeiten oder unzulässige Verallgemeinerungen?

Gegenüber einer kognitiv fundierten Universalgrammatik sind in der typologischen und sprachvergleichenden Linguistik sprachliche Universalien induktiv ermittelte Gesetzmäßigkeiten über eine Menge von sprachlichen Daten: «research on language universals requires a wide range of languages as its data base, believes that a number of language universals can be stated in terms of concrete levels of analysis, and has an open mind on possible explanations» (Comrie 1981:27). Klassisches Beispiel für Universalien sind Greenbergs (1966) Implikationsgesetze, die allgemein besagen: Wenn eine Sprache L die Eigenschaft A hat, dann hat sie auch B, aber nicht *vice versa* (vgl. hierzu Dittmar/Schlobinski 1988). Konkretes Beispiel sind Kookkurrenzerscheinungen zwischen Wortstellungsmustern und Flexionssystem: Je weniger komplex das Flexionssystem ausdifferenziert ist, desto starrer ist die Wortstellungsfolge (z.B. Chinesisch). Oder anders formuliert: Hat eine Sprache ein ausdifferenziertes Flexionssystem, ist die Wortfolge um so freier (z.B. Lateinisch).

Sprachliche Universalien sind in diesem Sinne statistische Verallgemeinerungen aufgrund sprachlicher Korpora. Entsprechend sind die in der Statistik üblichen Bedingungen hinsichtlich der Datenbasis und der Auswertung anzuwenden. Dies erfolgt in der Regel aber nicht:

1. die Datengrundlage bleibt unspezifiziert,
2. die Korpora sind nicht repräsentativ,

---

5 Die Kritik von Ossner (1988:83) gegen den Ansatz von Foley/van Valin, daß zwar »der kommunikative Aspekt von Sprache in den Blickpunkt kommt, dagegen aber kaum Phänomene der semantischen Ebene oder der Ebene der Satzverarbeitung«, trifft in dieser Form nicht zu. Der entscheidende Punkt ist gerade der, daß der Ansatz von Foley/van Valin - und dies gilt auch für andere Ansätze, insbesondere Dik (1980) - primär einzelsatzlinguistisch orientiert ist und über, und zwar allein über semantische und pragmatische Hierarchien, der kommunikative Aspekt tatsächlich in die Analyse einbezogen wird.

3. die Auswertungsprozeduren sind nicht adäquat.

Bis auf wenige Ausnahmen (so Dürr 1987) treffen die angeführten Punkte auf die bekannten sprachtypologischen Arbeiten zu. Besonders hervorzuheben sind hier die von Greenbergs Implikationsgesetzen abgeleiteten „Hierarchien". Die Probleme, die mit den Abstraktionsstufen bei dem Aufbau einer solchen Hierarchie verbunden sind, sollen an Givóns (1984) „topic hierarchy" veranschaulicht werden. Die von Givón formulierte Topikhierarchie «is a ranking order of the various semantic case-roles according to the likelihood of their becoming the more continuous topic *in discourse*; more specifically, however, according to the likelihood of their occupying the pragmatic case-roles of subject or direct object in simple clauses» (Givón 1984:139). An einem Beispiel veranschaulicht ist der Argumentations-zusammenhang dabei der folgende: Die Nominalgruppe, die im laufenden Diskurs über Koreferenzmechanismen am stärksten kontinuiert wird, ist das primäre Satztopik. Das primäre Satztopik ist prototypisch die Subjekt-Nominalgruppe. Die semantische Kasusrolle, die prototypischerweise mit dem primären Satztopik verbunden ist, ist die Agens-Rolle. Anders formuliert: Wenn ein einfacher Satz ein Agens-Argument hat, dann ist die Wahrscheinlichkeit groß, daß dieses Subjekt primäres Satztopik ist: «If the simple clause has an agent argument, it will be the subject» (ibid., S.140). Unter der Voraussetzung, daß wir wissen, was eine Agens-Rolle ist, scheint dies einleuchtend, wenn man zudem die Analysen von Givón (1983a) zur Topikkontinuierung berücksichtigt (weiteres hierzu in Kap. 2.3.2); die Stichprobe bestätigt die Gesetzmäßigkeit (vgl. 2 und 3).

(2)

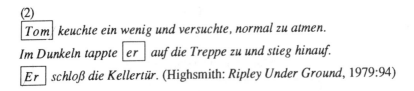

$\boxed{Tom}$ *keuchte ein wenig und versuchte, normal zu atmen.*

Im Dunkeln tappte $\boxed{er}$ *auf die Treppe zu und stieg hinauf.*

$\boxed{Er}$ *schloß die Kellertür.* (Highsmith: *Ripley Under Ground*, 1979:94)

(3)

C: $\boxed{wǒ}$ dōu shì zìjǐ lǐ de

ich alle sein selbst frisieren PART

Ich schneide mir die Haare immer selbst.

M: $\boxed{wǒ}$ yě zìjǐ   lǐ a (5.0)

ich auch selbst frisieren PART

Ich schneide auch selbst meine Haare.

zuìjìn ⎡wǒ⎤ shì méi bànfǎ yā

vor:kurzem ich sein nicht Methode PART
Vor kurzem mußte ich mir selbst die Haare schneiden.

⎡wǒ⎤ jiù zhèyàng xiājiǎn

ich dann so blind:schneiden
Ich schneide dann meine Haare ohne hinzusehen.

Die Subjekt-Nominalgruppe ist agentiv und nach der Definition von Givón primäres Satztopik. Allerdings gilt dieser Zusammenhang nur dann, wenn eine Agensorientierung über die Protagonistenrolle wie in Erzählpassagen vorliegt. In anderen Texten oder Diskurstypen stellt sich der Zusammenhang anders dar, wie das folgende Beispiel (4) aus einem Verkaufsgespräch zeigt.

(4)
1 P:	**ein kopfsalat**
2 M:	**ein kopfsalat.** (4.0) so (.) außerdem?
3 P:	drei zitronen
4 M:	ja (.) die muß ick noch holn
5	die hab ick noch drinne
6	die muß ick mal schnell holn (4.0) ((holt eine Kiste))
7	püh **der** is so groß (.)
9	**den** krieg ick ja nich zusammjepreßt
10	**der** is so schwer (2.0)
11	da werdet'a mal merkn wie ville *dit* heute is
12 P:	**der** geht dann immer noch so schwer raus
	(V-17:7-19)

In diesem Diskurstyp nehmen die Objekte eine prominente Rolle ein, auf die referiert wird, entsprechend sind die sprachlichen Kodierungen „topikalisiert". Zwar gilt der Zusammenhang zwischen Agentivität und Subjektivierung, aber nicht zwischen Satztopik und Agentivität/Subjektivierung. Ohne an dieser Stelle auf die ganze Problematik des Topikbegriffs einzugehen (vgl. Kap. 2.3.3), sollte deutlich geworden sein, daß die Validität der Hierarchien abhängig ist von den sprachlichen Daten, genauer: von den Text- bzw. Diskurstypen. In der Universalienforschung wird grundsätzlich von Erzählungen ausgegangen, da diese der „prototypische" Diskurstyp sind und relativ gut in verschiedenen Sprachen belegt sind. Dagegen ist prinzipiell nichts einzuwenden. Probleme entstehen allerdings dann, wenn aufgrund dieser Daten auf Universalien geschlossen wird[6]. Viele der postulierten Universalien sind textsorten- bzw. diskurstypenspezifisch eingeschränkt. Foley/van Valin sind sich dieser Tatsache wohl bewußt: «Is is entirely possible and indeed probable that the function of a form or construction could vary across different discourse genres, and such possible variation will be a significant area of future research, assuming that the necessary data become available. In this study, the focus is on narrative discourse» (Foley/van Valin 1984:2). Allerdings verblaßt diese Einsicht angesichts der später vorgenommenen Verallgemeinerungen.

Aus der bisherigen Diskussion ist zunächst festzuhalten, daß eine funktionale Grammatik ganz allgemein natürliche Sprache(n) zum Gegenstand der Analyse hat und nicht „tieferliegende" kognitive Strukturen, was aber nicht bedeutet, daß kognitive Aspekte ausgeblendet werden. Wenn natürliche Sprache analysiert wird, dann ist der Gegenstand der Analyse primär nicht der von einem Linguisten erdachte und als grammatisch korrekt eingestufte Satz - was nicht heißt, daß ein Linguist auf seine Kompetenz als Mitglied einer Sprachgemeinschaft zu verzichten hat -, sondern die in Texten und Diskursen vorliegenden sprachlichen Strukturen. Damit relativiert sich

1. das Problem der sprachlichen Norm dahingehend, daß das zunächst einmal als akzeptabel (auch für die grammatische Analyse) angesehen wird, was von Mitgliedern einer Sprachgemeinschaft geschrieben bzw. geäußert wird,

2. das Problem der Verallgemeinerung dahingehend, daß Gesetzmäßigkeiten über definierte Korpora gemacht werden und nicht über z.B. *das* Deutsche. Das, was für Einzelsprachen gilt, ist in noch stärkerem Maß relevant im Hinblick auf sprachliche Universalien.

In diesem Sinne ist die vorliegende Arbeit insofern eingeschränkt, als daß Korpusanalysen durchgeführt werden und Aussagen über Korpora gemacht werden. Die Restriktion, daß nicht alle Fälle, die in einer Sprache möglich sind, berücksichtigt werden, wird aufgehoben dadurch, daß konkrete, im Zusammenhang belegte Fälle analysiert werden. Dabei wird das, was im Korpus vorkommt, Gegenstand der Analyse sein und nicht von vornherein als ungrammatisch ausgeschlossen.

1.2 Sprache und Kommunikation

Es wurde davon ausgegangen, daß für einen funktionalen Ansatz der situative Kontext bzw. der kommunikative Zusammenhang relevant ist und von daher dem Linguisten »allgemeine Betrachtungen über die Sprechsituation ab(nötigt)« (Bühler

---

6 So auch Uszkoreit (1987:412): «Agent phrases tend to precede theme phrases.» Eine Frage, die in Kap. 2.2 aufgegriffen wird, ist die, was unter „tend to X" oder „prototypisch" zu verstehen ist.

1982:5). Denn der Sprachwissenschaftler macht »an konkreten Sprechereignissen
(...) seine grundlegenden Beobachtungen und fixiert ihr Ergebnis in Erstsätzen der
Wissenschaft« (ibid., S. 15).

Die funktionale Analyse von Sprache im Hinblick auf ihre Verwendung finden
wir theoretisch untermauert bei Wittgenstein in seinen *Philosophischen Unter-suchungen* und seiner Konzeption des Sprachspiels, jener »primitiven Sprache«
(Wittgenstein 1971:19), von der er schreibt: »Es zerstreut den Nebel, wenn wir die
Erscheinungen der Sprache an primitiven Arten ihrer Verwendung studieren, in
denen man den Zweck und das Funktionieren der Wörter klar übersehen kann«
(ibid., S.17). Bei Wittgenstein ist der funktionale Ansatz jedoch nur relevant für
eine Bedeutungstheorie, anschaulich demonstriert an dem Sprachspiel „Einkaufen":

> »Denke nun an die Verwendung der Sprache: Ich schicke jemand einkaufen. Ich gebe
> ihm einen Zettel, auf diesem stehen die Zeichen: „fünf rote Äpfel". Er trägt den Zettel
> zum Kaufmann; der öffnet die Lade, auf welcher das Zeichen „Äpfel" steht; dann sucht
> er in einer Tabelle das Wort „rot" auf und findet ihm gegenüber ein Farbmuster; nun
> sagt er die Reihe der Grundzahlwörter - ich nehme an, er weiß sie auswendig - bis zum
> Wort „fünf" und bei jedem Zahlwort nimmt er einen Apfel aus der Lade, der die Farbe
> des Musters hat.- So, und ähnlich, operiert man mit Worten.- „Wie weiß er aber, wo
> und wie er das Wort „rot" nachschlagen soll und was er mit dem Wort „fünf" anzufan-
> gen hat?"- Nun, ich nehme an, er *handelt*, wie ich es beschrieben habe« (ibid., S.
> 16).

Während bei Wittgenstein das Sprachspiel als Modell eines Sprechereignisses fungiert, das für ihn im Hinblick auf eine Bedeutungstheorie relevant ist, ist ein komplexes Sprechereignis konkret, aktuell (temporalisiert) und bildet die Elementar-
einheit des Kommunikationsprozesses. Betrachten wir eine komplexe Sprechsituation:

(5)
1 K: tag
2 V: tag (.) lieber herr schlobinski
3 K: ja (.) ich hätt gern äh ein kopfsalat
4 V: gern (3.0) außerdem?
5 K: ja vier äpfel
6 V: welche denn?
7 K: ja die jonathan
8 V: ja gern (4.0) außerdem?
9 K: das wärs danke (5.0)
10 V: eine mark und achzig (4.0) so und zehn und zwanzig
        und danke und schönen tach
11 K: wiedersehen

12 V: tschüß danke
13 K: danke
          (V-12:1-13)

Stellen wir uns das Gespräch als einen Redefluß vor, so ist dieser in hohem Maße
strukturiert: zum einen durch die Sprecherwechsel zwischen K und V, zum anderen
sind die Gesprächsschritte intern formal durch Pausen, inhaltlich durch Sprechhandlungen strukturiert. Man könnte also den Diskurs nach formalen Kriterien wie
z.B. Pause, Sprecherwechsel segmentieren oder nach inhaltlichen, also danach,
welche Sprechhandlungen vollzogen werden. In der Austauschstruktur:
K: *ich hätt gern äh ein kopfsalat*
V: *gern (3.0) außerdem?*
wird durch K eine Aufforderung formuliert, die von V bestätigt wird. Anschließend
fordert V K auf, einen weiteren Kaufwunsch zu äußern. Dadurch, daß eine spezifische Information im Rahmen eines Kaufladens von K zu V übermittelt wird, werden sprachliche, soziale und psychische Strukturen aktualisiert und seligiert.
Seligiert insofern, daß durch die Selektion einer spezifische Information auch spezifische Anschlußhandlungen eröffnet werden und andere Möglichkeiten gleichzeitig
ausgeschlossen werden. Die Aufforderung von K *ich hätt gern äh ein kopfsalat* (Z
3) schließt z.B. aus, daß V K nach dem Weg fragt oder Äpfel holt. Im Rahmen der
Kaufsituation gibt es sprach*externe* Beschränkungen - man bestellt in einem Tante-
Emma-Laden nicht ein Auto oder ein Flugzeug - und *interne* Beschränkungen:

(6) a.   **Mich hätt gern einem Kopfsalat* (morpho-syntaktisch)
    b.   *??ich hätt gern 27 3/4 Mohrrüben* (semantisch: Quantifikation)
    c.   *?ich befehle Ihnen, mir einen Kopfsalat zu bringen* (semantisch-
          pragmatisch).

Die Aufgaben einer funktionalen Grammatik bestehen darin, die verschiedenartigen
Selektionsbedingungen zu erfassen, die sprachliche Strukturen determinieren und
sprachliche Prozesse ermöglichen. Eine Antwort in einem Gemüseladen wie (7) ist
als Sprechhandlung von K insofern nicht sinnvoll, da sie die geforderten
Einschränkungen aus den im System Gemüseladen zur Verfügung stehenden
Möglichkeiten nicht erfüllt.

(7)
V: *Was darfs sein?*
K: *Gemüse.*

Erst durch Ausschalten anderer Möglichkeiten - nicht Möglichkeit a, b,.., sondern c
- ergibt sich eine kommunikativ sinnvolle Äußerung, z.B. *zwei Pfund Mohrrüben*.

Wenn kommunikativ und verständigungsorientiert gehandelt wird, so beziehen sich »Sprecher und Hörer aus dem Horizont ihrer vorinterpretierten Lebenswelt gleichzeitig auf etwas in der objektiven, sozialen und subjektiven Welt (...), um gemeinsame Situationsdefinitionen auszuhandeln« (Habermas 1981a:142). Indem Sprecher verständigungsorientiert handeln, nehmen sie Weltbezüge auf, und zwar in reflexiver Art und Weise, nämlich indem sie sich »über die beanspruchte Gültigkeit ihrer Äußerung einigen, d.h. Geltungsansprüche, die sie reziprok erheben, intersubjektiv anerkennen« (ibid., S. 148). Dabei erhebt ein Sprecher im Hinblick auf die soziale, objektive und subjektive Welt drei Geltungsansprüche, nämlich den Anspruch,

1. daß die gemachte Aussage wahr ist,

2. daß die Handlung in bezug auf den normativen Kontext legitim ist und

3. daß die Intention so gemeint ist, wie sie geäußert wird.

Eine Sprechhandlung ist nun hinsichtlich dieser drei Aspekte spezifiziert, indem sie prinzipiell nach Wahrheits-, Wahrhaftigkeits- und Normkriterien kritisiert werden kann:

1. der in der Sprechhandlung ausgedrückte Sachverhalt ist wahr/falsch,

2. die Sprechhandlung ist legitim, d.h. richtig /nicht richtig im Hinblick auf den normativen Kontext,

3. der vom Sprecher erhobene Geltungsanspruch ist so gemeint, wie er gesagt ist; die Sprecherintention ist nach dem Kriterium wahrhaftig/nicht wahrhaftig hinterfragbar.

Diese Merkmale, die für sprachlich differenzierte Verständigung konstitutiv sind, haben ihre strukturelle Komponente - Habermas knüpft hier an Austins Sprechakttheorie an - im propositionalen, illokutionären[7] und expressiven Bestandteil. Entsprechend gibt es drei fundamentale Grundeinstellungen und Sprechhandlungen, die einem Konzept von „Welt" entsprechen (ibid., S.415):

1. *konstative* Sprechhandlungen, in denen elementare Aussagesätze verwendet werden. Die Grundeinstellung ist objektivierend, d.h. ein neutraler Beobachter verhält sich zu etwas, das in der Welt statthat;

2. *expressive* Sprechhandlungen, in denen elementare Erlebnissätze auftreten;

3. *regulative* Sprechhandlungen in Form von Aufforderungs- oder Absichtssätzen. Die Grundeinstellung ist normenkonform, das Mitglied sozialer Gruppen erfüllt die vorgegebenen legitime Verhaltenserwartungen.

Eine Sprechhandlung kann nur dann akzeptabel heißen, wenn die Bedingungen für die intersubjektive Anerkennung eines sprachlichen Anspruchs gegeben sind, d.h., wenn eine Sprechhandlung »die Bedingungen erfüllt, die notwendig sind, damit ein

---

7 Während die Illokution aus der Bedeutung des Gesagten einer Sprechhandlung selbst hervorgeht, kann der Adressat »perlokutionäre Ziele des Sprechers allenfalls aus dem Kontext erschließen« (Habermas 1981a:391).

Hörer zu dem vom Sprecher erhobenen Anspruch mit „Ja" Stellung nehmen kann«
(ibid., S.401). Um auf eine Sprechhandlung also angemessen zu reagieren, muß der
Hörer (a) die Äußerung verstehen, (b) das Sprechaktangebot akzeptieren oder ablehnen. Indem der Sprecher ein Sprechaktangebot macht, erhebt er gegenüber H einen
Geltungsanspruch, einen Machtanspruch, dem H sich unterwirft, wenn er akzeptiert. Prinzipiell kann H jedoch jeden Sprechakt hinsichtlich aller drei Aspekte zurückweisen, in erster Linie hinsichtlich der Gültigkeitsbedingungen, die mit dem in
der Sprechhandlung ausgenommenen Weltbezug verbunden sind. Auf die
Feststellung *Es regnet* kann H einen Vergleich mit dem Sachverhalt in der objektiven Welt vornehmen und antworten: *Du irrst dich, schau doch mal aus dem
Fenster.* Auf die Äußerung von S *Laß mich in Ruhe*, kann A antworten: *Wieso,
DU hast mir gar nichts zu sagen.* H bestreitet S somit das Recht, in der gegebenen
Situation H eine solche Anweisung geben zu können. Auf die Äußerung *Ich liebe
Dich* könnte H antworten *Du willst ja nur mit mir schlafen.* Es wird damit bestritten, daß H „wirklich" meint, was er sagt, weil er einen bestimmten perlokutionären
Effekt erzielen will. Was H letztlich tut, hängt von verschiedenen Faktoren ab: von
den konventionell festgelegten Handlungsverpflichtungen, der interpersonalen
Beziehung zu S, seinen spezifischen Intentionen etc. Der perlokutionäre Effekt ist
abhängig von den verschiedenen Faktoren, die in einer gegebenen Situation zur
Geltung kommen, während die Illokution konventionell geregelt ist und aus dem
Gesagten selbst hervorgeht.

Ausgehend von diesem Ansatz nimmt Habermas eine Klassifikation von
Sprechhandlungen vor, die wie folgt aufgebaut ist (vgl. Abb. 1-2).

Sprech-handlung	Weltbezug	Funktion
imperativ	Zustand Z in der objektiven Welt	H bewegen, Z herbeizuführen
konstativ	Sachverhalt A in der objektiven Welt	Wiedergabe von A
regulativ	soziale Welt	Herstellung einer als legitim anerkannten interpersonalen Beziehung
expressiv	subjektive Welt	Darstellung eines Erlebnisses vor einem Adressaten(kreis)

kommuni-	reflexive Bezugnahme	Organisation der Rede
kativ	auf Kommunikationsvor-	
	gang	
operativ	objektive Welt	Beschreibung

Abb. 1-2: Sprechaktklassifizierung nach Habermas (1981a:427f.)

Konstative beziehen sich auf Sachverhalte in der objektiven Welt und werden durch „Aussagesätze" kodiert (s. Abb. 1-3):

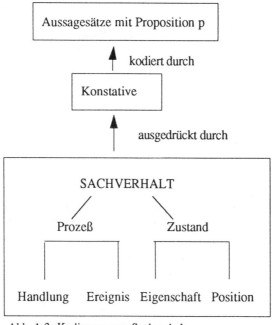

Abb. 1-3: Kodierung von Sachverhalten

Konstative sind grundlegend, da nach Habermas (1981b:101) jedem nicht-deskriptivem Satz ein deskriptiver zugeordnet werden kann. Für die grobe Klassifizierung der Sachverhalte in der objektiven Welt hinsichtlich der sprachlichen Kategorisierung und Kodierungen sind die Dimensionen +/-statisch, +/-kontrolliert (Dik 1980:7, Eisenberg 1989:31, Helbig/Buscha 1984:69) und Lokalisierung in der Zeit (Galton 1984) relevant. Ein Ereignis wie *xià yǔ le* „Es regnet" hat kein die Handlung kontrollierendes Agens und umfaßt einen Prozeß von einem spezifischen Zeitpunkt zu einem anderen. Zustände wie *Ich bin hungrig* haben ebenfalls kein Agens, drücken aber Eigenschaften im Hinblick auf Zeitintervalle aus.

Mit *imperativen* Sprechakten wie *Komm her* bezieht S sich auf einen erwünschten Zustand in der Welt, wobei die Lücke zwischen erwünschtem und realisiertem Zustand von H geschlossen werden soll, indem er die von S erwünschte Handlung ausführt. Imperative können hinsichtlich der Durchführbarkeit der verlangten Handlung zurückgewiesen werden. H könnte antworten *Die Tür klemmt*. In diesem Falle wird der von S erhobene Geltungsanspruch/Machtanspruch zurückgewiesen und H bringt seinerseits einen Willen zum Ausdruck.

Mit *Kommunikativen*, die eine Teilklasse der regulativen Sprechakte bilden, wird auf den Kommunikationsvorgang direkt Bezug genommen; sie haben die Funktion thematische Strukturen und Sprecherwechseln, Adressierungen, Formulierung von Einwendungen etc. zu organisieren. Neben direkten Kommunikativen wie *Sie haben das Wort* spielen selbstreferentielle Elemente wie Gliederungssignale eine Rolle. Diese können strukturell in Sätze integriert sein *wie dit isn ding wa. wa* eröffnet hier eine Anschlußsequenz und dient zum Aufbau der Handlungs-koordinierung. Problematisch ist, ob *wa* als einzelne Sprechhandlung angesehen wird oder als Modifikator der Proposition. Noch schwieriger ist die Frage zu beantworten, ob *turn getter* wie *ja* (8) als kommunikative Sprechhandlung klassifiziert werden können.

(8)
A: *und dann sagte er*
B: *ja ähm ja*

Operative sind Sprechhandlungen wie rechnen, schließen, klassifizieren, abzählen, die einen performativen, aber keinen genuin kommunikativen Sinn haben. Die Illokution besteht darin, daß der Hörer über die Handlung informiert wird, bzw. daß die Handlung vollzogen wird. So im Beispiel des Verkaufsgesprächs, in dem der Vollzug der Geldrückgabe seitens des Verkäufers durch Abzählen identifiziert wird (vgl. 5:Z 10).

Sprechhandlungen sind Basiseinheiten in der Interaktion, mit denen Interaktionspartner Handlungen koordinieren. Insofern wird durch Sprechhandlungen ein komplexes Handlungssystem aufgebaut. Sprechhandlungen selbst wiederum werden durch sprachliche Strukturen gebildet, die auf der Folie von Situationen/-Kontexten ihr kommunikatives Potential entfalten. Wie hängen nun Sprechhandlungen und sprachliche Strukturen bzw. das System der kommunikativen Handlungen und das Sprachsystem zusammen?

1.2.1 Sprachsystem und Sprechhandlungssystem

Ausgehend von Habermas Theorie des kommunikativen Handeln liegt es nun nahe,
einen direkten Zusammenhang von Sprechhandlungen und sprachlichen Strukturen
herzustellen. Dies ist der Ansatz von Zifonun (1987), in dem das Sprachsystem direkt auf das Handlungssystem bezogen wird: »Das Sprachsystem ist ein System
(...) von Regeln, d.h. (Handlungs-)Mustern, denen Sprecher (und Hörer) beim
Gebrauch sprachlicher Einheiten folgen« (Zifonun 1987:20). Die Muster, »die für
den Vollzug kommunikativer Einheiten geeignet sind« (ibid., S. 21), werden realisiert durch sogenannte „Kommunikative Minimaleinheiten" (KOMA). »KOMA
sind die kleinsten sprachlichen Einheiten, die - aufgrund des Musters, das sie reali-
sieren - dazu geeignet sind, mit ihnen in ihrem jeweiligen Kontext, jedoch relativ
selbständig gegenüber Kontext und Kotext, vollständige kommunikative Handlungen zu vollziehen« (ibid., S. 131). Im Sprachsystem nun sind - hierarchisch ge-
gliedert - Handlungsregeln und operative Regeln (wie z.B. »morphologische Reali-
sationsregeln« ibid., S. 174) spezifiziert, deren Erfassung Aufgabe einer Grammatik
zu sein hat. Dabei werden die Handlungsregeln im Sinne der hierarchischen Anordnung vor die Operationsregeln gesetzt (ibid., S.172-173), da diese nicht selbst eine
kommunikative Leistung haben, sondern zur Konstitution von Handlungen dienen:
»Ihre Funktion (von morphologischen Regeln, P.S.) besteht (...) darin, die
Ausdrücke, mit denen Handlungen oder Teilhandlungen vollzogen werden können,
zu konstituieren, d.h. z.B. als zusammengehörige Einheiten auszuzeichnen« (ibid.,
S.174). Regeln in dieser Art und Weise zu formulieren ist jedoch problematisch[8]:
Wenn z.B. die Funktion morphologischer Regeln in der Konstitution der Ausdrücke
von Handlungen oder Teilhandlungen liegt, so wird die informative Komponente
im Gebrauch der Sprache gegenüber der kommunikativen vernachlässigt. Da Kommunikation die Einheit von Verstehen, Information und Mitteilung ist, fällt in dem
Ansatz von Zifonun die sytembildende Funktion von Sprache als Informationssystem weitgehend heraus. Der Zusammenhang von sprachlichen Strukturen und
kommunikativen Handlungen ist wesentlich komplexer und vermittelter als von
Zifonun angesetzt. Und: Sprachliche Strukturen dienen zunächst dem Aufbau von
Informationen und können relativ unabhängig von interpersonellen und expressiven

---

8 Der Ansatz von Zifonun ist noch in anderer Hinsicht problematisch: 1. Während sich
Zifonun an den Grundmodi des kommunikativen Handelns orientiert, wie sie für
Habermas im Rahmen einer formalen Pragmatik relevant sind, wäre aus der
sprachwissenschaftlichen Perspektive die empirische Seite ins Blickfeld zu rücken und
die damit verbundenen Konsequenzen. Eine von Habermas' eigenen Konsequenzen für
eine empirische Pragmatik sei angeführt, die die in Kap. 1.1 gemachten Bemerkungen
von anderer Seite her beleuchten: die Betrachtung von Sprechhandlungen wird »auf Texte
oder Gespräche ausgedehnt, so daß Konversationsimplikaturen in den Blick kommen«
Habermas (1981a:441). 2. Ob der an Wittgenstein orientierte Regelbegriff (s. Zifonun
1987:20f.) für operationale Regeln überhaupt sinnvoll ist, sei dahingestellt.

Komponenten analysiert werden, was jedoch nicht bedeutet - wie in der taxonomischen Linguistik - die kommunikative Komponente zugunsten der informativen zu vernachlässigen.

Im folgenden wird davon ausgegangen, daß das Sprachsystem nicht eine - im weitesten Sinne - Funktion des Handlungssystems ist, sondern ein autonomes System, das seine Strukturen anderen Systemen wie dem System der kommunikativen Handlungen zur Verfügung stellt. Vom systemtheoretischen Standpunkt her gesehen ist das Sprachsystem ein Supersystem, das andere Systeme wie das soziale System oder das Handlungssystem als Umwelt hat und selbst Umwelt hinsichtlich anderer Systeme ist und das nach innen hinsichtlich sprachlicher Subsysteme differenziert ist. Das Sprachsystem und das kommunikative Handlungssystem sind derart aufeinander bezogen, daß jedes System notwendige Umwelt des jeweils anderen ist und daß Interdependenzen zwischen beiden Systemarten bestehen. Die Strukturen der jeweiligen Systeme sind jedoch zunächst Strukturen für diese Systeme, die Elemente sind Elemente innerhalb des jeweiligen Systems. Im System des kommunikativen Handelns sind Sprechhandlungen Basisstrukturen, deren Elemente Propositionen und Lokutionen. Innerhalb des Sprachsystems sind Strukturen differenziert ausgebildet hinsichtlich stratifizierter Subsysteme. Kategorien wie N und V bilden Elemente für syntaktische Strukturen, Morpheme bilden Elemente morphologischer Strukturen. Entscheidend ist, daß diese Elemente, obwohl sie hoch komplex zusammengesetzt sind und unter dem Mikroskop betrachtet weiter differenziert werden können, z.B. in Lautelemente, hinsichtlich des Subsystems als nicht weiter auflösbare Einheiten fungieren. Das gleiche gilt für das kommunikative Handlungssystem. Obwohl Propositionen in Terme und Prädikate segmentiert werden können, ist für die Strukturierung von Sprechhandlungen innerhalb des Systems des kommunikativen Handelns die Proposition ein nicht weiter auflösbares Element[9].

Was ist damit gemeint, wenn gesagt wird, ein System stellt seine Strukturen einem anderen zur Verfügung? Gehen wir zunächst von den Interdependenzen zwischen sprachlichen Subsystemen aus. Im morphologischen Subsystem sind Morpheme die Grundelemente, die in verschiedener Art und Weise verknüpft werden und so größere morphologische Einheiten aufbauen, mit denen zum Beispiel semantische Konzepte wie Zeit ausgedrückt werden. Mir ist keine Sprache bekannt, die, wenn Zeitbezüge kodiert werden, dies nicht - neben lexikalischen Mitteln - über morphologische Marker tut. Man kann also sagen, daß das morphologische System spezifische morphologische Strukturen zum Aufbau eines Konzeptes wie Zeit zur Verfügung stellt, so wie - als seltene Ausnahme - im Kantonesischen das Laut-

---

9 Zumindest gilt dies im Habermasschen Ansatz, der von folgender Grundannahme ausgeht: »Zu jedem nicht-deskriptivem Satz gibt es mindestens einen deskriptiven Satz, der dessen semantischen Gehalt wiedergibt; hingegen gibt es assertorische Sätze, deren semantischer Gehalt nicht in normative, evaluative oder expressive Sätze transformiert werden kann« (Habermas 1981b:101).

system seine Strukturen des Tonsystems der Strukturierung von Aspekt zur Verfügung stellt: /lái/ „kommen" gegen /lai*/ „ist gekommen" (vgl. Ramsey 1989:103-04) oder über Tondifferenzen bei Pronomina der Plural markiert wird.

So wie die sprachlich ausdifferenzierten Subsysteme aufeinander bezogen sind, so ist auch das Sprachsystem auf das kommunikative Handlungssystem bezogen. Im Chinesischen werden konstative und affirmativ imperative Sprechhandlungen durch Satzpartikeln differenziert:

(9)
Wŏmen niàn Hànyŭ.
Wir lernen Chinesisch.

Wŏmen niàn Hànyŭ ba.
Laßt uns Chinesisch lernen!

Wenn wir also davon sprechen, daß ein System eine Struktur einem anderen System zur Verfügung stellt oder sich selbst ausdifferenziert, so wird die Frage nach der Funktion von sprachlichen Formen gestellt. Entscheidend ist, daß über die Funktionen Informationen kodiert werden, daß dieser Aufbau von Informationen in der Kommunikation mitgeteilt wird und über Verstehensprozesse Sinn macht, daß aber diese Funktionen nicht gleichzusetzen sind mit der Funktion, kommunikativ zu handeln.

Systeme sind dadurch definiert, daß sie Strukturen haben. Gegenüber Strukturen haben sie Grenzen und können somit gegenüber anderen Systemen differenziert werden. In diesem Sinne Grenzen zu haben, ist aber nicht gleichzusetzen mit dem Postulat, daß Systeme geschlossen und homogen sind, eine Annahme, die Zifonun (1987:16-17) vertritt, denn Grenzen implizieren die Möglichkeit des Überschreitens: »Mit Hilfe von Grenzen können Systeme sich zugleich schließen und öffnen, indem sie interne Interdependenzen von Systemen/Umwelt-Interdependenzen trennen und beide aufeinander beziehen« (Luhmann 1984:52).[10]

Es wurde davon ausgegangen, daß das Sprachsystem nach innen differenziert ist in Subsysteme und daß diese Strukturen ausgebildet haben, in denen spezifische Elemente (z.B. Phoneme) in spezifischer Art und Weise verknüpft sind. Die Komplexität der Struktur hängt ab von den Verknüpfungen zwischen den Elementen. Komplexität heißt Selektionszwang, Beschränkung der theoretisch möglichen Verknüpfungskapazität. Machen wir uns dies an einem Beispiel von

---

10 Dies kann von Zifonun nicht gesehen werden, da sie das Sprachsystem direkt auf das Handlungssystem abbildet. Entscheidend ist jedoch welche Relationen zwischen dem Sprachsystem und dem kommunikativen Handlungssystem bestehen und durch welche Elemente sie getrennt sind.

Eisenberg (1989:289-290) klar. Eisenberg schreibt, daß in dem Satz *Die Industrie fördert die Wissenschaft* Subjekt und direktes Objekt nicht unterschieden werden kann: »Es bleibt - wie in der Realität - unklar, wer hier wen fördert« (ibid., S.276). Aufgrund des Synkretismus entsteht ein Informationsdefizit, was zu syntaktisch mehr Möglichkeiten der relationalen Verknüpfung führt. Das Mehr an Information durch Kasusmarkierung wie in *Die Industrie fördert den Wissenschaftler* reduziert also die Verknüpfungskapazität, umgekehrt hält der ambige Satz mehr mögliche Verknüpfungen offen, weil entsprechende morphologisch Kodierung fehlt. In der gesprochenen Sprache ist dieses Informationsdefizit durch intonatorische Markierung ausgeglichen, wird die Objekt-Nominalgruppe in Erstposition durch einen Fokusakzent markiert. Obwohl Akzent als Element des Lautsystems anzusetzen ist, besteht hier eine Relation (Interdependenz) zwischen dem Lautsystem und dem syntaktischen System. Ist der Satz *Die Industrie fördert die Wissenschaft* in der schriftsprachlichen Version nun tatsächlich ambig? Wenn der Satz normalerweise so interpretiert wird, daß die *Die Industrie* als Subjekt angesetzt wird und klar ist, wer wen fördert, so hängt dies damit zusammen, daß offensichtlich die Erstposition die syntaktische Funktion festlegt, wenn Ambiguität wie in dem obigen Satz vorliegt. Es gibt also *latente* Strukturen, die auf der Oberfläche nicht sichtbar sind, aber dennoch ihre Funktion innerhalb des Systems haben. Eine grammatische Analyse hat diese latenten Funktionen so weit als möglich aufzudecken und in die Beschreibung zu integrieren (vgl. auch Jachnow 1981:16f.).

Strukturbildung ist also Zwang zur Selektion. Es gibt eine interne und eine externe Selektion. Interne Selektion ist die Einschränkung der möglichen Verknüpfungen von Elemente in Teilsystemen aufgrund der Bedingungen in diesen Teilsystemen, externe Selektion erfolgt durch andere Teilsysteme oder Systeme, die als Umwelt fungieren. Die Abhängigkeit von Druckakzent und Vokallänge im Deutschen ist eine Selektion, die lautsystemintern bedingt ist, während Akzentuierung aufgrund von Fokussierung, z.B. *dér da hat den wagen geklaut*, ein Selektionszwang ist, der aufgrund der Interdependenz zum kommunikativen Handlungssystem erfolgt. Entscheidend für Selektionen sind Bedingungsfaktoren, die besagen, daß etwas dann realisiert wird, wenn etwas anderes der Fall bzw. nicht der Fall ist. So ist im folgenden Beispiel das Objektpersonalpronomen abhängig vom Vorkommen eines direkten Objekts:

(10) a. *Der Mann gibt etwas*
      b. *Der Mann gibt ihm etwas*
      c. *??Der Mann gibt ihm.*

Strukturen entstehen also durch Einschränkung der im jeweiligen System möglichen Relationen. In Kapitel 1.1 wurde davon ausgegangen, daß Realsysteme beschrieben werden sollen und daß diese Realsysteme Abstraktionen über eine Menge von Daten sind. Dies bedeutet, daß der bisher gefaßte Strukturbegriff, in dem von einem abstrakten Sprachsystem ausgegangen worden ist (*langue*), zunächst dahingehend relativiert werden muß, daß sprachliche Struktur auf die Beschreibung der im System zugelassenen Relationen bezogen wird. Die Einschränkung der möglichen Relationen im Sprachsystem ist also gekoppelt an die Ausgangsdaten. Wenn wir sprachliche Strukturen aufdecken, so bewegen wir uns zunächst auf zwei Ebenen der *parole* (Heger 1976:24-30, s. auch Abb.1-4): (a) der konkreten Realisierung, der *parole*, und (b) der relativen Häufigkeit von Realisierung, der *Σparole*. Der Schritt, aus den ersten beiden Abstraktionsstufen ein abstraktes System aufzubauen, hängt davon ab, inwieweit die ermittelten Strukturen verallgemeinert werden können[11].

parole	konkrete Realisation	Token
Σparole	Typus	relative Häufigkeit
langue	abstraktes System	virtuell

Abb.1-4: Abstraktionsstufen (nach Heger 1976:24-30)

Die Relativierung zunächst auf die konkreten Abstraktionsstufen rückt wieder die Fragestellung in das Zentrum, wie Strukturbeschränkung als Ausschaltung anderer Möglichkeiten und der relativen Absicherung der ausgeschalteten Möglichkeiten analysiert werden kann. Hierbei ist entscheidend, daß mit der konkreten Realisierung einer Struktur in einer konkreten Situation Teile des Sprachsystems *de facto* reproduziert werden, während das Ziel der Beschreibung von relativen Häufigkeiten der Realisierungen einer Struktur ist, „Gesamtsicherheiten" zu ermitteln und über Indikatoren Rückschlüsse auf Strukturen und Bedingungskomplexe des Sprachsystems zu ziehen.

1.2.2 Sprachstrukturen und Strukturbeschreibung

Sprachstrukturen bestehen in der Einschränkung der im Sprachsystem zugelassenen Relationen. Anders formuliert: Strukturbildung ist selektive Einschränkung der Gleichwahrscheinlichkeit der Verknüpfung der Elemente untereinander. Von daher liegt es nahe, die Wahrscheinlichkeiten zu berechnen, mit denen Elemente realisiert werden. Genau dies geschieht auf der Ebene der *Σparole*, was in verschiedenen

---

11 Um es noch einmal deutlich hervorzuheben: In vielen linguistischen Arbeiten ist der Grad der Abstraktion hoch, allerdings scheint mir in manchen dieser Arbeiten aufgrund der sprachlichen Daten der Grad der Generalisierung unangemessen.

Ansätzen versucht worden ist und was zentral ist für den Aufbau von Hierarchien, wie es in Kapitel 1.1 skizziert worden ist.

Grundlegend für Ansätze, die Aussagen auf der Ebene $\Sigma parole$ machen - auch wenn dies nicht weiter thematisiert wird - ist die Annahme, daß Strukturen variabel sind und daß Struktur als die Einschränkung der Unabhängigkeit von Variablen definiert werden kann, am deutlichsten formuliert in Kleins (1974) Varietätengrammatik. Ziel der Strukturbeschreibung ist es dann, die Abhängigkeit von Variablen aufzudecken. Diese Perspektive nehmen sowohl die Varietätengrammatik (Klein 1974), die Variablenregelanalyse (Labov 1969) als auch die Implikationsskalenanalyse (DeCamp 1971) ein. Die Ansätze gehen von dem statistischen Grundaxiom aus, daß variable Strukturen über relative Häufigkeiten berechnet werden können und daß invariante solche Strukturen sind, die mit hundertprozentiger relativer Häufigkeit eintreffen (vgl. im einzelnen Schlobinski 1987:72f.). Während in diesen Ansätzen von der statistischen Datenanalyse ausgegangen wird, sind die implikativen Universalien von Greenberg (1966) oder Aussagen wie »Agent phrase tend to precede theme phrases» (Uszkoreit 1987:412) quasi-statistische Aussagen, denen in der Regel die Basis zu einer validen Analyse fehlt[12]. Gegenüber solchen nicht statistisch abgesicherten Aussagen, sind probabilistisch fundierte Grammatiken in hohem Maße explizit. Neben spezifischen Problemen, die mit probabilistisch fundierten Grammatiken verbunden sind (vgl. Romaine 1981), stellen sich zwei generelle Probleme:
1. man kann nur die Variablen beschreiben, die zuvor definiert worden sind, es kann aber sein, daß wesentlich mehr Variablen (in Form von Variablenkomplexen) die strukturelle Komplexität bestimmen;
2. die Operation der Strukturbildung im Sprachsystem ist nicht identisch mit der Strukturbildung der Beschreibung, denn die Realisierung einer Variable ist von konkreten Bedingungen, die in der Sprechsituation faktisch wirksam werden, abhängig. Die Tendenz, daß Agens-Nominalgruppen vor Thema-Nominalgruppen stehen, sagt nichts über die konkreten Bedingungen aus, unter denen eine Agens-Nominalgruppe zu einem bestimmten Zeitpunkt in einer konkreten Situation und unter spezifischen Bedingungen realisiert wird. Hier gilt, was bereits Suppes geschrieben hat: «I do not claim that the frequency distribution of grammatical types provides an ultimate account of how language is used or for what purpose» (Suppes 1971:96). Die Folgen der Differenzierung in Distribution und konkrete Realisierung sind in probabilistischen Grammatiken weitgehend vernachlässigt oder

---

12 Ähnliches gilt für die Topik-Hierarchien von Givón (1983), der zwar von empirischem Material ausgeht, der aber 1.eine fragwürdige Indexbildung vornimmt und 2. zu unzulässigen Generalisierungen aufgrund einfacher Häufigkeitsverteilungen kommt. Weiteres hierzu in Kap. 2.3.3.

falsch[13] interpretiert worden. Wenn jedoch die Einbettung in den kommunikativen Kontext eine Rolle spielen soll, so sind distributive Analysen hilfreich zur Aufdeckung von Parametern, können aber die Analyse von „Tokens" nicht ersetzen. Für die Strukturbeschreibung ergibt sich hieraus eine Doppelstrategie: Zum einen können und sollten Distributions- und Frequenzanalysen angewendet werden, um Strukturmuster zu erkennen und einzugrenzen; gleichzeitig jedoch müssen die realisierten Strukturen in ihrem Kontext eingebettet analysiert werden, um die zahlreichen, insbesondere externen Selektionsbeschränkungen zu erfassen.

1.3 Empirische Basis und Korpusanalyse

Es wurde in den vorigen Kapiteln argumentiert, daß die Analyse grammatischer Strukturen korpusbezogen erfolgen soll. Dies ist der Ansatz, der hier in bezug auf die gesprochene Sprache vertreten wird. Den in den Kapiteln 3-7 folgenden Analysen liegen Transkriptionen der gesprochenen Sprache zugrunde. Als Grundkorpus für die Studien zum Deutschen wurden Sprachdaten aus vier Korpora zusammengestellt (vgl. auch Tab. 1-1):
1. Erzählungen aus dem Berlinisch-Korpus von Dittmar/Schlobinski/Wachs (1986). Es handelt sich hierbei um natürliches Sprachmaterial, das stark dialektal gefärbt ist.
2. Verkaufsgespräche aus dem Korpus von Schlobinski (1982). Es handelt sich hier um Aufnahmen, die in einem Tante-Emma-Laden in Berlin erhoben worden sind. Die Verkaufsgespräche sind spontan und dialektal gefärbt.
3. Dem Korpus von Therapiegesprächen liegen Aufnahmen mit Suizidgefährdeten zugrunde. Das Korpus hat mir Prof. Dittmar zur Verfügung gestellt, dem ich an dieser Stelle dafür herzlich danke. Das Sprachmaterial, das in einer Münchener Klinik erhoben wurde, ist partiell Bairisch, sonst gehobene Umgangssprache.
4. Das Korpus von freien Interviews basiert auf einer Untersuchung von Last (1990) zur Sprache Jugendlicher im Raum Osnabrück. Das Korpus wurde mir von der Autorin freundlicherweise zur Verfügung gestellt. Der Diskurstyp ist dialogisch und trotz der Interviewsituation relativ locker und spontan, da die Autorin die

---

13 Im Zentrum der Diskussion um probabilistische Grammatiken steht die (falsch gestellte) Frage, inwieweit relative Häufigkeiten Teil der Performanz, Wahrscheinlichkeiten Teil der Kompetenz sind (Cedergren/Sankoff 1974:343), was mit der Tatsache zu tun hat, daß sowohl die Variablenregel als auch die Varietätengrammatik als Erweiterungen der Chomskyschen Regeln formuliert sind mit der Folge, daß die Grenze zwischen Internalitäts- und Externalitätsprinzip verwischt worden ist. Im Sinne von Heger (1976) könnte man hingegen argumentieren, daß relative Häufigkeiten f(x) auf der Ebene der $\Sigma parole$ anzusetzen sind, die aufgrund von f(x) ermittelten Wahrscheinlichkeiten p auf der Ebene der *langue*.

Jugendlichen über einen längeren Zeitraum aufgenommen hat. Die Sprachlage ist umgangssprachlich mit schwachen westfälischen Dialektfärbungen.

Das Grundkorpus bildet die Ausgangsdatenlage für die folgenden Untersuchungen zum Deutschen. Zusätzlich wurden zwei weitere Korpora zur Analyse spezifischer Phänomene herangezogen, die jedoch nicht EDV-verarbeitet wurden:

1. das Gießener Korpus zur Analyse von *kriegen*-Konstruktionen, das mir Rosemarie Rigol dankenswerter Weise zur Verfügung gestellt hat. Dem Korpus liegen halbformelle Interviews zugrunde. Die Befragten sprechen Gießener Stadtdialekt.

2. Ein gesprächstherapeutisches Korpus von Thoms (1983), das mir dankenswerter Weise zur Verfügung gestellt wurde. Dieses Korpus, das Sprachmaterial in gehobener Umgangssprache und schwach berlinischem Dialekt umfaßt (vgl. auch Schlobinski 1988), wird bei der Analyse von *daß*-Sätzen berücksichtigt.

Die Analysen zur chinesischen Sprache basieren auf einem Korpus, das von Xinxi Chen und Liuming Li im Rahmen eines Projektes zur chinesischen Grammatik in Osnabrück erhoben wurde. Das Korpus besteht aus freien Konversationen in Putonghua.

Grundkorpus

ORT	WORTFORMEN/ ZEICHEN	DISKURSTYP	KÜRZEL	EDV
Berlin	14 937/117 760	Erzählung	E	ja
Berlin	15 841/104 424	Verkaufsgespräch	V	ja
München	16 138/108 032	Therapiegespräch	T	ja
Osnabrück	16 384/117 248	freies Interview	F	ja

Σ63 300/447 464

Spezifische Korpora

Gießen	15 000	Interview	I	nein
Berlin	[400 S.]	Gesprächstherapie	GT	nein
Osnabrück	[16 545]	chines. Erzählungen	C	ja

Tab. 1-1: Korpora

Die Transkriptionen, die auf der Basis eines einfachen konversationsanalytischen Systems (s. Legende) verschriftet worden sind, wurden EDV-gespeichert und anschließend mit TEXT-TOOLS (Lang 1988) bearbeitet. Dabei wurden zunächst

Konkordanz- und Frequenzanalysen durchgeführt. Als Beispiel (11) sei die EDV-Transkription eines Ausschnitts aus einem Therapiegespräch sowie die daraus resultierenden Konkordanzen (12) gegeben:

(11)

Transkription /Band 202-2

T: Therapeut
P: Patient

1 P: (2.0) i hob des gefühl / etwas retten zu müssen (.)
          wozu ich nicht in der lage bin (2.o) ((knarrt mit Stuhl)
2 T: ( ) was meinen sie damit / jezt
3 P: ( ) entweder i ah entweder i ändert dies äh also die ganze ding um (.)
          oder äh i verlier mei kind
4 T: und ( ) ja das glaub' ich auch ( ) sie haben jetzt ebend gesagt (.)
          daß sie sich nicht im stande / fühlen etwas zu retten \
           was jetzt gerettet werden muß
5 P: ja (leise)
6 T: ( ) ich meine daß sie sich auch selbst retten müssen (.)
          nicht wahr \ auf dem anderen ufer steht nicht nur ihr sohn (.)
          da stehen sie selber /
7 P: an des hab' i noch nit mal so gedacht / (.) an mich selber \
          ( ) ja des is ( ) ((atmet tief)) is is bestimmt / richtig ja
8 T: mmh aber was
9 P: aber an mir selber (.) an mir selber / (.) is nit so
          veil / rettenswertes \ ( ) des is der andere aspekt \ ( ) an mir selber seh i
          goar nit mehr äh äh so veil rettenswertes \ (1.0)
10 T: wofür / halten sie sich denn
11 T: ( ) wofür ( )
               ja halt für einen ganz normalen bürger der da auf der erde
          herumkrakpelt / und und ( ) schaut daß ( ) er den magen vollkriegt
12 T: mmh (1.0) aber wenn sie jetzt sagten (.) an mir ist nicht viel
          rettenswertes (!) drückt das doch aus daß sie von sich ( ) mmh eine recht
          gerinne meinung haben \
13 P: ( ) ja (leise)
14 T: ( ) verachten sie sich denn selber /
15 P: na des glaub' i net ( ) na i veracht mi net selber \ (3.0) aber was soll
          i an mir retten \

Konkordanzen aus dem Beispiel in bezug auf *aber*:

(12)
ABER

steht   nicht nur ihr sohn (.) da stehen sie selber / 7 p:an des hab' i noch nit mal so gedacht / (.) an mich selber \ ( )   ja des is ( ) ((atmet tief)) is is bestimmt / richtig ja 8 t: mmh *aber* was 9 p: aber an mir selber (.) an mir selber / (.) is nit so veil / rettenswertes \ ( ) des is der andere   aspekt \ ( ) an mir selber seh i goar nit mehr   äh äh so viel rettenswertes \ (1.0) 10 t: wofür / halten sie sich denn C:\SCHLOBI\HABIL\DATA\ther.txt
1%

ABER

nur ihr sohn (.) da stehen sie selber / 7 p:an des hab' i   noch nit mal so gedacht / (.) an
mich selber \ ( )   ja des is ( ) ((atmet tief)) is is bestimmt / richtig ja 8 t: mmh aber was
9 p: *aber* an mir selber (.) an mir selber / (.)   is nit so veil / rettenswertes \ ( ) des is der
andere   aspekt \ ( ) an mir selber seh i goar nit mehr   äh äh so viel rettenswertes \ (1.0)
10 t: wofür / halten sie sich denn   ( ) wofür ( )
C:\SCHLOB\HABIL\DATA\ther.txt 1%

ABER

 sie sich denn 11 t: ( ) wofür ( ) ja halt für einen ganz normalen bürger   der da auf der
erde herumkrakpelt / und und ( )   schaut daß ( ) er den magen vollkriegt 12 t: mmh
(1.0) *aber* wenn sie jetzt sagten (.) an mir ist nicht viel   rettenswertes (!) drückt das
doch aus   daß sie von sich ( ) mmh eine recht   gerinne meinung haben \ 13 p: ( ) ja
((leise))   14 t: ( ) verachten sie sich denn selber /   15 p: na
C:\SCHLOB\HABIL\DATA\ther.txt 1%

Die so ermittelten Belege wurden voranalysiert, quantifiziert und anschließend ein-
zeln im diskursiven Kontext analysiert, ggf. im größeren Diskurszusammenhang.
Diese Vorgehensweise ist jedoch nicht möglich bei der Analyse zur Subjekt- und
Objektfunktion im Chinesischen. Deshalb wurde das Grundkorpus zum Chinesischen syntaktisch komplett durchanalysiert. Das so analysierte Korpus konnte
nun wiederum mit Hilfe von TEXT-TOOLS weiter analysiert werden, beispielsweise so, daß sämtliche Subjekt-Ausdrücke als Konkordanzliste zusammengestellt
wurden.

Das Programm TEXT-TOOLS sortiert die Belege nach ihrem Vorkommen im
Korpus und weist automatisch zum Wiederauffinden im Text eine Prozentzahl zu.
Diese ist teilweise im Transkriptionssigel aufgenommen worden und steht nach der
Abkürzung für den jeweiligen Diskurstyp, z.B. (E:37%). Am Anfang des Trans-
kriptionssigels steht die Variable mit einer Ordnungszahl, z.B. aber-145. Sämtliche
Belege der gesprochenen Sprache sind in Kleinschreibung verschriftet und von
daher im Text sofort zu erkennen. Für das Chinesische bedeutet dies, daß die satz-
initiale Majuskel sowie Satzzeichen fehlen.

2. Bausteine einer funktional deskriptiven Grammatik

Es wurde davon ausgegangen, daß das Sprachsystem ein autonomes System ist, das in Subsysteme differenziert ist und andere Systeme als Umwelt hat. Die Subsysteme können in ihrer Struktur beschrieben werden, sind durch Interdependenzen vernetzt und stratifiziert, d.h. in dem Sinne hierarchisiert, daß sie in einem Rangverhältnis stehen. Im Zentrum dieses Rangverhältnisses steht das syntaktische System, das auf dem lautlichen und morphologischen System fundiert ist, und mit diesen zusammen zum Aufbau von Informationen dient. Eine funktional deskriptive Grammatik hat als Gegenstand (a) die Beschreibung der hierarchischen Ebenen bzw. einzelnen Subsysteme und (b) das Zusammenspiel der einzelnen Subsysteme sowie (c) das Verhältnis des Sprachsystems zu Umweltsystemen wie dem des kommunikativen Handlungssystems. Im Blickwinkel einer solchen Grammatik steht die Syntax. Da aber oftmals unter Syntax entweder die Beschreibung von Transformationen und Sprachwissensstrukturen oder die Beschreibung von syntaktischen Formen verstanden wird, wollen wir weiterhin von „Grammatik" sprechen, da gerade verschiedene Interdependenzen in die Strukturbeschreibung integriert werden sollen, obwohl die Beschreibung einzelner Subsysteme, wie z.B. das morphologische, keine weitere Rolle mehr spielen wird. In den folgenden Analysen interessiert, wie die verschiedenen Subsysteme, insbesondere das syntaktische System, zum Aufbau sprachlicher Strukturen und sprachlicher Prozesse beitragen. Dabei spielen folgende Bausteine eine zentrale Rolle:
1. die Konstituentenstruktur;
2. die Markierungsstruktur, die syntaktisch bzw. morphologisch aufgebaut ist;
3. syntaktische und semantische Relationen;
4. pragmatische Funktionen in Verbindung mit
5. Diskurs- und Textstrukturen.
In der Konstituentenstruktur sind die Elemente spezifiziert und hierarchisiert, die zum Aufbau grammatischer Strukturen relevant sind. Diese Elemente sind verknüpft, z.B. durch die Subjekt-Relation, und sie sind markiert, wie z.B. im Deutschen die Objekt-Nominalgruppe durch Genetiv, Dativ bzw. Akkusativ. Strukturelle Einheiten können mit diskursiven Strukturen verbunden sein (wie z.B. konversationellen Mustern oder Tonhöhenverläufen) oder textuellen (wie z.B. das paarige Komma) und so aus Texten/Diskursen segmental differenziert werden. Im Hinblick auf Tonhöhenverläufe wurden keine weiteren Analysen vorgenommen, obwohl dies im Hinblick auf grammatische Strukturen in der gesprochenen Sprache

interessant ist, da für die vorliegenden Sprachdaten nach dem derzeitigen Stand der Technik und der Grundlagenforschung keine validen Analysen möglich sind.

2.1 Konstituentenstruktur

Die Konstituentenstruktur ist die interne Organisation der syntaktischen Struktur im Hinblick auf deren Basiselemente und im Hinblick auf die Kombination und Verbindung dieser Elemente zu größeren Einheiten. Sie gibt den »hierarchischen Aufbau syntaktischer Einheiten mit Hilfe der Konstituentenkategorien wieder« (Eisenberg 1989:48). Teilstrukturen der syntaktischen Struktur sind Elemente von Konstituentenkategorien wie N und V. Die Konstituentenkategorien sind die Basiselemente des syntaktischen Subsystems, sie dienen der Explikation der Konstituentenstruktur; sie sind aber Elemente, die aus Strukturen des semantischen und morphologischen Systems aufgebaut werden[1].

Unter den Konstituentenkategorien sind Basiskategorien (N,V) und erweiterte Kategorien (Ngr, Vgr) zu unterscheiden, die als Kerne Basiskategorien haben. Basiskategorien sind (syntaktische) Kategorien, wie z.B. N(omen), die aus morphosemantischen Kategorien, Wortarten, wie z.B. Substantiv, abgeleitet sind. Schwierig und teilweise problematisch ist die Frage, wie die basalen Konstituentenkategorien über die Wortarten konstituiert werden können; dies gilt sowohl unter einer einzelsprachlichen als auch typologischen Perspektive.

Die Kernkategorien sind diejenigen syntaktischen Strukturelemente, die auf Wortarten basieren. Wortarten sind Paradigmen von Wörtern, Wörter wiederum Paradigmen von Wortformen (vgl. hierzu auch Eisenberg 1989:35f., Lutzeier 1985:20). Wortformen sind die konkreten Realisierungen auf der Ebene der *parole*, Wörter sind lemmatisierte Wortformen und bilden die Basiselemente innerhalb der (lexikalischen) Semantik. Wortarten sind Paradigmen von Wörtern aufgrund gemeinsam geteilter grammatischer Eigenschaften und fungieren als Grundkategorien für terminale Konstituenten. Das Problem der Bestimmung von Wortarten besteht darin, eindeutige Kriterien der Klassifikation zu finden. Im Deutschen wird u.a. traditionellerweise das Substantiv(paradigma) vom Verb(paradigma) aufgrund eines unterschiedlichen Flexionsparadigmas abgegrenzt; daneben stehen Unflektierbare wie z.B. die Präpositionen, die nicht graduierbar sind wie Adjektive und die eine relativ

---

1 In diesem Punkt ist Eisenberg (1989) inkonsistent: Es ist nicht einzusehen, daß Substantiv eine Paradigmenkategorie, aber Nominal eine Konstituentenkategorie ist, da Nominal nichts weiter ist als eine Kategorisierung aufgrund von Deklinationseigenschaften verschiedener Wortarten und insofern als Paradigmenkategorie anzusetzen wäre. Es wird deshalb im folgenden von Basiskategorien ausgegangen, die zur Explikation der Konstituentenstruktur dienen, und denen auf der morphologischen und semantischen Ebene Wortarten entsprechen.

geschlossene Wortklasse bilden. Die Grenzen sind jedoch nicht diskret, sondern verwischen sich angesichts der Tatsache, daß z.B. Unflektierbare in der gesprochenen Sprache auch flektiert auftreten können:

(1)   *der broccoli könnte ein bißchen durcher sein*
        Der Broccoli könnte ein bißchen stärker gekocht sein
(2)   *da ist eine zue milch*
        Da ist eine Milchtüte, die zu ist
(3)   *ein aber [apa] kopf*
        Ein Kopf, der ab ist (Bezieht sich auf den Kopf einer Puppe).

Neben diesen peripheren Problemen, die in Sprachen wie dem Deutschen, in denen Wortklassen aufgrund formaler Kriterien relativ gut bestimmt werden können, als „Ausnahmen", als Idiosynkrasien des Strukturmusters behandelt werden können[2], entstehen substantielle Probleme dort, wo entsprechende formale Kriterien keine bzw. nur geringe Hinweise auf formale Differenzierung geben (Chinesisch), oder dort, wo die morphologische Markierung sowohl für das Wortparadigma A (Substantiv) als auch das Wortparadigma B (Verb) gilt. Letzter Fall ist insofern relevant und hat die Diskussion um die Bestimmung von Wortarten immer wieder beflügelt, als allgemein angenommen wird, daß es keine Sprache gibt, in der nicht zumindest ein Substantiv- und Verbparadigma postuliert werden kann.

Das Problem der Wortklassenbestimmung aufgrund des Fehlens morphologischer Information stellt sich insbesondere im klassischen Chinesisch. Die eine Position ist die, daß Wortklassen nicht bestimmt werden können, da fast jedes Wort gleichzeitig mehrere syntaktische Funktionen übernehmen kann:

(4)   shì   *Arbeit, Angelegenheit*   (N)omen
                arbeiten, dienen   (V)erb

So folgert Kennedy (1964) aus den Texten von Menzius, daß «in the final analysis word-classes cannot be defined» (Kennedy 1964:323), eine Schlußfolgerung, die bereits Humboldt 1826 gezogen hatte: »Das Wort wächst also, da es keine Bezeichnung hat, nicht äusserlich, und da es in ganz unveränderter Gestalt verschiedenen Classen angehören kann, gar nicht mit seiner Classeneigenthümlichkeit zusammen« (Humboldt 1968:311). Die andere Position ist die, daß aufgrund prototypischer syntaktischer Funktionen und semantischer Eigenschaften Substantive und Prädikative unterschieden werden können: «Nouns typically function as subjects or

---

2 Man kann es positiv so formulieren: Die Tatsache, daß es partiell Schnittmengen in den grammatischen Kriterien zwischen z.B. Adjektivparadigma und Adverbparadigma gibt, ist kein Grund, entsprechende Paradigmen nicht anzunehmen.

objects. Notionally they are names of object, substances, people and places» (Norman 1988:88).

In der Argumentation zur Wortartenbestimmung im klassischen Chinesisch über die syntaktischen Funktionen steckt die grundsätzliche Idee der Korrelation von Wortart und syntaktischer Kategorie im Hinblick auf syntaktische Funktionen. Dies ist auch im modernen Chinesisch relevant, da aufgrund morphologischer Eigenschaften eine Wortartendifferenzierung nur partiell - im Sinne von Prototypen - vorgenommen werden kann. Das Gleiche gilt allerdings für die Wortarten- bestimmung auf der Basis syntaktischer Faktoren (vgl. Abb. 2-1).

	Nomen	Verb	Adverb
Reduplikation	AA	AA/ABAB AABB	-
Prädikat	+	+	+
Attribut	+	+	-
Subjekt	+	-/+	-
Objekt	+	-/+	-
Adverbial	-/+	+	+
Komplement	-	+	-/+
[P__]Pgr	+	-	-
Modifizierung durch ADV	-	+	-/+
+ Aspektpartikel	-	+	-
X bù X	-	+	-
X yi X	-	+/-	-

Abb. 2-1: Kriterien der Wortartenbestimmung von Nomen, Verb und Adverb im modernen Chinesisch

Dabei ist die Wortklassenbestimmung insofern häufig zirkulär, als über die syntak- tische Funktion die Wortklasse bestimmt wird und die Wortklasse über die syntak- tische Funktion. Aufgrund der Zirkularität ergeben sich eine Reihe von Unstim- migkeiten in Grammatiken des Chinesischen. Aufgrund der Tatsache, daß Aus- drücke wie *jīntiān* „heute", *xiànzài* „jetzt" als Subjekt und Attribut fungieren kön- nen, werden sie in allen Grammatiken als Nomina klassifiziert. Wörter wie *yǐjīng*

„schon", die nur als Adverbial fungieren, werden hingegen als Adverbien klassifiziert. Die Kernfrage ist, warum Wörter, die zwei oder mehrere syntaktische Funktionen erfüllen, korreliert werden mit Wörtern, die allein die eine oder die andere Funktion erfüllen. So könnte *jīntiān* einerseits unter die Wortklasse subsumiert werden, die allein Wörter in Subjekt- und Attributfunktion umfaßt, andererseits unter die Wortklasse, die allein Wörter mit adverbialer Funktion umfaßt. Wenn man quantitativ argumentiert, wäre es sogar sinnvoller, *jīntiān* und andere als Adverb zu klassifizieren, da diese Wörter als Adverbial wesentlich häufiger auftreten denn als Subjekt oder Attribut. Um das Problem prinzipiell zu lösen, müßte man entweder annehmen, daß in Abhängigkeit von der syntaktischen Funktion die Wortklasse gebildet wird, *jīntiān* also entweder als Nomen (in Subjektfunktion) oder als Adverb (als Adverbial) zu klassifizieren ist. Eine andere Möglichkeit besteht darin, eine „Mischwortklasse" anzunehmen, die die Wörter umfaßt, die zwei oder mehr syntaktische Funktionen haben; für *jīntiān* könnte dies die Klasse der „Nominad" sein.

Aus typologischer Sicht besteht die Schwierigkeit, Wortarten im positiven Sinne zu bestimmen, da die Ausnahmen die Regel bestimmen. Es ist nicht so, wie Coseriu formuliert: »Denn nur das *Substantiv* (als Nomen, Pronomen, Nominalsyntagma oder nominalisierter Satz) kann das Subjekt einer Satzeinheit bilden; und das Verbum ist von seiner semantischen Anlage her zur prädikativen Funktion bestimmt« (Coseriu 1987:151). Dies gilt zwar tendenziell - das Verb ist der präferierte Kandidat für das Prädikat -, aber nicht ausschließlich.[3] Da die gemeinsam geteilten grammatischen Merkmale selbst der Wortart Nomen und der Wortart Verb nur statistisch erfaßt werden können und die Schnittmenge zu anderen Wortarten relativ groß ist, wird in der typologischen Literatur von Prototypen (vgl. hierzu Kap. 2.2) ausgegangen (so Seiler 1990:62f.), durch die Kerneigenschaften von Wortarten bestimmt werden können. Inwieweit es eine erfolgreiche Strategie ist, Wortarten universalistisch zu bestimmen, sei dahingestellt. In jedem Falle ist es einfacher, Wortarten sprachenspezifisch zu definieren und zu *relativ* stabilen Paradigmen/Klassen zu kommen, die die Grundelemente für Konstituentenkategorien bilden. Konstituentenkategorien basieren also auf Paradigmenkategorien (Wortarten), die wiederum intern strukturiert sein können. Für die interne Strukturierung sind in der Regel semantische und morphologische Faktoren relevant. So kann das substantivische Paradigma im Deutschen unter anderem semantisch nach Gattungsnamen, Eigennamen und Stoffnamen differenziert werden; das substantivische

---

3 Obwohl zumindest der Zusammenhang zwischen Verb und Prädikat in vielen Sprachen, speziell im Deutschen, gegeben ist, wurde aus sprachtypologischer Sicht immer wieder bezweifelt, daß selbst die minimale Differenzierung in Verben und Substantive in jedem Falle gilt (vgl. Swadesh 1939, Kinkade 1983, Sasse 1988).

Paradigma im Chinesischen kann als erste Stufe in die Maßklasse und Nicht-Maßklasse, die Nicht-Maßklasse wiederum in die Stoff- und Nicht-Stoffklasse differenziert werden (Dragunov 1960:35f.). Diese internen Paradigmenstrukturierungen
wollen wir in die Strukturbeschreibung durch Indizierung integrieren. Dabei werden
semantische und syntakto-semantische Paradigmenkategorisierungen in eckige
Klammern gesetzt [ ], morphologische und morpho-syntaktische in geschweifte
Klammern { }, z.B.:

(5)   N   N

         {MASK}   [+STOFF]

         Mann   *ròu* „Fleisch"

Neben der internen Paradigmenstrukturierung werden Konstituentenkategorien
dadurch gebildet, daß Wortarten aufgrund gemeinsamer grammatischer Eigenschaften zu Paradigmen kategorisiert werden, die direkt als Konstituentenkategorien
formuliert werden. So umfaßt bei Eisenberg (1989:41) die Konstituentenkategorie
N die Klasse der Substantive, Adjektive, Artikel und Pronomina als nominales
Paradigma sowie Kombinationen aus [Artikel + Substantiv]; im Chinesischen wird
häufig die Adjektiv- und Verbklasse zur Klasse der Prädikative vereinigt (Dragunov
1960:6, Chao 1968:663). In beiden Fällen handelt es sich um Paradigmenkategorisierungen, wenn man von morphologischen oder semantischen Kriterien ausgeht.
Ein Problem entsteht dann, wenn über syntaktische Funktionen argumentiert und
die relationale Information in die kategoriale durch die Hintertür in die Strukturbeschreibung integriert wird. Im Chinesischen wird die Kategorisierung „Prädikativ" deshalb vorgenommen, weil Verben und Adjektive eine ganz Reihe grammatischer Eigenschaften teilen[4] (vgl. Schmidt 1986:229f.):
1. sie fungieren als Prädikate, sie können folglich
2. durch Satzpartikeln modifiziert werden, z.B.

(6) a.   tiānqì lěng le

         Wetter kalt ASP

         das Wetter ist kalt;

3. sie werden durch Adverbien modifiziert, z.B.

(6) b.   tiānqì hěn lěng le

         Wetter sehr kalt ASP

         das Wetter ist sehr kalt

---

4 Es gibt natürlich einige Unterschiede:
1. V   + {guo,le} : Negation durch *méi*
   ADJ + {guo,le} : Negation durch *bù*
2. *hěn*-Modifikation von Adjektiven, aber nicht von Verben
3. Adjektive sind graduierbar
4. Nur bei Adjektiven kommt der Reduplikationstyp ABB und A*li*AB vor.

4. sie fungieren als resultative Komplemente, z.B.

(7) nǐ xiě cuò le zhè ge zì
du schreiben falsch ASP dies Kl Zeichen
Du hast dieses Zeichen falsch geschrieben

5. sie werden in der Regel durch bù negiert.

(6) c. tiānqì bù lěng le
Wetter nicht kalt ASP
Das Wetter ist nicht kalt

Wird die Paradigmenkategorie „Prädikativ" als Konstituentenkategorie angesetzt, so besteht eine gewisse Zirkularität darin, daß Prädikative die Konstituenten sind, die qua Definition als Prädikat fungieren; die syntaktische Relation wird als kategoriale Information aufgebaut. Es soll für Konstituentenkategorien grundsätzlich zunächst einmal von Basiskategorien wie N,V, ADJ etc. ausgegangen werden, die ihr Korrelat in Wortarten (Substantiv, Verb, Adjektiv) haben und die in der Konstituentenstruktur terminale Konstituenten bilden. Die Wortarten als Wortparadigmen sind einerseits intern strukturiert (Paradigmenkategorien) und können andererseits zu größeren Wortparadigmen wie z.B. Nominal, Prädikativ zusammengefaßt werden. Mit Hilfe der Konstituentenkategorien wird der hierarchische Aufbau syntaktischer Einheiten wiedergegeben, und zwar in Form von Konstituentenstrukturen. „Eine Konstituente ist jeder Teil einer syntaktischen Einheit, der bei einer gegebenen Konstituentenstruktur eine Konstituentenkategorie zugeordnet ist" (Eisenberg 1989:48). In der Sequenz *Er schreibt* sind *er*, *schreibt* und *Er schreibt* Konstituenten. Die Strukturierung wird in Form von Diagrammen dargestellt, die wie folgt aufgebaut sind:

(8)

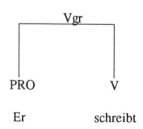

Am Fuß des Strukturdiagramms steht der Name einer syntaktischen Konstituentenkategorie, die ein Syntagma bezeichnet, das aus den terminalen Konstituenten V und N besteht, wobei V als Kern des Syntagmas den Namen der erweiterten, hierarchisch höherstufigen Konstituentenkategorie festlegt. N und V sind Vgr direkt untergeordnet und einander direkt nebengeordnet. Komplexe syntaktische Einheiten sind also aus Basis- und erweiterten Konstituenten, die als Kerne Basiskonstituenten enthalten, aufgebaut:

(9)

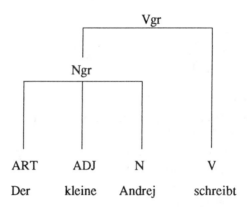

ART	ADJ	N	V
Der	kleine	Andrej	schreibt

In diesem Beispiel ist die Kernkonstituente erweitert durch ADJ und ART, die N direkt bzw. indirekt nebengeordnet sind. Die erweiterte Konstituente Ngr ist Vgr untergeordnet. Erweiterte Konstituenten sind solche, die mindestens immer eine Kernkonstituente (z.B. N) haben und die aus basalen Konstituenten (ART, ADJ, N) aufgebaut sind. Erweiterte Konstituenten bilden im Baumdiagramm immer einen Knoten, in dem der Graph sich mindestens binär teilt.

Ein Baumdiagramm läßt sich in seiner Hierarchie durch Subordinations- und Koordinationsrelationen formalisieren, es sei eine halbformale Darstellung gegeben (vgl. hierzu auch Eisenberg 1989:46):

indirekt subordiniert (indir-sub): K_1 ist indirekt-subordiniert K_2, wenn K_1 in K_2 völlig enthalten ist. (Und: Ist K_3 K_2 subordiniert und K_2 K_1 subordiniert, dann ist K_3 K_1 indirekt-subordiniert.)

direkt subordiniert (dir-sub): K_1 ist K_2 direkt-subordiniert, wenn K_1 in K_2 enthalten ist und wenn kein Knoten zwischen K1 und K2 liegt.

indirekt koordiniert (indir-ko): K_1 ist mit K_2 indirekt-koordiniert, wenn es keinen K_3 gibt, der direkt K_1 und K_2 untergeordnet ist.

direkt koordiniert (dir-ko): K_1 ist direkt-koordiniert mit K_2, wenn K_1 Nachbarkonstituente von K_2 ist.

Das Beispiel *Der kleine Andrej schreibt* läßt sich im Hinblick auf die hierarchische Organisation wie folgt veranschaulichen:

(10)

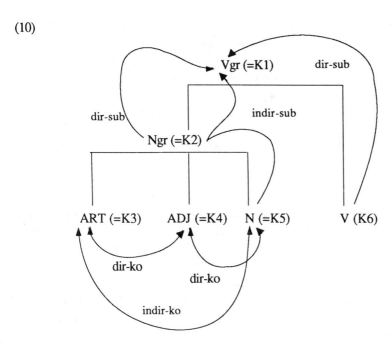

Es besteht für (10) insgesamt folgende hierarchische Strukturierung, wobei X → Y bedeutet, daß X Y untergeordnet ist, und X ↔ Y, daß X und Y einander nebengeordnet sind :

indir-sub	{ART, ADJ, N} → Vgr
dir-sub	V → Vgr
	{ART, ADJ, N} → Ngr
indir-ko	ART ↔ ADJ
	ADJ ↔ N
	ART ↔ N
dir-ko	ART ↔ ADJ
	ADJ ↔ N

Aus der formalen hierarchischen Strukturierung lassen sich jedoch keine Kriterien gewinnen, welche erweiterte Konstituente sinnvoll ist oder nicht. Traditionellerweise gibt es eine Reihe von Kriterien, die zur Bestimmung sowohl von Basiskonstituenten als auch größerer syntaktischer Einheiten dienen. Zentral sind hierbei paradigmatische und syntagmatische Beziehungen:

1. Ersetzungsprobe: *[Peter] geht.*
    Der Mann] geht.
    [Die Uhr] geht.

2. Verschiebeprobe: *Peter und Michael müssen noch arbeiten.*
                                    Arbeiten müssen Peter und Michael noch.
                                    Noch müssen Peter und Michael arbeiten.
                                    Ich bin das.
                                    Das bin ich.
3. Fragetest: *Wer arbeitet? Peter und Michael.*
4. Pronominalisierungstest: *Sie arbeiten.*
5. (Phrasen)koordinationstest: *Peter arbeitet. Michael arbeitet. [Peter und Michael]*
                 arbeiten.

Daneben gibt es spezifische relational fundierte Kriterien:
1. formale Abstimmung einer Konstituente auf eine andere, z.B. *der faule Mann.*
Kongruierende Einheiten bilden eine Konstituente, im Beispiel eine Nominalgruppe. Aber: ?[[Peter liebt]sein Kind], obwohl dies theoretisch möglich wäre und
vielleicht wahrscheinlicher als die üblicherweise angenommene Verbalphrase.
2. Regens und Regentium bilden eine Konstituente, z.B. *auf dem Tisch.*
Mit Hilfe dieser Tests läßt sich ein großer Teil von Konstituentenkategorien
bestimmen. Für die Analysen in den Kapitel 3-7 spielen folgende Konstituentenkategorien eine zentrale Rolle:

Kernkonstituente	Kategorie	Deutsch	Chinesisch
Nomen	N	Haus	huā „Blume"
Pronomen	PRO	wir	wŏmen „wir"
Verb	V	schlafen	lái „kommen"
Adverb	ADV	gern	hĕn „sehr"
Adjektiv	ADJ	gut	hóng „rot"
Präposition	P	auf	zài „LOKAL"
Partikel	PART	irgendwie	ba „IMPERATIV"
Konjunktion	K	weil	yīnwèi „weil"

Erweiterte Konstituente	Kategorie	Deutsch	Chinesisch
Nominalgruppe	Ngr	schönes Haus	hóng huā „rote Blume"
Pronominalgruppe	PROgr	wir beide	wŏmen dōu „wir alle"
Verbalgruppe	Vgr	will schlafen	yào lái „wird kommen"
Adverbialgruppe	ADVgr	sehr gern	yī ...jiù „kaum..."
Adjektivalgruppe	ADJgr	gut lesbar	dà hóng „sehr rot"
Präpositionalgruppe	Pgr	auf dem Baum	zài Bolin „in Berlin"

Partikelgruppe	PARTgr		<u>bèi</u> rén „*Agens* Mensch"
Konjunktionalgr.	Kgr	<u>weil</u> es regnet	<u>yīnwèi</u> tā qù le „weil er geht"

Die erweiterten Konstituentenkategorien haben einen Kern, der die erweiterte Kategorie determiniert. Eine Nominalgruppe im Deutschen z.b. umfasst alle Nominalausdrücke, die einem nominalen Kern nebenordnend erweitern, z.b. *der Mann, der große Mann,* wobei Artikel und Nomen als „interdependent" angesehen werden können (Eroms 1988), der Artikel in keinem Fall in einer Attributrelation zum Kernnomen steht. Eine Partikelgruppe (im Chinesischen) bezeichnet Ausdrücke, die aus einer Partikel und einem N, PRO bzw. einer Ngr, PROgr aufgebaut sind, z.b. *bèi rén*, wobei die Partikel *bèi* die Funktion der Agensangabe im Passiv markiert. Die Verbalgruppe hat als Kernkonstituente V, wobei finite und infinite Verbformen als Paradigmenkategorien angesetzt werden. Inwieweit z.b. wie im Deutschen Infinitiv und Infinitivgruppe oder Partizip und Partizipialgruppe als Konstituentenkategorie angesetzt werden (vgl. Eisenberg 1989:42), ist eine sprachspezifische Frage, die im einzelnen zu begründen wäre. Die obige Liste ist nicht vollständig, gibt aber die zentralen Kategorien wieder. Auf die Kategorie S (Satz) wird gesondert eingegangen, da diese Kategorie erhebliche Schwierigkeiten bereitet und innerhalb der Konstituentenstruktur aufgegeben wird (s. Kap. 2.6).

Im folgenden wird also von Kernkonstituenten und erweiterten Konstituenten ausgegangen, deren Struktur im einzelnen zu klären wäre. Die hierarchische Strukturierung der Konstituenten kann in einem Strukturdiagramm dargestellt werden, das die Struktur möglichst oberflächennah widerspiegelt (vgl. hierzu Lieb 1983, Eisenberg u.a 1975:70, Eisenberg 1989:47f., Lutzeier 1991). Danach sind diskontinuierliche Konstituenten und sich überschneidende Kanten (so auch bei Weinrich 1982) zugelassen (vgl. 11-13).

(11)

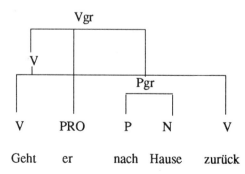

(12)

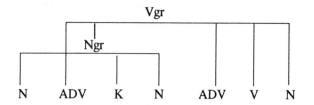

Li chángchang hé péngyou yìqǐ qù shūdiàn
Li oft und Freund zusammen gehen Buchhandlung
Oft gehen Li und sein Freund zusammen in die Buchhandlung.

(13)

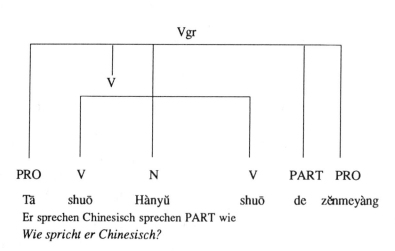

Tā   shuō   Hànyǔ   shuō   de   zěnmeyàng
Er sprechen Chinesisch sprechen PART wie
Wie spricht er Chinesisch?

Eine Konstituente kann nicht gleichzeitig zwei Konstituentenkategorien zugerech-
net sein (vgl. Eisenberg 1989:51); sogenannte Mehrfachkonstituenten mit unär-ver-
zweigenden Knoten (14) sind also nicht möglich.

(14)

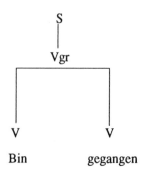

Welche Strukturformate im einzelnen anzusetzen sind, hängt von vielen Faktoren ab und ist sprachenspezifisch differenziert. Oftmals bieten sich mehrere Lösungen an, die im einzelnen zu diskutieren sind.

2.2 Markierungsstruktur

In der Markierungsstruktur sind Markierungskategorien innerhalb der Konstituentenstruktur spezifiziert, insofern sie im Hinblick auf grammatische Funktionen relevant sind, z.B. Flexionskategorien. Dieser relativ enge Markierungsbegriff ist von einem weiten Markierungsbegriff zu differenzieren, wie er in der Markiertheitstheorie als „Präferenzkonzeption" eine Rolle spielt. Die Differenzierung in konkrete Markierung und Präferenzkonzeption wird in der Regel nicht vorgenommen, was zu begrifflichen und methodischen Schwierigkeiten führt, wie kurz angerissen werden soll.

Die Markiertheitstheorie spielt eine zentrale Rolle in der natürlichen Phonologie und Morphologie. Ganz allgemein kann die Markiertheitstheorie angesehen werden «as a special case of preference theory» (Dressler et.al. 1987:9). Präferierte Elemente einer Klasse oder Kategorisierung bilden natürliche Klassen und sind unmarkiert, dispräferierte Elemente hingegen sind markiert[5]. So bildet z.B. das Paradigma der schwachen Verben eine natürliche Klasse und die einzelnen Verben sind unmarkiert, die starken Verben sind hingegen markiert. Für die Bildung natürlicher Klassen bilden verschiedene, innersprachliche und außersprachliche Faktoren ein Rolle (vgl. Dressler et al. 1987:13-14), die jedoch operationalisiert abhängig sind von der Häufigkeit. Die (behauptete) Tatsache, daß beispielsweise

1. in den Sprachen der Welt weniger markierte Elemente häufiger vorkommen,

2. weniger markierte Formen „survive better" und

3. im Spracherwerb weniger markierte Formen zuerst erworben werden und entsprechende Hyperkorrekturen und Übergeneralisierungen vorkommen,

kann im Kern damit erklärt werden, daß die Stabilität bestimmter Klassen direkt abhängig ist von der relativen Häufigkeit der Formen im Sprachsystem, was auch über die Perzeption für kognitive Fragestellungen eine Rolle spielt. Es ist zweifelsohne verkürzt, eine einfache lineare Gleichung aufzustellen, nach der weniger

---

5 Dies spielt auch eine Rolle in der Pragmatik: Levinson (1983:307) stellt den Zusammenhang her zwischen präferierten (=unmarkierten) und dispräferierten (=markierten) Turns her. Die grundlegende Kritik von Barbaresi an diesem Konzept gilt eingeschränkt auch im Hinblick auf morphologische oder syntaktische „Präferenz/Dispräferenz": «Dispreferredness is a rather vague term which refers to many unspecified aspects of behaviour, investing the areas of feelings, motives, judgements, relationships, and other features of life and, in addition, entailing a perceptive awareness of what is normal about such features and what is not» (Barbaresi 1988:181).

markierte Formen immer die am häufigsten vorkommenden sind, aber die
Häufigkeit von Formen ist das entscheidende Argument und der entscheidende
Faktor für die Ausbildung natürlicher Klassen:»Natürlichkeit (...) bzw. Dominanz
von Paradigmenstrukturen bedeutet also nichts anderes als deutliches quantitatives
Überwiegen von Flexionsklassen gegenüber anderen« (Wurzel 1984:127).

Markiertheit/Unmarkiertheit in diesem Sinne verstanden ist nicht diskret zu
definieren, sondern über einen ordinalen bzw. skalaren Begriff von Markiertheit.
Daß Markiertheit ordinal fundiert ist, zeigt Wurzel (1984:176), der direkt an die
Implikationsprinzipien von Greenberg anknüpft (vgl. hierzu Kap. 1.1.1) und für
morphologische Strukturierung vom „Prinzip des implikativen Aufbaus" morphologischer Struktur ausgeht. Ähnlich argumentiert Givón (1984:15) für den Aufbau
syntaktischer Strukturen, die bei ihm über das Prototypenkonzept gefaßt werden.
Protoypen sind nichts anderes als natürliche Klassen, oder umgekehrt formuliert:
Natürlichkeit und Unmarkiertheit im obigen Sinne sind gekennzeichnet durch die
Eigenschaft, Prototyp zu sein[6]: «prototypical instances are full, central members of
the category, whereas other instances form a gradation from central to peripheral
depending on how far and in what ways they deviate from the prototype»
(Langacker 1987:17). Wird Markiertheit/Unmarkiertheit auf der Folie des Proto-
typenkonzepts[7] verstanden, so sind wir wieder auf der Ebene der $\Sigma parole$ (vgl. Kap.
1.2.2), indem nämlich über Häufigkeitsaussagen - sei es nun aufgrund ordinaler
oder skalarer Verteilungen - definiert wird, was unmarkiert oder prototypisch ist:
«the prototype model allows statistical predictions to the effect that a class member
is more likely to behave in a particular way the more central is to the category»
(Langacker 1987:17 und 49). Wenn wir aufgrund statistischer Zusammenhänge -
und zwar nur aufgrund operationalisierbarer statistischer Zusammenhänge - zu
häufig oder weniger häufig vorkommenden Klassen oder Strukturen kommen, so
wird nicht von markierten oder unmarkierten, sondern von prototypischen
(präferierten) oder nicht-prototypischen (dispräferierten) Strukturen gesprochen. Die
Begriffe markiert oder unmarkiert werden im folgenden nur dann angewendet, wenn
eine grammatische Kategorisierung morphologisch oder syntaktisch enkodiert ist,
d.h., daß in jedem Einzelfall entschieden werden kann, ob eine Markierung vorliegt
oder nicht. Markierungen sind Enkodierungsparadigmen grammatischer Strukturen
(z.B. Numerus oder Kasus); Marker sind Symbolisierungen wenigstens einer grammatischen Kategorie (Sg, Pl oder Nominativ, Dativ). Morpho-syntaktische Markierungen sind im engeren Sinne Kategorisierungen innerhalb des syntaktischen

---

6 So heißt es auch bei Dressler et al.: «The first element of a conventionally ordered pair
tends to be the *less marked or prototypical* element» (ibid., S.14, Hervorhebung durch d.
Verf.)
7 Zum Prototypenkonzept, wie es in der Semantik formuliert worden ist, vgl.
insbesondere Lutzeier (1985:113f.). Zu den statistischen Implikationen vgl.
Dittmar/Schlobinski (1988).

Systems, während suprasegmentale Marker Kategorisierungen innerhalb des lautlichen Subsystems sind. Die Markierungsstruktur baut sich aus zwei Komponenten
auf: der morphologischen Markierung und/oder der syntaktischen Markierung (vgl.
hierzu auch Wurzel 1984:60f.). Bei der morphologischen Markierung erfolgt die
Enkodierung grammatischer Kategorien am Wort, bei der syntaktischen entweder
über die Position oder lexikalisch, d.h. über spezielle Wörter, in der Regel über
Partikeln. Morphologische Marker sind durch Morphe repräsentiert, z.B. *punk-s,*
Mensch-en, wobei Nullmorphe dazu zählen, z.B. der *Lehrer - die Lehrer-ø*. Im
Deutschen sind Substantive also hinsichtlich Kasus und Numerus markiert, *-en* ist
(nicht nur) ein Nominativmarker. Die Enkodierung des Nominativ ist also nicht
unmarkiert, wie in manchen Markierungskonzepten, sondern *markiert* im Sinne
von Jakobson (1966:22) oder Frake (1975), nach denen die *unmarkierte* Kategorie
das Vorhandensein eines Merkmals A nicht symbolisiert, indes aber die markierte:
«A *marked* category is signaled by adding something to an unmarked category. In
language it may be voicing, nasalization, an affix, or a component of meaning»
Frake (1975:37). So ist der Singular in der Regel unmarkiert, der Plural, Dual,
Trial oder Paukal markiert, Negation ist in allen Sprachen die markierte Form. In
vielen Sprachen wird durch Reduplizierung (markierte Form) eine Intensivierung
ausgedrückt, so auch im Chinesischen, z.B. *pàng* → *pàngpang* „fett- sehr fett";
oder auf der Ebene der Sprechhandlungen sind Konstative die „unmarkierten Sprechhandlungen", wie die Modalisierungen durch Partikeln im Chinesischen veranschaulichen:

(15) a. Yǔ xià bú dà.   *Es regnet nicht stark.*
  b. Yǔ xià bú dà de.   *Es wird nicht stark regnen.*
  c. Yǔ xià bú dà ba.   *Es wird vermutlich nicht stark regnen.*

Es ist zu unterscheiden zwischen unmarkiert, d.h., daß es hinsichtlich einer Kategorisierung wie Singular keine Marker gibt, und der Tatsache, daß einzelne Marker
durch Nullmorphe ausgedrückt sind wie das Pluralmorph in *die Lehrer-ø*. Wir
wollen in diesen Fällen von *ø-markiert* sprechen, das einen Spezialfall einer markierten Kategorie darstellt. Sind hingegen z.B. Wörter hinsichtlich grammatischer
Kategoriengefüge nicht markiert, so wollen wir von *nicht-markiert* sprechen. Im
Deutschen sind z.B. Adverbien hinsichtlich Kasus nicht-markiert wie im Chinesischen alle Wortarten in bezug auf Kasus nicht-markiert sind.

Ein syntaktischer Marker ist repräsentiert durch die Stellung des Wortes/der
Konstituente oder durch spezifische Wörter. So ist im Chinesischen die Erstpo-
sition der Argumente eine Kodierung für das Subjekt oder die Partikel *bèi* ein Ko-
dierungsdevice für Passiv. Man könnte den Begriff des Kasus erweitern und über die
Wortstellung einen syntaktischen Kasusbegriff einführen, was ansatzweise von
Gabelentz durchgeführt worden ist: »Jetzt gilt es [...] festzustellen, ob und welche

Casusbegriffe die chinesische Sprache kenne. Kennt sie solche, so kann sie dieselben zunächst nicht anders als durch die Mittel der *Wortstellung* zum Ausdruck bringen, welche ja in den Partikeln nur ein weitere Entwickelung erfahren« (Gabelentz
1960:156). Gabelentz definiert den „Casus Subjectivus": »wenn das Substantivum
als Subject vor einem Verbum steht« (ibid., S. 157).

Gegenüber Ansätzen, die über Subkategorisierung die Position in das Strukturformat integrieren (Pollard/Sag 1987:171f.)[8], wollen wir Position als Kategorisierung nur dann als relevant und somit als Teil der Markierungsstruktur ansehen,
wenn eine grammatische Funktion damit kodiert wird, wie im Chinesischen für die
Argumente des Prädikats die Subjektfunktion über die Erstposition, was funktional
äquivalent ist zur Nominativmarkierung im Deutschen (vom Fall des Prädikats-
nomens an dieser Stelle einmal abgesehen):

(16)

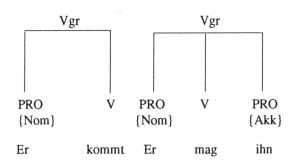

8 Pollard & Sag (1987:172f.) gehen mit Bezug auf Keenan/Comrie (1977) von
„Obliqueness"hierarchien aus und kommen darüber zu einer Subkategorisierungsliste.
Hier gilt als Kritik, was bereits zuvor gesagt wurde. Wir wollen davon ausgehen, daß das
Problem der Wortstellung einerseits und in vielen Sprachen primär pragmatisch bedingt
ist, und nur wenn die Position als Marker syntaktischer Funktionen fungiert, werden wir
diese über Rektionsverhältnisse (s. Kap. 2.3) in das Strukturformat integrieren.
Allerdings ist im Englischen die Wortstellung relativ rigid und Sätze wie *I gave a book
Kim* (ibid. S. 173) in der Tat nicht möglich. Im Deutschen jedoch, wo zweifelsohne
prototypische Wortstellungsmuster existieren, ist die Position der Argumente nicht an
die Funktion geknüpft. Hierarchien spiegeln über statistische Zusammenhänge
prototypische Wortstellungsmuster wider, aber nicht Subkategorisierung- oder
Rektionsverhältnisse; das Deutsche ist im Hinblick auf Position nicht-markiert.

(17)

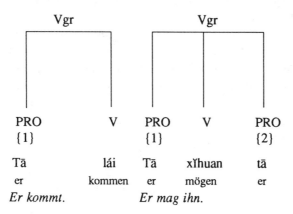

Vgr		Vgr		
PRO	V	PRO	V	PRO
{1}		{1}		{2}
Tā	lái	Tā	xǐhuan	tā
er	kommen	er	mögen	er
Er kommt.		*Er mag ihn.*		

Sind die Markierung in das Strukturformat integriert (durch geschweifte Klammern { }), so bilden sie innerhalb des Strukturformats die Markierungsstruktur.

Die funktionale Äquivalenz wird deutlich, wenn man einen transitiven Satz vergleicht: Im Deutschen erfolgt die Disambiguierung über den Kasus, im Chinesischen über die Position:

(18) a.   [Der Mann]$_{subj}$ liebt die Frau.
   b.   [Die Frau]$_{subj}$ liebt den Mann.
   c.   [Den Mann]$_{obj}$ liebt die Frau.
   d.   Die Frau liebt Peter. (ambig)

(19) a.   [Xinyi]$_{subj}$ xǐhuan [Xiao]$_{obj}$.
   b.   [Xiao]$_{subj}$ xǐhuan [Xinyi]$_{obj}$.

Um die Position eines Elementes bei der Strukturbeschreibung genau zu erfassen, reicht der bekannte Vorfeld-, Mittelfeld- und Nachfeldbegriff nicht aus, da die kombinatorischen Möglichkeiten und Restriktionen innerhalb eines Feldes so komplex sind, daß für das Deutsche Begriffe wie „Vor-Vorfeld" (Altmann 1981) eingeführt werden mußten. Im Chinesischen stellt sich aufgrund der grammatischen Funktionen von Positionierungen die Analyse von Wort- und Satzgliedstellungen ohnehin erheblich schwieriger. Wir wollen die üblichen Begriffe Vorfeld, Mittelfeld und Nachfeld beibehalten und innerhalb der Felder z.B. V$_1$, V$_2$,..., indizieren, wobei die Konstituente V$_1$ Vorgänger der Konstituente V$_2$ ist. Insbesondere für die Analyse des Chinesischen ist der von Eisenberg (1989:403f.) eingeführte Begriff der „Adjazenz" hilfreich. Nach Eisenberg wollen wir unter *syntaktischer Adjazenz* die Beziehung zwischen einer Konstituente K$_1$ und K$_2$ verstehen, wenn K$_2$ auf K$_1$ unmittelbar folgt. In der Nominalgruppe *zhè ge rén* (DET KL Mensch; dieser Mensch) ist *zhè* adjazent zu *ge* und *ge* ist adjazent zu *rén*. Um spezifischere Analysen vornehmen zu können, führt Eisenberg (ibid., S. 404/05) die Begriffe *notwendige* und *absolute Adjazenz* ein. Kann keine Konstituente K_3 zwischen K_1 und K_2 stehen, so liegt *notwendige Adjazenz* vor; ist K_2 an das Vorkommen einer adjazenten Konstituente K_1 gebunden, liegt *absolute Adjazenz* vor. In der Präpositionalgruppe *zài zhèr* ist die Präposition an das Vorkommen eines unmittelbar folgenden Nominals gebunden, und es kann keine weitere Konstituente zwischen der Präposition und dem Folgenominal stehen; die Präposition steht also in Beziehung der absoluten und notwendigen Adjazenz.

Neben der morphologischen und syntaktischen Komponente innerhalb der Markierungsstruktur spielt auch die suprasegmentale eine Rolle, allerdings nur in äußerst seltenen Fällen. In diesen Fällen wird davon ausgegangen, daß die Strukturen der intonatorischen Komponente wirksam werden.

2.3 Relationale Komponente

In der relationalen Komponente sind die grammatischen: syntaktischen und semantischen Verknüpfungen zwischen den Konstituenten spezifiziert. Während Eisenberg (1989) allein von syntaktischen Relationen, Lutzeier (1991) von syntakto-semantischen Relationen ausgeht, ist es für die Beschreibung natürlicher Sprachen sinnvoll, sowohl syntaktische als auch semantische Relationen in die Strukturbeschreibung zu integrieren. Wir können ganz allgemein auch von grammatischen Relationen reden. Wenn eine Konstituente in einer syntaktischen oder semantischen Relation Rx zu einer anderen steht, so wollen wir auch sagen, daß diese Elemente die Funktion Fx haben. Dabei ist Funktion hier nicht formal im Sinne einer linkseindeutigen Relation zu verstehen. Wenn also von Subjekt- oder Agensfunktion einer Wortgruppe geredet wird, so meint dies, daß die betreffende Wortgruppe in Subjekt- bzw. Agensrelation steht.

2.3.1 *Valenz, Prädikat, Argumente und thematische Rollen*

Die relationale Bedeutung von Ausdrücken ist über Rektionsverhältnisse und speziell über Valenzeigenschaften geregelt. »...daß die Wörter einer bestimmten Wortklasse eine oder mehrere Leerstellen um sich eröffnen, die durch Wörter bestimmter anderer Wortklassen ausgefüllt werden müssen« (Bühler 1982:173) wird in Dependenzgrammatiken als Rektionsverhältnis behandelt und ist im Valenzkonzept weiter ausgearbeitet: «Le nombre de crochets que présente un verbe et par conséquent le nombre d'actants qu'il est susceptible de régir, constitue ce que nous appellerons la valence du verbe» (Tesnière 1965:238). Während Valenz im engeren Sinne als Verbvalenz verstanden wird und entsprechende Verbvalenzwörterbücher

vorliegen (Helbig/Schenkel 1983), werden im erweiterten Sinne die Valenz-
verhältnisse auch anderer Wortarten systematisch untersucht und in entsprechenden
Wörterbüchern zusammengestellt. Valenz ist in diesem Sinne »als mit Lexikalisierung verbundene Distributionsanforderungen« (Askedal 1988:22) definiert und
entsprechend im Lexikoneintrag spezifiziert. Die Distributionsrestriktionen im
Lexikoneintrag sind unterschiedlich spezifiziert. In der Grammatik von Engel
(1988:365-66)[9] ist der Lexikoneintrag zum Verb *geben* wie folgt aufgebaut:

geben <sub, akk, prp *um*>
sub [FER/AG;hum]
akk [OBJ,-]
prp [FIN;-]

Viele Bedeutungsvarianten wie z.b. *Ich gäbe viel für dieses Buch* sind jedoch nicht
spezifiziert. Wesentlich komplexer ist der Lexikoneintrag für *geben* bei
Helbig/Schenkel (1983:312-313) aufgebaut:

I. geben$_1$ (V1 = reichen)
II. geben Sn, Sa, Sd
III. Sn → Hum (*Der Schüler* gibt dem Lehrer das Heft.)
    Sa → 1. +Anim (Er gibt ihm *das Kind, die Katze.*)
        2. -Anim (Er gibt dem Kind *den Roller.*)
    Sd → +Anim (Er gibt *dem Kind* einen Apfel, *den Tauben*
        Futter.)

I. geben$_2$ (V2 = zuteil werden lassen)
II. geben Sn, Sa, Sd
III. Sn → keine Selektionsbeschränkungen (*Die Frau, das Pferd,*
    das Institut, der Vorschlag, das Schwimmen gibt ihm *neue*
    Möglichkeiten.)
    Sd → keine Selektionsbeschränkungen (Die Verfügung gibt *der*
    Jugend, den Raubvögeln, den Kulturdenkmälern, der Initiative,

---

9 Engel (1988) unterscheidet Ausdrucksvalenz und Inhaltsvalenz. »Die Ausdrucksvalenz
regelt die Kombination von Ausdrucksformen der Wörter oder Wortgruppen. Die
Inhaltsvalenz regelt die Kombination von Wortbedeutungen oder Wortgrup-
penbedeutungen: in der Umgebung einer bestimmten Bedeutung sind nur gewisse andere
Bedeutungen zulässig, wieder andere werden ausgeschlossen« (Engel 1988:357).
Während inhärente Bedeutungen Gegenstand von Lexika sind, geht es in der Grammatik
um kombinatorische Bedeutungen, z.B. bei *rinnen*. »Diese kombinatorischen Bedeutungen legen bei den Verben zum einen fest, welche semantischen Merkmale die
Ergänzungen aufweisen müssen, sie regeln also, was überhaupt *rinnen* kann. Zum
anderen geben sie an, in welcher semantischen Beziehung diese Ergänzungen zum Verb
stehen, welche Rolle die rinnende Materie einnimmt. Im ersten Fall sprechen wir von
kategorieller, im zweiten von relationaler Bedeutung« (ibid., S. 357-58).

dem Wandern bessere Bedingungen.)
Sa → Abstr (Es gibt dem Jugendlichen *eine Aufgabe.*)

I.   geben₃(V3 = existieren, nur in der 3. Pers.Sing.Neutr.)
II. geben Sa
III. Sa → 1.+Anim (Es gibt *viele Rentner, viele Hunde, viele Bücher.*)
        2. Abstr (als Hum)(Es gibt *viele Kommissionen.*)
        3. Abstr (Es gibt *viele Meinungen.*)

Neben dem Problem, ob alle Bedeutungsvarianten durch einen Lexikoneintrag erfaßt werden können und ob es überhaupt sinnvoll ist, sämtliche Bedeutungsvarianten zu spezifizieren anstatt von prototypischen Merkmalsspezifizierungen auszugehen, besteht die grundlegende Frage, ob passivische Formen als selbständige Lexikoneinträge behandelt oder von zugrunde liegenden aktiven Formen abgeleitet werden.

Ein Vorteil des Valenzkonzepts besteht darin, daß gegenüber anderen Ansätzen, in denen dem Subjektargument ein besonderer Status zugewiesen wird und somit das Binaritätsprinzip des Satzes in Subjekt und Prädikat festgeschrieben wird, das Valenzkonzept es ermöglicht, »die traditionelle Zweiteilung von Sätzen mit der bevorzugten Behandlung des Subjekts zu überwinden...« (Bluhm 1978:11), indem die Spezifizierung der Valenzpartner grammatisch „neutral" behandelt wird. Eine »Hierarchisierung der Valenzbeziehungen« (Helbig/Buscha 1984:619-620) erfolgt im Rahmen der Valenztheorie durch die Differenzierung in primäre und sekundäre Valenzpartner. Die sekundäre Valenzrelation kann wie folgt definiert werden: Ein Valenzpartner a₁ steht in sekundärer Valenzrelation zu einer Konstituente Kx, wenn Kx Valenzträger für a₁ und gleichzeitig Valenzpartner A₁ zu Ky ist. So ist in dem Beispielsatz *Er ist seinem Vater ähnlich* „seinem Vater" abhängig von „ähnlich" (vgl. 20).

(20)

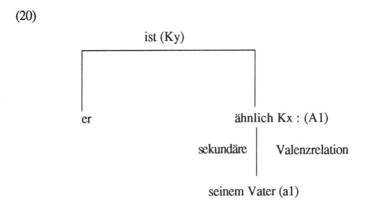

Hinsichtlich der Distributionsanforderungen wird zwischen syntaktischer und semantischer Valenz unterschieden. So seligiert das Verb *sein* zwei semantische und

syntaktische Valenzträger[10], während ein adjektivisches Prädikat wie *hóng* „rot"
nur einen Valenzträger seligiert[11]:

(21)   [Die Blume] ist [rot]

(22)   [Zhè duǒ huā] hóng
         dies KL Blume rot
         Die Blume ist rot.

Der Differenzierung in syntaktische und semantische Valenz liegt ein Konzept zugrunde (Helbig 1982), das von einer semantischen Tiefenstruktur ausgeht. Grundlegend ist eine semantische Komponentenstruktur. Diese besteht aus logischen
Prädikaten (Funktoren; mindestens 1 Prädikat) und Argumenten. Für das Beispiel
geben ist dies - vereinfacht dargestellt nach Viehweger (1977:232) und Helbig
(1982:70) - wie folgt aufgebaut:

   geben: [KAUS (a[INCHO[POSS (b,c)]])]

Die Wortbedeutung von *geben* ist ein komplexes Prädikat mit den Prädikaten
(KAUS, INCHO, POSS) und den Argumenten (a,b,c), das etwa besagt: „a macht,
daß b c hat". Das komplexe Prädikat besteht nicht aus einem dreistelligen semantischen Prädikat, sondern ist eine besondere Verbindung zweier Propositionen mit
jeweils zwei Prädikaten (vgl. auch Grundzüge 1981:76-77). Eine Funktion dieser
Bedeutungsstruktur ist nun die logisch-semantische Valenz. Bei der Überführung
von der Bedeutungsstruktur in die semantischen Kasus findet 1. eine Linearisierung
und 2. eine Reduktion der semantischen Komponenten statt:

(23)

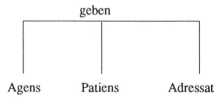

Die Aktanten, also die konkreten Realisierungen in der Oberfläche, entstehen im
weiteren Prozeß der Lexikalisierung, Syntaktifizierung und Morphologisierung.

---

10 Dies ist nicht notwendigerweise anzunehmen, aber meiner Meinung nach die
adäquateste Lösung (vgl. auch Kap. 3.3).
11 Eine komplexere Differenzierung gibt Schmidt (1986:12f.), insbesondere um den
Valenzbeziehungen im Chinesischen gerecht zu werden.

Problematisch ist allerdings die Annahme, daß für eher nicht-konfigurationelle
Sprachen wie das Deutsche die Linearisierung auf der Ebene der semantischen Kasus
stattfindet. Ob der Schritt von der semantischen Komponentenstruktur zu den Kasusrollen sich so vollzieht, wie hier angegeben, und ob diese Beziehung überhaupt
gegeben ist, sei dahingestellt - grundlegend ist die Annahme, daß es Relationen
zwischen semantischen Kasus und morpho-syntaktischen Kodierungen gibt.

In neueren Beiträgen zur Valenztheorie (Bluhm 1986, Helbig 1987, 1988) wird
ferner zwischen Kasusfunktionen als Funktionen von Argumenten der semantischen
Struktur und Kasusrollen als »pragmatische Kasus, die sich durch die Einbindung
in Szenen ergeben und von diesem determiniert werden« (Helbig 1987:203), unterschieden. Diese Differenzierung hängt damit zusammen, daß bestimmte Satzbedeutungen nicht ohne Rückgriff auf pragmatische Aspekte im Rahmen des
Valenzkonzeptes aufgebaut werden können. An Zeitungsüberschriften wie *USA-
Verteidigungsministerium fordert* zeigt Baskevič (1987), daß bei der Reduktion von
obligatorischen Besetzungen »die kommunikativ-pragmatischen Faktoren gleich-
sam die Valenzbeziehung der sprachlichen Einheiten [überlagern] und die Regeln für
ihre Kombination [diktieren]« (Baskevič 1987:154).[12] Zudem kann aus der Semantik von Aktanten auf mögliche andere geschlossen werden: »Man kann, ausgehend
von der Semantik des ersten Aktanten, auf den zweiten bzw. dritten Aktanten
schließen. Das kann dazu führen, daß Aktanten fakultativ stehen bzw. generell weggelassen werden« Sommerfeldt (1982:291). In Fällen wie

(24)   *Der Mann ist treu.* (seiner Frau)

(25)   *Der Lehrer verteilt die Hefte.* (den Schülern)

sind „seiner Frau" und „den Schüler" zwar «ontologically necessary» (Pollard/Sag
1987:132), müssen deswegen aber nicht sprachlich kodiert werden. Umgekehrt gibt
es Pseudo-Objekte, die semantisch nicht notwendig sind, aber grammatisch als eine
Art inkorporierter Dummy fungieren, wie im Chinesischen das sogenannte „leere
Objekt", »das lexikalisch nichts Neues in die Bedeutung des Verbs hinein[trägt] und
ausschließlich zu Kennzeichnung der Verbwurzel erforderlich [ist]« (Dragunov
1960:120), z.B. *shùi jiào* „schlafen Schlaf" oder *shuō huà* „sprechen Sprache". Die
Pseudo-Objekte sind obligatorisch, sofern das Verb nicht durch eine Ergänzung
modifiziert wird oder aus dem Kontext das Objekt erschlossen werden kann (vgl.
auch Cheng 1988:139f.; Reichardt/Reichardt 1990:79). Sätze wie **tā shuō huà
Hànyǔ* „Er sprechen:Sprache Chinesisch" sind ausgeschlossen. Auf der anderen
Seite sind bei Reduktionen obligatorische Argumente zwar ontologisch notwendig,
können aber aufgrund diskursspezifischer Bedingungen wegfallen. Man könnte in

---

12 So auch Ružička (1978).

Anlehnung an Frege (1980) von „saturierten" und „nicht-saturierten" Argumenten sprechen:

(26) a. *Er ärgert (mich).*   saturiert (PRO)
     b. *Er ärgert.*   nicht-saturiert ( )

Die klassische Unterteilung in valenznotwendig und nicht-valenznotwendig[13] und die damit verbundenen Schwierigkeiten der Differenzierung in Argument und Adjunkt können durch eine Matrix mit den Dimensionen Obligatorik (+/-o) und Saturiertheit (+/-s) besser gefaßt werden:

(27) a. *Peter schenkt ihm ein Buch.* (+o,+s)
     b. *Peter ärgert.* (+o,-s)
     c. *Peter kocht.* (-o,-s)
     d. *Peter kocht eine Suppe.* (-o,+s)
     e. *Peter kocht bei sich zu Haus.* (+s / ADJUNKT[14])

Die Bindungsfähigkeit von Verben, die Verbvalenz, ist zentral für den Aufbau von komplexen syntaktischen Einheiten, von Sätzen. Die Spezifizierungen über die Valenz sind Potentiale, »Fügungspotenzen (...), die im Redeteil ['schlummern'] und erst durch Berührung mit dem konkreten Redeprozeß zum Leben erweckt [werden]« (Admoni 1966:82). Erst in konkreten Aussagen, Aufforderungen, etc. realisiert sich das Potential. Insofern Prädikate als Kerne von Aussagen fungieren, kann »das Wesen der Valenz [ ] so interpretiert werden, daß ein als Prädikat gesetztes Wort Leerstellen eröffnet, die durch lexikalisch-semantische festgelegte Wörter in entsprechender Satzgliedfunktion besetzt werden müssen (können)« (Mühlner 1982:314). Die Erweiterung der Valenzdefinition auf die Prädikatsfunktion ist auch insofern sinnvoll, als in vielen Sprachen nominale Prädikate existieren, wie z.B. im Chinesischen. Der Prädikatsbegriff ist in diesem Sinne funktional und struktu-

---

13 Klassifizierung nach Grundzügen (1981:125f.):
valenznotwendig ist eine Wortgruppe, wenn sie als Verbkontext
        gefordert wird:
        Peter wartet. (nicht tilgbar)
        Peter wartet auf ihn.
valenzunmöglich ist eine Wgr, wenn sie als Verbkontext
        ausgeschlossen ist:
        *Peter schläft das Buch
nicht-valenznotwendig ist eine Wgr, wenn sie als Verbkontext weder
        ausgeschlossen noch gefordert wird:
        Die Katze spielt in der Ecke (valenzunabhängig)
        Peter weiß das jetzt. (valenzmöglich).

14 In bezug auf Obligatorik nicht weiter spezifiziert.

rell begriffen. Das Prädikat als Kern einer Information ist eine Aussagefunktion; als Satzkern, von dem andere Satzkonstituenten abhängen und determiniert werden, ist das Prädikat eine Satzfunktion. Während aus einer verbzentrierten Perspektive heraus das finite Verb als Prädikat (DUDEN) oder »...die größte Form eines Verbs, die einem S, einer Igr oder Ptgr unmittelbar untergeordnet ist« Eisenberg (1989:62) angesehen werden, und somit die Satzstruktur nicht nach dem Binaritätsprinzip aufgebaut werden muß, ist in funktionalen Ansätzen das Prädikat »die Aussagefunktion (Satzfunktion), die zusammen mit Argumenten eine Aussage (einen Satz) ergibt« (Wunderlich 1988:466). Der Satz *Peter ist gut* mit dem nominalen Subjekt Peter und der Prädikatsgruppe bzw. dem Prädikat *ist gut* kann wie folgt dargestellt werden: $(\exists x)$ (x ist gut). Oder in einer anderen Notation: $[(\lambda x)$ (x ist gut)] (Peter). Zweistellige Prädikate können jedoch auch als zwei einstellige Prädikate reinterpretiert werden (vgl. MaCawley 1981:396). Von daher läßt sich aus der logischen Form eines Satzes nicht auf die Strukturierung eines Satzes schließen[15], da die logische Form abhängig ist von der Metasprache und die Aufgabe der Grammatik nicht in der Analyse der logischen Form der Sprache und somit in der Analyse einer spezifischen Metasprache, sondern in der Analyse der natürlichen Sprache selbst liegt.

Ein zentrales Problem, das mit dem Prädikatsbegriff verbunden ist, ist die Analyse von nicht assertorischen Sprechhandlungen wie z.B. *Zu!* Während Aussagesätze hinsichtlich ihres Wahrheitsgehaltes analysiert werden können (wahr/falsch)[16], ist bei Aufforderungen etc. nicht die Wahrheit der Äußerung relevant, sondern die Frage nach der Akzeptanz. Um also eine Äußerung wie *Zu!* ein Prädikat zuweisen zu können, muß angenommen werden, daß der Äußerung eine Proposition zugewiesen werden kann, die wiederum in einer logischen Form analysiert werden kann. Wenn man annimmt, daß die Äußerung *Zu!* in Situation S bedeutet *Die Tür ist zu* oder *Ich habe die Tür zugemacht*, so gilt in jedem Falle: $[(\lambda x)$ (x ist zu)] (Tür). Es muß also angenommen werden, daß es »zu jedem nicht-deskriptiven Satz mindestens einen deskriptiven Satz [gibt], der dessen semantischen Gehalt wiedergibt« (Habermas 1981b:101). Neben dem Problem, daß es prinzipiell

---

15 Denkbar wären folgende Strukturierungsmuster, wobei (1) dem Ansatz Satz = Subjekt - Prädikat entspricht, (2) zumindest im Deutschen aufgrund der Kongruenzverhältnisse plausibel wäre und (3) von einem depentiellen Ansatz her gesehen ist:
1. [A] [liebt B]
2. [A liebt] [B]
3. [A] [liebt] [B].

16 Ob dies allerdings für eine Theorie der Satzbedeutung zentral ist, ist nach Lutzeier (1985) fraglich, denn »anstelle der Frage, ob ein Geschehen, auf das in irgendeiner Weise Bezug genommen wird, der Fall ist oder nicht, scheint in der Kommunikation eher eine dynamische Komponente der Satzbedeutung eine Rolle zu spielen: Gemeint ist das Wissen über die Ausführungsprozeduren, die erforderlich sind, um eine bestimmtes Geschehen „herzustellen"« (Lutzeier 1985:156).

unendlich viele deskriptive Sätze gibt, die nicht-konstativen zugeordnet werden können, ist es mehr als fraglich, ob die Habermassche Grundannahme stimmt; zumindest bei den kommunikativen Sprechhandlungen wie *Pst!* oder dem „flooropener" *hm* ist es kaum möglich, einen deskriptiven Satz zuzuordnen. Diese Sprechhandlungen sind auch weder hinsichtlich ihrer Wahrheitsgehaltes, noch hinsichtlich eines Wahrhaftigkeitsanspruches negierbar. Sie haben aber kommunikative Funktionen und sind sowohl intonatorisch (Pause und/oder Intonationskontur) als auch schriftsprachlich (finale Satzzeichen) als Einheiten markiert bzw. markierbar. Insofern sie Sprechhandlungen sind, bilden Elemente wie *hm* oder *zu* den Kern von Sprechhandlungen und sind somit im Rahmen des Sprachsystems strukturbildend, sind aber keine grammatischen Prädikate. Gleiches gilt für freie Nominalgruppen im Diskurs, die spezifische Sprechhandlungen kodieren, z.B. die Aufforderung *drei Zitronen*. Es handelt sich in diesen Fällen nicht um Prädikate, denn Prädikate haben die Fähigkeit, Träger der syntaktischen und semantischen Valenz sein.

Als Prädikat gesetzte Elemente haben die Fähigkeit, Argumentstellen zu eröffnen, die sowohl syntaktisch als auch semantisch spezifiziert sind. Die Argumentstellen können sowohl wortintern als auch wortextern eröffnet werden, entsprechend wäre von *wortinternen* und *wortexternen* grammatischen Strukturen zu reden. Externe Argumente sind freie Konstituenten in der Konstituentenstruktur, interne Argumente sind morphologisch gebunden (Relation: mgeb) oder unmarkiert. Im Deutschen werden die Argumente des verbalen Prädikats wortextern angesetzt; Sätze wie *Bin in der Schule* oder *oh is ja auch nervich wenn man hier echt jeden zweiten tach hin muß* werden folglich als Ellipsen (DUDEN 1984:636; Korhonen 1986) behandelt. In dem Satz *Tā lái* „er/sie/es kommt" wird das Subjektargument vom verbalen Prädikat regiert und steht als Ergänzung verbextern. Demgegenüber liegt ein morphologisch gebundenes Argument in *lucet* (es leuchtet) vor. Der *t*-Marker als Suffix zum Verbstamm spezifiziert innerhalb des Verbs die Argumentstelle. Analog liegt ein internes, jedoch null-markiertes Argument in *Komm!* oder *Bin in der Schule* vor. Während in den beiden letzten Fällen aufgrund der morphologischen Eigenschaften am Verb die Argumente spezifiziert sind, ist bei nicht-flektiertem *lái* „Komm!" der Adressat nicht-markiert; es liegt also eine Art reflexiver Argumentspezifizierung vor, bei der das Argument in der Verbbedeutung selbst liegt und erst in einer spezifischen Sprechhandlung realisiert wird.

Fälle wie der Imperativsatz *lái* oder der Aussagesatz *Bin in der Schule* legen es nahe, zwischen syntaktischer Valenz und semantischer Valenz zu unterscheiden. Beide Sätze haben kein externes Subjektargument. Während im Deutschen aufgrund der Verbmarkierung eine indirekte Subjektfunktion angesetzt werden könnte, ist *lái* hinsichtlich eines syntaktischen Argumentes unspezifiziert. Äußerungs- und Satzbedeutung ergeben sich hier allein aus einer semantisch-pragmatischen Funktionalität, nämlich der Konventionalisierung, daß die Sprechhandlung *lái* einen spezifischen Adressatenbezug hat. Diese Bezugnahme, die über rein syntaktische Relationen hinausgeht, ist in die Beschreibung grammatischer Strukturen zu integrieren. Für die Integration insbesondere semantischer Funktionen in die Strukturbeschreibung gibt es eine Reihe weiterer Gründe. Klassisch sind die Überlegungen von Fillmore (1968) zur Koordination im Rahmen seiner Kasusgrammatik. Im Deutschen können kategorial identische Konstituenten konjunktional gebunden werden und eine neue Konstituente bilden, die in Subjektfunktion mit dem Verb kongruiert. Es handelt sich in diesem Fall um sogenannte Phrasenkoordination (Eisenberg 1989:325):

(28) a. *Andrej zerbrach das Fenster.*
     b. *Simone zerbrach das Fenster.*
     c. *Andrej und Simone zerbrachen das Fenster.*

Die Subjekt-Nominalgruppe in 28a und 28b sind semantisch gleich spezifiziert, sie haben im Sinne von Fillmore die Kasusrolle Agens. Werden jedoch in Fällen wie oben kategorial identische Subjekt-Nominalgruppen mit unterschiedlichen Kasusrollen koordiniert, entstehen semantisch unakzeptable Sätze:

(28) a. *Andrej zerbrach das Fenster.*
     d. *Ein Stein zerbrach das Fenster.*
     e. *??Andrej und ein Stein zerbrachen das Fenster.*

(28e)

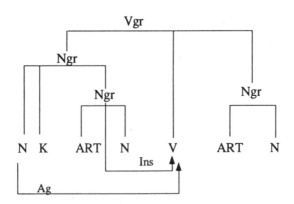

Andy und ein Hammer zerbrachen das Fenster

Satz 28e ist nicht akzeptabel, weil Nominalgruppen mit einer Agens- und einer Instrumentalrolle koordiniert werden.

Offensichtlich spielen die semantischen Rollen eine wichtige Rolle bei der Beschreibung grammatischer Strukturen; sie sind nicht vernachlässigbar bei der Beschreibung von Ergativsprachen, in denen die geläufigen syntaktischen Funktion Subjekt und Objekt in vielen Fällen nicht angesetzt werden können. Während im Deutschen die Subjektfunktion über Kasusmarkierung und Kongruenzrelation bestimmt werden kann, erfolgt in Ergativsprachen die Markierung auf der Ebene der semantischen Rollen spiegelverkehrt zum Deutschen:

Intransitiv/einwertig	Argument	
	Nominativ	
	Subjekt	
Transitiv/zweiwertig	$Argument_1$	$Argument_2$
	Nominativ	Akkusativ
	Subjekt	dir.Objekt

Ergativsprachen machen die Beziehung zwischen dem Prädikat und seinen Argumenten auf andere Weise eindeutig:

Intransitiv/einwertig	Argument	
	Absolutiv	
	einziges (Thema-)	
	Argument	
Transitiv/zweiwertig	$Argument_1$	$Argument_2$
	Ergativ	Absolutiv
	Agens-	Thema-
	Argument	Argument

Um die Welt der Grammatik in Ordnung zu halten, setzt Dixon (1979) in der Tiefenstruktur eine transitive (A) und intransitive Subjektmarkierung (S) an und definiert Subjekt als universelle Kategorie «as the set of {A,S}, [ ] valid only for the level of deep structure» (Dixon 1979:59). Ähnlich wird argumentiert, um Brüche im System von „Nominativ-Akkusativ"-Sprachen zu erklären wie im Deutschen *mich friert,* wobei allerdings die für Ergativität konstitutive Annahme von Transitivität aufgegeben wird. Solche und ähnliche Fälle (vgl. Abb. 2-3) werden als ergativ subkategorisierte Verben behandelt, als Verben, deren einziges Argument in der D- Struktur ein direktes Objekt ist (Burzio 1981).

DEUTSCH	Flexion Subjekt-Ngr	Flexion Objekt-Ngr
Umfang	Argumente aller V	wenige Lexeme
Semantik	∅	einige Perzeptionsverben
Beispiel	*ich friere* 1sNom	*mich friert* 1sAkk
CHINESISCH	Subjekt im Vor- feld des Prädikats	Subjekt im Nach- feld des Prädikats
Umfang	Argumente fast aller V	Argumente einiger V
Semantik	∅	unklar
Beispiel	tāng zhǔ le Suppe kochen PART *Die Suppe kocht.*	guā fēng le blasen Wind PART *Der Wind bläst.*

Abb 2-2: Phänomen des „split intransitivity" (Merlan 1985) im Deutschen und Chinesischen

Für das Chinesische hat Paul (1988:201) argumentiert, daß Verben mit Argumentsplitting ergative Verben in der Tiefenstruktur sind, die ein Objektargument subkategorisieren[17]. Diese Argumentation ist für das Deutsche insofern nicht schlüssig, da einige Perzeptionsverben *sowohl* ein Nominativargument *als auch* ein Akkusativargument regieren. Eisenberg (1986:423) löst dieses Problem dadurch, daß er im Falle der subjektivischen Flexion das Argument als syntaktisch und semantisch nominativisch, im Falle der objektiven Flexion von syntaktisch ergativ und semantisch nominativisch klassifiziert. Dies heißt jedoch nichts anderes, als daß die semantische Funktion trotz unterschiedlicher Kasusmarkierung gleich bleibt und daß die semantische Funktion bei der Beschreibung - zumindest dieses Phänomens - relevant ist. Lutzeier (1991:193-94) argumentiert deshalb - aber nicht nur deshalb - daß syntaktische Relationen irrelevant sind und allein semantische Relationen und das System der Kasusmarkierungen ausreichen, um grammatische Strukturen zu beschreiben. Meiner Meinung nach ist es aber sinnvoll, weiterhin syntaktische Relationen anzusetzen, nicht nur, weil die Subjektrelation

---

17 Näheres hierzu in Kap. 3.1.

für weite Bereiche als praktikabel anzusetzen ist, sondern weil selbst in markierten „Ergativstrukturen" das Objekt *ihn* in *ihn friert* durch den Dummy *es* deutlich wird und sich in das Paradigma deutscher Satzstrukturen einbauen läßt. Dies bedeutet allerdings, daß die Annahme, jeder Satz enthalte ein Subjekt, nicht gilt, und ein Satz wie *ihn friert* - mit einer wie auch immer im einzelnen zu definierenden semantischen Relation Rx - in seiner grammatischen Struktur folgendermaßen beschrieben werden kann, ohne den hierfür fragwürdigen Begriff der Ergativität bemühen zu müssen:

(29)

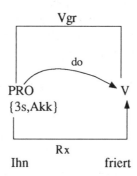

Syntaktische Relationen sind allein aufgrund formaler Eigenschaften zu definieren, wobei Kasusmarkierung und Position für die Definition zentral sind. So z.B. ist für die Subjektfunktion im Deutschen Kasusmarkierung/Kongruenz und im Englischen Position/Kasusmarkierung (bei Pronomina Kasus/Kongruenz) relevant; allerdings gibt es Problemfälle, wenn quantifizierte Nominalgruppen auftreten:

(30)   *Eine Anzahl Arbeitslose konnte/konnten eingestellt werden*
        (Engel 1988 :188)

(31)   *das sind ein prozent der teuerungsrate*
        (Tagesthemen vom 27.9.90)

(32)   *... und wenn eines der bilder noch zu erwerben sind*
        (ZDF, 5.10.90, 21.30)

(33)   *There is/are two cups on the table.*

Trotzdem können aufgrund der formalen Eigenschaften nahezu alle Subjekt-nominalgruppen im Deutschen und Englischen bestimmt werden, und von daher ist es sinnvoll, die Subjektrelation im Deutschen und Englischen für die Struktur-beschreibung anzusetzen.

Neben syntaktischen Relationen wie Subjekt-, Objekt- und Komplement- sowie Prädikativrelationen sind die Attribut- und Adverbialrelation relevant. Diese oder ähnliche Relationen werden in strukturalistischen Grammatiken angesetzt, wobei die grammatische Beschreibung von der Formanalyse her, im Deutschen von der Morphosyntax her (Eisenberg 1989) bestimmt wird. In funktionalen Grammatiken werden ausschließlich (Foley/van Valin 1984) oder integrativ (Dik 1980) semantische Relationen bzw. Kasusrollen behandelt. Das Konzept von Kasusrollen spielt auch in anderen Grammatiken eine Rolle, sei es Theta-Rollen in GB oder als Funktionen in LFG. Obwohl Kasusrollen für die Beschreibung (und Erklärung) grammatischer Strukturen im allgemeinen behandelt werden (vgl. auch oben), besteht das generelle Problem, semantische Relationen zu definieren. Hier sind zwei grundsätzliche Herangehensweisen zu unterscheiden: Von der einen Seite her werden die Kasusrollen von den Verbbedeutungen und über Rektionsverhältnisse her aufgerollt, auf der anderen Seite wird im Rahmen von kognitiven Ansätzen von universellen semantischen Relationen ausgegangen. Klassische Beispiele des ersten Konzeptes sind Dependenz- und Valenzansätze sowie die Kasusgrammatik von Fillmore (1968), die Grundbausteine für das Theta-Rollen-Konzept in GB ist.

Während in Valenz- und Dependenzansätzen die syntaktischen und semantischen Restriktionen der Mitspieler des Verbs spezifiziert werden, sind in Fillmores (1968) Kasusgrammatik die semantischen Rollen der Mitspieler in Form von „Kasusrahmen"[18] dargestellt. Fillmore geht von folgenden Kasusrollen aus:

Agens: Kasus des belebten, wahrgenommenen, verantwortlichen Urhebers der Tätigkeit oder Handlung, die durch das Verb beschreiben wird.

Instrumental: Kasus der unbelebten Kraft des Objektes, das in der Tätigkeit oder dem Zustand, die durch das Verb beschrieben werden, eine Rolle spielt.

Dativ: Kasus des Belebten, das durch die Tätigkeit oder das Geschehen, das durch das Verb ausgedrückt wird, affiziert wird.

Faktitiv: Kasus des Objektes oder des Wesens, das aus der Tätigkeit oder dem Zustand, die beide durch das Verb beschrieben werden, resultiert.

Lokativ: Kasus, der lokale Position oder räumliche Ausdehnung in Zustand oder Tätigkeit, die durch das Verb beschrieben werden, ausdrückt.

Objektiv: (neutralster Kasus), in dem alles aufgeht, was durch ein Nomen beschrieben werden kann, dessen Rolle in der vom Verb identifizierten Tätigkeit bzw. des Geschehens mit der semantischen Interpretation des Verbs identifiziert wird.

Einem Verb wie öffnen weist Fillmore folgenden Kasusrahmen zu:

öffnen [___O (I) (A)].

Agens und Instrumental sind optional, allein die Kasusrolle Objektiv ist obligatorisch, da folgende Sätze möglich sind (vgl. Fillmore 1968:25f.):

(34) a.   *John opend the door with the key*

      b.   *John opend the door*

---

18 Eine direkte Übernahme dieses Konzeptes findet sich in Diks (1978:34f.) Funktionaler Grammatik und wird dort als „predicate frame" etabliert.

c. *The door opened.*

Daß verschiedene grammatische Phänomene durch Kasusrollen besser erklärt werden können, darauf wurde bereits hingewiesen. Auf der anderen Seite sind die Definitionen der Kasus sehr ungenau, insbesondere die semantische Restklasse „Objektiv". Aber selbst eine so intuitiv einleuchtende Rolle wie Agens ist schwer gegenüber Faktitiv oder Objektiv zu definieren, man vgl. folgende Beispiele:

(35) a. *Der Hund öffnet die Tür*
   b. *Der Wind öffnet die Tür*
   c. *Freiheit öffnet jede Tür*   oder

(36) a. *Klaus geht*
   b. *Der Roboter geht*
   c. *Die Uhr geht*
   d. *Der Hefeteig geht*
   e. *Der Schrank geht*
   f. *Nichts geht mehr.*

Agentivität ist nicht über Belebtheit diskret definierbar. Belebtheit spielt aber für Präferenzhierarchien eine Rolle: Eine belebte Agens-Nominalgruppe ist stärker präferiert als unbelebte, zudem wenn Merkmale wie Kontrolle und Willen fehlen. Ein Satz wie *Der Schrank geht* ist nur in spezifischen Kontexten möglich. Statt Agentivität diskret zu definieren, wird in verschiedenen funktionalen Ansätzen Agentivität skalar und prototypisch als ein «cluster of properties» (Givón 1984:107) begriffen, wobei der Prototyp über strukturelle semantische Merkmale aufgebaut wird:
Humanity: human > animate > inanimate > abstract
Causation: direct cause > indirect cause > non-cause
Volition: strong intent > weak intent > non-voluntary
Control: clear control > weak control > no control
Saliency: very obvious/salient > less obvious/salient > unobvious/nonsalient.
Die prototypische Agensrolle hätte also alle positiven Merkmale, wie sie links der Skala angeordnet sind. Hinsichtlich der Dimension „Humanity" wäre *der Mann* in *der Mann geht* prototypischerer Agens als *der Hund* bzw. *der Schrank* in *der Hund geht* oder in *der Schrank geht*. Am Gegenpol von Agens wird die Kasusrolle Patiens als „negatives Agens" definiert. So argumentiert auch Lakoff (1977:249f.), der die Agens-Patiens-Distinktion durch einen „willingly-Test", also auf der Folie von Intentionalität, versucht zu erfassen. Jackendoff (1987:394f.) versucht Patiens über den Test „What happend to NP was...", Agens über „What Y did to NP was..." zu erfassen. Foley/van Valin (1984:29f.) gehen von zwei semantisch-prag-

matischen Makrorollen aus, nämlich Actor und Undergoer, die in thematische Rollen spezifiziert sind. Actor ist definiert als «the argument of predicate which expresses the participant which performs, effects, instigates, or controls the situation by the predicates», Undergoer als «the argument which expresses the participant which does not perform, instigate, or control any situation but rather is affected in some way» (ibid., S. 29). Unterhalb dieser Makrorollen sind thematische Rollen ausdifferenziert, die - entsprechend der prototypischen Betrachtungsweise - sich partiell überschneiden:

(37)

```
 ┌───────────────────────────────────┐
 │   ( Actor )   ( Undergoer )        │
 │                                    │
 │       Ag                           │
 │       Ins                          │
 │       Exp                          │
 │     ┌─────────┬─────────┐          │
 │     │ Rez/Goal│ Rez/Goal│          │
 │     │ Source  │ Source  │          │
 │     └─────────┴─────────┘          │
 │                 Loc                │
 │                 Pat                │
 │                 Th                 │
 └───────────────────────────────────┘
```

Die thematischen Rollen sind in Form einer „Markiertheitshierarchie" angeordnet. Solche und ähnliche Hierarchien[19] spiegeln Präferenzstrukturen über die morphosyntaktischen Kodierungen von semantischen Rollen wider (vgl. hierzu auch Kap. 1.1.1 und 1.2.3). Für das Deutsche kann modifiziert nach Wunderlich (1985:192) folgende Hierarchie der thematischen Rollen aufgestellt werden:

(38)	*Agens*	*Thema*	*Ziel*	*Lokativ*
	subj	do	io	oblO
	Ngr	Ngr	Ngr	Pgr
	Nom	Akk	Dat	P

Das Thema-Argument entspricht dem Patiens-Argument, das Ziel-Argument dem Dativ-Argument. Im Deutschen übernimmt also eine Patiens-Nominalgruppe prototypischerweise die direkte Objekt-Funktion und ist Akkusativ-markiert. Auf der Basis solcher Hierarchien lassen sich grammatische Prozesse, wie z.B. der Zusammenhang von Aktiv und Vorgangspassiv einfach beschreiben: »Stufe das Agens auf der Hierarchie der thematischen Rollen zurück« (ibid., S. 198).

---

19 Dik (1983:10), Keenan/Comrie (1977), Givón (1984:139). Diese und ähnliche „Markiertheitshierarchien" wäre in unserem Sinne Präferenzhierarchien (s. Kap. 2.2)

Die Schwierigkeiten der Definitionen von semantischen Rollen komplizieren sich, wenn man über die engere Verbbedeutung hinaus zu Satz- und Äußerungsbedeutungen übergeht. Man könnte argumentieren, es gibt so viele semantische Rollen wie es Verbbedeutungen, folglich ist es sinnlos, semantische Rollen zu definieren. Auf der anderen Seite besteht die Position, daß das, was als semantische Relationen Bedeutungen verknüpft, abstrakte kognitiv fundierte Relationen sind, die sprachenunabhängig und auch von der Verbbedeutung her unabhängig sind. Diese Position wird von Lutzeier (1991) eingenommen, der von folgenden grundlegenden syntakto-semantischen Relationen ausgeht:

R1 Ursprung
R2 Ziel
R3 Wegweiser
R4 Modifikator.

Jede der Relationen »soll für eine typische Art und Weise stehen, wie Entitäten in einer holistischen Szene als aufeinander bezogen verstanden werden mögen« (Lutzeier 1988:131), was sich als kognitives Grundmodell wie folgt darstellen läßt (Lutzeier 1991:205):

(39)

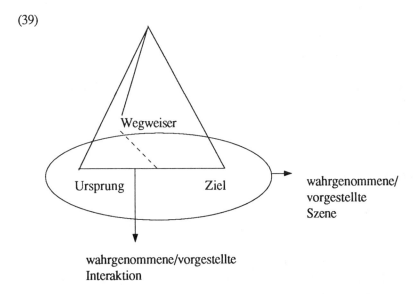

In verschiedenen Fällen bleibt es jedoch der Vorstellungskraft des Lesers überlassen, welche Relationen anzusetzen sind: *ich friere* (R1 bei Fieber oder R2 bei Winterkälte). Die permissive und kausative Lesart von *Er läßt ihn töten* wird durch R1 nicht gefaßt. Es ist eine interessante und psycholinguistisch zu prüfende Frage, ob das kognitive Modell im Sinne von Lutzeier angesetzt werden kann und inwieweit die Relationen universell gelten. In dem von mir gewählten funktionalen Ansatz wird von einer externen, d.h. von einer empirisch überprüfbaren Perspektive her gefragt, »warum unter und unter welchen Bedingungen Sprecher ein bestimmtes Verb einer Szene wählen und welchen diskursfunktionalen Prinzipien die inszenierten Formen folgen« (Heringer 1984:214), wird also der pragmatische Aspekt in die Analyse integriert. Es wird also davon ausgegangen, daß über Valenzbeziehungen syntaktische und semantische Relationen seligiert werden. Die syntaktischen Relationen sind allein formal zu definieren, die semantischen sind prototypische Relationen, die mit gemeinsam geteilten semantischen Eigenschaften von in erster Linie Verbparadigmen korrespondieren. Insofern sie mit lexikalischen Wortparadigmen in Zusammenhang stehen, sind die semantischen Relationen nicht universalistisch identisch, wenn auch prototypisch ein großer Geltungsbereich angenommen werden muß. Im Hare-Dere, einer Athabaskischen Sprache, ist im Zusammenhang mit transitiven Verben Agentivität und Unbelebtheit fast immer inkompatibel (Delancey 1982):

(40) a.   Peter yejai ta'é-ni-se
          Peter Fenster brach*Asp
          Peter zerbrach das Fenster
     b.   *gowele yejai ta'é-ni-se
          Hitze   Fenster brach*Asp
          Die Hitze zerbrach das Fenster

Die semantische Rolle Agens im Hare Dere wäre auf der Folie der semantischen Merkmalsmatrix hinsichtlich der Dimension Belebtheit anders definiert als im Deutschen.

2.3.2 Syntaktische und semantische Relationen

Zusammen mit den lexikalischen Einheiten und deren Bedeutungen sind die semantischen Relationen für den Aufbau von Satz- und Äußerungsbedeutungen relevant. Die semantischen Relationen werden wie syntaktische Relationen - sofern notwendig und von Interesse - in die Strukturbeschreibung integriert. Für unsere Analyse spielen eine Rolle (a) die im engeren Sinne syntaktischen Relationen, mit Bestimmungsrelationen (1-6) und Bereichsrelationen (7a-e) (vgl. Eisenberg et al. 1975) und (b) die semantischen Relationen/Rollen (8-14). Es geht mir an dieser Stelle nicht um formale Definitionen oder eine erschöpfende Darstellung bestimmter grammatischer Verhältnisse, sondern um die Rahmensetzung und Orientierung für die weiterführenden Analysen, wobei wegen der Analysen in Kap.3 das Chinesische im Zentrum stehen soll.

1. *Subjekt (subj)*. Das Subjekt ist ein Argument des Prädikats, steht im Vorfeld des Prädikats und ist in der Regel mit der Erstposition verbunden (Näheres hierzu in Kap. 3.1). Das Subjekt wird meistens durch komplexe Nominalgruppen gebildet, kann aber auch z.B. durch Adverbien ausgedrückt werden. Die syntaktische Relation ist nicht - wie vielen Grammatiken üblich - mit Agens oder Topik gleichzusetzen. Agens ist eine semantische Funktion, „Topik" eine pragmatische.

(41a)

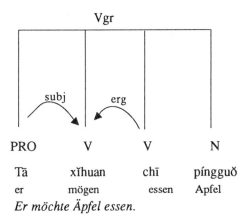

PRO	V	V	N
Tā	xǐhuan	chī	píngguǒ
er	mögen	essen	Apfel

Er möchte Äpfel essen.

(42) [Tā de shū] yǒu yìsi.
      er PART Buch haben interessant
      Sein Buch ist interessant.

(43) Jīntiān [tā] maǐ yì běn shū.
      heute er kaufen ein KL Buch.
      Er kauft heute ein Buch.

(44) [Tā] zhǐ e le yì shāng
      er nur INT ASP KL Stimme
      Er hat nur mit ja geantwortet.

2. *Objekt (obj)*. Objekte sind Argumente des Prädikats. Wie in anderen Sprachen auch, gibt es - abhängig von transitiven und ditransitiven Verben - Sätze mit einem oder zwei Objekten, die in chinesischen Grammatiken als „nahes" und „fernes" Objekt subklassifiziert werden, was im Deutschen dem indirekten und direkten Objekt entspricht. Neben Objektsätzen gibt es das *bǎ*-Objekt, das wir strukturell als Präpositionalobjekt fassen wollen.

(42b)

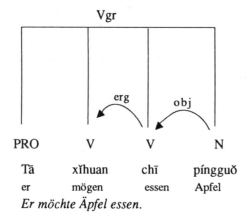

Tā   xǐhuan   chī   píngguǒ
er   mögen   essen   Apfel
Er möchte Äpfel essen.

(45)

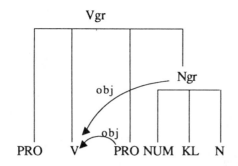

Wǒ   sòng   tā   yì   běn   shū
ich   schenken   er   ein   KL   Buch
Ich schenke ihm ein Buch.

(46)   Tā [bǎ shū] fàngzài zhuōzi shang.
         er P Buch legen-auf Tisch oben
         Er legt das Buch auf den Tisch.

(47)   [Zhè běn shū] wǒ kàn le.
         dies KL Buch ich lesen ASP
         Ich habe dieses Buch gelesen.

(48)   Wǒ[gěi tā] xiě yì fēng xìn.
         ich P er schreiben ein KL Brief
         Ich schreibe ihm einen Brief.

3. *Prädikativ (präd)*. In der Prädikativrelation stehen Argumente eines Kopulaverbs, insbesondere von *shì* „sein". Sie stehen im Nachfeld des Prädikats und bilden mit den anderen Elementen einen Existenz- oder Äquationssatz.

(49)

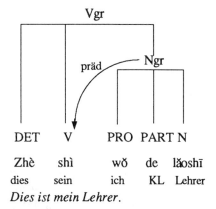

DET   V   PRO   PART N

Zhè   shì   wǒ   de   lǎoshī
dies   sein   ich   KL   Lehrer

Dies ist mein Lehrer.

4. *Komplement (kompl)*. Als syntaktische Komplemente[20] sollen (a) durative Zeitangaben und (b) Ergänzungen mit *de* gefaßt werden. Als Komplemente erscheinen primär Adjektive und quantifizierende Nominalgruppen, die im Nachfeld des Prädikats stehen und dieses modifizieren.

(50)   Wǒ děng le wǔfēn zhōng

        ich warten-ASP fünf-Minuten-Uhr

        Ich habe fünf Minuten gewartet.

---

20 Andere Komplemente wie direktionale und resultative werden - im Gegensatz als in der Regel üblich - auf der Ebene der Wortbildung angesetzt. Vgl. hierzu Li/Thompson (1981:54f.) sowie Kupfer (1991).

(51)

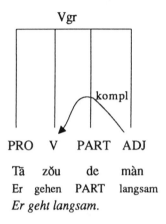

Tā   zǒu   de   màn
Er   gehen PART langsam
Er geht langsam.

5. *Adverbial (ADV).* Adverbiale sind nicht vom Verb regiert (keine Argumente des Verbs), modifizieren die Verbbedeutung oder beziehen sich auf die ganze Verbalgruppe. In adverbialer Relation treten primär Adverbien, Nomina, Präpositionalgruppen und Sätze auf.

(52)

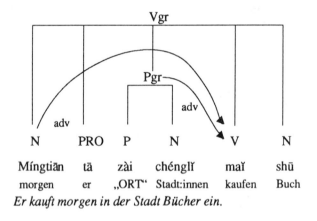

Míngtiān   tā   zài   chénglǐ   mǎi   shū
morgen   er   „ORT" Stadt:innen kaufen Buch
Er kauft morgen in der Stadt Bücher ein.

(53)   Tā bù shì wǒ de lǎoshī.
        er nicht sein ich PART Lehrer
        Er ist nicht mein Lehrer.

(54)   Zhè běn shū zhēn guì.
        dies KL Buch wirklich teuer
        Dieses Buch ist wirklich teuer.

6. *Attribut (attr)*. Ein Element in Attributfunktion modifiziert ein nominales Element (Nomen, Pronomen, Nominalgruppe, etc.) und ist diesem strukturell nebengeordnet. Hierbei spielt die Assoziativpartikel *de* eine wichtige Rolle, durch die komplexe Nominalisierungen mit Attributfunktionen vorgenommen werden können.

(55)

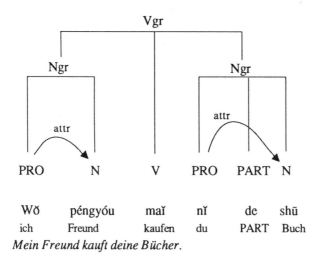

Wǒ	péngyóu	maǐ	nǐ	de	shū
ich	Freund	kaufen	du	PART	Buch

Mein Freund kauft deine Bücher.

(56)   [maǐ le yì běn shū de] zhè ge xuésheng méiyǒu gěi qián.
         [Kaufen ASP ein KL Buch PART] dies KL Student nicht geben Geld.
         Der Student, der ein Buch gekauft hat, gibt das Geld nicht.

7.

a) *Verbale Bindung (vgeb)*. Sie besteht zwischen Verben und Partikeln einer Verbalgruppe.

(57)   maǐ   [le]

     kaufen   PART

b) *Nominale Bindung (ngeb)*. Sie besteht zwischen einem Determinator, Klassifikator und einem Nomen.

(58)   zhè ge   [rén]

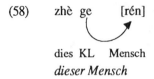

dies KL   Mensch
dieser Mensch

c) *Präpositionale Bindung (pgeb)*. Sie besteht zwischen einem N und einer Prä-
bzw. Postposition innerhalb einer Prä/Postpositionalgruppe.

(59)   zài   [jiā]

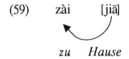

zu   Hause

d) *Konjunktionale Bindung (kgeb)*. Sie besteht zwischen konjunktional verbundenen Teilen (Ngr, Vgr).

(60)   [Xinyi]   hé   [Liuming]

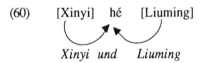

Xinyi und   Liuming

(61)   dànshì [tā juéde hěn gāoxìng]$_{Vgr}$

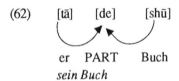

aber   er fühlt sich sehr froh

e) *Partikelbindung (partgeb)*. Sie besteht zwischen einer Partikel und anderen
Satzteilen.

(62)   [tā]   [de]   [shū]

er   PART   Buch
sein Buch

f) *Morphologische Bindung (mgeb)*. Sie besteht zwischen Morphemen, die klitisiert und/oder - wichtig für polysynthetische Sprachen mit wortinterner Syntax -
inkorporiert sind, sowie affigierten Morphemen. Während im Deutschen und Chinesischen in erster Linie Enklitika morphologisch gebunden sind, können in anderen
Sprachen nominale bzw. pronominale Einheiten inkorporiert werden, z.B. im
Quiché (Dürr 1987) oder Aztekischen (Dürr/Schlobinski 1990:95):

(63)

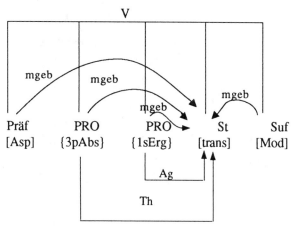

š-e-qa-čak-o
Kompl-3pAbs-1pErg-siegen-Ind
Wir haben sie besiegt

(64)

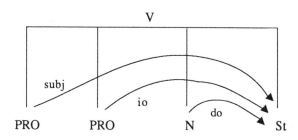

ni-k-tlaškal-maka
ich-ihm-Brot-geben
Ich gebe ihm Brot.

f) *Lexikalische Bindung (lgeb).* Sie gibt die Relationen zwischen Elementen an, die aufgrund der Kompositionsregeln übertragener Bedeutungen neue lexikalische Einheiten mit entsprechenden Strukturen bilden. So ist in der Wendung *einen Abgang machen* die Nominalgruppe an das Verb gebunden und nicht mehr verbexternes Objekt, die Verbalgruppe als Ganze regiert das Subjekt:

(65)

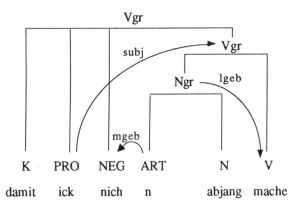

K	PRO	NEG	ART	N	V
damit	ick	nich	n	abjang	mache

8. *Agens (Ag)*. Kennzeichnet als Prototyp den Verursacher (die Ursache) einer Handlung oder eines Vorgangs und ist in der Regel belebt.

9. *Thema (Th)*. Das an einer Handlung Beteiligte (affizierte oder auch effizierte) Objekt, das nicht Ziel der Handlung ist. In der Tendenz eher nicht belebt.

10. *Ziel (Z)*. Ziel oder Resultat einer Handlung oder eines Vorgangs. Als belebtes Ziel *Rezipiens (Rez)*, der als Nutznießer der Handlung auch als *Benefaktiv (Ben)* klassifiziert wird.

(66)

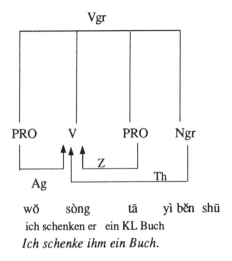

wǒ	sòng	tā	yì běn shū
ich	schenken	er	ein KL Buch

Ich schenke ihm ein Buch.

(67)

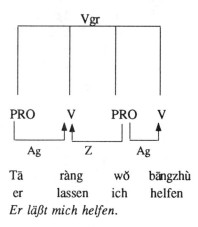

Tā   ràng   wǒ   bāngzhù
er   lassen   ich   helfen
Er läßt mich helfen.

11. *Essessiv (Ess).* Bezieht sich auf einen existierenden Zustand und dient zur Beschreibung von Existenzsätzen (s.o.)

12. *Modifikator (Mod).* Bezeichnet die Modifikation (a) einer Handlung, eines Vorgangs und auch Zustands; (b) eines Gegenstandes bzw. Zustands.

12a. *Lokativ (Lok), Temporal (Temp), Instrumental (Ins), Negation (Neg).* Die Lokativrelation gibt den Ort oder die Richtung einer Handlung, eines Vorgangs, eines Zustands an, die Temporalrelation die Zeit-Aspekt-Komponente einer Handlung, eines Vorgangs, eines Zustands. Instrument bezeichnet das (unbelebte) Instrument, das zur Ausführung einer Handlung bzw. eines Vorgangs gebraucht wird. Die Negationsrelation modifiziert ein Element (e → ¬e) oder eine Proposition (p → ¬p).

(68)

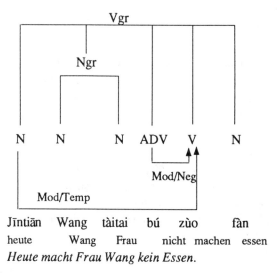

Jīntiān   Wang   tàitai   bú   zùo   fàn
heute   Wang   Frau   nicht   machen   essen
Heute macht Frau Wang kein Essen.

12b. *Deskriptiv (Des), Restriktiv (Res) Possessor-Possessum (Poss)*. Durch den Deskriptiv (oder auch Explikativ genannt) wird ein modifiziertes Element E beschrieben, ohne daß sich die Extension von E ändert, während beim Restriktiv E extensional eingeschränkt wird. Die spezielle Possessor-Possessum-Relation gibt die Beziehung zwischen einem Besitzer (in der Regel belebt) und dem Gegenstand an, der von ihm besessen wird.

(69)

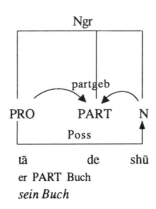

tā   de   shū
er PART Buch
sein Buch

13. *Identität (Ident)*. Die Identitätsrelation besteht zwischen semantisch identischen Ausdrücken und dient zur Beschreibung koreferentieller Beziehungen.

(70)   [Měitiān shàngwǔ] tā [dōu] yǒu kè

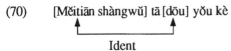

         Ident
Jeden:Tag vormittag er alle haben Unterricht
Sie haben jeden Tag Unterricht.

14. *Nexus (Nex)*. Semantische Relationen zwischen Propositionen (p,q)
a) *Konjunktionsrelation* [Konj(p,q)]. Verknüpfung von Sachverhalten im Hinblick auf eine »gemeinsame Einordnungsinstanz« (Lang 1977).
a') *Disjunktionsrelation* [Disj(p,q)] ist eine Relation, die den wechselseitigen Ausschluß von Sachverhalten betrifft.
b) *Konditionalrelation* [Kond(p,q)]. „wenn p, dann q" (p => q), wobei p q bedingt, ohne daß p den Sachverhalt q notwendig hervorbringt.
b') *Kausal- / Instrumentalrelation:* [Kaus/Instr (p,q)]. „wenn p, dann q" (p => q), wobei p als Grund, Erklärung / Mittel für q gilt.
b") *Konsekutivrelation* [Kons(q,p)], inverse Kausalrelation.

c) *Konzessivrelation* [Konz(p,q)] zwischen p und q besteht dann, wenn neben p, das nach der Normalerwartung ¬q bedingt und q ausschließt, q als real oder realisiert gegeben ist, z.B.

(71) Suīrán tā hěn bèn, dànshì tā hěn nǔlì
      K er sehr dumm, K er sehr fleißig
      Obwohl er langsam ist, arbeitet er fleißig.
      $[S_1(p)] \rightarrow Konz(p,q) \rightarrow [S_2(q)]$

d) *Finalrelation* [Fin(p,q)], „wenn p, dann q" [p => q], wobei p den Zweck der Handlung einschließt und q das Mittel der Realisierung von p spezifiziert.

e) *Temporalrelation* [Temp(p,q], wobei (i) p vorzeitig q [Vor(p,q)], (ii) p nachzeitig q [Nach(p,q)] und (iii) p gleichzeitig q [Gleich(p,q)].

Der Satz *wǒ bù zhīdao tā míngtiān lái* kann in seinen grammatischen Relationen wie folgt dargestellt werden, wobei die Kanten des Strukturdiagramms der Anschaulichkeit wegen in doppelter Strichstärke dargestellt sind:

(72)

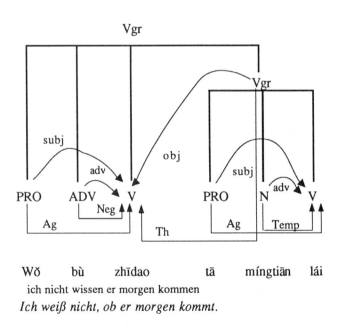

Wǒ   bù   zhīdao   tā   míngtiān   lái
ich nicht wissen er morgen kommen
Ich weiß nicht, ob er morgen kommt.

Neben direkten syntaktischen Relationen, die sich auf Teile *eines* Kernsatzes beziehen, wollen wir *indirekte syntaktische Relationen* ansetzen (Eisenberg 1989:72). Indirekte Relationen operieren über die Satzgrenzen hinaus. Anders als Eisenberg, für den in einem Satz wie *Vom Studium enttäuscht, verkaufte Renate ihre Bücher* eine indirekte Subjektrelation zwischen *Renate* und *enttäuscht* besteht (ibid.), wollen wir in diesen Fällen nicht auf der syntaktischen Ebene argumentieren und eine syntaktische Relation ansetzen, sondern eine semantische (hier Thema). Nur dann, wenn auch die syntaktischen Bedingungen einer Konstituente K_1 außerhalb eines Satzes S_2 (a) gleich sind oder (b) aufgrund von Parallelisierung als gleich anzusetzen wären und mit den Bedingungen einer Konstituente K_2 in direkter Relation dRx innerhalb eines Satzes S_2 sind, wollen wir eine indirekte Relation iRx von K_1 annehmen. Z.B. (Kästner, *Emil und die Detektive*, S. 152, 153):

ad (a) *Dort liegt nämlich ein Blumenstrauß für meine Großmutter. Ein Koffer auch.* Es besteht eine indirekte Subjektrelation zwischen *Ein Koffer* und *liegt*.

ad (b) *Emil stieg aus, begab sich zum Büffet, bat das Fräulein, sie möge ihm...* Es besteht eine indirekte Subjektrelation zwischen *Emil* und *begab* sowie *bat*.

Entsprechende indirekte Relationen finden sich auch im Chinesischen:

(73)

A: nà chāng diànyǐng nǐ juéde zěnmeyàng?
        jener KL Film du finden wie
        Wie gefällt dir dieser Film?

B: yīdiǎn dōu bù xǐhuan
        ein:wenig alles nicht mögen
        Ich mag ihn ein wenig.

Es besteht eine indirekte Subjektrelation (mit pragmatisch bedingter Sprecherwechselperspektive) zwischen *nǐ* → *wǒ* und *xǐhuan* und eine indirekte Objektrelation zwischen *nà chāng diànyǐng* und *xǐhuan* .

Die bisher behandelten Relationen sind grammatische Relationen, die in die Strukturbeschreibung integriert werden (können). Sie sind als solche unabhängig von pragmatischen Funktionen wie „Topik" und Fokus.

2.4 Topik und Fokus

Wir haben im letzten Kapitel mit Bezug auf die semantischen Relationen und die „Frame-Semantik" Bereiche der kognitiven Psychologie tangiert, die auch in einem anderen linguistischen Konzept eine zentrale Rolle spielen, nämlich dem Konzept des „Topik". Das, was als „Ursprung" der Satzbedeutung bei Lutzeier (1991) angesetzt wurde, geht partiell einher mit dem, was insbesondere in Funktionalen Grammatiken mit Topik oder auch Thema bezeichnet wird. Der Bezug zur Semantik ist allerdings selten thematisiert worden, außer bei Lambrecht (1981): In den Fällen von «topic-comment structures in French, the relationship beween topic

and comment may be best described in terms of semantic frames or scenes»
(Lambrecht 1981:56), hat aber auf der Folie von Figure-ground-Konzepten seinen
Niederschlag gefunden (Magretta 1977, Lutz 1981:38f.).

Topik ist ein Begriff, für den es eine große Anzahl von Definitionsansätzen
gibt. Bevor ich nun vorschlage, den Topikbegriff aufzugeben und von einem
Fokus-Begriff auszugehen, sollen einige grundsätzliche Ausführungen zum Topik-
und zum Fokus-Begriff gemacht werden, da im Prinzip keine Grammatik, insbesondere Funktionale Grammatik, ohne diese Konzepte auskommt, obwohl die
Intuition oftmals eine größere Rolle spielt als die Definition, wie Schiffrin (1987)
ehrlicherweise eingesteht: «Unfortunately, I have no solution to propose as how to
find topics and subtopics, although it often seems intuitively very clear» (Schiffrin
1987:26). Und Schneider stellt fest: «Thus, hard as it may be to define 'Topic'
precisely, analysts can legitimately rely on their intuition about sequences of
utterances constituting a whole. The explication of this intuition remains an area
for future research» (Schneider 1987:249).

Grundlegend für den Topik-Begriff ist die von Georg von der Gabelentz
(1972:369.f. und 1960:114) und Paul (1968:126-27) vorgenommene Differenzierung in „psychologisches" und „grammatisches" Subjekt und Prädikat. Während
v. der Gabelentz „psychologisches Subjekt" als „Gegenstand der Rede" bezeichnet
und an das „Bedürfnis" bindet, „mit der Rede bei dem zu beginnen, was ihren Gegenstand bilden soll, und nun in der Reihenfolge fortzufahren, dass von Schritt zu
Schritt die Gesamtheit der folgenden Glieder sich zu der Gesamtheit der voraus-
gegangenen als Aussage über diese verhält« (v.d. Gabelentz 1960:114) und „psychologisches Subjekt" wie folgt definiert: »Was bezweckt man nun, in dem man zu
einem Anderen etwas spricht? Man will dadurch einen Gedanken in ihm erwecken.
Ich glaube, hierzu gehört ein Doppeltes: erstens, daß man des Andern Aufmerksamkeit (sein Denken) auf etwas hinleite, zweitens, daß man ihn über dieses Etwas
das und das denken lasse; und ich nenne das, woran, worüber ich den Angeredeten
denken lassen will, das *psychologische Subjekt*«(v.d.Gabelentz 1869:378), ist dies
bei Paul (1968 [[1]1880]) anders. Das psychologische Subjekt ist nach Paul nicht
notwendigerweise an die Anfangsstellung gebunden. Vielmehr kann auch das psychologische Prädikat in der Anfangsstellung sein, abhängig von der Psyche des
Sprechers und dem vorangehenden Kontext: »Das psychologische Subjekt ist die
zuerst in dem Bewusstsein des Sprechenden, Denkenden vorhandene Vorstel-
lungsmasse, an die sich eine zweite, das psychologische Prädikat anschliesst« (Paul
1968:124).

Die wesentlichen Punkte, nämlich daß es (a) einen speziellen Ausgangspunkt
der Aussage gibt, der (b) abhängig ist von der Situation und einer „normalen"
Abfolge, die Rede zu organisieren, und daß es (c) psychologische Faktoren gibt,
finden sich weiter ausgearbeitet in der Prager Schule, begründet durch die Arbeiten
von Mathesius zur sog. „Funktionalen Satzperspektive" (FSP).

In dem klassischen Aufsatz von Villem Mathesius (1929a) zur Satzperspektive im modernen Englisch geht es ihm darum, zu zeigen, wie „Satzthema" und grammatisches Subjekt zusammenhängen. Mathesius geht dabei von folgender Grundüberlegung aus: »Wenn sich zwei Vorstellungen als durch die Situation gegeben darbieten, wird diejenige von ihnen zum grammatischen Subjekt gemacht, die mehr Aktualität besitzt oder als etwas Bestimmteres erscheint« (Mathesius 1929a:202). Damit wird ein Aspekt hervorgehoben, der für die Informationsstruktur eines Satzes relevant sind, nämlich die Relevanz einer Einheit im Hinblick auf den Kontext. Dies wird noch deutlicher in den Ausführungen, die dann folgen: »Da sich in der gewöhnlichen zusammenhängenden Sprache das Thema durch mehrere Sätze hindurchzieht, ist eine natürliche Konsequenz des thematischen Subjektes im Englischen die Tatsache, daß auch das grammatische Subjekt in mehreren, nacheinander folgenden Sätzen oft dasselbe bleibt« (ibid.). Entscheidend für Mathesius Definition ist der pragmatische Aspekt. Im gleichen Jahr gibt Mathesius (1971, [1 1929b]) eine Definition von Thema, in der andere Aspekte hervorgehoben werden, nämlich die Binarität des Satzes:

> »Das erste von ihnen ist der Teil, der etwas verhältnismäßig Neues ausdrückt und in dem das konzentriert ist, was man in dem Satz behauptet. Dieser Teil des Satzes wird manchmal als psychologisches Prädikat bezeichnet, wir aber bezeichnen ihn lieber als Mitteilungskern, um ihn von dem grammatischen Prädikat deutlicher zu unterschieden, mit dem er nicht immer zusammenfällt. Der zweite Teil des Satzes enthält die Basis der Mitteilung oder Thema, nach der älteren Terminologie das psychologische Subjekt, d.h. die verhältnismäßig bekannten oder auf der Hand liegenden Dinge, von denen der Sprecher ausgeht« (Mathesius 1971:6-7).

Die Abfolge der Rede und die damit verbundene Organisation der grammatischen Struktur eines Satzes wird nun zudem von psychologischen Faktoren abhängig gemacht. In der „normalen Situation" gibt es die Tendenz der »objektiven Abfolge«, in der zuerst das Thema und dann der Mitteilungskern gesetzt wird, »während bei einer erregten Behauptung eine umgekehrte Abfolge vorherrscht (subjektive Abfolge)« (ibid., S. 7).

Die verschiedenen Aspekte, die schon frühzeitig bei der Topikdefinition (psychologisches Subjekt, Thema[21]) eine Rolle gespielt haben, wurden später weiterhin ausgearbeitet, differenziert, eklektisch zusammengebastelt, kritisch diskutiert und oftmals unhinterfragt übernommen. Dabei gilt noch heute, was bereits Daneš (1974:222) als Dilemma beklagt hat, nämlich daß eine terminologische

---

21 Im deutschsprachigen und slawischen Kontext wird von Thema (Rhema), im englischsprachigen von Topik (Comment) gesprochen: «Every human language has a common clause type with bipartite structure in which constituents can reasonably be termed 'topic' and 'comment'« (Hockett 1966:23).

Klärung dringend nötig wäre; »Voraussetzung dafür ist allerdings, daß man sich zunächst über die Grundbegriffe einigt, die terminologisch festgehalten werden sollen«.

Unter den unzähligen Topikansätzen kann man grundsätzlich vier Gruppen unterscheiden (vgl. hierzu auch Lutz 1981 und Fries 1984), die primär auf die Satzebene bezogen sind und sich auf einzelne Satzteile beziehen:

1. Topik als *given / known* Information,
2. Topik als Ausgangspunkt des Satzes,
3. Topik als der Satzteil, über den etwas ausgesagt wird,
4. Topik als Baustein der „kommunikativen Dynamik" und Topikkontinuierung.

Diese Topikansätze werden in neueren Arbeiten unter dem Label „Satztopik" zusammengefaßt und von einem Topikbegriff abgegrenzt, der sich auf den Diskurs bezieht („Diskurstopik").

In diesem Kapitel geht es in erster Linie um eine kritische Diskussion des Begriffs des Satztopiks, der in funktionalen Grammatiken eine wichtige Rolle spielt. Auf den Begriff des Diskurstopiks - wir wollen von Thema oder thematischen Strukturen reden - wird in Kapitel 2.5 näher eingegangen.

2.4.1 Topik als given / known Information

Eine Reihe von Topikdefinitionen beziehen sich auf den Informationsstatus von lexikalischen Einheiten (vorwiegend Nominalgruppen), die mit „gegebener" und „bekannter" Information bezeichnet werden können. In vielen Arbeiten wird *given/old* und *known* gleichgesetzt, in anderen definitorisch getrennt. Der Angelpunkt dieses Topik-Ansatzes besteht darin, daß es Satz- bzw. Äußerungseinheiten gibt, die dem Hörer bekannt sind, bzw. die aus dem Kontext erschlossen werden können. Thematisch (Topik) ist nach Vachek (1966:89) der Teil einer Äußerung, der «refers to a fact or facts already known from the preceding context or to facts that may be taken for granted». Eine psychologische Komponente gibt Chafe in seiner häufig zitierten Definition: «Given (or old) information is that knowledge which the speaker assumes to be in the consciousness of the adressee at the time of the utterance. So called new information is what the speaker assumes he is introducing into the adressees's consciousness by what he says» (Chafe 1976:28). Dabei ist „given information" durch (a) *lower pitch,* (b) *weaker stress* und (c) *subject to pronominalization* gekennzeichnet (ibid., S. .29), z.B.*Gestern habe ich Peter* [new] *getroffen. Er* [given] *läßt dich schön grüßen.* Im Gespräch kann weiter durch Pronomina auf *Peter* verwiesen werden. Auch wenn der Zuhörer «may have stopped thinking of the referent of *he,* it may still be easily accessible in memory and retrievable into consciousness» (ibid., S. 30). Die psychologische, genauer: kognitive Komponente, nach der der Informationsstatus von Einheiten in

Zusammenhang gebracht wird mit dem Fokus der Aufmerksamkeit eines Sprechers und dem Kurz- und Langzeitgedächtnis, findet sich weiter ausgearbeitet in Chafe (1987). Dort unterscheidet Chafe „given, accessible and new information" je nach dem Aktivierungstatus der Information, je nach dem, wie stark eine Information im «focus of consciousness» eines Sprechers ist oder nicht. Eine Taxonomie von „Givenness" gibt Prince (1981)[22], die prinzipiell zwischen „given" und „known information" unterscheidet: „Given information" ist die Information, «which the coöperative speaker may assume is appropriate in the hearer's consciousness», während „known information" die Information ist, «which the speaker represents as being factual and as already known to certain person (often not including the hearer)» (Prince 1978:903). Ähnlich argumentiert Klein (1985:21), der zwischen „bekannter", „eingeführter" und „thematisch relevanter Information" unterscheidet.

In dem hier behandelten Topikkonzept spielen zwei Faktoren eine Rolle: (a) der Faktor der Identifizierbarkeit im Diskurs als bekannt - nicht bekannt und (b) der Grad, inwieweit ein Element im Bewußtsein eines Sprechers/Hörers verankert ist. Dabei wird Topik (a) hinsichtlich des einen oder anderen Faktors (Halliday 1967:204, 211) oder hinsichtlich beider Faktoren und (b) kategorial oder ordinal/skalar definiert.

Als kategoriale Matrix zwischen [+/-bekannt] und [+/-neu] wird der Themabegriff in der Grundzüge-Grammatik (1981) behandelt, indem ein Thema- und Rhemabereich angenommen wird, der unabhängig von der linearen Anordnung einzelner Satzglieder ist. Thema- und Rhemabereich schließen sich nicht aus (Notation / / Themabereich; [ ] Rhemabereich, vgl. Grundzüge 1981:728):
/Ich/$_T$ [habe /im Deutschen Theater/$_T$ eine Premiere erlebt]$_R$
[/Schon im Altertum/$_T$ konnten /die Menschen Eisen/$_T$ bearbeiten]$_R$.

(74)

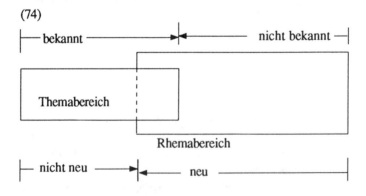

---

22 Prince (1981:237) unterscheidet zwischen „new, inferrable" und „evoked" Information, die wiederum weiter differenziert werden, wie z.B. „new" in „brand-new" und „unused", „brand-new" in „anchored" und „unanchored".

Eine Begriffsbildung, die ordinal ist und in der beide Faktoren eine Rolle spielen, geben Copeland/Davies (1983:222), die wie folgt zusammengefaßt werden kann:

	Given	Recovered	New
conscious	+	-	-
identifiable	+	+	-

Ähnlich ist Lambrechts (1988:146-47) „topic acceptability scale" definiert, die als Präferenzhierarchie wie folgt zusammengefaßt werden kann:

active	identifiable/active	most acceptable
accessible/inferrable	identifiable/semi-active	
unused	identifiable/inactive	↓
brand-new	unidentifiable/inactive	least acceptable

Kardinale Skalierungen setzen natürlich einen quantifizierbaren Index der Messung von Topikalität voraus. Grundlegend ist die Frage, ob Einheiten zweifelsfrei als bekannt/nicht bekannt bzw. neu/nicht neu identifiziert werden können und ob der so festgelegte Topikbegriff für die Phänomene geeignet ist, die interessieren. Gehen wir von einem Beispiel aus und prüfen, inwieweit der Topikbegriff tragfähig ist:

(75)
»Jetzt rauchen wir eine halbe Stunde lang«, ordnete ich an, »so viel und so schnell wie möglich. Ich Camel, Lucky die langen Super King, der Marquis in Gottes Namen Dunhill. (Dürrenmatt, *Justiz*, S. 241)

Es stellen sich folgende Fragen:
1. Ist *jetzt* Topik oder werden nur nominale Elemente berücksichtigt, was in den meisten Definitionen vorausgesetzt wird[23]? Die temporale Origo ist in jedem Falle „bekannt". Haben Temporaladverbien Topikfunktion? »Keinen thematischen Status haben lexikalische Einheiten, die satzverknüpfende Funktion haben und ihnen

---

23 «Many of the linguists who have investigated topic-comment structure have accepted without question the assumption that topics are essentially nominal elements, regardless of what sentence position they may be associated with» (Magretta 1977:118).

ähnliche Adverbien (...) oder einige Adverbien, die nur eine Sprecherhaltung präsentieren...« (Brömser 1982:103)[24].

2. Ist *Ich Camel, Lucky die langen Super King, der Marquis in Gottes Namen Dunhill* ein Satz oder nicht? Oder anders formuliert: Auf welche Einheiten (Satz, Phrase, etc.) wird Topik bezogen und wie werden diese Einheiten definiert?

3. *Camel* ist - sofern man Raucher ist oder die Werbung verfolgt - als Zigarettenmarke „bekannt", aber ist nicht direkt vorgegeben und steht nicht in einer Koreferenzbeziehung zu einem Element des Vorgängersatzes, ist aber ableitbar aus der Proposition des eingebetteten Vorgängersatzes. Wird Camel als „given" klassifiziert oder nicht? Wenn ja, nach welchen (semantischen) Kriterien kommen wir zu dieser Aussage?

Wie oben gezeigt wurde, geht Chafe (1976) davon aus, daß alte Information Topik ist. Die komplementäre neue Information bezeichnet er als Fokus. In der Sequenz (76) wäre nach Chafe in der Antwortsequenz *Felix* Topik-Nominalgruppe und *Max* Fokus-Nominalgruppe.

(76)   A: *Who did Felix praise?*
          B: *Felix praised Max.*
             (Reinhart 1981:72)

Die Differenzierung in Topik- und Fokus-Nominalgruppe ist jedoch nicht haltbar, wenn die Antwortsequenz *Felix praised himself* lauten würde: «Here *Felix* is specified by the question as the topic expression and *himself* is the focus expression. In this particular example, however, the referent of these two expressions is the same: Felix. So it turns out, given the definition of new and old information, that this person is simultaneously in and not in the participants immediate awareness or general consciousness, which is a plain contradiction» (Reinhart 1981:72)[25]. Reinhart zieht daraus die Schlußfolgerung, «that although in most cases the topics tend indeed to represent old information, this is neither a sufficient nor a necessary condition for topichood» (ibid., S. 173).

---

24 Nach Brömser dürfte die Partikel *so* in Sprechhandlungen wie *So das hätten wir* keinen thematischen Status haben, obwohl die Partikel die Funktion hat, das thematisch Relevante abzuschließen und zoomartig zusammenzufassen.

25 Anders argumentiert v. Stechow (1981) für Sätze wie *Peter likes himself*, in denen die Distinktion von new-old beibehalten werden kann und *himself* als Fokusinformation behandelt wird. Die Konstituente *himself* ist nicht ein Referent, sondern ein Konditional der Form „if Peter exists then he likes himself".

2.4.2 Topik als Ausgangspunkt des Satzes

Ein weitere Gruppe von Definitionen behandelt Topik unter dem Aspekt, daß es Satzelemente gibt, die als Ausgangspunkt des Satzes fungieren. Dabei wird von verschiedenen Ansatzpunkten ausgegangen. In funktionalen Ansätzen, die in der Prager Tradition stehen, wird in Anlehnung an Mathesius die Informationsstruktur eines Satzes in „Ausgangspunkt der Aussage" und „Kern der Aussage" unterschieden. Der Ausgangspunkt wird psychologisch motiviert:

«Theme is the sentence element that links up directly with the object of thought, proceeds from it and opens the sentence thereby» (Trávníček, zitiert nach Firbas 1964:269).

«The Theme is a function in the CLAUSE AS A MESSAGE. It is what the message is concerned with: the point of departure for what the speaker is going to say» (Halliday 1985:36).

Die Idee der „Satzeröffnung" ist dann weiter ausgearbeitet worden in dem Sinne, daß das Topikelement eine „frame-establishing" Funktion hat: «The topic serves as the primary reference frame or point for the sentence» (Magretta :132), also einen Rahmen eröffnet, in dem die weitere Kommunikation stattzufinden hat.

Ansätze dieser Art hängen eng mit denen zusammen, in denen Topik als das definiert wird, „what the sentence is about". Daneben stehen Ansätze, die eine operationalisierte, syntaktisch fundierte Topikdefiniton haben: Die Nominalgruppe, die am weitesten links im Satz steht, bildet den Ausgangspunkt des Satzes, ist Topik-Nominalgruppe: «Thus we might define the Topic-of the Sentence as the leftmost NP immediately dominated by S in the surface structure, and the Comment-of the Sentence as the rest of the string» (Chomsky 1965:221). Der Satz *This book I enjoyed* kann in seiner Tiefen- und Oberflächenstruktur grob wie folgt dargestellt werden:
Tiefenstruktur: [NP AUX [V NP]$_{VP}$]$_S$ „I AUX enjoy this book" mit dem Subjekt definiert als [NP, S], wobei die NP direkt von S dominiert ist;
Oberflächenstruktur: [NP NP VP]$_S$ *This book I enjoyed* mit der Topik-NP als unmittelbar dominiert von S.

Eine Erweiterung des Chomskyschen Ansatzes gibt Gundel (1974), nach der «topic and comment are co-generated in the logical structure underlying a sentence», Topik und Comment sind also semantisch fundiert: [NP$_1$(x$_1$: Mary) [S'(x slapped John)]]S mit X als Topik. Eine weitere Modifizierung gibt Gundel dann 1985: «A constituent C is the syntactic topic of some sentence S, iff C is immediately dominated by S and C is adjoined to the left or right of some sentence S', which is also immediately dominated by S» (Gundel 1985:86). Sämtliche Definitonen laufen prinzipiell darauf hinaus, daß alles, was rechts der Subjektposition steht, gleich Comment ist. Während bei Chomsky und anderen nichts weiter über die syntaktische Funktion der „leftmost NP" ausgesagt wird, wird u.a. von Chafe (1976) und Foley/van Valin (1984:124f.) die Topik-Nominalgruppe als satzexterne Konstituente behandelt, die vom Verb nicht regiert ist: «a non-vocative noun phrase that does not bear any selectional relation to the verb of its clause» (van Oosten 1984:51). Foley/van Valin (1984) erweitern dabei den Topikbegriff dahingehend, daß Topikelemente graduell über die Positionen im Satz hin verteilt und somit definiert sind: «Topic are commonly coded by position, either sentence initial or final» Foley/van Valin (1984:128), und: «...the more peripheral an NP is, the more natural a topic it is» (ibid., S. 125)[26].

Wie auch immer im einzelnen Topik definiert, ob Topik in der Ober-flächenstruktur oder Tiefenstruktur angesiedelt wird, ob eine Topik-Nominalgruppe verbregiert sein kann und folglich mit dem Verb kongruieren kann oder nicht, die Auszeichnung der Erstposition im Vorfeld des verbalen Prädikats spielt in der Grammatik(tradition) insofern eine Rolle, um Phänomene der Linksherausstellung zu behandeln:

(77)   *Den Mann habe ich gesehen* (topikalisierte Objekt-Nominalgruppe)

(78)   *Den Mann, den habe ich gesehen* (Left-dislocation)

(79)   *Berlin, wann sehen wir uns wieder* (hanging topic)

(80)   *Es war Peter, der nach Berlin wollte* (Cleft-Sätze)

(81)   *Was Peter wollte, war ein Hamburger* (Pseudo-Cleft).

Rechtsherausstellungen werden entsprechend als „Antitopik", „afterthought" (Chao 1968:132, Chafe 1976:54) oder „tail" (Dik 1978:153) behandelt, z.B. *Ich weiß nicht, was das soll, dieses ganze Theater*.

Wenn man den Topik-Begriff mit der Erstposition verbindet, dann ist das Definitionskriterium eindeutig und explizit festgelegt. Warum man dann allerdings den Begriff Topik braucht, ist unklar: »'Satzanfang', 'Ausgangspunkt' träfe genau so zu« (Lutz 1981:47). Darüber hinaus sind wir wieder mit dem Problem konfrontiert, ob nur nominale Elemente (verbregiert oder nicht?) oder auch z.B. Partikeln als Topik fungieren können wie z.B. in *ähm ja was ich noch sagen sollte*.

Eng gekoppelt mit dem Topikbegriff als Ausgangspunkt des Satzes ist der, in dem Topik als der Satzteil, über den etwas ausgesagt wird, behandelt wird.

---

26 Der satzinterne Topik wird bei Foley/van Valin (1984:108f.) durch den Begriff des *Pivot* ersetzt: «A pivot is any NP type to which a particular grammatical process is sensitive, either as controller or as target» (Foley/van Valin 1985:305). Im Englischen und Deutschen ist die Subjekt-Nominalgruppe Pivot.

2.4.3 Topik als der Satzteil, über den etwas ausgesagt wird

In einer Reihe von Topikansätzen wird die Definition des „psychologischen Subjektes" von v.d. Gabelentz aufgenommen und erweitert: Topik ist «something that one is talking about» (Daneš 1967:504). Dabei wird diese Topikdefinition aus zwei Perspektiven her gesehen, zum einen aus einer eher pragmatischen Perspektive: «The Topic of a sentence is that thing or person what is being talked about. In that sense of the word it consists of 'old information'» (Hawkinson/Hyman 1974:161); zum anderen aus einer eher syntaktischen: «The subject is literally the subject to talk about, and the predication is what the speaker comments on when a subject is presented to be talked about» (Chao 1968:70).

Die „aboutness"-Definition im engeren Sinne hat als Grundlage die aus der Logik bekannte Subjekt-Prädikat-Unterscheidung: «The topic is an asserted set of conditions ... under which the predication expressed by the sentence holds good» (Margretta 1977:126), und wäre von daher überflüssig. In der Version mit Bezug auf pragmatische Aspekte ist verschiedentlich versucht worden, die Aboutness-Definition kognitionspsychologisch und pragmatisch zu erweitern. In diesen Ansätzen wird davon ausgegangen, daß Topik auf der Folie von Figure-Ground-Differenzierung als Grundschemata unseres Wahrnehmungsverhaltens als „Ground" (Magretta 1977:132) bzw. als „Figure" (Lutz 1981:41) zu begreifen ist. Topik ist also das, was vom Kontext her identifizierbar ist, also - hier schließt sich der Kreis zur Definition 2.4.1 - „bekannt" ist.

Der im engeren Sinne satzbezogene Topikbegriff, wie er bisher in seinen verschiedenen Ansätzen behandelt worden ist, ist schwer zu definieren. In vielen Arbeiten wird der eine oder andere Ansatz zu einem „neuen" Topikansatz 'integriert'. Der Topikbegriff spielt in sprachtypologischen Arbeiten eine wichtige Rolle und hat zu grundlegenden sprachtypologischen Differenzierungen geführt. Danach werden

1. subjektprominente Sprachen (Deutsch, Englisch),
2. topikprominente Sprachen (Chinesisch, Lahu),
3. subjektprominente und topikprominente Sprachen (Japanisch, Koreanisch)[27],

---

27 Als Topik-Marker wird immer wieder die wa-Partikel im Japanischen und gelegentlich -nun im Koreanischen (Choi 1986:351) zitiert. Für Chafe (1976:29), Coseriu (1987:136) und viele andere ist wa Topik-Marker, nach Dik (1978:144-149) markiert wa Theme und Topic. Rickmeyer (1985:280) schreibt hingegen: »Über Funktion und Semantik der Partikel wa ist schon und wird immer noch sehr viel geschrieben. Je ausführlicher sich diese Arbeiten mit dem tatsächlichen Vorkommen dieser Partikel auseinandersetzen, um so komplexer scheint die Problematik (...) Die Funktion von wa deckt sich nicht mit einer Definition für „Thema" oder „Topikalisierung"«; Rickmeyer selbst gibt als Funktion von wa „Rechts-Fokussierung" an. Dies soll genügen, um zu zeigen, daß auch im viel zitierten Japanisch längst nicht alles so klar ist, wie es scheint. Wichtig scheint mir der Hinweis von Rickmeyer auf die Forderung nach Untersuchungen „tatsächlicher Vorkommen": Für das Japanische gilt wie für alle anderen

4. weder subjektprominent noch topikprominente Sprachen (Tagalog)
unterschieden (s. Li/Thompson 1976).

Dieser Klassifizierung liegt die Annahme zugrunde, daß es gegenüber dem
gewohnten Konzept der Satzanalyse in Subjekt-Prädikat-Struktur aus der lateinischen Grammatiktradition Sprachen gibt, für die es sinnvoller ist, eine Topik-
Comment-Struktur als Folie der Analyse anzusetzen. Daraus wird der Schluß
gezogen, daß der Subjekt-Begriff nicht universell angesetzt werden kann. Als
typisch topikprominente Sprache wird immer wieder das Chinesische ins Feld
geführt, auch von Arbeiten, die sich kritisch mit dem Topikbegriff auseinandersetzen (Oosten 1984:56, Reinhardt 1981:68)[28]. In Kap. 3 wird gezeigt werden, daß das Chinesische nicht eine „topikprominente" Sprache ist, sondern daß
hinter dieser Klassifizierung ein zu hinterfragendes Grammatikkonzept steht, das auf
einen fragwürdigen Topikbegriff rekurriert. Als Konsequenz scheint eine Differenzierung in subjekt- und topikprominente Sprachen mehr als fraglich.

2.4.4 Topik als Baustein der „kommunikativen Dynamik" und Topikkontinuierung

In der Auseinandersetzung mit dem Topikbegriff als „bekannte Information" eines
Satzelementes entwickelte Firbas (1964) einen relationalen Topikbegriff, der auf
den Grad des „communicative dynamism (CD)" bezogen ist. «By the degree of CD
carried by a sentence element we understand the extent to which it 'pushes the
communication forward', as it were. It is obvious that elements conveying new,
unknown information show higher degrees of CD than elements conveying known
information» (Firbas 1964:270). Topik - „theme" in der Terminologie von Firbas -
ist nun das Element mit geringstem CD: «the theme is constituted by the sentence
element (or elements) carrying the lowest degree(s) of CD within the sentence»
(ibid., S. 272). Entscheidend für den Topikbegriff von Firbas ist die Distribution
der Satzelemente in bezug auf die „kommunikative Dynamik", wobei (a) die
kommunikative Relevanz und der Kontext eine Rolle spielt und (b) die semantische
Struktur, was in der Literatur nie behandelt wird, aber für Firbas Satzanalysen von
zentraler Bedeutung ist, denn Firbas geht es primär um die Analyse der Wort-

---

Untersuchungsgegenstände hinsichtlich Topik etc., daß zunächst einmal über
Satzanalysen hinausgehende Text- und Diskursanalysen gemacht werden müssen.

28 Oosten, die einen pragmatischen Topikbegriff anlegt, schreibt im Hinblick auf das
Chinesische: «...that in topic-prominent languages the syntactic topic is not the only
element in the sentence which can have topic properties» (Oosten 1984:56). Und:
«Thus in Japanese and Chinese there is a *syntactic* category „topic"...» (ibid., S. 67,
Anmerkung 4; Hervorhebung durch d. Verf.).

stellung[29]. Generell nimmt Firbas an, daß Satzelemente hinsichtlich der kommunikativen Dynamik gewichtet werden können, wobei bei kontextunabhängigen Sätzen die semantische Struktur den Grad der kommunikativen Dynamik determiniert. Der Satz (82) hat nach Firbas (1964:271) folgende Interpretation: «The agent of the action (Chudá selka) is communicatively less important than the action itself. As to the elements describing the action of the agent, they express motion (šla), its goal (do lesa) and its purpose (na stlani). From the point of view of communication, the goals of the motion is more important than the motion itself, while the purpose of the motion towards the stated goals is the most important of all.»

(82)
Chudá selka šla do lesa na stlaní
Arm Landfrau ging zu Wald für Kleinholz
Eine arme Landfrau ging in den Wald, um Kleinholz zu holen

Es gibt also eine Korrelation zwischen den semantischen Funktionen und dem Grad der kommunikativen Dynamik, die sich in Form einer (nicht-binären) Hierarchie darstellen läßt:

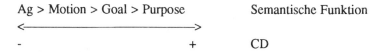

Ag > Motion > Goal > Purpose   Semantische Funktion

<———————————————>

-              +   CD

Dies ist in zweierlei Hinsicht interessant: Zum ersten argumentiert Firbas auf der Basis von Topik und semantischen Funktionen wie wir sie in modernen „Hierarchien" in funktionalen Grammatiken finden, z.B. die Topikhierarchie (topic hierarchie) von Givón (1984:139), wobei allerdings der Ansatz von Firbas nie zitiert wird. Zum zweiten ist interessant, daß von der gleichen Argumentationsbasis her der genau spiegelverkehrte Schluß gezogen wird. Bei Firbas ist der Argumentationsstrang der folgende: Das Argument, das kommunikativ am wenigsten relevant ist und den geringsten Grad kommunikativer Dynamik aufweist, ist Agens und

---

29 Ebenso Beneš (1968), der Firbas (1964) folgt: »In der normalen Äußerung erscheint das sinnwichtigste Wort am Satzende als Mitteilungs- und Intonationszentrum« (Beneš 1968:58) und der aus seinen Analysen folgert, daß die Stellung des Subjekts im Deutschen »fast ausschließlich durch seinen Mitteilungswert bestimmt wird« (ibid. 69). Firbas hebt im Rückblick hervor: «I believe it is not an exaggeration to say that the recognition of the important role played by the semantic structure in determining FSP and word order is one of the most essential features of the post-war development of Mathesius's ideas in Czechoslovakia» (Firbas 1974:21). Eine Anwendung im Hinblick auf intonatorische Phänomene findet sich in Firbas (1985).

steht am Anfang des Satzes, das „Sinnwichtigste" steht hingegen hinten. Givón hingegen argumentiert, daß die Wichtigkeit eines Topics (importance of topic) über die Koreferenzbeziehungen ermittelt werden kann, und danach besteht die Tendenz, daß Agensargumente als primäre Topikelemente, die zudem syntaktisch gleich Subjekt gesetzt werden, fungieren. Bei Firbas ist also das Agensargument Topik, weil es kommunikativ „less important" ist, bei Givón ist Agens Topik, weil es «the most important, recurrent, continuous» (Givón 1984:138) Topik ist. Während sich jedoch bei Firbas der Topikbegriff allein auf die Satz- bzw. Äußerungseinheit bezieht und kommunikative Wichtigkeit direkt an die semantischen Rollen gebunden wird, ohne daß irgendwelche empirischen Evidenzen gegeben werden, wird bei Givón über Koreferenzbeziehungen nominaler Elemente der Topikbegriff auf der Satzebene und zugleich satzübergreifend fundiert und operationalisiert. Die Operationalisierung des Givónschen Topikbegriffes ist am besten rekonstruierbar aus Givón (1983b). Da Topikalität eine nicht-diskrete Einheit markiert, konstruiert Givón eine kardinale Skala der Topikkontinuierung (Topic continuity). Dabei wird der Topikbegriff insofern eingeschränkt, als nur „semantisch kompatible" (ibid., S. 14) und „primary topics" (ibid., S. 8), nämlich Subjektnominale, behandelt werden. Subjektnominale werden also im Text/Diskurs identifiziert und ihre Progression wird über verschiedene, allerdings nie mathematisch klar formulierte Parameter gemessen[30]:

1. *Index der referentiellen Distanz* („referential distance"): «This measurement assesses the gap between the previous occurences in the discourse of a referent/topic and its current occurence in a clause, where it is marked by a grammatical *coding device*» (ibid., S. 13). Hier werden offensichtlich die Sätze S_L gezählt, die vor dem Vorkommen eines Topiks T liegen, und ein koreferentielles Topikelement haben. Es scheint zu gelten: $IRD = n(S_L)/n(T)$. Da nur maximal 20 Sätze gezählt werden liegt der Wert $1 < IRD < 20$. Der Index besagt: Je kleiner der Wert, desto „more continuous" das Topik.

2. *Index der Persistenz*. Diesem Index liegt die Hypothese zugrunde, daß „more important" Topics «have a higher probability of persisting longer in the register after a relevant measuring point» (ibd. 15). Hier werden die Anzahl der Sätze des eines Topics folgenden Kontextes gezählt, in denen das Topik ununterbrochen

---

30 Aber während Givón einen explizit definierten, wenn auch schwer zu applizierenden Topikbegriff hat, geht de Vries (1985:158) von einem nicht weiter spezifizierten Begriff der „topical span" aus: «a topical span consists of a series of identification of the same topic (...) in which no identification is stronger than the one before». Danach werden „strong" und „weak" topics definiert: «Strongly identified Topics occuring initially in topical spans in the phase of establishing topicality, I will label strong Topics. Weakly identified Topics occuring medially and finally in topical spans (...) I will call weak Topics» (ibid. S. 159-60).

auftaucht. Es scheint zu gelten: IP = n(S_R)/n(T); 0 > IP > ∞. Ein geringer Wert bedeutet eine geringe Persistenz.

3. *Index of potential interference.* Binärer Wert 1 oder 2, der das Vorkommen eines semantisch kompatiblen bzw. bereits erwähnten „intervening" Referenten angibt.

In Texten wird nun überprüft, wie Subjekt-Nominalgruppen kontinuiert werden. Es zeigt sich die generelle Tendenz, daß Topikprogression präferiert über Zero-Anaphern und Pronomina erfolgt, Diskontinuierung über volle Nominalgruppen (vgl. die Beiträge in Givón 1983b). Givón legt diesem Befund folgendes Ikonizitätsprinzip zugrunde: «The more disruptive, surprising discontinuous or hard to process a topic is, the more coding material must be assigned to it» (ibid., S. 18).

Bei der Behandlung von Topik als Topik-Nominalgruppe, die über mehrere Nominalgruppen durch Koreferenzbeziehungen kontinuiert wird, besteht neben dem Problem, daß der Topikbegriff reduziert wird auf Nominalgruppen, zudem Subjekt-Nominalgruppen, das Problem der Quantifizierung[31] und das Problem der Identifizierung einer Topik-Nominalgruppe, wobei die Messung natürlich die Identifizierung der einzelnen Fälle voraussetzt. Daß dies nicht immer so einfach ist, soll im folgenden aufgezeigt werden.

In den folgenden beiden Beispielen sind zwei Personen im Text eingeführt, auf die beide durch die Nominalgruppe *die beiden* bzw. *wir gemeinsam* referiert wird und die so im Text als Handlungsträger weitergeführt werden:

(83)

»Er (Jämmerlin, P.S.) *rappelte sich wieder hoch, wenn auch innerlich verwüstet. Hinsichtlich Lienard stille Ergebung. Die beiden blieben nebeneinander wohnen«* (Dürrenmatt, *Justiz* 1987:111).

(84)

»Schließlich steckte ich meinen grünen Bleistift weg und klopfte Eduard das warme glatte Kalbfell. Und er stubste mich mit den kleinen Hörnern, damit ich endlich aufstehe. Und dann bummelten wir gemeinsam über die schöne bunte Wiese nach Hause« (Kästner, *Das fliegende Klassenzimmer*, 1985:8).

Eine andere Schwierigkeit kann sich aufgrund komplizierter semantisch-syntaktischer Verhältnisse ergeben, wie das folgende Beispiel belegt. Aus einer

---

31 Auf das Problem der Indexbildung bei Givón und den Auswertungsprozeduren gehe ich nicht weiter ein. Nur so viel: Die postulierten Hierarchien sind Implikationsskalen, die eine entsprechende Statistik voraussetzen (vgl. Dittmar/Schlobinski 1988). Ohne daß die Koeffizienten überhaupt geprüft sind, werden von Givón et.al. die Durchschnittswerte nach größer-kleiner-Relationen verglichen und somit (fälschlicherweise) als an Greenbergsche Implikationshierarchien angelehnte Hierarchien postuliert.

Gruppe von 50 Berliner Studenten erhielten in einem Test jeweils 25 u.a. die
folgende Aufgabe:
Gruppe A: Zwei Sätze sind gegeben: *Peter spielt mit Klaus Schach. Sein weißer
König steht schlecht.* Wessen König steht schlecht?
Gruppe B: Zwei Sätze sind gegeben: *Peter spielt mit Klaus Schach. Dessen weißer
König steht schlecht.* Wessen König steht schlecht?
  In Beispiel A wurde von allen 25 Studenten die Koreferenzbeziehung zwischen
Peter und *sein*, in B bis auf zwei Ausnahmen zwischen *Klaus* und *dessen* herge-
stellt. Die Begründung hierfür ist semantisch und syntaktisch motiviert: Im ersten
Fall haben wir es mit asyndetisch koordinierten und somit parallelisierten Struk-
turen zu tun, im zweiten Fall ist der Folgesatz mit der Nominalgruppe Klaus asso-
ziiert, da der durch *dessen* eingeleitete Satz normalerweise als Nebensatz sich auf das
nächststehende links stehende Kernnominal bezieht und dieses modifiziert und eine
Possessor-Possessum-Relation innerhalb der komplexen Nominalgruppe herstellt;
Peter spielt mit Klaus, dessen weißer König schlecht steht, Schach. Der formal
nicht-eingebettete „Relativsatz" mit Verbzweitstellung wird aufgrund der Markierung und der Stellung auf das nächst links stehende Kernnominal bezogen; ein
Bezug auf das weiter entfernt stehende Kernnominal wird in der Regel nicht hergestellt.
  Wie kompliziert sich das Problem der Topikkette in komplexen Texten oder
Diskurstypen darstellt, zeigt das folgende Beispiel aus einem Verkaufsgespräch
zeigt:

(85)
1 P: *ein kopfsalat*
2 M: *ein kopfsalat.* (4.0) so (.) außerdem?
3 P: <u>drei zitronen</u>
4 M: ja (.) <u>die</u> muß ick noch holn
5   <u>die</u> hab ick noch drinne
6   <u>die</u> muß ick mal schnell holn (4.0) ((holt eine Kiste))
7   püh *der* is so groß (.)
8   *den* krieg ick ja nich zusammjepreßt
9   *der* is so schwer (2.0)
10   da werdet'a mal merkn, wie ville dit heute is.
11 P: *der* geht dann immer noch so schwer raus
         (V-17:7-19)

In diesem Diskurstyp nehmen die Objekte eine prominente Rolle ein, auf die
referiert wird, entsprechend sind die sprachlichen Kodierungen „topikalisiert". Zwar
gilt der Zusammenhang zwischen Agentivität und Subjektivierung, aber nicht
zwischen Satztopik und Agentivität/Subjektivierung. Entscheidend ist primär die

Erstposition, auch wenn der Sprecher mitkodiert ist. Im Diskurstyp Verkaufsgespräch gibt es offensichtlich eine Objektorientierung und somit eine Fokussierung auf die Kaufgegenstände. Ferner fallen die typisch für gesprochene Sprache gebrauchten Parallelisierungen auf. *dit* in (Z10) *wie ville dit heute is* ist unbestimmt und bezieht sich auf eine wie auch immer im einzelnen zu bestimmende semantische Einheit.

Zeile	Zitronen	Kopfsalat	
4	*die*: PROdo/1		
5	*die*: PROdo/1		
6	*die*: PROdo/1		
7		*der*: PROsubj/1	
8		*den*: PROdo/1	
9		*der*: PROsubj/1	
10			*dit*: PROsubj
11		*der*: PROsubj/1	

Abb. 2-3: Referenzierung auf Kaufobjekte und deren Kodierung

Es sollte deutlich geworden sein, daß die Validität der Topikhierarchien abhängig ist von den sprachlichen Daten, genauer: von den Text- bzw. Diskurstypen. In der Universalienforschung und in den Beiträgen in Givón (1983a, 1984) wird grundsätzlich von Erzählungen ausgegangen, da diese der „prototypische" Diskurstyp sind und relativ gut in verschiedenen Sprachen belegt sind. Insofern sind die postulierten Topikhierarchien bestenfalls Hierarchien der Kodierung des Protagonisten von Erzählungen.

Die quantitative Verteilung der Kodierung von koreferentiellen Nominalgruppen sagt nichts über die einzelnen funktionalen Unterschiede aus. So sinnvoll Analysen sein mögen «for corroborating hypothesis about the functional motivation for syntactic variation, but they cannot replace it; nor can the latter be inferred from the statistical results in any direct way» (Bolkestein/Machelt 1985:149). Konzepte wie Topikkontinuierung sind an übergeordnete pragmatische Funktionen gebunden, die durch Quantifizierung nicht nur nicht entdeckt, sondern die durch statistische Durchschnittswerte verdeckt werden können. Der Schlüssel zu weiterführenden Analysen liegt in der Integration text- und diskursanalytischer Verfahren (s. Kap. 2.5).

Die Komponenten, die unter dem Begriff Topik integriert werden, sollten als einzelne Komponenten behandelt werden, da sie dann operational definiert werden können:

1. *syntaktische Komponente*: positionelle Anordnung über Vor-, Mittel- und Nachfeld sowie Adjazenzbeziehungen. Positionskonfigurationen können eindeutig bestimmt werden.

2. *semantische Komponente*: (a) Ausgangspunkt (Ursprung), Ziel etc. der Satzbedeutung über semantische Relationen; (b) zum gemeinsam geteilten Wissen der Interaktionspartner gehörend oder nicht (bekannt versus nicht bekannt).

3. *pragmatische Komponente*: im Diskurs/Text anaphorisch oder exophorisch vorausgesetzt bzw. nicht (alte Information versus neue Information).

Ein Satz wie *Peter verschenkt ein Buch* hat kein Satztopik. [Peter] ist syntaktisch Subjekt, semantisch Agens und steht im Vorfeld des verbalen Prädikats, in Erstposition. In dem Satz *Ein Buch verschenkt Peter* ist [ein Buch] direktes Objekt, semantisch Thema, steht im Vorfeld des verbalen Prädikats in Subjektposition und ist fokussiert.

Sogenannte „Topikkontinuierung" erfolgt über anaphorische oder exophorische Prozesse und ist mit Definitheit verbunden. Phorische Einheiten sind identifizierbare sprachliche Ausdrücke, u.z. häufig nominale Elemente oder Propositionen:

(86)   *Peter wird morgen kommen. Er* [Peter, +alt] *bringt sein Radio mit.*

(87)   *Kommst du morgen nachmittag oder morgen* [+alt] *abend?*

(88)   *Peter wird morgen kommen. Das* [„Peter kommt", +alt] *freut mich.*

Inwieweit semantische komplexe Korrespondezrelationen mit einbezogen werden, muß im Einzelfall geklärt werden. In dem bereits zitierten Beispiel von Dürrenmatt: *Jetzt rauchen wir eine halbe Stunde lang«, ordnete ich an, »so viel und so schnell wie möglich. Ich Camel, Lucky die langen Super King, der Marquis in Gottes Namen Dunhill* gibt es sicherlich gute Gründe dafür und dagegen, *Camel* als alte Information zu behandeln. In jedem Fall muß in Fällen von abgeleiteten Informationen der Ableitungsmechanismus gegeben werden, in dem speziellen Fall aus der Prämisse <wir rauchen X>.

2.4.5 Fokus / Fokussierung

Der Begriff Fokus ist in verschiedenen Definitionen identisch oder teilidentisch mit einem der zuvor behandelten Topikansätze. «The Focus presents what is relatively the most important or salient information in the given setting» (Dik 1978:19). Eine weiterführende Typologie der Fokusfunktion gibt Dik et al. (1981), was bei Hannay schließlich zur Differenzierung in den „assertiven" und „emphatischen"

Fokus"[32] führt. Der assertive Fokus «relates to information which is 'new' for the adresse in the given setting», der emphatische hingegen «relates to information which is 'important' or 'salient' in that it is emphasized in the given setting» (Hannay 1983:210). Hier entspricht Fokus dem Topik als „given" bzw. kommunikativ relevanter Information[33]. In dem Fokusbegriff von Fox (1982) taucht der Topikbegriff auf, in dem Topik über die Erstposition definiert ist. Fokussierung ist nach Fox (1982:163) eine Strategie «which allows the subject to occur in preverbal position, instead of the usual post-verbal slot».

Eine wichtige Rolle bei der Fokussierung spielt das Konzept der Kontrastivität, z.B. *RONALD made the hamburgers*. Der Satz besagt: «I believe that you believe that someone made the hamburgers, that you have a limited set of candidates (perhaps one) in mind as that someone, and I am telling you that the someone is Ronald rather that one of those others» (Chafe 1976:32-33). Entscheidend ist das Hintergrundswissen «which the speaker assumes is shared by the adressee» (ibid., S. 31). Im Prinzip enspricht Chafes „Topic English style" dem kontrastiven Fokus, indem 'der Fokus nach rechts bewegt wird' (ibid., S. 35), wie in dem Beispielsatz *The play, John saw yesterday*. So finden wir auch syntaktische Linksherausstellungen als Fokuskonstruktionen behandelt, wie z.B. Left-Dislocation (Ochs/Keenan 1976b:244), Cleft-Sätze (Dik 1981). Neben syntaktischen Strukturen als Fokuskonstruktionen spielen intonatorische und morphologische Markierungen eine Rolle.

Aufgrund des Hintergrundswissens können Topik und Fokus gegeneinander abgegrenzt werden, wie bei Bresnan/Mchombo (1987), die die Topikfunktion mit präsupponierter, die Fokusfunktion mit nicht-präsupponierter Information in Verbindung binden: «the topic designates what is under discussion (whether previously mentioned or assumed in discourse), it is presupposed. The interrogative focus designates what is NOT presupposed as known, and is contrasted with presupposed material» (Bresnan/Mchombo 1987:758).

Einen pragmatischen Fokusbegriff gibt Kallmeyer (1978:194):

»Die Aufmerksamkeitsrichtung, die sich die Kommunikationsbeteiligten als konstitutiv für die Durchführung der Kommunikation manifestieren, bezeichne ich in Anlehnung an Pike[34] als Fokus. Die Aktivitäten im Kommunikationsablauf, mit

---

32 Fokus, Emphase (und Kontrastivität) sind Begriffe, die in der Literatur in vielfältiger Art und Weise in Zusammenhang gebracht werden. Vgl. z.B. Daneš (1960:42), Cooreman (1987:397), Dik (1981:45).
33 So auch Toba (1978:157) «a kind of participant identification that identifies participants with regard to their importance in an discourse.»
34 Kallmeyer bezieht sich hier auf (Pike 1967:106): «As a starting point we may try to pick a PREDOMINANT FOCUS UNIT, around which the cultural evidence indicates that other included or simultaneous larger units are oriented».

denen die Beteiligten Foki einführen, nenne ich Fokussierung. Mein Ziel ist,
Fokussierungen als Aktivitäten darzustellen, die im Rahmen der Inter-
aktionskonstitution aufgrund von deren Gesetzmäßigkeiten eine wesentlich Rolle
spielen und die als Aktivitäten selbst nach diesen Gesetzmäßigkeiten konstituiert
werden.«

Beziehen wir dies auf die sprachliche Strukturierung, so ist das Resultat von
Fokussierungsprozessen die Fokusstruktur einer Äußerung oder eines Satzes, was
sich in Wortstellungsmustern, Intonationsmustern, morphologischen Markierungen, Wahl von Partikeln etc. niederschlägt.

Der pragmatische Aspekt, in dem übergeordnete thematische Strukturen,
Organisationmuster des Gesprächs, Interaktionen, der Rahmen der Sprechsituation,
etc. als Hintergrund eine Rolle spielen, scheinen mir wichtig zu sein, um
überhaupt klären zu können, ob bzw. wie etwas „präsupponiert" ist und was
„wichtig (salient)" im Diskurs ist. Unter Fokussierung soll eine (meist unbewußte)
Sprecheraktivität verstanden werden, durch die eine Information als für den Diskurs
besonders relevant hervorgehoben wird, sei sie präsupponiert oder nicht.
Fokussierung erfolgt durch den Sprecher im Hinblick auf einen Adressaten. Im
Gegensatz zum Topikbegriff, bei dem Einheiten betrachtet werden, die zum
gemeinsam geteilten Wissen von Sprecher und Hörer gehören, werden beim
Fokusbegriff Einheiten aus der Sprecherperspektive behandelt. Eine als vom
Sprecher relevant markierte (und grammatisch kodierte) Information steht im Fokus
der Äußerung/des Satzes. Handelt es sich um eine Konstituente, so kann diese mit
[+/-F] in die Markierungsstruktur integriert werden. In diesem Sinne sind
„topikalisierte" Objekte fokussiert:

(89)

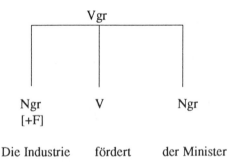

In dem Beispiel: *Der Minister fördert die Industrie. Sie ist es, die in erster Linie
von den Steuergeldern profitiert* ist das Pronomen *sie* Fokus und [+alte]
Information. In dem Satz aus einem Brief *Von Tante Gisela die Mutter ist auch
plötzlich verstorben,* sind sowohl *Tante Gisela* als auch ihre *Mutter* nicht

vorerwähnt und somit neue Information. Während *Tante Gisela* der Schreiberin des Briefes als auch dem Leser bekannt ist, ist *die Mutter* beiden nicht bekannt. Die Präpositionalgruppe, die normalerweise im Nachfeld des Kernnomens steht, steht im Vorfeld; hierdurch wird *Tante Gisela* fokussiert. Hervorgehoben ist nicht, daß die Mutter - z.B. im Gegensatz zum Vater - gestorben ist, sondern daß es die Mutter *von Tante Gisela* - und nicht z.B. von Frau Müller - ist, die gestorben ist.

(90)

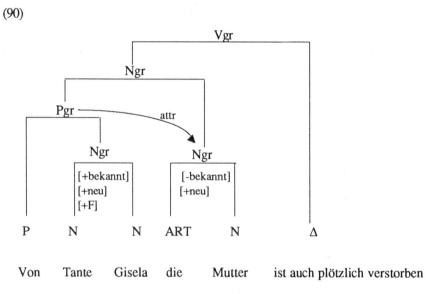

P	N	N	ART	N	Δ

Von   Tante   Gisela   die   Mutter   ist auch plötzlich verstorben

„Topik" und Fokus sind Begriffe, die auf Satz- bzw. Äußerungsebene operieren. Unter Thema hingegen sind im Sinne von „Diskurstopik" textuelle oder diskursive Makrostrukturen zu verstehen, die durch komplexe semantische Netze und/oder Handlungsmuster Einheiten bilden und die häufig formal organisiert sind, z.B. durch Erzählschemata, Argumentationsmuster etc.

2.5 Diskurs- und Textstrukturen

Im letzten Kapitel wurde deutlich, daß
1. das, was in verschiedenen Grammatiken unter dem Topikbegriff bzw. dem Begriff der Topikkontinuierung subsumiert wird, nur mit komplexen Strukturen des Aufbaus von Texten und Diskursen erklärt werden kann;
2. Wortstellungsmuster, die Auswahl lexikalischer Varianten, aber auch Intonations- und formale Textstrukturen (z.B. Kommata) neben syntaktischen und semantischen Faktoren vom Aufbau und der Entwicklung eines Textes bzw. eines

Diskurses abhängen, indem durch die Text- bzw. Diskursstrukturen Selektionsbeschränkungen erfolgen.

Eine Grammatik, die sich zum Ziel gesetzt hat, grammatische Strukturen so zu
beschreiben, wie sie in der Wirklichkeit vorkommen, muß die Beschreibung von
satzübergreifenden Strukturen einbeziehen, um zu einer adäquaten Beschreibung zu
gelangen. In Funktionalen Grammatiken wie Givón, Dik, Foley/van Valin werden
die satzübergreifenden Faktoren über „pragmatische Funktionen" in die Satzanalyse
integriert, wie aber im letzten Kapitel deutlich geworden ist, greift diese Art der
Analyse zu kurz. Dies ist u.a darauf zurückzuführen, daß in bisherigen Funktionalen Grammatiken systematische korpusbezogene Beschreibung nicht vorgenommen wurden.

Die Beschreibung von Diskurs- und Textstrukturen ist ein weites Feld, das in
der pragmatischen Linguistik in den letzten Jahren zunehmend an Bedeutung ge-
wonnen hat. Eine zufriedenstellende einheitliche Theorie gibt es nicht, was angesichts der zahlreichen Diskurstypen und Textformen auch aussichtslos erscheint.
Wenn man Texte und Diskurse hinsichtlich ihrer Strukturierungen untersucht, so
gibt es verschiedene Zugänge, dies zu tun:
1. Man prüft, welche unterschiedlichen Strukturen hinsichtlich unterschiedlicher
Text- bzw. Diskurstypen existieren. Diese Herangehensweise spielt eine Rolle in
den zahlreichen Studien zur Textsortenproblematik und den Analysen von
Diskurstypen. Als Ausgangspunkt steht die Beschreibung makrostruktureller Teile
auf der Folie von Handlungs-, Kommunikations- und Themaelementen.
2. Man prüft, welche Strukturen unabhängig von einzelnen Textsorten und
Diskurstypen existieren. Dies ist die Herangehensweise in den Ansätzen, in denen
Themaprogression (Daneš) oder universelle Konversationsstrukturen Gegenstand der
Analyse sind. Den Ausgangspunkt bilden hier kleinere Strukturen wie Sätze oder
Turns, aber auch mikrostruktureller Elemente wie z.B. Kommunikativpartikeln.
3. Man prüft, welche sprachlichen bzw. grammatischen Strukturen strukturierend
für Texte oder Diskurse fungieren. Hierzu gehört - wenn auch weitgehend vernach-
lässigt - der Zusammenhang von Intonationsstrukturen und Textstrukturen (z.B.
Kommata, Zeilenbruch) als Strukturierungsgrößen von Diskursen bzw. Texten.
Es kann an dieser Stelle nun nicht darum gehen, sämtliche Ansätze zu skizzieren,
die sich in irgendeiner Art und Weise mit Text- bzw. Diskursstrukturen beschäfti-
gen (als Einführung s. Heinemann/Viehweger 1991), was angesichts der unüber-
schaubaren Fülle von Ansätzen kaum möglich ist. Aber nicht nur das Problem der
Quantität spricht dagegen, sondern auch die Tatsache, daß es kein einheitliches
Theoriegebäude gibt, so daß - je nach der Fragestellung - der eine oder andere Ansatz
sinnvoll angewendet werden kann. Ich will deshalb nach den oben dargestellten
prinzipiellen Herangehensweisen exemplarisch die Fragestellungen und
Dimensionen darstellen, die sich aus den verschiedenen Herangehensweisen ergeben.
Es geht mir also nicht um Vollständigkeit, sondern darum, zu thematisieren, wel-

che Fragestellungen und Aspekte für die Beschreibung grammatischer Strukturen interessant sein können.

In einer Reihe von Ansätzen geht es darum, die Struktur von Diskurstypen und Textsorten zu bestimmen. Den Zusammenhang dieser und grammmatischer Strukturen darzustellen, wird jedoch nur in wenigen Arbeiten vorgenommen. Eine Pionierstudie in diesem Feld ist die zum Black English von Labov zur Syntax von Erzählungen. Labov geht davon aus, daß eine Erzählung in ihrer Hauptstruktur aus einer Orientierung, der Darstellungen der Handlungskette eines Ereignisses, die durch das Resultat abgeschlossen wird, besteht. Durch eine Koda wird der Zuhörer in die Realität zurückgeführt. Als sekundäre Struktur sind evaluative Sequenzen in die Hauptstruktur integriert. Wenn nicht aus dem Kontext hervorgeht, worum es in der Erzählung gehen soll, wird das durch einen *Abstract* markiert. Eine vollständige Erzählung weist also folgende Teilstrukturen auf:

1. *Abstract*: worum handelt es sich?

2. *Orientierung*: wer, wann, was, wo?

3. *Handlungskomplikation*: was passierte dann?

4. *Evaluation*: was soll das Ganze?

5. *Koda*: wie ging es aus?

Bis auf die Handlungskomplikation, die wesentlich für das Erzählschema ist, können die anderen Teile fehlen. Labov zeigt nun u.a. anderem auf, daß die Handlungslinie ganz typische und regelmäßige grammatische Strukturen aufweist. Gehen wir von einem Beispiel aus (Labov 1980:293):

(91)

1	*The boy punched me*
2	*and I punched him*
3	*then the teacher came in*
4	*and stopped the fight.*

Die dieser einfachen Darstellung der Handlungskette zugrundeliegende Syntax ist u.a. dadurch gekennzeichnet, daß die (1) Teilereignisse durch Konjunktionen mit temporaler Bedeutung verbunden sind und (2) die Wortstellung fest strukturiert und parallelisiert ist und (3) die Syntax nicht komplex ist. Insbesondere die Konnexion der Teilereignisse durch Konjunktionen, Partikeln oder andere Marker finden sich nicht nur im Englischen. Nehmen wir ein Beispiel aus dem Erzählkorpus:

(92)

1	=ick weeß nur
2	als wir zurückkam
3	$\boxed{\text{da}}$ konntn wa nich mehr

4 | da | warn wa <u>so</u> müde

5 | da | habm wa uns 'n schlafwagn jenomm

6   war <u>allet</u> besetzt

7 | und | er hat denn mit dem jeredet

8 | da | hat a jesacht=

9   meine frau hat so 'ne zahnschmerzn

10   die is so müde

11   ick war ja so kaputt

12 | dann | habm wa doch noch jekricht

13   bei den een

14 | da | war eena drinne

15 | und da | in bei uns mit

16 | und denn | habm wa <u>vaschlafn</u>

         (E-15:69-84)

Die erzählten Teilereignisse sind durch die Konnektoren *und, da, dann, und denn*
(*und dann*) gebunden (vgl. hierzu auch Chafe 1988). Auch hier finden wir einen
stark parallelisierten syntaktischen Aufbau und einfache Hauptsätze.

Das Erzählschema von Labov ist verschiedentlich kritisiert worden, und es gibt
zahlreiche andere Ansätze, z.B. Quasthoff (1980), Rehbein (1980), Longacre
(1974). Doch unabhängig von den zugrundegelegten Erzählschemata fällt immer
wieder der typisch strukturelle Aufbau der Teilereignisse auf, sei die temporale
Struktur des Erzählens »durch mentale Tätigkeiten konstituiert« (Rehbein
1980:78) oder wie bei Labov (1972) syntaktisch. In diesem Zusammenhang ist
interessant, daß das bekannte Phänomen des „switch reference" (Haiman/Munro
1983, Finer 1985) in neueren Arbeiten in Zusammenhang gebracht wird mit
Diskurs-, genauer: Erzählstrukturen, und daß die traditionelle Behandlung der
„switch-reference"-Phänomenen als Marker der Subjekt- bzw. Agens- (Dis)kon-
tinuierung nicht ausreicht. Aus den Studien von Carlson (1987), aber auch von
Givón (1983b), wird nicht nur deutlich, daß bisher im engeren grammatischen
Sinne behandelte Phänomene wie das des „switch reference" eingebettet werden
müssen in pragmatische Zusammenhänge, sondern daß der Organisation diskursiver
Strukturen - einzelsprachenübergreifend - eine grammatische Strukturierung
entspricht, auch wenn die einzelsprachigen Strukturen sehr verschieden sein mögen.
Der Zusammenhang von grammatischen Strukturen und diskursiven ist - wenn
auch prinzipiell wenig berücksichtigt - am besten untersucht für Erzählungen und
deren grammatischer Kodierung. Daß aber andere diskursive Strukturen teilweise
andere Kodierungssysteme haben, darauf wurde in bereits S. 98f. hingewiesen. Vor

vorschnellen Verallgemeinerungen, wie in Funktionalen Grammatiken typologischer Fundierung üblich, sollte man sich deshalb hüten.

Vergleichbar der Untersuchung von Diskursstrukturen gibt es eine Reihe von Arbeiten, die versuchen, Textsorten zu bestimmen. Auch bei den Analysen im Hinblick auf Textstrukturen fällt die Analyse auf grammatische Strukturen gering aus (vgl. z.B. Hlavsa/Viehweger 1989). Selten findet man so detaillierte korpusbezogene Arbeiten wie die von Stolt (1964) zur Sprachmischung in Luthers Tischreden. Stolt zeigt in ihrer Analyse, daß in den Tischreden Luthers eine systematische Sprachmischung (Sprachwechsel) des Lateinischen und Deutschen vorliegt, die sich von anderen Formen der Sprachmischung wie z.B. in den Predigten Luthers deutlich unterscheidet.

In den Arbeiten von Labov und Stolt wurde von einem Diskurstyp (Erzählung) bzw. einer Textsorte (Tischrede) ausgegangen und geprüft, welche sprachlichen bzw. grammatischen Eigenschaften mit diesen Strukturen zusammenhängen. Dabei wird implizit davon ausgegangen, daß andere Diskurstypen (z.B. Beratungen) oder andere Textsorten (z.B. Bibelnotizen) hinsichtlich des Untersuchungsgegenstandes andere grammatische Eigenschaften aufweisen. Gegenüber diesen diskurs- oder textspezifischen Ansätzen, sind jene zu sehen, die Strukturen untersuchen, die unabhängig von einzelnen Diskursen oder Texten sind. Klassisches Beispiel ist die Behandlung der Themaorganisation von Daneš, der den zuvor dargestellten engen Topikbegriff der Prager Schule erweitert hat.

Daneš (1970) geht von der Thema-Rhema-Gliederung aus, nach der Thema die bekannte, vorerwähnte Information, Rhema hingegen die neue, noch nicht erwähnte Information bezeichnet. Dies wird nun eingebettet in komplexe Textanalysen. Die Struktur eines Textes stellt sich als »eine Sequenz von Themen« dar, wobei »die eigentliche thematische Struktur des Textes (...) in der Verkettung und Konnexität der Themen, in ihren Wechselbeziehungen und ihrer Hierarchie, in den Beziehungen zu den Textabschnitten und zum Textganzen, sowie zur Situation [besteht]« (Daneš 1970:74). Diesen ganzen Komplex von thematischen Relationen im Text nennt Daneš »thematische Progression« (ibid.). Dabei unterscheidet er vier Haupttypen der thematischen Progression (TP):
1. die einfache lineare Progression
1.a TP mit einem thematischen Sprung
2. der Typus mit einem durchlaufenden Thema
3. die Progression mit abgeleiteten Themen
4. das Entwickeln eines gespaltenen Rhemas.

Eine Modifikation und Anwendung dieses Ansatzes gibt Hoffmann (1989). Neben dem bestehenden Problem der Themaidentifizierung, das bereits Brinker (1971:229, Anmerk.4) angerissen hat (s. auch Kap. 2.3.2), sind die Typen der thematischen Progression nur äußerst grobe, in der Praxis in diesen Formen nicht vorkommende Schemata. Eine Analyse des Zusammenhangs der sprachlichen Mittel und thematischer Progression steht aus.

Wie Themen im Diskurs entwickelt werden, spielt eine Rolle in Ansätzen, die von einem konversationsanalytischen Topikbegriff her argumentieren, allerdings unter einer gänzlich anderen Perspektive als bei Daneš, bei dem die Thema-entwicklung unter der Perspektive des Schreiber (Sprechers) entwickelt wird. In konversationsanalytischen Ansätzen wird unter Topik ganz allgemein verstanden 'what the discourse is about'. Der präziseste Begriff von Topik im Sinne von Diskurstopik findet sich bei Brown/Yule: «Those aspects of the context which are directly reflected in the text, and which need to be called up to interpret the text, we shall refer to as activated features of context and suggest that they constitute the contextual framework whithin which the topic is constituted, that is 'the topic framework'» (Brown/Yule 1983:75). Und: «the topic framework (...) represents the area of overlap in the knowledge which has been activated and is shared by the par-ticipants at a particular point in a discourse» (ibid., S. 83).

Entscheidend für diesen Themabegriff ist der Kontext und wie Interaktions-teilnehmer ihr Einverständnis herstellen und steuern, im konversationsanalytischen Sinne: wie die Strukturen des 'recipient designs' (Sacks 1971) aufgebaut sind. In Hinblick auf thematische Strukturen bedeutet dies: Wie werden thematische Strukturen in der Interaktion hergestellt (Dittmar 1988). Ansatzpunkt der Analyse ist der Turn-Begriff als strukturelle Einheit der Gesprächssequenzierung. Die Ver-ankerung eines Themas und/oder der Wechsel von einem Gesprächsthema zu einem anderen kann in der Regel nicht unvorbereitet erfolgen, sondern erfolgt über konversationelle Markierungen, wie den 'Topicalizern' (Button Casey 1984) oder Topik-Shift-Markern wie z.B. *Yeah* oder *you know* (Jefferson 1984, Maynard 1980:266, Wald 1981:223-24, Ochs-Keenan/Schiffelin 1976, Duranti/Ochs 1979:396f.):

(93)

A:	Anything else to report	*Topic initial elicitor*
	(0.3)	
B:	Uh::::::m:::	
	(0.4)	
	Getting my hair cut tihmorrow=	*Possible topic initial*
A:	=Oh rilly?	*Topicalizer*
	(Button Casey 1984:)	

'Topicalizer' haben die Funktion, «[to] upgrade the newsworthiness of the pre-viously downgraded reported event, and [to] operate to transform a possible topic into an item for talking to» (Button/Casey 1984:168). «Topic shift procedures (...) are regular features of ongoing topical talk, and are ways in which transformations can be done on a prior utterance in order to occasion a set of mentionables in a present utterance» (Maynard 1980:272). Die Bearbeitung von Themen in der Interaktion spiegelt sich in der formalen Organisation der Interaktion wider: Thematische Einheiten werden in der Interaktion durch spezielle Kodierungssysteme: in der Regel Partikeln als 'topik shift marker' abgegrenzt. Allerdings ist dies nicht notwendigerweise der Fall wie das folgende Beispiel eines jugendsprachlichen Diskurses zeigt (Schlobinski 1989), in dem im Sinne von Goffman (1977) zwei Modulationen zweier Fernsehquiz' (Der große Preis; Eins zwei drei) nacheinander interaktiv abgearbeitet werden, ohne daß der Wechsel von der einen zur anderen Modulation markiert wird (115:Z 27/28):

(94)

1	C: ficken einhundert
2	E: ficken einhundert (.)
3	X: risiko
4	Q: Nee.
5	J: glücksspiel
6	C: was denn was war denn daran risiko (.) Rita Süßmuth oder
7	was/
8	E: ficken einhundert
9	C: Rita Süßmuth
10	X: risiko
11	((Lachen))
12	C: frau Meyer hat aids (..) herr herr Tropfmann hat herpes
13	(..) was möchten SIE einsetzen (...) öhöh (2.0) syphilis.
14	((Lachen))
15	C: also hier die frage (1.0) also hier die frage
16	E: welche frage
17	((Lachen))
18	S: sein=
19	R:=das ist hier die frage=
20	S:=sein oder nicht sein
21	R: schwein oder nicht schwein
22	((Lachen))
23	C: schwein (..) oder nicht Schwein
24	Q: dein/
25	J: sein
26	S: kein
27→	R: kein rabe(.) genau das is es
28→	Q: eins (..) zwei oder drei du muß dich entscheiden (.) drei
29	felder sind frei

30   q: eins plop zwei oder drei du mußt dich entscheiden drei
31   felder sind ZWEI
32   C: //Eins (..) zwei oder drei, du mußt dich entscheiden (..)
33   drei Felder sind frei//^{2}
34   ((jemand erzeugt Ploppgeräusch am Flaschenhals/Lachen))
        (Aus: Schlobinski 1989:19-20)

Neben Gesprächsstrukturierungen über den Topikbegriff, indem im Fokus die Turn-
organisation steht, liegen ansatzweise Studien vor, in denen der Zusammenhang
von Gesprächsstrukturierung und syntaktischen Strukturen behandelt wird. Bekann-
testes Beispiel ist die sog. 'Repair-Syntax'. Selbst- und fremd-initiierte Repairs
(Schegloff 1979) sind Korrekturen auf Störungen in der Interaktion. Geleuykens
(1987) zeigt, daß ein großer Teil rechts-herausgestellter Satzelemente (Right-
dislocation) im Englischen auf der Folie von Reparatur-Mechanismen analysiert
werden können. Die syntaktische Struktur der Rechtsherausstellung ist in diesen
Fällen also auf der Basis von konversationellen Strukturen zu analysieren. Eine
Perspektive von Ansätzen dieser Art besteht darin, daß die Oberflächenstruktur der
Gesprächsorganisation in Zusammenhang gebracht werden kann zur syntaktischen
Oberflächenstruktur. Da praktisch kaum Arbeiten aus diesem Bereich vorliegen,
müßte geprüft werden, inwieweit es fruchtbar ist, z.B. Wortstellungsstrukturen in
Zusammenhang zu Gesprächsstrukturen zu bringen[35].
    Die formalste Strukturierung eines Textes bzw. eines Diskurses liegt in seiner
Segmentationsstruktur. Im klassischen Chinesisch können Abschnitte durch einen
Ring markiert werden, vor Namen oder Titeln anderer Respektspersonen läßt ein
Schreiber den Raum eines Schriftzeichens leer oder beginnt eine neue Zeile (vgl.
v.d. Gabelentz 1960:77). Im Deutschen sind Texte durch Spatien, Absätze, Trenner
wie Komma, Punkt, Semikolon, etc., typographische Muster, z.B. Kursivschrift,
kapitelinitiale Buchstaben usw. in hohem Maße strukturiert. Ein Teil dieser formalen Markierungen hängt mit sprachsysteminternen Faktoren zusammen, wie z.B.
das paarige Komma mit syntaktischen Parallelstrukturen (Maas 1989); rechts herausgestellte Nominalgruppen sind regelhaft durch ein Komma vom Satzschema abgetrennt, z.B. *Ich möchte ihn wohl leiden, den kleinen Scherz von dir.* Auf der anderen Seite können Schreiber den Text intentional strukturieren, man denke nur an
die Interpunktion in Arno Schmidts „Zettels Traum" oder an das Enjambement, in
dem die syntaktische Strukturierung in Satz- und Phrasengrenzen nicht der
Versgliederung entspricht.»Nun bereitet die Bestimmung dessen, was eng zusammengehörige syntaktische Elemente sind, im Einzelfall große Schwierigkeiten«

---

35 Eine Traditionslinie für diesen Ansatz stellen die klassischen Rhetoriken dar, in
denen der Zusammenhang von Redefiguren und grammatischen Strukturen teilweise
behandelt worden ist, z.B. Wackernagel (1873).

(Ludwig 1981:62), und eine genaue und systematische Bestimmung der syntaktischen Elemente, die als *rejet* oder *contre-rejet* fungieren, steht bis heute aus.

(95)

Wie soll ich meine Seele halten, daß	contre
sie nicht an deine rührt? Wie soll ich sie	rejet/contre-rejet
hinheben über dich zu anderen Dingen?	
Ach gerne möcht ich sie bei irgendwas	
Verlorenem im dunkel unterbringen	rejet
an einer fremden stillen Stelle, die	rejet/contre-rejet
nicht weiterschwingt, wenn deine Tiefen schwingen.	

(Rilke, *Liebes-Lied*)

Trotz oder vielleicht wegen der Prägung unserer Wahrnehmung durch die Schriftsprache und der langen Zeichensetzungstradition in der kodifizierten Form der DUDEN-Regeln, gibt es keine systematische Analyse von Texten hinsichtlich der formalen Strukturierung und der syntaktischen Struktur.

Eine größere Bedeutung in der Forschung hat seit jeher die Intonationstruktur als Strukturierungsgröße eines Diskurses, obwohl hier im Vordergrund der Zusammenhang von syntaktischer Struktur und Intonationskontur stand (s. Klein 1980, Grundzüge 1981:839-897), z.B. Fragesatzintonation versus Aussagesatzintonation. Im Zentrum der Forschungen zur Satzintonation stehen Fragestellungen, wie Satzstrukturen und Intonationskonturen aufeinanderbezogen sind und ob die Intonationskonturen in die syntaktische Komponente integriert sind oder nicht (Bierwisch 1966). Pausen, Rhythmusstruktur und Akzentuierungen über den Wort- und Satzakzent hinaus blieben weitgehend unberücksichtigt oder wurden unter anderer thematischer Perspektive behandelt. Erst in neueren Arbeiten zu pragmatischen Funktionen von intonatorischen Phänomenen (vgl. Gibbon/Richter 1984) rückten satzübergreifende Strukturen und Fokussierungsprozesse ins Blickfeld. So zeigen Gibbon/Selting (1983) anhand der Analyse einer Rundfunksendung, daß Intonationsstrukturen abhängig sind (a) von der Organisation des Sprecherwechsels, (b) von Fokussierungsprozessen und (c) von strategischen Stilwechseln. Klein (1982) beschreibt zwölf verschiedene Konturen der Frageintonation im Hinblick auf die kontextuellen Bedingungen. Für Klein ist »Intonation ein entscheidendes Mittel, um die jeweilige Äußerung in den jeweiligen Kontext einzubetten« (Klein 1982:289). Wenn Phänomene wie Pausen, Tonhöhenverläufe und Rhythmusstrukturen abhängig sind von Kontextbedingungen und der Struktur des Diskurses, dann kann diese Struktur an sich beschrieben werden. Genau das ist gemeint, wenn Gibbon/Selting (1983:59) von „Intonationssyntax" sprechen. Allerdings ist einzuschränken, daß die Zuordnung von Tonhöhenverläufen aus freien Alltagsgesprächen zu sprachinternen und sprachexternen Faktoren äußerst problematisch ist. Nach meinen Erfahrungen bei der Messung von Tonhöhenverläufen aus dem Berlin-Korpus und zum Chinesischen ist eine valide systematisch-statistische Analyse nicht möglich, da die individuellen Variationen mögliche systematische Variationen überlagern[36]. Noch problematischer ist dann die Zuordnung von Tonhöhenverläufen zu diskursiven Einzelphänomenen.

Einen ähnlichen Ansatzpunkt wie Gibbon/Selting (1983) hat Chafe (1987), der allerdings Intonationseinheiten in der gesprochenen Sprache in Zusammenhang bringt mit „given/new information". Unter einer Intonationseinheit versteht Chafe eine Sequenz von Wörtern «combined under a single, coherent intonation contour, usually preceded by a pause» (Chafe 1987:22). Diese Einheiten nun kongruieren nicht mit Satzeinheiten, sondern mit Informationseinheiten, z.B. (ibid., S. 31):

(96)

1   ...Its fúnny though,

2   ...I dó think that makes a dífference ..but

5   ...a--nd..he was a...real..uh óld world...Swíss--. ..guy,

6   --this was .uh a biólogy course

Je Intonationseinheit kann nur eine neue Information (im Beispiel (   )) eingeführt werden. Dieses „one new concept at a time constraint" «results naturally from what I take to be the cognitive basis of an intonation unit: the expression of a single focus of consciousness. such a focus can evidently contain no more than one previously inactive concept» (ibid., S. 32). Inwieweit diese Einheiten kognitive Einheiten sind, sei dahingestellt. In der Praxis ist es jedoch äußerst schwierig, in jedem Falle die von Chafe postulierten Einheiten zu finden, wie das folgende Beispiel aus dem Therapiekorpus zeigt:

(97)
P: äh (2.0)
        ja (.)
        so und so irgendwas zu machen und in der tat is des dann (.)
        des krasse gegenteiľ
T: hm (leise)
        (2.0)

---

[36] So haben Helmut Schönfeld und ich aufgrund spektrographischer Messungen und nach Rücksprache mit Phonetikern es aufgeben müssen, die Hypothese zu verifizieren, daß Intonationskonturen das Ostberlinische vom Westberlinische differenzieren. Valide und reliable Aussagen sind auch mit Hilfe digitaler Sprechsignalanalyse nicht möglich.

wir haben ja über die gedanken schon emal bißl gesprochen\
ne/
sie haben mir von ihren wunschträumen erzählt\ (2.0)
da sind sie nun wirklich (.)
jemand ganz anderes als sie jetzt sind\ (6.0)
damit sind sie natürlich nicht alleine\ das geht (1.0)
(leise) irgendwo (1.0)
uns allen so\ (1.0)
aber sie leiden ganz besonders unter diesem vielleicht ist bei
ihnen die sch die kluft besonders groß / (.)
wenn ich dran denk' wie sie mir erzählt haben\ (1.0)
in meiner phantasie bin ich (.)
ein erfolgreicher erfinder oder irgendsowas (2.0)
und (.)
in der praxis sind sie halt mit mit lagerarbeiten beschäftigt\
(4.0)
sie möchten gern ein idealer vater sein/
(T-11:6/7)

Trotz der Schwierigkeiten der Identifizierung der Einheiten ist interessant, daß Chafe
die formale Strukturierung des Diskurses in Zusammenhang bringt mit dem, was in
Kapitel 2.4 als Topik behandelt worden ist.

Fassen wir die bisher behandelten Ansätze zusammen, so kann kein Ansatz eine
komplette Analyse von Text- oder Diskursstrukturen bieten, noch das Instru-
mentarium zur Analyse hinsichtlich der Fragestellung, wie Text- und Diskursstrukturen in Zusammenhang stehen zu grammatischen Strukturen. Wir plädieren
deshalb für einen praktischen Eklektizismus, in dem die Ansätze zur Analyse
herangezogen werden, die in bezug auf eine interessierende Fragestellung Bausteine
für die Beschreibung und Erklärung geben können. Je nach dem, ob von der pragmatischen Funktion zu formalen Eigenschaften, oder umgekehrt, von der sprachlichen Form auf pragmatische Funktionen geschlossen wird, bietet sich dieser oder
jener Ansatz an. Vergleichen wir die Syntax von Verkaufsgesprächen mit der von
Erzählungen, werden die Handlungsstrukturen der Diskurstypen eine Rolle spielen.
Für die Analyse von Antwortsätzen ist die Vorgängeräußerung als erster Teil eines
adjacency pairs (Schegloff/Sacks 1973) relevant. Welche Form der Analyse für
welche Fragestellung von Bedeutung ist, muß im Einzelfall geklärt werden.

2.6 Was ist ein Satz?

Es ist eine Tradition der Grammatikschreibung, aber auch grammatiktheoretischer Arbeiten, den Satz (S) als eine - wie auch immer im einzelnen definierte - grammatische Basiseinheit zu sehen und S in Strukturbäumen als Basiskonstituente (als Fuß des Strukturbaums) anzunehmen. Sieht man sich jedoch Grammatiken genauer an, so fällt auf, daß „Satz" entweder gar nicht definiert wird (Eisenberg 1989), daß die Definition zirkulär ist (Jeder Satz hat ein Subjekt und ein Prädikat, das Subjekt ist gleich Satz minus Prädikat) und daß es so viele Satzdefinitionen wie grammatiktheoretische Ansätze gibt, wenn nicht mehr. Eine klassische Arbeit zum Satzbegriff ist die von Ries (1931), in der bereits zwei wesentliche Aspekte thematisiert sind, nämlich der grammatische: syntaktische, semantische Aspekt und der pragmatische: »Ein Satz ist eine grammatisch geformte kleinste Redeeinheit, die ihren Inhalt im Hinblick auf sein Verhältnis zur Wirklichkeit zum Ausdruck bringt« (Ries 1931:99). Als grammatisch geformte kleinste Redeeinheit hat der Satz insbesondere eine finite Verbform, deren Bedeutungskorrelat ihr Inhalt als Verhältnis zur Wirklichkeit ist. Der pragmatische Aspekt, der Satz als *Rede*einheit, wird besonders deutlich in Ries' Diskussion der „strittigen Gebilde". Nach Ries sind Imperative Sätze, Vokative indes nicht. Die Begründung sieht Reis darin, daß Imperative alle Merkmale für einen Satz haben, insbesondere die finite Verbform (vgl. ibid., S.113). Vokative sind hingegen praktisch Lautgebärden, und »was der Hörer errät, wie er die Lautgebärde oder den Ruf deutet, ist seine Leistung; was der Sprechende wirklich äußert, ist die Leistung, um die und deren sprachlichen Charakter allein es sich handelt. (...) Nicht darauf kommt es - der Grammatik! - an, was aus einem Gebilde herausgehört oder in eine Äußerung hineingelegt werden kann, nicht welchen Verständigungswert sie unter Umständen gewinnen können, sondern was mit ihnen tatsächlich vom Sprechenden zum Ausdruck gebracht wird« (ibid., S.116-117). Für Ries ist offensichtlich der Grad der Dekontextualisierbarkeit Grad der Differenzierung in Imperative als Sätze und Vokative als Nicht-Sätze.

Syntaktische, semantische und pragmatische Aspekte haben in der Diskussion des Satzbegriffes auch weiterhin eine zentrale Rolle gespielt (vgl. hierzu Müller 1985a), wenn auch unterschiedliche Schwerpunkte und Faktoren dabei berücksichtigt worden sind (s. Abb. 2-5). Müller gibt drei Postulate, die bei der Satzdefinition gleichzeitig angewendet werden müssen:
1. Satz muß als Einheit des Sprachsystems definiert werden
2. Satz ist ein komplexes Zeichen mit *signifiant* und *signifié*
3. Satz muß auf die Kommunikationssituation in besonderer Weise bezogen sein (Müller 1985a:38).
Deutlich wird, daß sowohl in älteren wie neuren Arbeiten verschiedene Aspekte bei der Satzdefinition eine Rolle spielen, von denen im folgenden die wichtigsten (vgl. Abb. 2-4) thematisiert werden sollen.

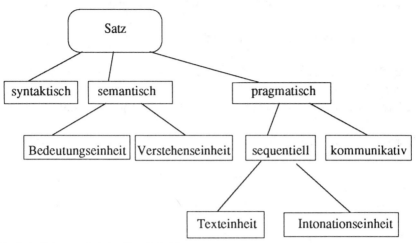

Abb. 2-4: Faktoren bei der Satzdefinition

Es ist eine weit verbreitete Position, den Satz als eine *syntaktische* Einheit zu sehen. Bei diesen Ansätzen wird zum einen von der Annahme ausgegangen, daß es
eine Struktur von Wortformen gibt und daß in seiner minimalen Form das finite
Verb die Satzstruktur konstituiert. Dies ist die Position des DUDEN (1984:566):
Einfache Sätze haben ein finites Verb. Wir finden diese Argumentation aber auch in
funktionalen Grammatiken: «By simple sentence we mean any sentence that has
just one verb in it» (Li/Thompson 1981:85). Letztere Definition ist insofern ver-
wunderlich, als im Chinesischen - wie in vielen anderen Sprachen - Sätze mit nominalen Prädikaten existieren. Die Einheit *Tiānqì hěn hǎo* „Das Wetter ist gut" wäre
demnach kein Satz. Im Deutschen wäre nach Definition des DUDENS zu klären,
wie Sätze mit mehreren finiten Verben zu behandeln sind, z.B. *Das zickzackte
huschte kaperte schwarz braun grau in Sätzen über die Wege... (Döblin, Berge
Meere und Giganten,* S. 89), und ob Sequenzen wie »Neuer Friedhof neuer Arzt«
(Bühler 1982:367) oder *Wirklich, ein schöner Tag* Sätze sind oder nicht.
      Aus einer anderen Perspektive her wird argumentiert, daß ein Satz aus einem
Minimum an syntaktischen Relationen besteht und jeder Satz ein Subjekt hat. In
der Relationalen Grammatik ist der Satz ein Netzwerk von grammatischen, im speziellen syntaktischen Relationen: «A clause consists of a network of grammatical
relations. Among these relations are 'subject of', 'direct object of', and 'indirect object of'» (Perlmutter 1983:9). Diese Ansätze setzen stillschweigend voraus, daß
Sätze in allen Sprachen mithilfe syntaktischer Relationen, insbesondere der
Subjektrelation, analysiert werden können, was in Ergativsprachen nicht ohne weiteres angenommen werden kann. Zudem stellt sich die Frage, wie subjektlose Sätze

analysiert werden. In der Regel wird das Subjekt dann in die Tiefenstruktur projiziert.

Als *semantische* Einheit wird der Satzbegriff hinsichtlich zweier Aspekte begriffen:

1. Der Satz ist eine Einheit mit einer Bedeutungsstruktur und damit auch einer logischen Form. Das, was einen Referenten hat, über den prädiziert werden kann, ist ein Satz. Der Satzbegriff steht und fällt mit der Analyse der logischen Formen (vgl. Kap. 2.3.1).

2. Satz wird mehr oder weniger metaphorisch als Form eines Gedankens und als Verstehenseinheit bzw. Sinneinheit begriffen (psychologische Perspektive):

> »Ein Satz ist eine mitteilende Aussage, in der der Sprecher aktiv und auf eine Weise, die in formaler Hinsicht den Eindruck der Gebräuchlichkeit und der subjektiven Vollständigkeit hinterläßt, zu einem Sachverhalt oder einer Gruppe von Sachverhalten eine Stellung einnimmt« (Mathesius 1929:5).

> »Sätze sind die einfachen selbständigen, in sich abgeschlossenen Leistungseinheiten oder kurz die Sinneinheiten der Rede« (Bühler 1920:18).

Ansätze dieser Art sind am wenigsten operationabel, da Begriffe wie „subjektive Vollständigkeit" oder „Sinneinheit" sich einer praktischen Überprüfbarkeit entziehen. Zudem werden durch die Sprecherperspektive pragmatische Aspekte ins Blickfeld gerückt.

Unter dem Satz als *pragmatische* Einheit werden sehr verschiedene und diffuse Definitionsansätze verstanden, die deswegen diffus sind, weil

1. nicht ausreichend differenziert worden ist zwischen (kommunikativer) Funktion und (struktureller) Form und dabei

2. diese Differenzierung nicht ausreichend bezogen worden ist auf die Ebenen der geschriebenen und gesprochenen Sprache.

Glinz (1985:354) schlägt vor, den »Satz als *pragmatische Einheit* zu gebrauchen«. Er unterscheidet Proposition als Verstehenseinheit von Satz, der wie folgt definiert ist: »Was im geschriebenen/gelesenen Text mit *einem Grossbuchstaben* anfängt und durch *Punkt, Ausrufezeichen oder Fragezeichen* abgeschlossen ist (wobei man nachher wieder gross weiterfährt) beziehungsweise was im gesprochenen/gehörten Text *unter einem einzigen Melodiebogen* steht und demgemäß, auch wenn es durch Pausen unterteilt ist, als eine *Einheit für das Zuhören* wirkt« (ibid., S.355). Unabhängig von der syntaktischen Struktur kann ein Satz als sprachenspezifische Größe aufgrund formaler Kennzeichen aus Texten bzw. Diskursen ausgegliedert werden. Allerdings gibt es hierbei einige Schwierigkeiten. Die Sequenz *'s war ein Mann, ...* ist nach der Definition von Glinz kein Satz. In *Ulysses* läge über Seiten hin nur ein Satz vor:

(98)

Ja weil er sowas doch noch nie gemacht hat bis jetzt daß er sein Frühstück ans Bett haben will mit zwei Eiern seit dem City Arms *Hotel wo er immer so tat wie wenn...* (Joyce, *Ulysses*, 1979:940f.).

Zettels Traum hingegen wäre ein Chaos von Sätzen:

(99)

*(W ähnlich):" ^{a} ch'ch; - 'ss das schön. -: Wirf 'es Kissn ma her."/:"Cospetto ! - ";(erwiderte Fr unmuthig und warf dann mit Lebhaftigkeit :! - /-:! so geschickt fing W! (*Arno Schmidt, *Zettels Traum* 1963-68:893).

Auf der anderen Seite wären folgende, durch Unterstreichung markierte Sequenzen, die normalerweise als „Sätze" Schwierigkeiten bereiten, Sätze:

(100)

Sieht man durch, was sie so sagen, dann fehlen die Worte Pluralismus und Toleranz. Fast ganz. (DIE ZEIT 1988/23:54, Aus: *Die Sprache der Wende*)

(101)

Mir war so flau im Magen. Das heißt, eigentlich im Kopf. (Flohkiste 1987:15)

(102)

Die beiden verstanden sich ganz gut. Der Mond und der Vogel. (Heiduczek/Würfel o.J., o.S.)

(103)

Es ist meines Vater alter Hof. Die Pfütze in der Mitte. (Aus: Kafka, *Heimkehr*, 1976:107)

Aufgrund der formalen Definitionsansätze, können Sätze aus Texten und Diskursen, im letzteren Fall über die Messung von Intonationskonturen, exakt ausgegliedert werden. Man müßte in diesen Fälle von Textsätzen und Diskurssätzen reden, da die Beziehung zu syntaktischen Strukturen unberücksichtigt bleibt[37].

Der Idee, daß Intonationskonturen Sätze markieren, ist traditionell über die Verbindung zur sog. Satzintonation zu sehen. Spezifische Satztypen sind mit unterschiedlichen Intonationskonturen verbunden, wie z.B. im Deutschen der Aussage-

---

37 Eine weiterführende Analyse zu „Textsätzen" gibt Maas (1989), der den Zusammenhang der syntaktischen Strukturierung und der Zeichensetzung im Deutschen analysiert.

satz mit einer fallenden, der Fragesatz mit einer steigenden Intonationskontur, im Chinesischen der Aussagesatz mit einer fallenden, der Fragesatz mit einer gleichbleibenden oder leicht steigenden Intonationskontur. Allerdings zeigen neuere Forschungen, daß pragmatische Aspekte die intonatorischen Phänomene determinieren (vgl. auch Kap. 2.5): «Discourse structures, not sentence structures are the primary correlates of the structures defined by the prosodic system of language» (Gibbon (1988:4). Insofern sind Sätze dann „nur" Einheiten, die den Diskurs segmentieren und die nicht mit dem grammatisch definierten Satz noch mit Sprechhandlungen korrelieren. Aussagen, die sprachliche Formen aufgrund intonatorischer Merkmale per se als Sätze klassifizieren, sind voreilig, da empirisch abzusichern wäre, welche Funktion Tonhöhenverläufe, Pausen in der gesprochenen Sprache (und nicht im Labor) tatsächlich im einzelnen haben. So zählt Mönnink (1981) ohne theoretische Vorklärung »Partzipialkonstruktionen, Satzverkürzungen, Antwortpartikeln, Hörersignale« (Mönnink 1981:294) zu den „minimalen Satzeinheiten". »Pausen werden sehr häufig dazu verwendet, Sätze zu markieren; allerdings dienen Pausen auch dazu größere Segmente abzugrenzen; das gleiche gilt auch für andere Gliederungsakte, die ebenfalls auf der Makroebene eine strukturierende Funktion haben« (ibid., S. 297). Wie das folgende Beispiel aus einer ARD-Sportübertragung zeigt, gliedern Pausen auch - hier: vornehmlich - kleinere Segmente unterhalb einer grammatischen Satzeinheit:

(104a)
guten abend meine damen und herren (0.686) das wort von den minimalisten hat hier in mexiko die runde gemacht gemeint war die deutsche mannschaft / die mit geringen (0.727) mit geringstem aufwand BISHER die größtmögliche wirkung hier erzielt hat \ ohne eine wirklich spielerisch (0.343) überzeugende leistung mit vier zu vier toren nur ins halbfinale einziehen (0.499) das ist ja schließlich auch gar nicht so einfach / (0.642) wir sehen (s)ie beiden mannschaften (0.537) das schiedsrichtergespann (0.2) in der mitte (0.806) luigi agnolin (0.42) ein dreiundvierzigjähriger (0.292) italiener (0.024) assistiert (0.668) von einem ungarn nämlich (0.244) lagon nemeth und (0.206) zoran petrovic (0.496) aus (0.273) jugoslawien (1.372) zu den aufstellungen / (0.665) zum stadion / zum wetter / (0.782) und zu allen anderen dingen kommen wir nach den nationalhymnen (0.452) die mannschaften nehmen hier (0.917) vor uns aufstellung (0.433) die fotografen haben ihre visiere (0.179) eingestellt (0.571)

Interessant ist auch der (Nicht-)Zusammenhang von Segmentierungen in der gesprochenen Sprache und in Texten. Die obige Sprachprobe wurde 28 Studierenden vorgespielt, und sie wurden gebeten, die Probe nach den DUDEN-Zeichensetzungsregeln zu verschriften. Dabei wurde von ihnen folgende Möglichkeiten gegeben (alternative Kennzeichnungen in geschweiften Klammern; ø markiert kein Zeichen):

(104b)
Guten Abend meine Damen und Herren {.!,} Das Wort von den Minimalisten hat hier in Mexiko die Runde gemacht {.;: sowie .-} Gemeint war die deutsche Mannschaft, die mit geringen, mit geringstem Aufwand bisher die größtmögliche Wirkung hier erzielt hat {,.ø} ohne eine wirklich spielerisch überzeugende Leistung {.,} mit vier zu vier Toren nur ins Halbfinale einziehen {.,} Das ist ja schließlich auch gar nicht so einfach {.!} Wir sehen die beiden Mannschaften das Schiedsrichtergespann {.,;ø} in der Mitte {:,ø} Luigi Agnolin {-,} ein dreiundvierzigjähriger Italiener {-,} assistiert von einem Ungarn {ø,} nämlich Lagos Nemeth und Zoran Petrovic {ø,} aus Jugoslawien. Zu den Aufstellungen {,ø} zum Stadium, zum Wetter und zu allen anderen Dingen kommen wir nach den Nationalhymnen. Die Mannschaften nehmen hier vor uns Aufstellung {.,} Die Fotografen haben ihre Visiere eingestellt.

Deutlich ist, daß schriftsprachliche Trenner und lautliche Segmentationen nicht korrelieren. Und: Die syntaktische Struktur eines Textes stimmt nur partiell mit der textuellen und diskursiven Segmentation, pragmatische Faktoren determinieren ebenfalls die formale Strukturierung des Textes bzw. Diskurses (s. Kap. 2.5).

Neben pragmatisch fundierten Definitionen, die den Satz aufgrund formaler Kriterien als Textsatz bzw. Intonations- und Diskurseinheit begreifen, gibt es eine Reihe von Versuchen, insbesondere aus dem Bereich der funktionalen Grammatik, den Satzbegriff an kommunikative Funktionen und Äußerungseinheiten zu binden:

«The utterance as a whole ... has a specific grammatical form. Such a grammatical form I call a sentence pattern, and utterances that possesses this form I call *sentence-utterances* or sentences in a broader sense» (Daneš 1960:44).
«... the sentence-pattern is a specifically communicative structure, an utterance-making device» (Daneš 1964:230)

«...we shall find it convenient to use the „utterance" for an instance of the occurence of a sentence, so that the same sentence can occur in different utterances» (Chao 1968:57-58).

»Als kleinste relativ selbständige Redeeinheit erscheint der Satz« (Erben 1964:227).

»Die formal definierten Satztypen sollen „Satzarten", die funktional definierten Sprechhandlungen dagegen „Äußerungsarten" oder auch „Sprechakte" genannt werden« (Näf 1984:29).

Satz wird entweder direkt als Einheit der Rede, als Äußerung, definiert oder als eine Struktur, die in konkreten Situationen realisiert wird, wobei allerdings bei den Versuchen, Satz auf diese Art und Weise zu definieren, nicht auf das komplizierte Verhältnis von Satz- und Äußerungsbedeutung eingegangen wird. Eine Satzdefinition, die den Satz als Schema definiert, das sich zu bestimmten Zeitpunkten realisiert, müßte klären, wie das Verhältnis von Satzschema, Satzbedeutung und Äußerungsbedeutung ist.

(105) a. *Ist Petra schwanger?*
     b. *Ist Evis Freundin schwanger?*

Sind z.b. die Äußerungen (105a,b) Realisierungen eines Satzschemas mit unterschiedlichen Satzbedeutungen, die jedoch unter spezifischen Kontextbedingungen eine gleiche Äußerungsbedeutung haben können (vgl. hierzu Lutzeier 1985:147), oder handelt es sich um zwei Satzschemata mit unterschiedlichen Satzbedeutungen oder sogar um zwei Satzschemata mit einer Satzbedeutung?

Faßt man die bisherigen Definitionsansätze zusammen, so umfaßt der Satzbegriff drei Teilbereiche: die Menge der syntaktischen Strukturierung, die Menge der formalen Sequenzierung („,!;,//Junktur) und die Menge der Sprechhandlungen. Ein umfassender Satzbegriff wäre aus der Schnittmenge dieser drei Bereiche zu konstituieren. Eine befriedigende Definition ist bisher nicht gelungen (so auch nicht von Müller 1985b), und insbesondere Interjektionen wie *Pst!*, die ein spezifisches Intonationsmuster haben und denen eine konstative Sprechhandlung zugeordnet werden kann, sind schwer zu definieren und abzugrenzen gegenüber anderen Aufforderungssätzen (vgl. auch Fries 1989:297). Ähnliches gilt für Idiomatisierungen wie z.B. *lange Haare kurzer Sinn*; *neuer Friedhof neuer Arzt* oder *Ehestand Wehestand*. Die asyndetische Verknüpfung zweier Nominalgruppen, wie in den Beispielen, wird in bestimmten Kontexten (z.B. Headlines) oder als idiomatisierte, formalhafte Wendungen als konstative Sprechhandlung verstanden. Die Interpretation solcher Strukturen entspricht in der Regel entsprechenden Existenz- bzw. Äquationssätzen: *Ehestand ist Wehestand*, und/oder es werden Kausal- bzw. Folgerelationen ausgedrückt: Wer lange Haare hat, hat einen kurzen Sinn; ein neuer Friedhof bringt einen neuen Arzt mit sich. Als Ausgangspunkt der Interpretation fungiert die erste Nominalgruppe: *neuer Friedhof neuer Arzt* ist in der Bedeutung nicht identisch mit *neuer Arzt neuer Friedhof*. Die erste Nominalgruppe ist in spezifischer Weise ausgezeichnet, indem sie als Ausgangspunkt der Interpretation dient, wenn keine anderen Merkmale den Ausgangspunkt markieren. Wir hatten gesagt, daß im Deutschen die Erstposition eine latente Funktion hat, die immer dann in Kraft tritt, wenn „Sätze" aufgrund fehlender Markierungsinformation ambig sind (vgl. Kap.1). Man könnte also argumentieren, daß in Analogie zu anderen Satzstrukturen des Deutschen es sich bei den obigen Beispielen um Satzäquivalente handelt, bei denen jeweils die zweite Nominalgruppe die Prädikatsfunktion übernimmt. Die lexikalische Bedeutung der Nomina und die semantische Relationierung formieren die Bedeutungseinheit auf der Folie, daß man als Hintergrundswissen entweder die idiomatische Bedeutung kennt und/oder die Einbettung in den (oder einen möglichen) Kontext vornehmen kann und somit der Struktur eine illokutive Funktion zuordnen kann. Wenn nicht Idiomatisierung vorliegt, ist für die

Interpretation über die lexikalischen Bedeutungen die Einbettung in einen *möglichen* Kontext von zentraler Bedeutung.

Noch schwieriger zu behandeln als Einwortsätze und nominale Parallelstrukturen sind Äußerungen wie *schade daß man seinen haß hier nich irgendwie ausdrücken kann* bzw. *hm daß sie irgendwie das Gefühl haben irgendwie bleibt das unvollständig.* Sind *schade* bzw. *hm* selbständige Sprechhandlungen und Sätze oder Teile *einer* Sprechhandlung und eines Satzes. In beiden Fällen könnte man den *daß*-Satz einleitenden Teilen einen konstativen Satz zuordnen, z.B. *es ist schade* „ich bedaure" bzw. *ja es ist wohl so* „ich vermute", wobei im ersten Fall das lexikalische Element (*schade*) Teil der zugeordneten Assertion ist, während im zweiten dies nicht möglich ist und eine stärkere Kontextgebundenheit vorliegt. Ist dieser Unterschied Grund genug, im ersten Fall *schade* als Satzäquivalent anzusetzen, im anderen Fall jedoch nicht, mit der Konsequenz einer unterschiedlichen syntaktischen Strukturierung?

In der gesprochenen Sprache treten häufig freie Nominalgruppen und andere Wörter auf, die aufgrund von Kontextbedingungen als entsprechende Sprechhandlungen verstanden werden (106).

(106)	A: Zwei Äpfel.	Ngr	Aufforderung
	B: Ja.	PART	Bestätigung
	A: Außerdem?	PART	Bitte um Information
	B: Ein Pfund Tomaten.	Ngr	Aufforderung

Wenn in diesen Fällen von einem Satzbegriff ausgegangen werden soll, so kann dieser nur über pragmatische und intonatorische Größen, aber nicht über eine grammatische Prädikatsfunktion oder das finite Verb definiert werden.

Fälle dieser und anderer Art sind schwer zu klären und lassen viele Fragen offen. Trotz der notorischen Schwierigkeiten, die bei der Satzdefinition entstehen, wollen wir weiterhin von Satz im traditionellen Sinne sprechen. Wir folgen damit einer konventionellen, vorwissenschaftlichen Sprachregelung, die als tradierte Konvention ihren Sinn hat. Innerhalb der Konstituentenstruktur wird jedoch der Satz als Kategorie S aufgegeben, da S nicht umfassend und eindeutig definiert werden kann. Es wird statt dessen von Basiskonstituenten und erweiterten Konstituenten, die Basiskonstituenten als Kerne haben, ausgegangen (s. auch Kap. 2.1). Das, was im Deutschen über das finite Verb als Satz definiert wird, ist also auf der Ebene der Konstituentenstruktur eine Verbalgruppe mit dem finiten Verb als Kernkonstituente, Nebensätze werden innerhalb der Konstituentenstruktur als Konjunktionalgruppen klassifiziert.

2.6 Zusammenfassung

Es wurde in dem Kapitel gezeigt, daß für die Beschreibung grammatischer Strukturen im Rahmen einer funktionalen Grammatik Konstituenten- und Markierungsstrukturen sowie syntaktische, semantische und pragmatische Funktionen die Grundlagen bilden. Gegenüber strukturalistisch fundierten Grammatiken wurde argumentiert, daß semantische und pragmatische Funktionen bei der Beschreibung zu berücksichtigen sind; gegenüber funktional typologischen Grammatikansätzen, in denen die grammatische Struktur in pragmatischen Begriffen beschrieben wird, wurde die strukturelle Seite des Sprachsystems hervorgehoben und in ihren Bausteinen skizziert. Funktionale Grammatik heißt, grammatische Strukturen im Hinblick auf die angeführten Bausteine zu beschreiben, wobei es gilt, den Zusammenhang der verschiedenen innersprachlichen und außersprachlichen Faktoren ins Blickfeld zu rücken.

Es wurde ferner argumentiert, daß der Topikbegriff, der in Funktionalen Grammatiken von zentraler Bedeutung ist, aufzugeben ist. Die Komponenten, die unter dem Begriff Topik integriert werden, sollten als einzelne Komponenten behandelt werden, da sie dann operational definiert werden können:

1. *syntaktische Komponente*: positionelle Anordnung über Vor-, Mittel- und Nachfeld sowie Adjazenzbeziehungen. Positionskonfigurationen können eindeutig bestimmt werden;

2. *semantische Komponente*: (a) Ausgangspunkt (Ursprung), Ziel etc. der Satzbedeutung über semantische Relationen; (b) zum gemeinsam geteilten Wissen der Interaktionspartner gehörend oder nicht (bekannt versus nicht bekannt);

3. *pragmatische Komponente*: im Diskurs/Text anaphorisch oder exophorisch vorausgesetzt bzw. nicht (alte Information versus neue Information).

Unter pragmatischen Aspekten sind anstelle von „Topik" Fokussierungsprozesse sowie die Struktur von Diskursen von zentraler Bedeutung.

In bezug auf den Satzbegriff wurde vorgeschlagen, diesen aufgrund von Definitionsschwierigkeiten in einem vorwissenschaftlichen, tradierten Sinne beizubehalten, aber als Konstituentenkategorie nicht anzuwenden.

3. Über die Subjekt- und Objektrelation im modernen Chinesisch

Die gelegentlich noch heute anzutreffende Meinung, »dass man im Chinesischen gar nicht nach grammatischen Formen fragen muß« (Humboldt 1968:315, [11826]) und die Wortstellung »ausser Stande [ist], anzudeuten, in welcher bestimmten grammatischen Form jedes Wort eines Satzes genommen werden muss« (ibid., S.319) hat bereits v. der Gabelentz (1960, [11881]) relativiert, der seine Grammatik des klassischen Chinesisch auf der Basis von „Wortkategorien" und »ihrer jeweiligen Function im Satze« (ibid., S.113) aufgebaut hat. In Kapitel 2.1 wurde ansatzweise gezeigt, daß für das moderne Chinesisch Wortklassen gebildet werden können, wobei neben syntaktischen und semantischen Kriterien auch morphologische (wie insbesondere Reduplikationstypen) eine Rolle spielen. Die Grammatik der Argumente des Prädikats wurde in Kap. 2.2 und 2.3 in Zusammenhang mit Positionsmarkierungen und dem Begriff der Valenz angedeutet. In diesem Kapitel werden nun einige grundsätzliche Überlegungen zur Subjekt- und Objektrelation im modernen Chinesisch angestellt, wobei die Frage im Zentrum stehen wird, ob das Chinesische eine Subjekt- oder nicht vielmehr eine Topikfunktion hat, ob das Chinesische also eine „topikprominente" Sprache ist oder nicht (vgl. Kap. 2.4). Es wird nicht angestrebt, die syntaktischen Funktionen im Sinne einer Referenzgrammatik erschöpfend zu behandeln.

Ausgehend von der Bestimmung der Subjekt- und Objektrelation wird im Korpus des gesprochenen Chinesisch geprüft, welche Funktionen unter welchen pragmatischen Funktionen auftreten. Dabei wird ein Schwerpunkt die Klärung der Frage sein, wann eine Subjekt- bzw. Objektnominalgruppe „getilgt" werden kann, anders formuliert, wann eine indirekte Relation zwischen einer Subjekt- bzw. Objektnominalgruppe und einem Prädikat besteht.

3.1 Subjekt- und Objektrelation

Der einfache (Aussage-)Satz im Chinesischen ist dadurch gekennzeichnet, daß ein verbales oder nominales Prädikat durch im Vorfeld und/oder im Nachfeld stehende Nominale umrahmt wird, wobei die Nominale nicht weiter morphologisch markiert sind. Ein Satz wie

(1)   Jīntiān wǎnshang Déguó péngyou gěi Xīnyì yì běn shū
           heute abend Deutschland Freund geben Xīnyì ein KL Buch
           Der deutsche Freund gibt heute abend Xīnyì ein Buch.

hat eine Kette von nominalen Elementen - wenn man die Nominalklassifikatoren
zu den nominalen Elementen zählt - im Vor- und Nachfeld des verbalen Prädikats:
[N N N N V N N N N]. Die zentrale Frage ist, wie angesichts solcher Ketten über
syntaktische und semantische Relationen komplexere Bedeutungseinheiten aufgebaut werden, wie syntaktische Strukturierungen die Menge der Interpretations-
möglichkeiten reduzieren[1]. Eine erste Strukturierung der obigen Kette ergibt sich
aufgrund paradigmatischer Eigenschaften, nach denen mithilfe von Pronominali-
sierungs- und Substitutionstests die ersten Nomina vor dem Verb sowie die letzten
drei zu einer Nominalgruppe[2] wie folgt zusammengefaßt werden können: [[N N]$_{Ngr}$
[N N]$_{Ngr}$ V N [N N N]$_{Ngr}$]. Während dies prinzipiell keine Probleme bereitet,
stellt sich jedoch das weiterführende Problem, wie z.B. in (1) entschieden werden
kann, welche Nominalgruppe Subjekt ist, wenn man unterstellt, daß das Subjekt-
Nominal dadurch definiert ist, daß es im Vorfeld des verbalen Prädikats steht. Macht
der Begriff Subjekt im Chinesischen überhaupt noch Sinn oder ist der Satz und die
Satzbedeutung letztlich unabhängig von syntaktischen Funktionen?

3.1.1   Subjektrelation

Aufgrund der oben angedeuteten Schwierigkeiten bereitet die Analyse der grammati-
schen Funktionen seit jeher Schwierigkeiten und gibt es verschiedene Ansätze, eine
Funktion wie Subjekt zu formulieren. In chinesischen Grammatiken wird das
Subjekt (zhǔyǔ) als der Satzteil definiert, der durch „wer" oder „was" erfragt werden
kann und der links des Prädikats steht (Huang/Liao 1988:408f.; Wang 1985:32f.;
Xing 1968:325f.; Jiang 1980:7), wobei zunächst nominale Elemente betrachtet
werden. Intransitive und transitive Sätze werden wie folgt dargestellt, wobei (|) die
Trennung von Subjekt und Prädikatsgruppe markiert :

---

1 Im Hinblick auf Permutationen von Konstituenten vgl. DeFrancis (1967), wobei die
von DeFrancis als akzeptabel eingestuften Sätze 1,2,10,13 (ibid., S.26) durch von mir
befragte Chinesen als nicht akzeptabel eingestuft wurden.
2 Die Struktur der Nominalgruppe ebenso wie die der Präpositionalgruppe ist über
interne Struktur- bzw. Rektionseigenschaften aufzubauen. So ist meiner Ansicht nach
die erste Nominalgruppe dadurch gekennzeichnet, daß der Klassifikator durch das
Kernnomen *und* den Determinator regiert wird, also ein interdependentes
Rektionsverhältnis besteht. Bei der zweiten Nominalgruppe handelt es sich um eine
adnominale Attributkonstruktion, wobei das Attribut immer im Vorfeld des Kernnomens
und adjazent zu diesem steht.

(2) Tā | lái le
er/sie kommen ASP
Er/sie ist gekommen

(3) Tā | dǎ wǒ
er/sie schlagen ich
Er/sie schlägt mich
*Ich schlage ihn/sie

Die Position links des verbalen Prädikats ist Subjekt, auch dann, wenn es sich um eine komplexe Nominalgruppe handelt, wie im folgenden durch *de*-Nominalisierung:

(4) Zhè sān wèi huì shuō zhōngguó huà de
Dies drei KL können sprechen China Sprache PART

déguó rén | hěn cōngmíng
Deutschland Mensch sehr klug
Die drei Deutschen, die Chinesisch sprechen können, sind sehr klug.

Aufgrund dieser Definition ergeben sich bereits dann Schwierigkeiten, wenn ein Temporaladjunkt wie in (1) vorliegt, das auch nach dem Subjekt stehen kann, insbesondere dann, wenn es sich um eine kurze Wortgruppe handelt, und das das Subjekt im Satz mit nominalem Prädikat bilden kann:

(5) Gǔbō | jīntiān gěi Xīnyì yì běn shū
Gǔbō heute geben Xīnyì ein KL Buch
Gǔbō gibt heute Xīnyì ein Buch.

(5) a. Jīntiān Gǔbō | gěi Xīnyì yì běn shū
Heute Gǔbō geben Xīnyì ein KL Buch
Heute gibt Gǔbō Xīnyì ein Buch.

b. Jīntiān | hěn rè
Heute sehr heiß
Heute ist es sehr heiß.

Für Chao (1968:100-101) ist *jīntiān* in (5a) „main subject" (=Topik), während *Gǔbō* „second subject" ist. Das punktuative Temporalnomen *jīntiān* wird in chinesischen Grammatiken als Adverbial (zhuàngyǔ) behandelt, gehört jedoch zur Subjektgruppe, wenn es vor dem Subjekt steht (5a) und zum Prädikat, wenn es nach dem Subjekt steht (5). Daß Adverbiale im Vorfeld des Subjekts zur Subjektgruppe

gezählt werden, ist allein darauf zurückzuführen, daß die (durch westliche Grammatiken übernommene) Binarität in Subjekt- und Prädikatsgruppe aufrechterhalten
wird, wobei vermutlich die strukturelle Analogie zur adnominalen Modifikation
(Attributrelation) ebenfalls eine Rolle spielt. Nach dem in Kap. 2 gewählten Ansatz
ist *jīntiān* ein Nomen in adverbialer Funktion, das als Adjunkt in verschiedene
Positionen inseriert werden kann. Satz (5) und (5a) haben folgende Konstituentenstruktur:

(5)

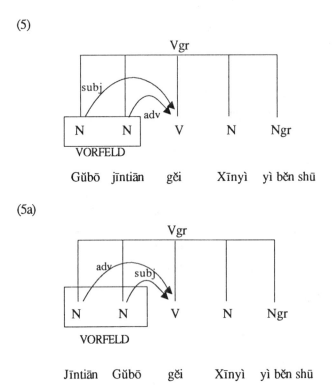

(5a)

Jīntiān   Gǔbō   gěi   Xīnyì   yì běn shū

Im Hinblick auf die Subjektrelation kann in jedem Falle entschieden werden, welches Nominal Subjekt ist, da Adjunkte fakultativ und unabhängig von der Bedeutung des Prädikats sind, was durch einen Eliminierungstest leicht zu prüfen ist.
Subjekt ist also das Nominal mit Argumentstatus, welches im Vorfeld des
Prädikats steht (vgl. Kap. 2.2). Damit allerdings sind nicht alle Fälle von posi-
tionell bedingtem Synkretismus aufgehoben, da auch nominale Argumente des Prädikats, die in der Regel im Nachfeld stehen, unter bestimmten Bedingungen (Näheres s.u.) im Vorfeld stehen können, z.B.

(6)   Zhè běn shū Gǔbō | gěi Xīnyì le
           Dies KL Buch Gǔbō geben Xīnyì PART
           Dieses Buch gibt Gǔbō Xīnyì.

(7)   Wǒ gōngzuò | yǐjīng zuòwán le
           ich Arbeit schon machen:fertig ASP
           ICH habe die Arbeit bereits fertig gemacht.

(6)

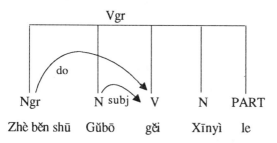

(7)

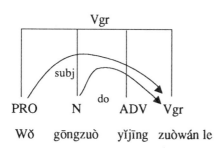

Neben semantischen und pragmatischen Restriktionen gibt es distributive, aufgrund derer der Synkretismus aufgelöst werden kann: Die in Erstposition stehende Nominalgruppe, die im Nachfeld stehen kann, steht in der Objektrelation, während diejenige, die allein im Vorfeld stehen kann, Subjektfunktion hat:

(6) a.   Gǔbō gěi Xīnyì yì běn shū
    b.   *Yì/Zhè běn shū gěi Xīnyì Gǔbō
(7) a.   Wǒ yǐjīng zuòwán le gōngzuò
    b.   *Gōngzuò yǐjīng zuòwán le wǒ

Auf weitere Restriktionen und pragmatische Funktionen der vorangestellten Objekte wird weiter unten eingegangen. Im Hinblick auf die Subjektdefinition ist festzuhalten, daß das im Vorfeld stehende Argument Subjekt ist. Bei Synkretismus ist dies dahingehend zu spezifizieren, daß nur das Argument Subjektfunktion hat, das obligatorisch ist und nicht im Nachfeld stehen kann. Da die *bǎ*- und *gěi*-Konstruktion als präpositional markierte Objekte behandelt werden können (s.u.), kann die Subjektrelation nach der bisherigen Argumentation in Form eines einfachen Entscheidungsbaumes dargestellt werden (Abb. 3.-1).

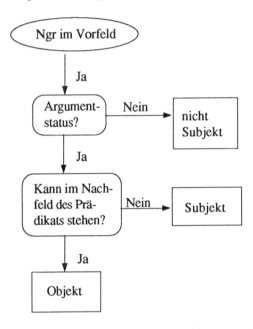

Abb. 3.-1: Bestimmung der Subjektrelation

Es gibt allerdings eine Reihe weiterer Fälle, die der These zu widersprechen scheinen, daß die postprädikative Position für Objekte (und Komplemente) und nicht für das Subjekt reserviert ist (8-10).

(8)   Xià zhe yǔ ne
        fallen ASP Regen PART
        Es regnet gerade.

(9)   Guā fēng le
        wehen Wind ASP
        Der Wind weht.

(10)   Zuótiān lái le hěn duō kèrén
        gestern kommen ASP sehr viel Gast
        Gestern kamen viele Gäste.

Die dem Prädikat nachgestellten Nominalgruppen werden als nachgestellte Subjekte (Ping-Chien/Motsch 1989:27), als nachgestellte „logische Subjekte" (Reichardt/Reichardt 1990:159), als Ergativstrukturen mit einem Objekt in der Tiefenstruktur (Paul 1988:201) oder als subjektlose Sätze (Tiee 1986:282) mit „indeterminierten Subjekten" (Lin 1986:25) behandelt.

Die Erstposition ist unbesetzt, kann aber auch in (8) und (9) durch Temporalnominale besetzt werden, z.B.:

(8) a. Wàibiān xià zhe yǔ ne
        draußen fallen ASP Regen PART
        Draußen regnet es gerade.

Diese Strukturen treten nur mit einer geringen Anzahl von Verben auf, und zwar mit speziellen Existenzverben sowie Wetterverben, so daß im Sinne von Merlan (1985) von einem Phänomen des „split intransitivity" auszugehen ist. Der Begriff der Ergativität muß nur dann angewandt werden, wenn man wie Paul (1988) von dem Postulat ausgeht, daß jeder Satz ein Subjekt haben muß, so daß in den Sätzen (8-10) über die ergative Tiefenstruktur das Postulat gerettet werden kann. Von der Oberflächenstruktur her gesehen läßt sich argumentieren, daß es sich bei den nachgestellten Nominalgruppe um Objekte mit unterschiedlichen semantischen Funktionen handelt, und bei den obigen Sätzen um subjektlose Sätze, bei denen - im Vergleich zu Sprachen, die einen formalen Dummy haben, wie im Deutschen *es* - die Subjektstelle nicht besetzt ist. Dies ist kohärent damit, daß - wie noch gezeigt wird -, im gesprochenen Chinesisch insbesondere bei Kopulasätzen ein Subjekt nicht vorkommt, aber auch die Objektfunktion nicht saturiert werden muß. Satz (8a) beispielsweise kann also folgende Struktur zugrunde gelegt werden, wobei das Temporalnominal in Analogie zur Subjektfunktion mit nominalen Prädikaten (5b) als Subjekt angesetzt werden kann:

(8a)

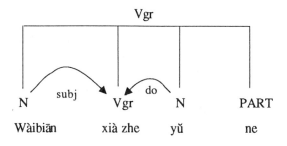

Wenn man jedoch Sätze wie (8-10) nicht als subjektlose Sätze behandelt, ist offensichtlich, daß »die Wortstellung die logisch-inhaltlichen Beziehungen der Satzglieder nicht eindeutig zum Ausdruck bringt« (Reichardt/Reichardt 1990:147). Als
Konsequenz ist die Grundstruktur eines chinesischen Satzes »nicht durch Subjekt-
Prädikats-Kongruenz charakterisiert, sondern durch eine Thema-Rhema-Beziehung«
(ibid., S.147). Daß im Chinesischen Thema-Rhema-Strukturen eine zentrale Rolle
spielen, findet sich im Ansatz bereits bei von der Gabelentz (1960) und in der Folge
bei Dragunov (1960:17-19, 1952[1]), der aus der Tradition der Prager Schule die Differenzierung in (grammatisches) Subjekt und „logisches" Subjekt (Gegebenes,
bereits Bekanntes) übernimmt:»Das Prädikat fällt im Chinesischen in den meisten
Fällen mit dem logischen Prädikat und das Subjekt mit dem logischen Subjekt zusammen. Mit anderen Worten, das Subjekt bezeichnet im Chinesischen in der
Regel etwas schon vorher Gegebenes, etwas uns bereits Bekanntes, während das
Prädikat das Neue ausdrückt, was über das Subjekt mitgeteilt wird (...) Es wäre jedoch falsch, das Subjekt völlig mit dem logischen Subjekt (...) zu identifizieren«
(Dragunov 1960:17-19, Anmerkung 1). Während Dragunov den partiellen
Zusammenfall von Subjekt und Topik hervorhebt, geht Chao in seiner klassischen
Grammatik zum Chinesischen von der Gleichung Subjekt = Topik aus: «The
subject is literally the subject matter to talk about, and the predication is what the
speaker comments on when a subject is presented to be talked about» (Chao
1968:70). Chaos Definition bildet den Rahmen und die Folie, von der aus Chafe
(1976), Barry (1976) und Li/Thompson (1976) den Topikbegriff für das Chinesische aufbauen und der (insbesondere in der sprachtypologischen Literatur) eine
wesentliche Rolle spielt, da behauptet wird, das Chinesische sei der Prototyp einer
„topikprominenten" Sprache (vgl. auch Kap. 2.4).[3]

   In ihrem Topik-Begriff gehen Li/Thompson (1976) von Chafes (1976)
Unterscheidung in „Topic English style" und „Topic Chinese style" aus. Für Chafe
besteht die Funktion des Topics der chinesischen Spielart darin, «to limit the appli-
cability of the main predication to a certain restricted domain. (...) Typically, it
would seem, the topic sets a spatial, temporal, or individual framework within
which the main predication holds» (Chafe 1976:50). Damit verbunden ist, daß
Topik-Nominalgruppen definit sind, keine Argumente des Verbs sind, folglich
nicht mit dem Verb kongruieren und nicht grammatische Prozesse wie
Reflexivierung, Passivierung, etc. kontrollieren (vgl. im einzelnen Li/Thompson
1976:461f.). Topik kann prototypischerweise (und applikabel für das Chinesische)
wie folgt definiert werden: «A topic ... is typically a noun phrase (or a verb phrase)
that names what the sentence is about, is definit or generic, occurs in sentence-
initial position, and may be followed by a pause or a pause particle» (Li/Thompson

---

[3] So auch Liejiong/Langendoen (1985). Mir ist jedoch nur eine chinesische Grammatik
bekannt, in der der Begriff Topik explizit übernommen wurde, nämlich Hu (1989:349).

1981:87)[4] Für das Chinesische wird dabei Subjekt gegen Topik als semantische
Funktion abgegrenzt (vgl. Abb. 3-2).

Topik	Subjekt
(1) das, worüber etwas ausgesagt wird	NP «that has a „doing" or „being" relationship
(2) definit oder generisch	with the verb in that
(3) satzinitiale Position	sentence» (Li/Thompson 1981:87).
(4) kann gefolgt werden durch Pause, Pausenpartikel (a/ya, me, ne, ba)	

Abb. 3-2: Topik versus Subjekt im Chinesischen

Welche zentralen Charakteristika zeichnen nun „topikprominente" Sprachen wie das
Chinesische aus?
1. Es gibt eine Oberflächenkodierung für das Topik, nämlich die *Erstposition*: «in
Mandarin the topic is always in initial position» (Li/Thompson 1976:466). Dieses
Chrakteristikum beruht auf einem Zirkelschluß: Topik ist definiert u.a. durch
Erstposition, folglich gilt dies für Sprachen, die das Attribut „topikprominent" erhalten.
2. *Passivkonstruktionen*: In topikprominenten Sprachen gibt es kein Passiv, oder
das Passiv erscheint «as a marginal construction, rarely used in speech (e.g.,
Mandarin)...» (ibid., S. 467). Das Passiv ist indes im gesprochenen Chinesisch
nicht mehr oder weniger marginal als z.B. das Passiv im Deutschen, das statistisch
gesehen in 5-8% aller Sätze gebraucht wird (Näheres hierzu in Kap. 4).
Passivkonstruktionen, als stark kontextuell bedingte Konstruktionen, spielen gegenüber Aktivkonstruktionen in allen Sprachen eine untergeordnete Rolle. Zudem
wird im Chinesischen - vergleichbar den germanischen Sprachen - das Objekt des
transitiven Satzes von der Passivierung erfaßt. Hier wäre es einmal interessant, die
diskursiven Funktionen der Passivierung im Chinesischen zu untersuchen.
3. „*Dummys*". Subjektprominente Sprachen wie Deutsch oder Englisch haben formale Subjektelemente wie *es* oder *it, there*. In topikprominenten Sprachen, so die
Hypothese, «there is no need for „dummy" subject» (ibid., S. 467). So kann im
Chinesischen der Satz „Es ist heiß" durch *hěn rè* „sehr heiß" übersetzt werden.
Allerdings ist zu fragen, warum in der subjektprominenten Sprache schlechthin,
dem Lateinischen, Aussagesätze wie *pluit* „Es regnet" möglich sind.

---

4 Die Definitionspunkte folgen exakt Chao (1968: 67f.).

4. *„Double subject"*. Einen besonders markanten Status innerhalb von topikprominenten Sprachen wird den sog. „double subject"-Konstruktionen eingeräumt: «Tp languages are famous for their pervasive so-called „double subject" constructions» (ibid., S. 468; vgl. auch Chafe 1976:50). Bei diesen Konstruktionen handelt es sich um zwei nebeneinander stehende Nominalgruppen im Vorfeld des Prädikats, von denen die eine als Topik, die andere als Subjekt klassifiziert werden muß, z.B. (Li/Thompson 1981:94,92, s. auch Li/Thompson 1976:468,480):

(11)   Nèi ke shù yèzi hěn dà
        jener KL Baum Blatt sehr groß
        a) *Jener Baum, die Blätter sind groß.*
        b) *Die Blätter des Baumes (da) sind groß.*

(12)   Xiàng bízi cháng
        Elefant Nase lang
        a) *Die Nasen von Elefanten sind lang.*
        b) *Elefanten haben lange Nasen.*

Die Idee der Doppelsubjekt-Konstruktion geht auf Chao (1968:95-98) und Teng (1974) zurück, nach denen den obigen Sätzen zwei Prädikationen und folglich zwei Subjekte zugrunde gelegt werden können[5].

(11')

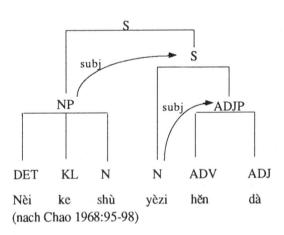

(nach Chao 1968:95-98)

---

5 In chinesischen Grammatiken wird in diesen Fällen die Differenzierung in *dà zhǔyǔ* großes Subjekt" (= Topik) und *xiǎo zhǔyǔ* „kleines Subjekt" vorgenommen (vgl. Yinsheng/Debing 1979:108). Chao (1968:100) unterscheidet zwischen *main subject* für Temporal- und Lokalnominale und *second subject*, das eigentliche Subjekt des Satzes.

(11")

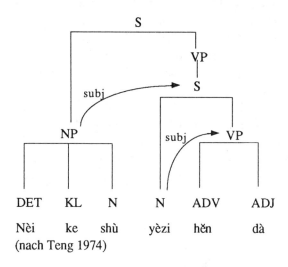

(nach Teng 1974)

Li/Thompson (1981:92-94, 1976:468, 480) nun argumentieren, daß die Nominalgruppe *nèi ke shù* als Topik-Nominalgruppe begriffen werden muß, da sie durch eine Pause oder durch eine Pausenpartikel vom Rest des Satzes abgetrennt werden kann.

(11''')

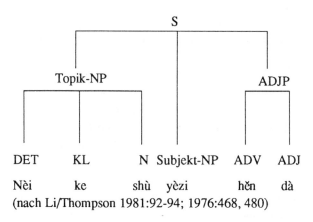

(nach Li/Thompson 1981:92-94; 1976:468, 480)

In vielen Fällen jedoch können die Nominalgruppen durch die Partikel *de* assoziiert werden, was Li/Thompson (1976:480-81) auch hervorheben: *Xiàng de bízi cháng*. *de* ist eine Assoziativpartikel, die eine Relation zwischen einem Modifikator und einem Modifikatum markiert (vgl. auch Kap. 2.3.1). In Beispielsatz (11) wird eine Possessor-Possessum-Relation zwischen Elefant und Nase markiert. In jedem Falle besteht - ob mit *de* markiert oder nicht - die Bedeutungsstruktur, daß die Nase des

Elefanten lang ist und nicht der Elefant selbst. Die bestehende Possessivrelation zwischen *xiàng* und *bízi* wird von Li/Thompson (1981:93) auch gesehen, allerdings nicht als Gegenargument für die Topik - Subjektdifferenzierung: «Double-subject constructions (...) involve topics and subject in a part-whole relationship with each other, but in every other respect they are just like all the other topic-comment sentences being considered» (Li/Thompson 1981:93).

Nun kann nicht in allen Fällen die Partikel *de* inseriert werden, anders formuliert: Die „double-subject"-Konstruktionen können nicht aus der *de*-Nominalgruppe abgeleitet werden. Und: Je nachdem, ob *de* inseriert ist oder nicht, gibt es unterschiedliche Satzinterpretationen aufgrund der Kontrollbeziehungen zwischen den Nominalgruppen und den koreferentiellen, getilgten Nominalgruppen (nach Li/Thompson 1976:481):

(13)

Nèi ke shù de yèzi tài dà, suǒyǐ wǒ bù xǐhuan ø.
jener KL Baum PART Blatt zu groß deshalb ich nicht mögen
Diese Blätter des Baumes sind zu groß, deshalb mag ich sie nicht.

(13) a.

Nèi ke shù yèzi tài dà, suǒyi wǒ bù xǐhuan ø.
jener KL Baum PART Blatt zu groß deshalb ich nicht mögen
Diese Blätter des Baumes sind zu groß, deshalb mag ich ihn nicht.

Allerdings läßt Satz (13a) ebenfalls die Interpretation zu wie Satz (13), d.h., (13a) ist ambig. Die Koreferenzbeziehung ist zudem nicht abhängig von Topik oder Subjekt, sondern bezieht sich präferiert auf den Possessor und nicht auf das Possessum und hängt ab von der *Präferenz*, die in Erstposition stehende Entität als Ursprung der Satzinterpretation (vgl. Lutzeier 1991:177f.) zu nehmen.

In chinesischen Grammatiken (Yin Sheng/De Bing 1979:108; Xing 1986: 361) wird neben dem Argument, daß eine Pause oder Pausenpartikel nach *nèi ke shù* möglich ist, das wesentlich stärkere Argument gebracht, daß in *nèi ke shù yèzi hěn dà* ein Adverbial zwischen die Nominale gesetzt werden kann, jedoch nicht dann, wenn *de* dazwischen steht:

(11) a.   Nèi ke shù chángnián yèzi hěn dà
           jener KL Baum das:ganze:Jahr:über Blatt sehr groß
           Das ganze Jahr über hat jener Baum große Blätter.

(11) b.   *Nèi ke shù de chángnián yèzi hěn dà
     c.   *Nèi ke shù chángnián de yèzi hěn dà.

Die Nominalgruppe *nèi ke shù* ist deshalb Subjekt, weil *de*-assoziierte
Nominalgruppen sich syntaktisch anders verhalten, als wenn die Nominalgruppen
nicht durch *de* assoziiert sind. Zudem wird semantisch argumentiert, daß „Die
Blätter sind groß" eine »Beschreibung« des Baumes ist, vergleichbar dem Satz mit
adjektivischem Prädikat wie in *Andrej hěn dà* „Andrej ist groß". Hierzu ist zweierlei
zu bemerken: Die Stellung des Adverbials ist in der mit *de* assoziierten Nominalgruppe auch nach der komplexen Nominalgruppe möglich, was dafür spricht, diese
als eine Einheit anzusehen:

(11) d.   Nèi ke shù de yèzi chángnián hěn dà.

Aber unabhängig davon ist die Frage, ob die Tatsache, daß das Adverb in der asyndetisch aufgebauten Nominalgruppe stehen kann, gegen die Annahme spricht, daß
die ganze Gruppe Subjektfunktion habe. Eine Gegenhypothese könnte lauten: Die
mit *de* assoziierte Nominalgruppe ist aufgrund der Partikelbindung als strukturelle
Gruppe wesentlich fester gefügt, als die asyndetisch verknüpfte. Aufgrund der unter-
schiedlichen Struktureigenschaften der Nominalgruppen ist das unterschiedliche
Verhalten hinsichtlich Stellung des Adverbials zu erklären. Die semantische
Relation zwischen den Nominalgruppen ist gleich, unabhängig davon, ob die
Nominalgruppen mit *de* assoziiert sind oder nicht. In den Nominalgruppen *Nèi ke
shù de yèzi* und *nèi ke shù yèzi* besteht eine Possessor-Possessum (oder Teil-
Ganzes) Beziehung, die „Beschreibung" ist eine Deskriptivrelation, die sich auf die
„Blätter des Baumes" bezieht, und nicht auf den Baum.

   Die plausibelste Lösung für die oben diskutierten Fälle[6] ist meiner Ansicht
nach die, eine Attributbeziehung (syntaktisches Argument!) zwischen den „doppel-
ten" Subjekten anzusetzen, der semantisch eine Modifikatorrelation entspricht:

---

[6] In anderen Fällen, die als „Doppelsubjekt-Konstruktionen" behandelt werden, ist im
einzelnen das zugrundeliegende Strukturierungsprinzip zu prüfen. In den meisten
ausstehenden Fällen, die in der Literatur diskutiert werden, handelt es sich entweder um
Objekte in Erstposition oder um freie Nominalgruppen, die im Sinne von Altmann
(1981) als „Freie-Thema-Nominalgruppen" behandelt werden können.

(11'''')

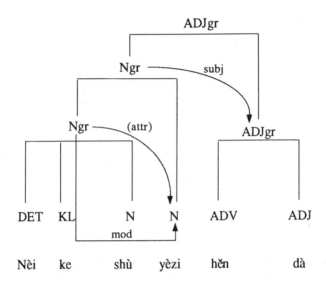

Nèi   ke   shù   yèzi   hěn   dà

Wir haben dann strukturell ein komplexe Nominalgruppe in Subjektrelation, die
aus zwei nebengeordneten Nominalgruppen besteht, von denen die erste in
Attributrelation zur zweiten steht. Dies ist absolut kongruent mit allen anderen
Fällen der Attribuierung im Chinesischen, deckt die (häufig mögliche) Inserierung
der Partikel *de* ab und auch alle Probleme der „Relativsatz"funktion (Li/Thompson
1981:582). Selbst wenn man annimmt, daß nicht eine (syntaktische) Attributrelation besteht, so müßte zumindest eine Modifikatorrelation angenommen
werden. Entscheidend ist, daß die komplexe Nominalgruppe in Subjektrelation zum
Prädikat steht. Es gibt also im Chinesischen so wenig ein doppeltes Subjekt bzw.
eine Topik-Subjekt-Struktur wie im Deutschen. Und: Was im Deutschen über den
Genitiv, ist im Chinesischen über die Position (und/oder *de*) markiert. Der
Unterschied zu den subjektprominenten Sprachen ist also ein Unterschied in der
Markierungsstruktur: syntaktisch gegen morphologisch, wozu ein Topik-Begriff
überhaupt nicht notwendig ist.[7] Primär ist also die syntaktische Funktion markiert
über die Position, sekundär die semantische. So kann auch in Sätzen, in denen auf-

---

7 Insbesondere ausgehend von der Theorie der „Double-subject"-Konstruktionen
formuliert Burridge (1986) die Hypothese, daß das Holländische ursprünglich nicht eine
„subject-prominent language", sondern vielmehr eine topikprominente Sprache
gewesen sei. In dem Satz aus dem Holländischen von 1350 *Als een vrouwe een kint in
haren lichaem doet is, so salse drinken caneel met warmen water* (Wenn eine Frau ihr
Kind tot ist, dann soll sie Zimt mit warmem Wasser trinken) ist *een vrouwe* Topik: «the
initial topic in the double-subject construct has no grammatical relation whatsoever
with the verb, but syntactically totally independent» (ibid., S. 58). Natürlich ist *een
vrouwe een kint* eine komplexe Nominalgruppe mit *een vrouwe* als Attribut zu *een kint*.

grund situativer Faktoren die Passivpartikel *bèi* nicht gebraucht wird und der Satz ambig zum entsprechenden Aktivsatz ist, aufgrund der semantischen Relationen disambiguiert werden, ohne daß von „logischem Objekt als Thema" (Reichardt/Reichardt 1990:196) geredet werden muß. In jedem Falle hat der Satz ein grammatisches Subjekt:

(14)   Jī chī le
        Huhn essen ASP
        a) *Das Huhn hat etwas gefressen.*
        b) *Das Huhn ist gefressen worden.* (Jī bèi chī le)

(14)

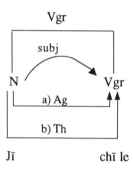

Jī   chī le

Daß pragmatische Funktionen und insbesondere der Informationsstatus einer Nominalgruppe (alte versus neue Information) über anaphorische und exophorische Relationen bei der Strukturierung des chinesischen Satzes eine wichtige Rolle spielen, steht außer Frage (so auch bei 14). Dies allerdings ist nicht auf der Satzebene, sondern satzübergreifend relevant, und hat seine Bedeutung auch bei flektierenden Sprachen wie dem Deutschen, wenn auch (vielleicht) in abgeschwächter Form.

Die Subjektrelation tritt im Korpus 249 mal auf (vgl. Tab. 3-1), wobei der hohe Anteil von Subjekten in indirekter Relation zum Prädikat auffällt (Näheres hierzu in Kap. 3.2). In der Regel bilden nominale Elemente das Subjekt, es treten insgesamt nur vier Subjektsätze auf.

	n	%
direkte Subjektrelation	149	63
indirekte Subjektrelation	100	37

Tab. 3-1: Verteilung nach direkter und indirekter Subjektrelation

Interessant ist die Stellung der punktuativen Temporalnominale, die nach Tiee (1986:145) präferiert vor dem Prädikat und nach dem Subjekt stehen, nach Li/Thompson (1981: 320) hingegen präferiert in der Erstposition, weshalb sie auch als Satzadverbiale klassifiziert werden.

	n	%
Zeitnominal vor Subjekt	21	68
Subjekt vor Zeitnominal	10	32

Tab. 3-2 Stellung der Temporalnominale im Vorfeld

Im Korpus treten Temporalnominale präferiert in Erstposition auf (vgl. Tab. 3.-2, (15)), wobei die Faustregel gilt, daß komplexe Nominalgruppen nur in Ausnahmen nach dem Subjekt stehen (16).

(15)   xiàtiān yóuyǒng dōngtiān jiù bù yóuyǒng
        Sommer schwimmen Winter dann nicht schwimmen
        Im Sommer schwimmt ihr, aber ihr schwimmt nicht im Winter.
        (C-3/L69)

(16)   wǒ jīntiān shàngwǔ (..) gàn diǎn qítā de shì
        ich heute vormittag machen etwas anderes PART Sache
        Ich mache heute vormittag etwas anderes.
        (C-2/D13)

Die temporalen Nominaladjunkte stehen also präferiert vor dem Subjektnominal.

3.1.2   *Objekte und Prädikativ*

Im transitiven Satz steht im Nachfeld des verbalen Prädikats ein Objekt, das in chinesischen und westlichen Grammatiken als direktes Objekt (zhéjiē bīnyǔ) bezeichnet wird und gegenüber dem indirekten Objekt (jiànjiē bīnyǔ) in ditransitiven Sätzen abgegrenzt wird. Das indirekte Objekt steht in der Regel ebenfalls im Nachfeld des verbalen Prädikats, jedoch immer vor dem direkten Objekt, sofern es realisiert ist.

(17)
1   T: jiù shì wǒ dōu méi shuōhuà
                dann sein ich sogar nicht sprechen

2   tā jiù gěi wǒ lai
                   er schon geben ich PART
                   Ja, also, ich sagte kaum ein Wort, schon gab er sie mir.
                   (C-1/T:2)

Ein ditransitiver Satz wie (1) *Jīntiān wǎnshang Déguó péngyou gěi Xīnyì yì běn shū* kann wie folgt dargestellt werden:

(1)

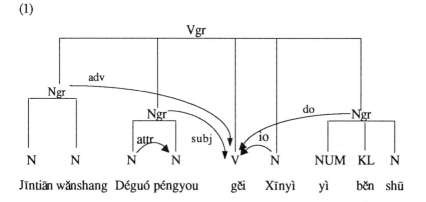

Wird das indirekte Objekt dem direkten nachgestellt, ist es durch die Präposition *gěi* markiert, wobei das Nominal immer absolut adjazent zu *gěi* steht, also [*gěi* + N] als Präpositionalgruppe begriffen werden kann, wobei die Position des Nominals von *gěi* regiert wird (vgl. 18).

(18)   Wǒ yào huán nà běn shū gěi tā
          ich wollen zurückgeben jenes KL Buch P er/sie
          Ich will ihm das Buch zurückgeben.

(18)

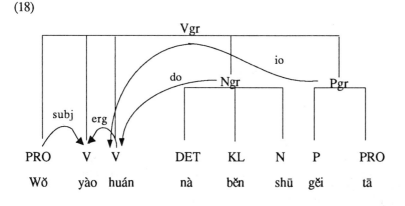

Das nominale indirekte Objekt wie das *gěi*-Objekt stehen semantisch im weitesten Sinne in einer Ziel-Relation, die nach Benefiziär, Rezipient, etc. differenziert ist[8], können nicht passiviert und als *bǎ*-Objekt (s.u.) ausgedrückt werden. In Abhängigkeit von wenigen Verben muß oder kann das präpositionale Objekt dem direkten Objekt vorangestellt werden (vgl. Li/Thompson 1981:374f.), z.B.

(18) a.   Wǒ yào huán gěi tā zhè běn shū
           ich wollen zurückgeben P er/sie jenes KL Buch
           Ich will ihm/ihr das Buch zurückgeben.

Die Stellung des präpositionalen Objektes in präverbaler Position ist nur mit wenigen Verben möglich:

(19) a.   Tā dǎ diànhuà gěi nǐ
           er/sie anrufen Telefon P du
           Er/sie ruft dich an.

     b.   Tā gěi nǐ dǎ diànhuà
           er/sie P du anrufen Telefon
           Er/sie ruft dich an.

Ob *sòng* (schenken) jedoch zu jener Verbklasse zu zählen ist, die Objekte in präverbaler Position ermöglichen, ist nicht eindeutig geklärt (vgl. Li/Thompson 1981). Im Korpus tritt *sòng* mit nachgestelltem *gěi* auf (20,Z3), wobei die „*gěi*-Phrase" nicht dem Verb vorangestellt werden kann. Hu (1989:329) sowie Jiang (1980:98-99) schlagen vor *sòng* und *gěi* als „Gesamtheit" zu begreifen[9], da sich das Kompositum wie ein Verb verhält, das ein indirektes Objekt regiert. Ebenso könnte *liú* und *gěi* in (21) als Verbkompositum angesetzt werden.

(20)
1   L: āi wǒ kànjiàn nà ge shéi (.)
           INT ich sehen jenes KL wer

2   xiǎo Xú mǎi de nà ge qí
           klein Xu kaufen PART jenes KL Spiel

---

8 Neben *gěi* können auch *wèi* und *bāng* gebraucht werden, wobei letztere präferiert bei einem belebten Ziel, also einem Benefiziär auftreten, z.B. *Tā bāng wǒ tí xíngli* „Er hilft mir das Gepäck zu tragen".
9 Ebenso *jiāogěi, fāgěi, xiàngěi, fùgěi* und *gònggěi*.

3   jiùshì shénme Schwank sòng gěi tā de nàge tǐng
                         genau was Schwank schenken:geben sie PART jenes sehr

4   hǎo (.) jiù shì jiǎndān de xiǎo hé(.)
                         gut also sein einfach PART klein Kasten

5   lǐbiān yǒu wǔ zhǒng qí (1.0) tǐng hǎo de(.)
                         innen haben fünf KL Spiel sehr gut PART

6→   wǒ shuō gěi xiǎo hái mǎi yí ge
                         ich sagen P klein Kind kaufen eins KL
                         (C-1/L14)
                         *Heh, ich habe das Spiel gesehen, das die kleine Xu gekauft hat,
                         genauer gesagt das, was Schwank ihr geschenkt hat. Es war sehr
                         gut, bestand also aus einem einfachen Kästchen, in dem fünf ver-
                         schiedene Spiele waren. Sehr gut, sagte ich, wir kaufen unserem
                         Kind auch so eines.*

(21)
1   X: hái yǒu shéi=
                         noch haben wer
                         Wer noch?

2→   C: =zhè ge liú gěi māma
                         dies hinterlassen P Mutter
                         Hinterlaß das der Mutter!
                         (C-4/C7)

Eine vorangestellte *gěi*-Gruppe liegt in (20,:Z6) vor, die auch nachgestellt auftreten
kann: *wǒ shuō mǎi yí ge gěi xiǎo hái*.

(20)

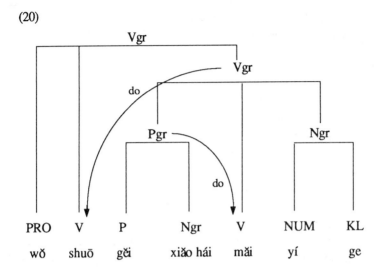

PRO	V	P	Ngr	V	NUM	KL
wǒ	shuō	gěi	xiǎo hái	mǎi	yí	ge

Das vorangestellte *gěi*-Objekt besetzt die Subjektposition des Objektes-Satzes, da das Subjekt voreingestellt ist und aufgrund kontextueller Faktoren nicht stehen muß. Von den wenigen Belegen mit *gěi* liegt ein weiterer vor, in dem die vorangestellte *gěi*-Gruppe die Subjektposition einnimmt und allein im Vorfeld des Prädikats steht (22).

(22)

1   H: gěi nǐ tígōng diǎn shénme?
              P du anbieten etwas was
              Kann ich dir etwas anbieten?

Die *gěi*-Phrase tritt dann im Vorfeld des verbalen Prädikats auf, wenn die Subjektposition unbesetzt ist. Ob hier ein strukturelles Prinzip vorliegt, kann aufgrund der wenigen Belege nicht verifiziert werden. Dies wäre auf der Basis groß angelegter Korpusanalysen weiter zu prüfen.

Ein nachgestelltes präpositionales indirektes Objekt ist zweimal belegt:

(23)

1   L: jiù kāishǐ chàng na
              dann anfangen singen PART
              Dann fingt ihr an zu singen.

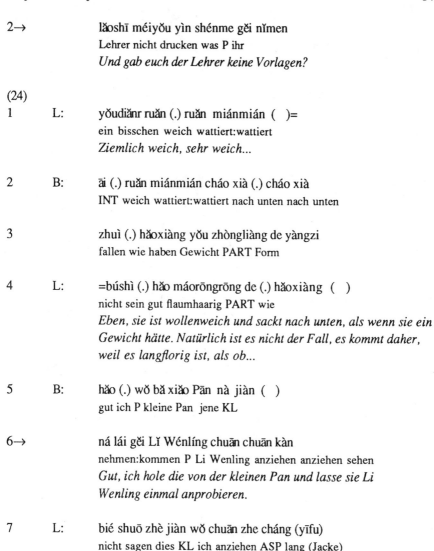

2→   lǎoshī méiyǒu yìn shénme gěi nǐmen
                Lehrer nicht drucken was P ihr
                Und gab euch der Lehrer keine Vorlagen?

(24)
1   L: yǒudiǎnr ruǎn (.) ruǎn miánmián ( )=
                ein bisschen weich wattiert:wattiert
                Ziemlich weich, sehr weich...

2   B: āi (.) ruǎn miánmián cháo xià (.) cháo xià
                INT weich wattiert:wattiert nach unten nach unten

3   zhuì (.) hǎoxiàng yǒu zhòngliàng de yàngzi
                fallen wie haben Gewicht PART Form

4   L: =búshì (.) hǎo máorōngrōng de (.) hǎoxiàng ( )
                nicht sein gut flaumhaarig PART wie
                Eben, sie ist wollenweich und sackt nach unten, als wenn sie ein
                Gewicht hätte. Natürlich ist es nicht der Fall, es kommt daher,
                weil es langflorig ist, als ob...

5   B: hǎo (.) wǒ bǎ xiǎo Pān nà jiàn ( )
                gut ich P kleine Pan jene KL

6→   ná lái gěi Lǐ Wénlíng chuān chuān kàn
                nehmen:kommen P Li Wenling anziehen anziehen sehen
                Gut, ich hole die von der kleinen Pan und lasse sie Li
                Wenling einmal anprobieren.

7   L: bié shuō zhè jiàn wǒ chuān zhe cháng (yīfu)
                nicht sagen dies KL ich anziehen ASP lang (Jacke)
                Sagt nicht, daß sie mir zu lang ist..
                (C-7/L:129)

Es wurde in Kap. 3.1.1 bereits gezeigt, daß das direkte Objekt in Erstposition stehen kann, wobei in der Positionierung [do subj präd] das Objekt „topikalisiert" ist (Li/Thompson 1975), da nur definite und referentielle Objektnominalgruppen im Vorfeld stehen können, die pragmatisch gesehen alte Information kodieren, also die sog. Topik-Position besetzen:

(25)   Zhè běn shū tā yào sòng gěi nǐ
         dies KL Buch er/sie wollen schenken P du
         Dieses Buch will er/sie dir schenken.

a.   *Yì běn shū tā yào sòng gěi nǐ
         ein KL Buch er/sie wollen schenken P du

b.   Tā yào sòng yì běn shū gěi nǐ

Demgegenüber vertreten Sun/Givón (1985) die Hypothese, daß präverbale Objekte eine Kontrastfunktion haben bzw. Emphase markieren, daß diese Struktur ein «emphatic/contrastive discourse device» (ibid., S.348) ist, also eine Fokusfunktion hat. Wie im einzelnen gezeigt wird, sind die Positionen von Li/Thompson und Sun/Givón nicht unvereinbar; entscheidend jedoch ist die Fokusfunktion.

Eine weitere Möglichkeit, das direkte Objekt im Vorfeld des verbalen Prädikats zu gebrauchen, besteht in der Markierung durch die Präposition *bǎ*. Wie bei durch *gěi* das indirekte Objektnominal zum präpositionalen Objekt wird, so durch *bǎ* das direkte. Bei dem präpositional markierten *bǎ*-Objekt handelt es sich in der Regel um ein affiziertes Objekt (chǔzhì shì, Wang 1947:160f.); das Nominal ist definit (26), spezifisch (27) oder generisch (28), wobei eine Auswertung des gesprochenen Chinesisch ergab, daß die Nominale immer definit sind (Li/Thompson 1981:490).

(26)   Wǒ bǎ nà sān běn shū dōu huán dào túshūguǎn qù le
         ich P jenes drei KL Buch alles zurückgeben Bibliothek gehen ASP
         Ich brachte die(se) drei Bücher der Bibliothek zurück.

(27)   Wǒ bǎ yí jiàn shìr wàng le
         ich P ein KL Sache vergessen ASP
         Ich habe eine Sache vergessen.

(28)   Tā yǒu de shíhou bǎ yán dāng táng chī
         er/sie manchmal P Salz etwas:als:etwas:betrachten Zucker essen
         Er/sie greift manchmal das Salz und denkt, es ist Zucker.

In der Regel folgen dem Verb Aspektmarker (*le*), verschiedene Komplemente oder Verbalkonstruktionen (vgl. 26-28). Die *bǎ*-Konstruktion tritt präferiert auf mit Bewegungsverben, in Imperativsätzen (29) und wenn dem *bǎ*-Objekt eine Präpositionalgruppe folgt sowie mit indirektem Objekt, wobei dann das indirekte Objekt im Nachfeld des Prädikats steht (30):

(29) Qǐng nǐ bǎ mén kāikai
bitte du P Tür öffnen:öffnen
Bitte öffne die Tür.

(29)

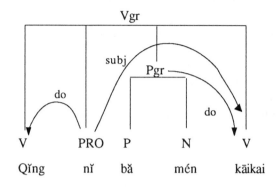

(30) Wǒ bǎ nǐ de xìn sòng gěi tā le
ich P du PART Brief überbringen P er/sie ASP
Ich habe ihm/ihr deinen Brief schon überbracht.

(30)

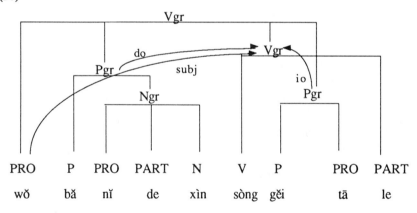

Mit direktionalen Verben, Existenzverben und *verba sentiendi* ist die *bǎ*-Konstruktion nicht möglich.

Im Vorfeld des Prädikats stehende direkte Objekte treten im Korpus relativ selten auf[10] (vgl. Tab. 3-3).

_____

10 Obwohl in Grammatiken die Voranstellung des direkten Objektes immer wieder als wichtige Struktur thematisiert wird, scheint dies in der gesprochenen Sprache weniger

		n	%
im Nachfeld:	direkte Relation	132	73
	indirekte Relation	36	20
im Vorfeld:	vor Subjekt	2	1
	nach Subjekt	1	0.5
bǎ-Objekt		10	5.5

Tab. 3-3: Verteilung des direkten Objektes

Bei den im Vorfeld auftretenden direkten Objekten ist entscheidend der phorische Gebrauch sowie die Fokusfunktion. In Beleg (31) tritt ein *bǎ*-Objekt und ein direktes Objekt in Erstposition auf.

(31)

1	CO:	liú zài lǐmiàn yě bù shūfu a
		zurückbleiben P innen auch nicht angenehm INT
		Wenn etwas zurückbleibt, ist es einem doch unangenehm.

2→	P:	aò (.) bǎ nà ge::=
		INT P jenes
		Ah, das da...

3→	C:	=zhè ge wǒ jiù dào zhè lǐmiàn jiùshì
		dies KL ich dann kippen dies innen also
		Das kippe ich dann da hinein, also in diesen Karton.

4	CO:	zhè lǐang ge kěyǐ nòng zài yíkuàir (5.0)
		dies zwei KL können tun P zusammen
		Diese beiden kann man zusammensetzen.
		(C-1/C:3)

In Zeile 2 wird durch P exophorisch auf ein Objekt fokussiert, das durch C anaphorisch weitergeführt wird, wobei auf das Objekt durch den Determinator *zhè* und

---

relevant. Dies bestätigt auch die Auswertung des dialogischen und umgangssprachlichen Stückes *Léi yǔ* „Gewitter" von Cao (1978). Auf 100 Seiten tritt nur einmal ein vorangestelltes direktes Objekt auf (ibid., S. 53):

Sìfàng, nǐ lái, lǎo yě de yǔyī nǐ gěi fàng zài nǎr la?
Sifang, du kommen, Vater PART Regenmantel du PART legen P wo PART
Sifang, komm, wo legst du Vaters Regenmantel hin?

Klassifikator *ge* verwiesen wird. Durch die *bǎ*-Konstruktion wird innerhalb einer durch eine Interjektion markierten Sprechhandlung das Objekt als neuer Gesprächsgegenstand etabliert und über einen Sprecherwechsel hinweg weitergeführt. Die Stellung des *bǎ*-Objekte kann als „Foregrounding"-Strategie interpretiert werden, während über die Stellung des direkten Objektes (Z3) eine diskursiv bereits etablierte Information direkt an die Vorgängeräußerung angeschlossen wird. Ähnlich verhält es sich im zweiten Falle eines direkten Objektes in Erstposition:

(32)

1   L: āi wǒ kànjiàn nà ge shéi (.)
           INT ich sehen jener KL wer

2   xiǎ Xú mǎi de nà ge qí
           klein Xu kaufen PART jenes KL Spiel

3→   jiùshì shénme Schwank sònggěi tā de nàge tǐng
           genau was Schwank schenken:geben sie PART jenes sehr

4   hǎo(.) jiù shì jiǎndān de xiǎo hé(.)
           gut also sein einfach PART klein Kasten

5   lǐbiān yǒu wǔ zhǒng qí (1.0) tǐng hǎo de(.)
           innen haben fünf KL Spiel sehr gut PART

6   wǒ shuō gěi xiǎo hái mǎi yí ge
           ich sagen P klein Kind kaufen eins KL
           (Übersetzung s. 20)

Nachdem das Objekt „Spiel" als Gesprächsgegenstand etabliert ist, wird die alte Information über das direkte Objekt in Erstposition weitergeführt (Z3), während die neue Information, *wer* das Spiel geschenkt hat, als Subjekt kodiert ist.

Steht das direkte Objekt nach dem Subjekt wird nicht »eine besonders nachdrückliche Heraushebung des Subjektes erreicht« Reichardt/Reichardt (1990:193), sondern es wird ebenfalls das Objekt fokussiert:

(33)

1→   M: nǐ qìshuǐ mǎi le la
           du Limonade kaufen ASP PART
           Hast du die Limonade geholt?

2   T: en
                INT
                Ja.

3   M: mǎi jǐ píng ya (.)
                kaufen wieviel Flasche PART

4   nǐ jiù ná sān píng duì ma
                du nur nehmen drei Flasche richtig PART
                Wieviel Flaschen denn? Du hast nur drei Flaschen
                geholt, nicht wahr?
                (C-4/M:1)

In Beleg (33) etabliert M ein neues Gesprächsthema, wobei der Fokus auf den
Flaschen Limonade liegt, die T holen sollte. Das etablierte Thema gehört zum gemeinsam geteilten Wissen der Interaktionspartner, da aber *qìshuǐ* nicht definit, wenn
auch referentiell gebraucht wird, ist weder die *bǎ*-Konstruktion noch die Stellung
des direkten Objektes nach dem Subjekt akzeptabel. Über die Position wird also ein
indefinites direktes Objekt fokussiert.

Wie das vorangestellte *gěi*-Objekt in Erstposition, steht das *bǎ*-Objekt auch
dann, wenn die Subjektposition nicht besetzt ist (34).

(34)
1   C: jiù shì shuō (1.0) ( ) Dáfēnqí nàge ma (.) huà
                genau sagen DaVinci jenes PART malen

2   dàn o (.) qù xué huà gēn nà ge shénme rén
                Ei INT gehen lernen malen mit jene KL was Mensch

3→   xué huà (.) jiùshì shuō xiān bǎ dàn
                lernen malen genau sagen zuerst P Ei

4   huà hǎo ( ) huà le hǎo cháng
                malen gut malen ASP gut lang

5   hěn cháng shíjiān zhōngyú huà de (.)
                sehr lang Zeit endlich malen PART

6   déxīn yīngshǒu le
                in:seinem:Element:sein ASP
                (C-1/C:10-11)

DaVinci lernte bei irgend jemandem malen. Also er malte
Eier; zuerst mußte er gut Eier malen können.Es dauerte
ziemlich lange, dann war er in seinem Element.

Während in (34) eine einfache Nominalgruppe durch *bă* regiert ist, fällt in dem folgenden Beispiel auf, daß die *bă*-Gruppe äußerst komplex ist:

(35)

1   C: nǐ zhèyàngzi de nǐ zhème yuǎn de dìfang ya
                 du so PART du so weit PART Ort PART

2   nǐ bù néng jǐang de tài kuài
                 du nicht können sprechen PART zu schnell

3   jiùshìshuō nǐ kěyǐ jǐang búguò
                 nämlich du können sprechen nur

4   nǐ yào tíng yíxià wèishénme ne tíng
                 du sollen innehalten mal warum PART innehalten

5   děng dao nǐ tíng yíhòu (.) cái (5.0)
                 warten ASP du innehalten nach erst

6→   cái bǎ nǐ shuō de huà chuánsòng dào nàbian
                 erst P du sagen PART Wort überliefern P dorthin
                 (C-2/C:50)
                 Du solltest daran denken, daß du bei so großer Entfernung
                 nicht zu schnell sprechen solltest. Das heißt, du konntest
                 sprechen, nur solltest du einen Augenblick innehalten.
                 Warum denn? Man sollte innehalten und warten, bis die
                 Worte, die man sagte, dorthin angekommen waren.

Entgegen der Annahme von Li/Thompson (1981:465), daß *bă*-Konstruktionen präferiert dann auftreten, wenn «they are understood to refer to something about which the speaker believes the hearer know» (ibid.), daß also das *bă*-Objekt »etwas bereits Gegebenes, dem Gesprächspartner bereits Bekanntes [voraussetzt]« (Reichardt/ Reichardt 1990:198) ist in (35) die durch *bă* regierte Nominalgruppe nicht koreferentiell und kodiert neue Information. Das Subjekt ist nicht realisiert und kontextuell voreingestellt, die Erstposition ist durch folgende komplexe Präpositionalgruppen besetzt:

(35)

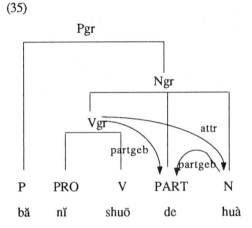

P   PRO   V   PART   N

bǎ   nǐ   shuō   de   huà

Es wäre aufgrund größerer Korpora zu prüfen, ob im gesprochenen Chinesisch nicht die Strategie besteht, komplexe Objekte durch *bǎ* zu markieren und voranzustellen, wenn die Subjektstelle unbesetzt ist. Eine weiterführende Hypothese, die sich aus der Korpusanalyse ergibt und die zu prüfen wäre, ist die, daß sowohl vorangestellte *gěi-* als auch *bǎ*-Objekte häufig dann auftreten, wenn die Subjektstelle unbesetzt ist. Inwieweit dieses strukturelle Prinzip zusammenspielt mit pragmatischen Prinzipien wie Fokussierung und Aufbau thematischer Strukturen, wäre eine weiterführende Frage.

Anders als bei (35) gilt für (36), daß es zum gemeinsam geteilten Wissen der Interaktionspartner gehört, daß die Tochter ihre Pantoffeln und die ihrer Mutter regelmäßig wäscht. Da S - im Gegensatz zum Normalfall - die Pantoffeln noch nicht gewaschen hat - wird das Objekt fokussiert.

(36)

1   T: jīntiān wǒ hái méi (.) néng (1.0)
              heute ich noch nicht können

2   méi zuò nèi e yí jiàn shìr lei (.) méi zuò
              nicht machen jenes INT eine KL Sache PART nicht machen
              Heute habe ich jene Sache noch nicht machen können.

3   S: zhǔyào shì jīntiān māma dài nǐ qù kàn
              hauptsächlich sein heute Mama mitbringen du gehen sehen

4   bìng le duì bu duì ya (1.0) yào shì bú qù kàn
              Krankheit PART richtig nicht richtig INTwollen sein
              nicht gehen sehen

5   bìng de huà (.) nà wǒ xiǎng nǐ kěnéng
       Krankheit PART sprechen dann ich denke du wahrscheinlich

6→   yào bǎ māma de tuōxié xǐ hǎo le
       werden P Mama PART Pantoffeln waschen gut PART

7→   yào bǎ zìjǐ de tuōxié gěi xǐ hǎo le
       werden P selbst PART Pantoffeln P waschen gut PART

8   duì bu duì ya
       richtig nicht richtig INT
       (C-6/T:6)
       Der Grund dafür ist, daß Mami dich heute zum Arzt gebracht
       hat, nicht wahr? Wenn wir heute nicht zum Arzt gegangen
       wären, dann müßtest du die Pantoffeln von Mama und deine
       eigenen schon gewaschen haben, nicht?

Während hier in Z5 das Subjekt realisiert ist und in Z7 nicht wiederholt wird, ist die Nachstellung des direkten Objektes nur dann möglich, wenn die Passivpartikel *gěi* (vgl. hierzu Jiang 1980:91) nicht steht:

(36) a. (nǐ) yào xǐ hǎo zìjǐ de tuōxié le
  b. *(nǐ) yào gěi xǐ hǎo zìjǐ de tuōxié le

Wenn die Passivpartikel steht, muß das Objekt vorangestellt werden, so daß auch hier strukturelle Faktoren eine Rolle spielen, wobei in (36:Z7) das *bǎ*-Objekt zwischen dem Modalverb *yào*, das hier umgangssprachlich für *huì* „können" gebraucht wird, und dem Hauptverb steht.

  Im nächsten Beleg (37), bei dem es thematisch um das heiße Wetter geht, kann angenommen werden, daß *rèjiàn* in dem Sinne bekannte Information ist, als es kontextuell abgeleitet werden kann[11]. Die Subjektstelle in (Z4) ist durch *tā* besetzt. Entscheidend für die Erklärung der *bǎ*-Konstruktion ist, daß auf die Hitze fokussiert wird, was inhaltlich dadurch geschieht, daß die Metapher vom Wettergott, der Hitzepfeile vom Himmel herunterschickt, eingeführt wird. Der Hitzepfeil, der die Menschen auf der Erde trifft, ist das fokussierte Element, um den hohen Grad der andauernden Hitze zu kodieren.

---

11 Im Sinne von Prince (1981) als «inferrable information».

(37)

1   T: jīntiān tài rè le
           heute zu heiß PART

2   zhè lǎotiānyé tài bù hǎo le=
           dies Himmelsherrscher zu nicht gut PART
           Heute ist es zu heiß. Der Himmelsherrscher hat schlechte Laune.

3   M: tài bù hǎo le zěnme bù hǎo
           zu nicht gut PART wie nicht gut
           Schlechte Laune, was meinst du damit?

4→   T: tā yí gè jìnde bǎ rè ( ) xiàlái
           er mit:allen:Kräften P heiß ( ) runterkommen
           Er schickt mit allen Kräften heiße ( ) herunter.

5→   M: bǎ rè shénme?
           P heiß was?
           Heiße was?

6   T: rèjiàn
           Hitzepfeile.

Hier, wie in den anderen Belegen auch, spielen (neben strukturellen Faktoren)
Fokussierungprozesse eine zentrale Rolle. Da die *bǎ*-Markierung im Korpus nicht
an Objekte gebunden ist, die diskursiv etablierte Information kodieren, scheint die
bǎ-Konstruktion diskursfunktional in erster Linie eine Fokuskonstruktion zu sein
und nicht das Resultat von „Topikalisierungsprozessen", nach denen die Information dem Prädikat vorangestellt wird und »eine andere postprädikative Ergänzung
zum Schwerpunkt der Neuinformation« (Reichardt/Reichardt 1990:198) gemacht
wird. Dies erklärt auch das in Grammatiken vermerkte häufige Vorkommen von
bǎ-Objekten in imperativen Sprechhandlungen, was im Korpus einmal belegt ist:

(38)

1   M: ...bú yòng jǐang tā kěndìng zhīdao
           nicht brauchen sprechen er bestimmt wissen

2   yàobu (.) tā jìxing nàme bù hǎo a (3.0)
             sonst er Gedächtnis so nicht gut PART
             Ohne große Erklärung wußte er es sicher schon. Sonst hätte
             er auch ein schlechtes Gedächtnis

3→   lái ba (.) nǐ bǎ shǒu xǐxi(.)
             kommen PART du P Hand waschen
             Komm, wasch dir die Hände!

4   wǒmen lǐang ge lái bāo húntun
             wir beide KL kommen wickeln „Fleischtasche"
             Wir beide machen zusammen Hundun.
             (C-4/M:3)

Die in der Literatur bereits festgestellte Tatsache, daß das *bǎ*-Objekt relativ häufig in Imperativsätzen gebraucht wird, erklärt sich damit, daß in Imperativsätzen das Objekt fokussiert wird. Im obigen Beispiel wird das Thema gewechselt und ein neues Handlungsmuster etabliert, so daß auf keinen Fall „Topikkontinuierung" vorliegt. Die fokussierte Information ist, daß X sich die Hände waschen soll, um saubere Hände zur Zubereitung des Nudelteigs für Hundun zu haben. Hier - wie in anderen Fällen - liegt also eine Fokuskonstruktion vor. Hinzu kommt, daß in Imperativsätzen in der Regel der Adressat nicht kodiert wird (vgl. Tiee 1986:272f.), so daß auch hier strukturell argumentiert werden könnte, daß die Subjektposition besetzt wird.

Während die bisher behandelten Objekte in der Literatur prinzipiell als Objekte behandelt werden, ist der Status der Argumente in Kopulakonstruktionen, insbesondere mit der Kopula *shì* „sein", umstritten.

(39)   Tā shì wǒ de lǎoshī
        er/sie sein ich PART Lehrer
        Er/sie ist mein Lehrer.

Nach Lin (1986:105) ist *shì* ein Verb, das ein Subjekt und ein Objekt regiert, für Li/Thompson (1981:149) ein intransitives Kopulaverb, während Reichardt/Reichardt (1990:152) von einer zweiwertigen Kopula ausgehen. Durch die Kopula werden in der Regel eine referentielle und eine nicht-referentielle Nominalgruppe in Beziehung gesetzt. Die semantische Beziehung zwischen den Argumenten der Kopula ist eine Essessiv- oder Deskriptivrelation. Bei der Essessivrelation, die eine Existenz- und Äquationsrelation umfaßt, können die Argumente jeweils sowohl im Vor- wie auch im Nachfeld der Kopula stehen, wenn sie referenzidentisch sind (40), wenn sie als eine Äquationsrelation vorliegt, ohne daß sich die

Satzbedeutung ändert, während dies bei der Existenzrelation (41,42) und der Deskriptivrelation (43), insbesondere dann, wenn eine Possessor-Possessum-Relation vorliegt (44), nicht möglich ist.

(40) a. *Tā shì Chen tàitai.*
sie sein Chen Ehefrau
Sie ist Chens Frau.

    b. *Chen tàitai shì tā .*

(41) a. *Míngtiān shì wǒ de shēnrí.*
morgen sein mein PART Geburtstag
Morgen ist mein Geburtstag

    b. **Wǒ de shēngrì shì míngtiān.*

(42) a. *Dàochù shì qìchē.*
überall sein Auto
Überall sind Autos

    b. **Qìchē shì dàochù.*

(43) a. *Zhè jiàn yīfu shì xīn de.*
dies KL Kleidung sein neu PART
Diese Kleidung ist neu

    b. **Xīn shì zhè jiàn yīfu de.*

(44) a. *Zhè zhī gāngbǐ bú shì wǒ de.*
dies KL Füller nicht sein ich PART
Dies ist nicht mein Füller.

    b. **Wǒ bú shì zhè zhī gāngbǐ de.*

Aufgrund der spezifischen semantischen Funktionen, die mit der Kopula verbunden sind, und der Tatsache, daß die durch *shì* regierten Argumente weder passivierbar sind noch durch eine *bǎ*-Konstruktion oder *gěi*- Konstruktion kodiert werden können, also andere syntaktische Eigenschaften aufweisen als alle anderen transitiven und ditransitiven Verben, liegt es nahe, Kopulaverben als ein spezielle Verbklasse zu begreifen. Kopulaverben regieren obligatorisch zwei Argumente, von denen das eine Subjekt ist, u.z. im Vorfeld der Kopula, das andere als Ergänzung im Nachfeld

des verbalen Prädikats steht. Diese Ergänzung bezeichne ich als Prädikativ (präd).
Kopulasätze haben also folgende Grundstruktur:

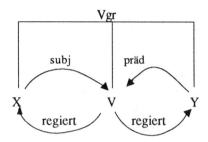

Die Kopulakonstruktion tritt im Korpus relativ häufig auf (vgl. Tab. 3-3), wobei der hohe Anteil von subjektlosen Kopulasätzen auffällig ist (Näheres hierzu in Kap. 3.2).

	n	%
Subjekt/Prädikativ	2	3
nur Prädikativ	28	43
weder Subjekt noch Prädikativ	1	2

Tab. 3-4: Kopulakonstruktionen mit *shì*

Von den 37 Subjektargumenten sind 12 durch einen Determinator (*zhè, nà*), 4 durch das Adverb *jiù* bzw. einmal durch das Adverb *yě* realisiert. Diese können nicht im Nachfeld der Kopula stehen.

(45)

X: āyí nǐ kàn (.) zhè shì wǒ zuò de
        Tante du sehen dies sein ich machen PART
        Sieh mal Tante! Das habe ich selbst gemacht.
        (C-5/X:12)

(46)

1   Q: dànshì xiǎoxué lǎoshī tāmen zìjǐ pǔtōnghuà
             aber Grundschule Lehrer sie selbst Puntonghua

2   jiù shuō de bù hǎo zěnme néng shì xuésheng
             schon sprechen PART nicht gut wie können lassen Schüler

3→   dōu jiǎng biāozhǔn pǔtōnghuà ne
                          alle sprechen Standard Puntonghua PART

4→   zhè (.) zhè zǒng shì yí ge wèntí
                          dies dies immer sein ein KL Problem
                          (C-8/Q:97)
                          Aber wenn die Grundschullehrer selbst nicht gut Puntonghua
                          sprechen, wie können sie die Schüler Puntonghua sprechen
                          lassen. Das ist immer das Problem.

(47)
          X: jiù shì còu zài yìqǐ
                          also sein zusammenbringen PART zusammen
                          Das heißt „zusammensetzen".

(48)
1   L: tǐng hǎo
                          sehr gut
                          Ausgezeichnet!

2→   jiù shì jiǎndān de xiǎo hé (.)
                          also sein einfach PART klein Kasten
                          Es war ein einfaches Kästchen.

3   lǐbiān yǒu wǔ zhǒng qí (1.0)
                          innen haben fünf KL Spiel
                          Darin waren fünf Spiele.
                          (C-1/L:14)

(49)
1   L: nǐ nà ge shíhou a (5.0) cóng Táiwān dǎ diànhuà
                          du jene Zeit PART aus Taiwan anrufen Telefon

2   lái ya (.) shì gānghǎo dǎ táifēng ma (3.0) shì ma
                          kommen PART sein gerade wehen Taifun PART sein PART
                          Als du mich damals aus Taiwan anriefst, wehte
                          gerade ein Taifun, nicht wahr?

3   C: ē (.) shì shénme shíhou?
                          INT sein was Zeit
                          Hm, wann war es denn?

4→   L: yě shì zhè ge shíjiān

auch sein dies KL Zeit

Es war auch zu dieser Zeit.

(C-2/L:5)

Der Determinator hat eine phorische Funktion: in (45) eine exophorische, indem X auf ein selbst gemaltes Bild verweist, in (47) eine anaphorische. *jiǔ*, das auch als Konnektor von Ereignissen in Erzählungen fungiert im Sinne von „und dann", leitet Ereignisse ein und hat die Funktion eines gesprächsstrukturierenden Elementes. Das gleiche gilt für *yě*, das über einen Sprecherwechsel hinweg die Lokalisierung der Zeit an das zuvor erwähnte Ereignis (Z1) bindet. Man könnte vermuten, daß *zhè*, *jiǔ* und *yě* die Funktion eines Dummies haben, der die Subjektstelle besetzt. Dagegen spricht aber die Tatsache, daß *zhè* phorisch auftritt und zudem wesentlich häufiger die Subjektstelle nicht besetzt ist.

3.2 Subjekte und Objekte in indirekten Relationen

Indirekte syntaktische Relationen wurden in Kap. 2.4 eingeführt. Sie geben syntaktische Relationen über Satzgrenzen hinaus an, die im Hinblick auf die Subjekt- und Objektrelation dann relevant sind, wenn eine Konstituente Subjekt bzw. Objekt in Folge- bzw. Vorgängersätzen ist. Die Funktion solcher Konstituenten ist voreingestellt, d.h. die Funktion einer Konstituenten kann als Default begriffen werden, der so lange gilt, bis wiederum eine Konstituente in der betreffenden Funktion auftritt. Insofern stellt sich nicht die Frage, wann eine Konstituente „getilgt" wird, sondern unter welchen Bedingungen die Voreinstellung gilt und wann sie außer Kraft gesetzt wird. Im gesprochenen Chinesisch zeigt sich, daß sehr häufig voreingestellte Subjekte (vgl. Tab. 3.-1), aber auch relativ häufig voreingestellte direkte Objekte (vgl. Tab. 3.-3) vorkommen, was in Grammatiken teilweise (z.B. Tiee 1986:7, Li/Thompson 1981:657f.) behandelt wird. Die zentrale Frage in diesem Kapitel ist, wann Konstituenten indirekt relational auftreten. Dabei erweisen sich drei Faktoren als relevant[12]: 1. Serialisierungen und Parallelstrukturiertheit mit dem speziellen Fall von 2. Adjazenzkonstruktionen sowie 3. Kopulakonstruktionen.

---

12 Subjektlose Imperativsätze, wie sie aus der Literatur zu erwarten wären, treten im Korpus nicht auf. In den wenigen Imperativsätze sind die Adressaten immer kodiert.

3.2.1 *Serialisierungen und Parallelstrukturiertheit*

Serialisierungen liegen dann vor, wenn ein Subjekt oder Objekt sich aufeinander folgende Prädikate bezieht, wenn also ein Default-Subjekt bzw. -Objekt in Relation zu einer Kette von Prädikaten existiert (vgl. Abb.3-2).

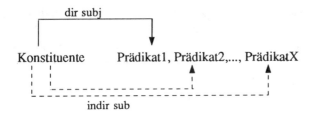

Abb. 3-2: Serialisierung und indirekte Subjektrelationen

Serialisierungen treten immer dann auf, wenn Handlungs- und Ereignisketten oder Verkettungen von Zuständen in eine bestimmte lineare Abfolge gebracht werden. Dabei erfolgt die Kodierung solcher serialisierten Sätze syntaktisch parallelisiert, d.h., daß zwei gleichartig kategoriell aufeinanderfolgende Konstituenten in S_1 und S_2 dieselben grammatischen Funktionen besitzen (vgl. auch Lang 1987:19f.) oder eine Kategorie in S_1 dieselbe syntaktische Funktion in S_1 und S_2 hat, wobei zudem häufig Teilstücke in S_1 identisch mit Teilstücken in S_2 sind. Voreingestellte Subjekte/Objekte treten im Korpus nahezu ausschließlich dann auf, wenn S_1 und S_2 hierarchisch auf der gleichen Ebene stehen, und selten dann, wenn S_2 S_1 untergeordnet ist. Wie bereits oben erwähnt, sind voreingestellte Subjekte der häufigste Fall:

(50)

1	Y:	ē lǎoshī xiān tán gāngqín
		INT Lehrer zuerst spielen Klavier

2		xiān (5.0) tán (5.0) tán nà ge „Melodie"=
		zuerst spielen spielen jene KL Melodie
		Na, der Lehrer spielte zuerst Klavier. Er spielte
		die „Melodie" vor.

3	L:	=tán diàozi =
		spielen Melodie
		Er spielte die Melodie vor.

4   Y: = dui tán diàozi ránhòu
                  richtig spielen Melodie dann

5   jiù kāishǐ chàng lo
                  also beginnen singen PART
             Richtig. Er spielte die Melodie vor, dann fingen wir an
             zu singen.

6   L: jiù kāishǐ chàng na
                  dann anfangen singen PART

7   lǎoshī méiyǒu yìn shénme gěi nǐmen
                  Lehrer nicht drucken was geben ihr
             Dann fingt ihr an zu singen. Und gab euch der Lehrer
             die Vorlagen?

8   Y: méiyǒu
                  nicht
             Nein!

9   L: méiyǒu a
                  nicht PART
             Er gab euch nichts?

10   Y: wǒmen zìjǐ yǒu yì běn shū ma
                  wir selbst haben ein KL Buch PART
             Jeder von uns hatte doch ein Liederbuch.
             (C-3/125)

In Zeile 1 wird durch das Subjektnominal *lǎoshī* der agentive Mitspieler etabliert. Das etablierte Subjekt bezieht sich in der Folge auf die repetitive Struktur *xiān tán*, die weitergeführt wird bis Z4, wobei als neue Information „Melodie" hinzukommt.

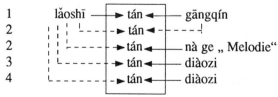

Abb. 3-3:Indirekte Subjektrelationen und Serialisierungen in (50:Z1-4)

Hier wie in anderen Fällen tritt das voreingestellte Subjekt und Objekt primär dann auf, wenn

1. durch das Subjekt Personen, primär die Interaktionsteilnehmer, und durch das Objekt definite Objekte kodiert werden;
2. Handlungen bzw. Ereignisse serialisiert werden;
3. Parallelstrukturen mit identischen Teilstücken vorliegen.

Wird die Voreinstellung außer Kraft gesetzt, wird z.B. ein neuer Mitspieler etabliert, oder spielen mehrere Mitspieler gleichzeitig eine Rolle, so erfolgt eine entsprechende Kodierung als direktes Subjekt. So wäre im folgenden Beleg (51:Z4) nicht eindeutig, wer, nämlich Sprecher oder Beteiligter, im Büro ist. Da der Beteiligte in Z3 als direktes Objekt kodiert ist und der Sprecher als Subjekt, gilt die Voreinstellung, das Subjekt auf Z4 zu beziehen. Die referentielle Konstanz bei gleichzeitigem Wechsel vom direkten Objekt zum Subjekt muß also markiert werden.

(51)

1   H: tā yǐjīng huílái le (.) shì me
             er schon zurückkehren PART sein PART
             Er ist schon zurückgekehrt, nicht wahr?

2   D: wǒ hái méi jiàn zháo tā
             ich noch nicht sehen ASP er

3   wǒ jīntiān qù jiàn tā
             ich heute gehen sehen er

4   tā xiànzài kěnéng yǐjīng zài bàngōngshì le (2.0)
             er jetzt möglich schon in Büro PART

5   dàn yīnwèi wǒ shuō wǒ jīntiān shàngwǔ (.)
             aber weil ich sagen ich heute vormittag

6   gàn diǎn qítā de shì ( )
             machen etwas andere PART Sache

7   xiàwǔ wǒ qù kànkàn tā
             nachmittag ich gehen sehen:sehen er
             (C-6/D:13)
             *Ich habe ihn noch nicht zu sehen bekommen. Ich gehe heute zu
             ihm. Vielleicht ist er schon im Büro. Weil ich gesagt habe,
             daß ich heute morgen etwas anderes zu tun habe. Ich gehe
             heute nachmittag zu ihm.*

Im ganzen Korpus ist nur ein Fall belegt, wo in nicht-kopulativen Sätzen ein referentieller Wechsel erfolgt, ohne daß die Voreinstellung aufgehoben wird, u.z. in Beleg (50:Z4-5). Wie bereits gezeigt, erfolgt die Voreinstellung über das Subjekt *lǎoshī*, das nach der bisher formulierten Regel sich auch auf *kāishǐ chàng* (Z5) beziehen müßte. Hier wird jedoch das mögliche direkte Subjekt *wǒmen* (wir) nicht realisiert, da offensichtlich aufgrund kontextueller Faktoren der personenreferentielle Wechsel nicht explizit erfolgen muß. Im weiteren Verlauf des Gesprächs liegt das bereits behandelte Strukturmuster vor.

Etablierte Defaults gelten jedoch nicht obligatorisch, sondern können auch außer Kraft gesetzt werden, wenn wie in (51:Z1-3) das voreingestellte Element wieder aufgenommen wird, also eine Verkettung von referenzidentischen direkten Subjekten bzw. Objekten vorliegt. Neben Vereindeutigungsprozessen spielen Kontrastierungen eine Rolle, wie die Kontrastierung der Mitspieler in Beleg (51:Z1-4) über die Subjekt- und Objektfunktion, insbesondere kontrastive Fokussierungen. Wie entscheidend syntaktische Parallelisierungprozesse sind, zeigt das folgende Beispiel:

(52)

1   X: shuí yào a
               wer brauchen PART
               Wer braucht es?

2   C: Yè Míng shūshu yào nǐ wèn wèn Lǐ āyí
               Ye Ming Onkel lassen du fragen fragen Li Tante

               yào bú yào
               brauchen nicht brauchen
               Onkel Ye Ming läßt dich Tante Li fragen, ob sie es braucht.

3   L: wǒ bú yào
               ich nicht brauchen
               Ich brauche es nicht.
               (C-1/X:1)

Das exophorisch referierte Objekt ist voreingestellt und muß nicht weiter erwähnt werden. Das direkte Subjekt in Z3 ist obligatorisch; „Tante Li" kann nicht in direkter Relation zum Folgeprädikat stehen. Da *Lǐ āyí* Subjekt des subordnierten Objektsatzes ist, kann das Subjekt nicht als Default für einen folgenden Hauptsatz fungieren. Folglich wäre koreferentielles *tā* notwendig, oder aber wie im Diskurs kontrastiv fokussierendes *wǒ*. Die Subjektstelle muß in jedem Fall in direkter Relation besetzt werden, wenn die serialisierten Sätze nicht parallel geschaltet sind.

3.2.2 *Adjazenzkonstruktionen*

In Beleg (50) lag der Fall vor, daß über einen Sprecherwechsel hinweg repetitive Strukturierungen erfolgen und entsprechende Defaults gelten. Eine spezielle Form der Serialisierung über Sprecherwechsel hinweg liegt dann vor, wenn indirekte Subjekt- und/oder Objektrelationen auf das Prädikat im zweiten Teil eines *adjacency pairs*[13] verweisen (vgl. 52:Z3.4). In diesen Fällen ist das Prädikat der ersten Komponente immer identisch mit dem Prädikat der zweiten Komponente der Zweierstruktur. Es gilt die Regel, daß bei identischem Teilstück einer adjazentalen Konstruktion sowohl Subjekt als Objekt als auch Subjekt und gleichzeitig Objekt der Vorgängeräußerung als Default gelten können (vgl. 53, 54).

(53)

1   L: nǐ xǐhuan yīnyuè ma
           du mögen Musik PART
           Magst du Musik?

2   Y: bù xǐhuan
           nicht mögen
           Ich mag Musik nicht.

3   L: bù xǐhuan wèishénme bù xǐhuan yīnyuè
           nicht mögen warum nicht mögen Musik
           Du magst Musik nicht? Warum magst du keine Musik?

4   Y: yīnwèi wǒ bù dǒng lǎoshī zài shuō shénme
           denn ich nicht verstehen Lehrer gerade sagen was
           Weil ich nicht verstehe, was der Lehrer erklärt.
           (C-3/77)

---

13 «Adjacency pairs consist of sequences which properly have the following features: (1) two utterances length, (2) adjacent positioning of component utterances, (3) different speakers producing each utterance (...), (4) relative ordering of parts (i.e., first pair parts precede second pair part), and (5) discriminative relations (i.e., the pair type of which a first pair part is a member is relevant to the selction among second pair parts)» (Schegloff/Sacks 1973:295-96).

(54)

1 L: nǐ xǐhuan tǐyù kè ma
      du mögen Sport Unterricht PART
      Magst du Sportunterricht?

2 Y: ē (5.0) bùdà xǐhuan =
      INT nicht so mögen
      Hm, ich mag Sport nicht so sehr.
      (C-3/41)

Im Korpus zeigt sich, daß Subjekt und Objekt nur dann gleichzeitig in indirekter Relation stehen, wenn sie im ersten Teil eines *adjacency pairs* stehen und das Prädikat in der Folgeäußerung identisch ist. Einschränkend gilt ferner, daß diese Konstruktionen nur mit den *volitiven* Verben *xǐhuan* (mögen, möchten) und *yào* (wollen) auftreten[14].

3.2.3 Kopulakonstruktionen

Daß im Korpus bei Kopulakonstruktionen ein hoher Anteil, von nahezu 50% subjektloser Kopulasätze vorkommt, wurde bereits oben (vgl. Tab. 3-4) gezeigt. Subjektlose Kopulasätze treten ebenfalls in Serialisierungen auf, aber anders als bei den bisher behandelten Fällen, ist
1. das voreingestellte Subjekt in der Regel nicht personenreferentiell identisch, sondern es liegt eine thematische Voreinstellung vor, die nicht notwendigerweise referenzidentisch mit dem vorangehenden Subjekt sein muß;
2. die Serialisierung aufgrund des stativen Charakters der Kopula auf Verkettung von stativen Ereignissen/Zuständen beschränkt und
3. der Grad der Parallelisierung zum Vorgängersatz geringer.
Welche Bedeutung die thematischen Voreinstellungen für subjektlose Kopulakonstruktionen haben, zeigt anschaulich der Beleg (55). Im folgenden Dialog wird auf zwei zeitlich parallelisierte zurückliegende Ereignis verwiesen, und zwar auf das Ereignis (E_1), als C L aus Taiwan angerufen hatte, und auf das gleichzeitige Ereignis (E_2), nämlich daß zu dieser Zeit ein Taifun über Taiwan tobte. Diese Ereignisse werden hinsichtlich ihrer zeitlichen Dimension entlang einer Zeitachse als Zeitzustände thematisiert.

---

14 Und prinzipiell auch mit *zhīdao* „wissen", wenn auch nicht im Korpus belegt.

(55)

1   L: nǐ nà ge shíhou a (5.0) cóng Táiwān dǎ diànhuà
           du jene Zeit PART aus Taiwan anrufen Telefon

2   lái ya (.) shì gānghǎo dǎ táifēng ma (3.0) shì ma
           kommen PART sein gerade wehen Taifun PART sein PART
           Als du mich damals aus Taiwan anriefst, wehte
           gerade ein Taifun, nicht wahr?

3   C: ē (.) shì shénme shíhòu?
           PART sein was Zeit
           Hm, wann war es denn?

4   L: yě shì zhè ge shíjiān
           auch sein dies KL Zeit
           Es war auch zu dieser Zeit.

5   C: shì shì shì (.) gānghǎo=
           Ja, ja, ja. gerade=

6   L: dāngshí shì jiǔyuè chū ma (..) shì ma
           damals sein September Anfang PART sein PART
           Es war damals Anfang September, nicht wahr?

7   C: wǒ dǎ de shíhou nǐ zhìli zǎoshang ba (4.0)
           ich senden PART Zeit du hier frühmorgens PART
           Als ich anrief, war es hier bei dir doch frühmorgens.

8   shì guòqu le xīng xīngqīwǔ háishì xīngqīliù (.)
           sein vorbei ASP Frei... Freitag oder Samstag
           Der Taifun war schon vorbei. War es Freitag oder Samstag?

9   L: nà wǒ shì jì bù qīngchu le
           PART ich sein sich:erinnern nicht klar ASP
           Ich kann mich nicht mehr erinnern.

10   C: shì guòqu le
           sein vorbei PART
           Der Taifun war schon vorbei.
           (C-2/L:5)

Die zeitliche Verortung des Ereignisses E_1 erfolgt durch einen Subjektsatz im Vorfeld der Kopula *shì* (Z1), die des Ereignisses E_2 durch das folgende Prädikativ. Im folgenden handeln die Interaktionspartner aus, zu welchem genauen Zeitpunkt die Ereignisse stattgefunden hatten. Dabei wird zunächst der fragliche Zeitpunkt hinsichtlich des Ereignisses E_1 (Telefonanruf) thematisiert. Es gilt die indirekte Subjektrelation zur Kopula *shì* bis in Zeile 6, also in bezug auf drei Prädikate und über Turnwechsel hinaus. Nachdem der Zeitpunkt hinsichtlich des Monats lokalisiert worden ist (Z7), wird ohne Wiederaufnahme über die Subjektfunktion das durch das Prädikativ kodierte Ereignis E_2 (Taifun über Taiwan, Z8) zum Gesprächsgegenstand und zum Aufhänger, um den fraglichen Zeitpunkt hinsichtlich des Tages zu bestimmen. In einer anschließenden Nebensequenz in Form einer stativen Proposition mit *shì* in Fokusfunktion bringt der Sprecher sich durch *wǒ* in Subjektfunktion ins Spiel. Bei der anschließenden subjektlosen Kopulakonstruktion (Z10) gilt wiederum E_2 als Default, obwohl formal durch *wǒ* eine neue Voreinstellung etabliert wurde. In subjektlosen Kopulakonstruktionen ist also entscheidender als Koreferentialität von Personen oder Objekten das, was thematisch diskursiv etabliert wurde und was aus den Implikaturen aus dem diskursiven Kontext abgeleitet werden kann, ohne daß es explizit erwähnt werden muß. Diese refokussierende Funktion zeigt sich auch darin, daß in der Regel der Determinator *zhè* die Subjektposition besetzen kann und relativ häufig besetzt (vgl.o.). *zhè* hat dabei entweder anaphorische Funktion in Bezug auf Nomina oder eine Proposition, oder er fungiert als zoomartig refokussierendes Element, durch das auf komplexe thematische Einheiten verwiesen wird. Dies erklärt auch, daß in gesprächsthemaabschließenden Sequenzen häufig subjektlose Kopulakonstruktionen gebraucht werden:

(56)

1 L: ē duì hǎoxiàng méiyǒu bátiān yíyàng hēihei
         PART richtig als ob nicht Tag gleich PART
         Ja, genau! Als ob es keinen Tag gäbe! Ja ja...

2 C: shì shì (.) shì zhèyàng
         ja ja sein so
         Ja ja, so ist es.

3.3 Zusammenfassung

Es wurde zunächst argumentiert, daß das Chinesische nicht als „topikprominente" Sprache im Gegensatz zu „subjektprominenten" Sprachen zu begreifen ist, sondern daß es sinnvoll ist, über die Vorfeldposition, Argumentstatus und Obligatorik eine

Subjektrelation anzusetzen. Zu den gleichen Schlußfolgerungen kommt Tsao (1979), der allerdings von anderen Voraussetzungen ausgeht und andere Konsequenzen zieht: «...to place topic in contrast with subject is very misleading because they essentially belong to different levels of grammatical organization and, since Chinese allows a discourse element such as topic to play an important role in sentential organization, it would be better to call it a discourse-oriented language» (Tsao 1979:37).Die Differenz des „diskursorientierten" Chinesisch zu „satzorientierten" Sprachen wie dem Englischen oder Deutschen sieht Tsao wie folgt: «In a sentence-oriented language, a sentence is a well-structured unit syntactically. The grammatical relations such as subject-of, object-of are clearly marked and sentence boundaries clearly defined. In a discourse-oriented language like Chinese, sentences are not clearly defined syntactically» (ibid., S. 94). Diese Differenzierung ist indes ebenso fraglich - wenn nicht fraglicher - wie diejenige in topik- versus subjektprominente Sprachen; es wurde in Kap. 2.6 diskutiert, wie schwierig eine Satzdefinition ist, und in Kap. 1 wurde auf die Probleme hingewiesen, die sich aufgrund unterschiedlicher Datenbasen ergeben. Allerdings gilt, daß die Fundierung von grammatischen Analysen aufgrund diskursiver Daten - sowohl für das Chinesische wie für das Deutsche - eine sinnvolle Strategie ist.

Die Korpusanalyse hat gezeigt, daß im Vorfeld stehende Objekte als Fokuskonstruktionen aufzufassen sind, Kopulasätze eine zweiwertige Kopula *shi* haben. Subjekte und Objekte in indirekten Relationen treten als Serialisierungen, Adjazenzkonstruktionen sowie Kopulakonstruktionen auf. In all diesen Fällen gibt es in der Regel identische Teilstücke, häufig das Prädikat, auf welches sich das voreingestellte Subjekt bzw. Objekt bezieht. Während bei Serialisierungen und Adjazenzkonstruktionen das voreingestellte Subjekt Personen, in der Regel die Interaktionspartner, kodiert und im Diskurs weitergeführt werden, sind bei Kopulakonstruktionen thematische Einheiten voreingestellt.

4. Strukturelle und funktionale Aspekte des sogenannten Rezipientenpassivs

Passivstrukturen finden seit jeher das Interesse der Grammatiker, und zwar im Hinblick auf zwei Aspekte: 1. Strukturell gesehen stand und steht die Frage, inwieweit Passivkonstruktionen syntaktische Paraphrasen zu Aktivstrukturen sind; 2. funktional gesehen wurde und wird diskutiert, welche pragmatischen Funktionen mit Passivstrukturen verbunden sind, welchen Sinn Passivstrukturen überhaupt haben, wenn Bedeutungsäquivalenz vorliegt. Das sogenannte Rezipientenpassiv im Deutschen ist von besonderem Interesse, weil es wie das Dativpassiv, z.B. *Ihm wurde geholfen*, in verschiedener Hinsicht gängigen Passivtheorien widerspricht und auch sprachtypologisch aus dem Raster der Passivuniversalie fällt, nach dem das Subjekt- bzw. Themaargument des Passivsatzes aus dem Objekt- bzw. Themaargument des transitiven Aktivsatzes abgeleitet werden kann.

In der folgenden Studie wird eine systematische Analyse zum sogenannten Rezipientenpassiv durchgeführt, wobei sich erweisen wird, daß im Vordergrund die Analyse von *kriegen*-Konstruktionen ohne Perfektpartizip steht.

4.1 Struktur und Funktion des Passivs

Unter Passiv wird im allgemeinen eine syntaktische Paraphraserelation verstanden, in der der Passivsatz aus dem Aktivsatz als dispräferierte Konstruktion[1] abgeleitet wird und die für Nominativ-Akkusativ-Sprachen folgenden Zusammenhang wiedergibt:

Aktiv		Passiv
Ag/subj$_{Nom}$	→	ø/Ergänzung
Th/obj$_{Akk}$	→	intrans Subjekt
V	→	V+Passivmarkierung

Abb. 4-1: Zusammenhang von Aktiv und Passiv

---

[1] Im Deutschen sind schriftsprachlich 7% aller Sätze Passivsätze (DUDEN 1984:176), sprechsprachlich 3-4% (Wackernagel-Jolles 1971:235).

Im Deutschen ist dieser Zusammenhang von Aktivsätzen und Sätzen des sogenannten Vorgangspassivs wie folgt spezifiziert:

Aktiv		Vorgangspassiv
Ngr_{subj}	$\rightarrow$	$\emptyset/Pgr_{Ergänzung}$
Ngr_{do}	$\rightarrow$	Ngr_{subj}
$V_{[+FIN]}$	$\rightarrow$	$V_{[-FIN]}$ und *werden*$_{[+FIN]}$

Abb. 4-2: Zusammenhang von Aktiv und Vorgangspassiv im Deutschen

Die Subjektnominalgruppe des transitiven Satzes erscheint im Passivsatz als oblique Agensangabe, die mit der Präposition *von* (oder auch *durch*) angeschlossen ist. Die Wahl der Präposition ist abhängig von der Semantik des Agens: Als Faustregel gilt, daß belebte Agensausdrücke mit *von*, unbelebte mit *durch* kodiert werden. In 90% der Fälle ist die Agensangabe nicht realisiert (DUDEN 1984:176).
Die akkusativische Objektnominalgruppe übernimmt im Passivsatz die Funktion des intransitiven Subjekts. Die Verbmorphologie im Passivsatz ist dadurch gekennzeichnet, daß das finitive Verb des Aktivsatzes als infinites (Partizip II) gekennzeichnet wird und die finite Information an der suppletiven Form, dem Verb *werden*, markiert wird.

Aus einem Satz wie

(1)   E*r liest ein Buch*

kann die Passivparaphrase abgeleitet werden:

(2)   *Ein Buch wird (von ihm) gelesen.*

Andere Teile des Satzes bleiben von der Ableitung unberührt:

(3)   *Er liest heute ein Buch.*
(4)   *Ein Buch wird heute von ihm gelesen.*

Diese Möglichkeit der Ableitung von Passivstrukturen aus Aktivstrukturen stand im Zentrum der Transformationsgrammatik und spielte eine zentrale Rolle bei dem

Konzept der Tiefen- und Oberflächenstrukturen und den damit verbundenen Bewegungsprozessen.

Allerdings ist dieser Prototyp der *syntaktischen Paraphrase* abhängig von verschiedenen semantischen Faktoren:
1. Sind quantifizierte Nominalgruppen von der Passivierung betroffen, kann sich die Satzbedeutung ändern:

(5) a. *Jeder Student der Sprachwissenschaft spricht mindestens zwei Sprachen.*
    b. *Mindestens zwei Sprachen werden von jedem Studenten der Sprachwissenschaft gesprochen.*

2. Nicht alle transitiven Sätze haben eine Passivparaphrase. Besteht im Deutschen zwischen dem Subjekt und dem Objekt eine spezifische Possessor-Possessum-Relation, so ist Passivierung nicht möglich:

(6) a. *Er schüttelte den Kopf.*
    b. *Der Kopf$_i$ wurde von ihm$_j$ geschüttelt.*
    c. ** Der Kopf$_i$ wurde von ihm$_i$ geschüttelt.*

Im Deutschen sind nur Agens-Verben passivierbar, aber nicht Thema-Verben (Wunderlich 1984:189); Passivierungsfähigkeit gilt also nur für eine Teilklasse der transitiven Verben:

(7) a. *Peter kostet die Suppe.*
    b. *Die Suppe wird von Peter gekostet.*

(8) a. *Die Suppe kostet 5 Mark.*
    b. ** 5 Mark werden gekostet.*

Ist das Agens impersonal, ist Passiv mit Agensangabe nicht möglich (DUDEN 1984:181):

(9) a. *Man trägt jetzt wieder lila.*
    b. *Jetzt wird wieder lila getragen.*
    c. ** Jetzt wird wieder lila von man getragen.*

3. Aufgrund des Zusammenhangs von Argumenthierarchien und der Kodierung der Argumente stellt Wunderlich (1985) folgende Passivregel für das Deutsche auf: „Stufe das Agens auf der Hierarchie der thematischen Rollen zurück", mit der Konsequenz, »daß das Agens optional wird, denn es ist natürlich durch einen geeigneten Kontext spezifizierbar« (ibid., S. 203). Dies gilt zwar für das Deutsche,

aber nicht notwendigerweise für andere Sprachen. Bereits im Englischen gibt es Passivparaphrasen, in denen die Agensangabe obligatorisch ist:

(10) a. *At her death, Elizabeth I. was succeeded by the sun of „Bloody Mary".*
    b. **At her death, Elizabeth I. was succeeded.*

4. Es gibt eine Reihe von Passivkonstruktionen, die nicht auf transitive Sätze zurückgeführt werden können. So sind im Deutschen intransitive Agensverben passivierbar, wobei der Kasus des „ hochgestuften" Arguments erhalten bleibt:

(11) a. *Ich helfe ihm.*
    b. *Ihm (*er) wird (von mir) geholfen.*

Neben der engeren Betrachtungsweise von Passivstrukturen und dem Problem, ob das Passiv durch eine lexikalische oder durch eine syntaktische Regel zu beschreiben sei, stellt sich in einer weiten Perspektive die Frage, welche Funktionen Passivstrukturen überhaupt haben, wann und unter welchen Bedingungen sie überhaupt gebraucht werden. Dabei wird häufig über die Thema-Rhema-Struktur argumentiert (Pape-Müller 1980): Das direkte Objekt des Aktivsatzes wird als Subjekt des Passivsatzes thematisiert, das Agens-Argument wird rhematisiert. Neben der Argumentation im Rahmen der Funktionalen Satzperspektive (vgl. auch Kap. 2.4) werden in neueren Arbeiten Passiv u.a. als Perspektivierung eines Ereignisses dargestellt. Kuno (1987:203-272) behandelt dies unter dem Terminus „empathy perspective". Die Empathieperspektive ist die Perspektive, die ein Sprecher einnimmt, um ein Ereignis oder einen Sachverhalt zu beschreiben: «In producing natural sentences, speakers unconsciously make the same kind of decisions that film directors make about where to place themselves with respect to the events and states that their sentences are intended to describe» (Kuno 1987:204). Wenn wir einen Satz haben wie *Die Frau liebt ihren Mann,* so kann ein Sprecher S sich in fünf verschiedene Positionen versetzen, um das Ereignis zu beschreiben:
1. S sieht das Ereignis als neutraler Dritter
    (a) er nimmt eine Beobachterperspektive ein
    (b) S sieht das Ereignis als Außenstehender und aus der Perspektive der Frau
    (c) S sieht das Ereignis als Außenstehender und aus der Perspektive des Mannes
2. S nimmt die Perspektive der Beteiligten ein und sieht
    (a) das Ereignis aus der Perspektive der Frau oder
    (b) das Ereignis aus der Perspektive des Mannes.

Die Wahl des Kodierungssystems ist nun abhängig von der gewählten Sprechperspektive. Aus der Perspektive 1b ist z.b. der Passivsatz *Der Mann wird von seiner Frau geliebt* weniger akzeptabel als aus der Perspektive 1c. Kuno stellt folgende Präferenzhierarchie auf: «In a passive sentence, it is easier for the speaker to empathize with the referent of the subject than with that of the by-agentive» (ibid., S. 207), die er dahingehend erweitert, daß «it is easier for the speaker to empathize with the referent of the subject than with the referent of other NPs» (ibid., S. 211). Bettet man dies in Kontexte ein, so spielen koreferentielle Relationen (vgl. Kap. 4.3) eine wichtige Rolle. Der Grad der Akzeptabilität von Sätzen/Äußerungen ist abhängig von den Vorgängeräußerungen und den damit gesetzten Perspektiven, wie der folgende Test zeigt. 50 Studenten erhielten die Aufgabe, die Akzeptabilität eines Satzes zu bewerten, der aus einer Berliner Konfliktschilderung stammt: *paß uff (.) krist gleich n paar dinga inne Fresse.* Dieser Satz, der entsprechende Aktiv- und Vorgangspassivsatz sowie die aktivische Paraphrase mit fokussiertem Objekt wurden in eine Erzählstruktur integriert:

A Und dann habe ich zu dem gesagt: Paß auf, ich schlag dir gleich 'n paar Dinger auf die Fresse."

B Und dann habe ich zu dem gesagt: Paß auf, kriegst gleich 'n paar Dinger auf die Fresse."

C Und dann habe ich zu dem gesagt: Paß auf, Dir schlag ich gleich 'n paar Dinger auf die Fresse."

D Und dann habe ich zu dem gesagt: Paß auf, ein paar Dinger werden Dir gleich auf die Fresse geschlagen."

Die Aufgabe lautete: In den Beispielen A-D sollen Sie aufgrund Ihrer Intuition entscheiden, inwieweit die Sätze akzeptabel sind, inwieweit sie in eine Erzählung 'hineinpassen'. Bewerten Sie die Beispiele mit 1 = sehr gut, 2 = gut, 3 = weniger gut, 4 = unpassend. Die Auswertung über die Berechnung des Medians ergibt, daß Satz A sehr gut paßt, die Sätze B und C gut, Satz D hingegen als unpassend bewertet wird. Daß Satz A als bester Kandidat angesehen wird, hängt mit der Orientierung zusammen, daß Sprecher und Protagonist der Erzählung identisch sind und die Erzähl- und Handlungsperspektive auch in der grammatischen Kodierung parallelisiert ist. Im Teilereignis „A sagt zu B" nimmt der Sprecher (S) die egozentrische Perspektive (ich) ein und ist zugleich Protagonist der Handlung, während der Antagonist (A) - über die Präpositionalgruppe kodiert - aus der Sprecherperspektive als Ziel der Handlung dargestellt wird: (P): S(P) —sagen→ A. Parallel zu dieser Struktur ist der Aufbau des zweiten Teilereignisses. Der Protagonist wird als subjektives Agens der Handlung dargestellt, der Antagonist als Rezipient, kodiert durch das indirekte Objekt: S(P) —schlagen→ A. In Beispiel B hingegen findet ein Bruch in der Perspektive statt: Im zweiten Teilereignis wird der Antagonist als

Rezipient der Handlung hervorgehoben, während der Protagonist zurückgestuft wird A ←schlagen— (P). Aufgrund dieser Umperspektivierung ist Beispiel B (und ebenso C) weniger akzeptabel als A. Trotzdem sind B (und C) akzeptabel, weil nicht ein Bruch mit der Perspektivierung in Erzählungen erfolgt. Das Vorgangspassiv hingegen ist völlig unakzeptabel, weil weder die Protagonisten- noch die Antagonistenperspektive eingenommen wird, die typisch für den Aufbau von Erzählungen ist. Hier zeigt sich wiederum die Gebundenheit des Vorkommens von grammatischen Strukturen an Kontexte, speziell: Diskurstypen. In narrativen Diskursen besteht die Präferenz, den Protagonisten als agentives Subjekt zu kodieren.

In einem zweiten Test sollten die Studenten in einem Text die Aktivsätze in Passivsätze 'übersetzen' und diskutieren, welche Sätze „besser in das Gespräch passen", welche Sätze akzeptabler sind. Bei den Texten, die jeweils 25 Studenten zur Bewertung vorgelegt wurden, handelte es sich zum einen um eine Erzählung (Berlin-Korpus) und zum anderen um eine Zeugenaussage vor Gericht, bei der die ursprünglichen Aktivsätze in Passivsätze übertragen worden waren:

A Nu hab ich mir jesacht, naja, werd ick den Ausgleich mal dieset jahr frühzeitig machen, damit ick wieder Einspruch erheben kann. Und wenn ick denn wieder wat krieje, dann laß ick dit inne Zeitung setzen. Denn seh ick nämlich daran, daß die bewußt die Bevölkerung über't Ohr hauen, nich. Naja, nu hab ick dem Finanzfritzen da 'n Glas Schnecken jeschickt. Hab ick noch'n Zettel ranjeschrieben, die möchten vorsichtig sein, damit se nich von den Schnecken während der Arbeitszeit überholt werden.

B Ja, ich hab die Ermittlungen in dem Fall geführt. Ah zunächst, als man den Sachverhalt aufnahm, nannte Herr W. einen möglichen Tatverdacht gegen Mitarbeiter, da die Ortskenntnisse wohl am Tatort äh man muß davon ausgehen, daß die Täter Ortskenntnisse hatten äh. Hinzu kam, daß Herr W. dann wohl in der Tagespresse veröffentlichte, daß äh für Hinweise auf eine Täterschaft eine Belohnung ausgesetzt war äh.

Während für die Erzählung die Passivsätze durchgehend als nicht akzeptabel eingestuft wurden, »weil die Rolle des Erzählers unwichtig wird«, weil »es komisch wirkt«, weil die »Erzählung nicht so lebendig wirkt«, wurden die Passivsätze in der Zeugenaussage als akzeptabler eingestuft, weil der Text »formaler, unpersönlicher« wirkt, weil die Sätze »weniger umgangssprachlich sind«. »Die Passivsätze passen insofern in die Aussage, als daß man von einem Beamten in dieser Situation solche Ausdrucksweise erwartet.« Während die Passivsätze »dem Gespräch eine Wendung geben, in der der Sprecher eine größere Distanz zum Geschehen hat«, »entsprechen [die Aktivsätze] der Gesprächssituation am besten«.

Es sollte deutlich geworden sein, daß das Vorkommen von Passivsätzen stark an kontextuelle Faktoren wie Sprecherperspektive und Diskursstrukturen gebunden ist. Dabei besteht ein deutlicher Zusammenhang zwischen den semantischen Relationen, der Perspektive und den Diskurstypen. Erzählungen sind stark handlungsorientierte Diskurstypen, in denen ein Sprecher in der Regel die Perspektive des Protagonisten der Erzählung einnimmt. Auf diesen wird im Diskurs durch das Agens-Argument referiert. Die Zurückstufung des Agens-Argumentes bedeutet in Erzählungen die Zurückstufung des Protagonisten und die Fokussierung auf andere Partizipanten der Erzählung, wodurch ein Bruch in der Handlungsorientierung entsteht. Wie der Zusammenhang von semantischen Funktionen, Perspektivierung und Handlungsgerüst ist, muß im einzelnen geklärt werden.

4.2 Über das sogenannte Rezipientenpassiv

In Analogie zum Vorgangspassiv gibt es im Deutschen ein sogenanntes Rezipienten-, Dativ- oder Adressatenpassiv, in dem das den Rezipienten/Adressaten kodierende dativische Objekt des Aktivsatzes als intransitives Subjekt des Passivsatzes kodiert wird und die finite Information an den suppletiven Formen *kriegen/bekommen/erhalten* markiert wird (vgl. Reis 1976:73). Es besteht dabei folgender offensichtlicher Zusammenhang (vgl. Wegener 1985:130):

Aktiv	*werden*-Passiv	*kriegen*-Passiv
Ngr_{subj}	$ø/Pgr_{Ergänzung}$	$ø/Pgr_{Ergänzung}$
Ngr_{do}	Ngr_{subj}	Ngr_{do}
$NGr._{io}$	$NGr._{io}$	Ngr_{subj}
$V_{[+FIN]}$	$V_{[-FIN]}$ und $werden_{[+FIN]}$	$V_{[-FIN]}$ und $kriegen_{[+FIN]}$

Abb. 4-3: Zusammenhang zwischen Aktiv, Vorgangspassiv und Rezipientenpassiv

Ob es sich jedoch bei Sätzen wie

(12)   *Er kriegt ein Buch geschenkt*

(13)   *Er kriegt die Gläser gewaschen*

tatsächlich um Passivparaphrasen handelt, ist eine umstrittene und breit diskutierte Frage (Haider 1984, Wegener 1985, Reis 1985).

Haider (1984) stellt die These auf, daß das Rezipientenpassiv nicht die relevanten Eigenschaften der Passivkonstruktion teilt, sondern daß es als Instanz einer unabhängigen Konstruktion zu analysieren ist, nämlich als eine prädikative (Haider 1984:33), wobei sich das Adjektiv/Partizip prädikativ auf das Objekt bezieht:

(14) a.   *der bare Lohn*   *das geschenkte Buch*

     b.   *Der Lohn ist bar*   *Das Buch ist geschenkt.*

     c.   *Er kriegt den Lohn bar* *Er kriegt das Buch geschenkt.*

Als Argumente gegen das Rezipientenpassiv als regelhafte Passivkonstruktion hebt
Haider (ibid., S.33 ff.) folgende Abweichungen hervor:
1. Dativ-Alternation, die sich bei Vorgangs- und Zustandspassiv nur beim
Akkusativ findet (vgl. oben), nicht aber beim Dativ (vgl. 9). Dies stehe im Wider-
spruch zu der GB-Annahme, daß der Akkusativ eine struktureller, der Dativ ein lexikalischer Kasus ist. Daraus folgt, daß im Deutschen - im Gegensatz zum Englischen, wo das Passiv in der Tat rein syntaktisch analysiert werden kann - entweder
das Vorgangs- und Zustandspassiv als syntaktisches, das Rezipientenpassiv als
„lexikalisches Passiv" zu analysieren wäre, oder daß die Ausgangsbedingung (lexikalischer versus struktureller Kasus) in dieser Form falsch ist.
2. Während beim Vorgangs- und Zustandspassiv die thematische Rolle des Objekts
vom Subjekt getragen wird, fehlt, wenn das Objekt fehlt, eine entsprechende Nomi-
nativ-NP; beim Rezipientenpassiv hingegen wird das Subjekt thematisch markiert:

(15) a. *Jetzt wird nachgedacht*
     b. **Jetzt kriegt nachgedacht*

3. Beim Rezipientenpassiv bleibt das Akkusativobjekt erhalten. »Dies läßt sich mit
theoretischen Prinzipien nur vereinigen, wenn der Kasus von „kriegen/bekommen"
regiert wird und kriegen/bekommen damit als transitives Verb mit thematischem
Subjekt verstanden wird« (ibid., S.34).
4. Das Rezipientenpassiv tritt nur bei transitiven Verben auf.
5. Die Hypothese, *kriegen* sei in Analogie zu *werden* ein Passiv-Auxiliar ist nach
Haider (ibid., S. 41, Anmerkung 2) »vollends hinfällig, wenn man Prädikats-
Infinitive in die Betrachtung einbezieht (...):
das zu lösende Problem
Er kriegte ein Problem zu lösen.«
In diesem Satz mit der Interpretation „er schaffte es, ein Problem zu lösen" kann
keine Aktivparaphrase mit einem Dativ zugrundegelegt werden, *kriegen* hätte also
ein eigenständiges Subjekt
   Diese Abweichungen vom regulären Passiv deuten nach Haider darauf hin, daß
es sich beim Rezipienten-Passiv nicht um eine Paraphraserelation handelt, die durch
Derivationsverwandtschaft erklärt werden kann, sondern um ein Prädikationsmuster,
wie man es bei den Adjektiven findet (s.o). Wie erklären sich nun die Paraphrase-
relationen? Haider setzt den Hebel der Analyse bei der semantischen Argumentation
an, da ein Satz wie *Wir kriegen die Gläser gewaschen* drei Lesarten hat:
(a) *prädikativ*: Die Gläser werden uns in gewaschenem Zustand übergeben
(b) *resultativ*: Wir schaffen es, die Gläser in einen gewaschenen Zustand zu bringen
(c) *passivisch*: Die Gläser wurden für uns gewaschen.

Haider vertritt nun die These, daß alle drei Lesarten aus der Semantik der beteiligten Verben ableitbar sind und daß (a-c) eine Aktivkonstruktion ist mit objektsprädikativen (a,c) und adverbialem (b) Partizip II. Die resultative Interpretation ist ganz allgemein mit der adverbialen Funktion des Partizips verbunden, die nicht nur typisch für das „Rezipientenpassiv" ist, und die besonders deutlich wird in den Fällen, in denen die adverbielle Partikel nicht mehr vom Verbzusatz zu unterscheiden ist:

(16) a. *Wir kriegen das schon klar*
     b. *Wir kriegen es nicht hin.*

Die resultative Lesart ist nur mit *kriegen* möglich, aber nicht mit *erhalten* und *bekommen*. Eine direkte Agensangabe ist nicht möglich. Die passivische Lesart ist in diesen Fällen nicht möglich, da ein *dativus commodi* nicht zulässig ist.

Die prädikative und passivische Lesart sind nach Haider (ibid., S. 38) Varianten folgender semantischer Relation:

X-V-Y: (a) Y geht in den Besitz von X über
        (b) X kommt in einen Zustand, in dem Y auftritt.

Die prädikative, resultative und passivische Lesart sind nun völlig unabhängig von der Problematik des Rezipientenpassivs, sondern es gilt ganz allgemein, daß dort, »wo in den genannten Beispieltypen ein Adjektiv prädikativ oder adverbial auftreten kann, wird man auch ein Partizip erwarten dürfen« (ibid., S. 38). Die Paraphraserelation ist also abhängig (a) von der Semantik der Verben, die eine lexikalische Paraphrase zum Typ *geben* bilden und (b) von der partiellen distributionellen Äquivalenz von Adjektiven und Passivpartizipien. *kriegen, bekommen* und *erhalten* sind also zweiaktantige Verben, deren Nominativargument die semantische Funktion hat, die normalerweise das Dativargument hat.

Gegenüber Haider (1984) sind Wegener (1985), Reis (1985) und Abraham (1985) der Meinung, daß es sich beim Rezipientenpassiv um ein echtes Passiv handelt. Während Haider davon ausgeht, daß es sich bei den fraglichen Konstruktionen um Aktivkonstruktionen handelt, denen ein transitives Verb zugrunde liegt, das zum einen mit objektsprädikativem Partizip II in prädikativer und passivischer Lesart auftritt, zum anderen mit adverbialem Partizip in resultativer Lesart, gehen Wegener und Reis prinzipiell von einer prädikativen und passivischen Konstruktion mit entsprechender Lesart aus. Für Wegener (1985) ist bei einem Satz wie *Er kriegt das Buch nur geliehen, nicht geschenkt* »wenn überhaupt- nur eine prädikative Lesart möglich« (Wegener 1985:127), denn nur das Buch ist geliehen und nicht das Kriegen. Möglich dagegen ist die adverbiale Lesart bei Sätzen wie *Er kriegt das Buch nur leihweise*. Da ferner die Partizipien wegfallen können, handelt es sich bei den Partizipien allenfalls um Koprädikative.

Handelt es sich also bei den bisher behandelten Strukturen um ein Passiv oder um eine Koprädikativkonstruktion? Bei den Koprädikativkonstruktionen liegen semantisch komplexe Strukturen vor, die eine doppelte Prädikation enthalten, was syntaktisch wie folgt umgeformt werden kann: *Er kriegt das Buch, welches nur geliehen ist.* Dabei gibt es zwei Prädikationen (ibid., S. 129):

1. Prädikation gibt an, daß X Y bekommt.
2. Prädikation gibt an, daß Y sich in einem bestimmten Zustand Z befindet.

Dies gilt aber nur, wenn das Partizip die Information [Besitzveränderung] im positiven Sinne enthält, aber nicht dann, wenn das Verb

- Besitzveränderung im negativen Sinne
  Er bekam den Führerschein entzogen
- Nicht-Besitzwechsel
  Sie kriegte die Schulden erlassen
- Zustandsveränderung
  Wir kriegen die Gläser gewaschen
- Korrespondenzrelation
  Er bekam Meier vorgesetzt
- korrespondierendes Verhalten
  Er bekam widersprochen

bezeichnet (ibid., S. 128).

In diesen Fällen ist die erste Prädikation [X bekommt Y] unangemessen, denn wer den Führerschein entzogen bekommt, bekommt ihn gerade nicht. Es kann sich in diesen Fällen keinesfalls um lexikalische Paraphrasen zum Typ „geben" handeln, sondern es muß sich um grammatische Paraphrasen mit einer Prädikation handeln, und zwar um passivische, die in Abhängigkeit von semantischen Bindungen koprädikative Lesarten haben, denn es gelten folgende Bedingungen (ibid., S. 130):

1. oblique Nominalgruppe wird zum Subjektargument „hochgestuft";
2. Aktiv- und Passivkonstruktionen werden mit gleichem Verblexem gebildet;
3. die suppletive Form ist semantisch leer;
4. Subjekt des Aktivsatzes wird zum „chômeur";
5. semantische Äquivalenz zwischen Aktiv und Passiv;
6. zu jedem Aktivsatz kann ein Passivsatz gebildet werden.

Reis (1985) behandelt ihre Analyse unter dem Terminus BKPII-Konstruktionen (*bekommen/kriegen* + Partizip II-Konstruktionen), was insofern konsequent ist, als der Status des Partizips als Dreh- und Angelpunkt der Diskussion hervorgehoben wird. Reis zeigt auf, daß bei resultativer und passiver Lesart eine passivische Konstruktion, bei prädikativer Lesart eine objektsprädikative Konstruktion vorliegt.

Dafür spricht, daß das Partizip bei resultativer/passiver versus prädikativer Lesart unterschiedlichen syntaktischen Status hat (vgl. Reis 1985:142-43):
1. Während beim Partizip als Prädikativ verschiedene Mittelfeldstellungen möglich sind, kann der infinite Teil der Verbklammer nicht im Mittelfeld stehen;
2. Bei resultativer/passiver Lesart sind Objekt und Partizip vorfeldfähig, aber nicht bei prädikativer;
3. unkoordiniert ist bei objektsprädikativem Status nicht mehr als ein Prädikativ pro Objekt möglich.

Die prädikative Lesart ist also in spezifischer Weise syntaktisch zu analysieren, nämlich als objektsprädikative. Die passive und resultative Lesart sind anders zu analysieren. Bei der resultativen Lesart handelt es sich um eine Aktivkonstruktion und passivischem Partizip-II-Komplement und einem agentiven Nominativargument, die passive Lesart ist auch syntaktisch passivisch, da - im Gegensatz zur aktivischen Konstruktion - gilt:
1. Dativ-Valenzen des Partizips sind obligatorisch durch den Nominativ realisiert, und somit ist
2. der Nominativaktant an der dem Partizip entsprechenden Verbalhandlung beteiligt,
3. die semantische Funktion des Nominativarguments wird allein vom Partizip bestimmt und
4. es treten nur Partizipien von dativfähigen Verben auf.

Die Diskussion um das Rezipientenpassiv bezieht sich auf den syntaktischen Status des Partizips im Hinblick auf verschiedene Lesarten. Die einen lehnen die Annahme eines Rezipientenpassivs ab, da *kriegen/bekommen/erhalten* als suppletive Formen behandelt werden müßten, und gehen stattdessen von einer prädikativen bzw. adverbialen Konstruktion aus. Daneben steht die Hypothese, daß neben dem Rezipientenpassiv prädikative Lesarten stehen, in denen das Partizip einen koprädikativen bzw. objektsprädikativen Status hat.

4.2.1 Korpusanalyse zu kriegen/bekommen/erhalten-Konstruktionen

Die im folgenden durchgeführte Korpusanalyse bezieht sich auf das Grundkorpus und das Gießener Korpus. Im Gesamtkorpus kommen 122 Wortformen von *kriegen* und 14 Wortformen von *bekommen* vor. Eine Wortform von *erhalten* ist im Korpus nicht belegt. Die Frage, ob Sätze wie *Er kriegte geschimpft* akzeptabel sind oder nicht (vgl. Reis 1976:71, Haider 1984:40), kann nicht entschieden werden, da

vergleichbare Sätze im Korpus nicht belegt sind, wie überhaupt die Korpusbelege
in starkem Maße von den in der Literatur diskutierten Beispielen abweichen[2].
Im Korpus bestätigt sich, daß in der gesprochenen Sprache *kriegen* die vorherrschende Form ist, was der Tendenz in der Schriftsprache genau entgegenläuft (Tab.
4-1), da *kriegen* »in der Schriftsprache nach Möglichkeit gemieden [wird]«
(DUDEN 1984:184).

	Sprechsprache	Schriftsprache[3]
kriegen	98.7	8.6
bekommen	11.3	77.3
erhalten	0	14.1

Tab. 4-1: Prozentuale Verteilung von *kriegen, bekommen* und *erhalten* im Korpus der
gesprochenen Sprache und in der Schriftsprache

Die Verteilung der Formen ist nach den Diskurstypen deutlich stratifiziert:

Diskurstyp	n	%
Verkaufsgespräch	24	17.45
Therapie	9 (5)	10.43
Erzählung	30 (3)	24.66
Freies Interview	14 (6)	14.91
Interview	44	32.55
	Σ136	100

Tab. 4-2: Verteilung der Formen von *kriegen* und *bekommen* (in Klammern) nach
Diskurstyp

Auffällig ist das häufige Vorkommen von *kriegen* im Interview, was darauf zurückzuführen ist, daß im Hessischen *kriegen* als dialektale Form häufig gebraucht wird.

---

2 Ich bezweifle, daß Sätze wie die folgenden überhaupt als Diskussionsgrundlage
herangezogen werden können:
Er kriegte ein Problem zu lösen (Haider 1984:42)
Er bekam geantwortet, widersprochen (Wegener 1984:128)
Sie bekam fortwährend auf ihren Nabel geschaut (Abraham 1985:151).
3 Zahlen aus Vesterhus (1985:32).

Von den insgesamt 136 Vorkommen werden Verbzusammensetzungen (17 Fälle) wie z.B *hin-kriegen* besonders berücksichtigt. Folgende Fälle wurden aus der Analyse ausgeschlossen:

1. eine Nominalisierung: *kindakriejerei*
2. ein nicht rekonstruierbarer Fall
3. drei Idiome: - *eins auf den Deckel kriegen*
                  - *kein Bein auf den Boden kriegen*
                  - *etwas in die falsche Kehle kriegen.*

Das näher zu untersuchende Korpus umfaßt also 136 - 22 = 114 Formen, von denen 102 Formen *kriegen* und 12 Formen *bekommen* sind. Von diesen 114 Formen kommen 10 mit Partizip vor. Aufgrund der marginalen Rolle des Partizips ist es fraglich, ob die Diskussion des Rezipientenpassivs als BKPII-Konstruktion (Reis 1985) überhaupt Sinn macht; prinzipiell ist die oben geführte Diskussion in gewisser Weise realitätsfern, da im Zentrum der Argumentation der Status des Partizips als Prädikativ oder als abgeleitete Verbform steht. Da das Partizip nur in 8.8% aller Fälle vorkommt, ist die Frage nach dem Status des Partizips peripher, denn in allen anderen Fällen ist *kriegen* Vollverb:

(17)
1	C:	ich lern absolut nich (.) mit dem geld umzugehen.
2 →		wenn ich mal mein volles taschengeld kriege (.)
3		dann is das in einer woche alle.
4	A:	früher (.) da ging das!
5	Mi:	ja früher (.) da ging das besser.
6	A:	früher (.) da ging das echt super.
7	Mi:	vor der clique!
8→	C:	krieg ich von meinen eltern mal 5 dm (.) und dann ja toll (.)
		(Rez-27/F-2:268-273)

In den Fällen, in denen das Partizip steht, liegt immer die passivische Lesart vor:

(18)   *denn freude bereitet dit, dit kann man eijentlich bezahlt kriejn* (Rez-10)

(19)   *mohhrüben muß a jerieb'n kriejn* (Rez-19)

(20)   *der gewinner kricht doch immer so'n wunsch erfüllt* (Rez-21)

(21)   *heut kriegt ers vorn (.) richtich vorn kopf jesacht* (Rez-74)

(22)   *un da kriegen ses auch jesacht* (Rez-81)

(23)   *kriej sie überhaupt kei preise jesacht* (Rez-83)

(24)   *um viertel nach acht krieje se se mit som loch heimgebracht* (Rez-85)

(25)   *wenn sie n paar versetzt kriegt ham* (Rez-88)

(26)   *ham se die geschenkt kriegt* (Rez-93)

(27)   *hat ers essen gekürzt kriegt dafür* (Rez-96)

Das Subjektnominal hat in jedem Fall die semantische Funktion des Rezipiens. Der Agens ist präsupponiert und/oder kann aus dem Kontext geschlossen werden. Sämtliche Beispiele können in einen Satz mit expliziter Agensangabe umformuliert werden, und die Partizipien können durch eine Adjektiv ersetzt werden.

In Beleg 18 bezieht sich *dit* auf das *angucken der begonien*. Die Logik des Sprachspiels im Rahmen eines Verkaufsgesprächs ist die, daß demjenigen, der sich Begonien anschaut, Freude bereitet wird. Da M Besitzer der Begonien ist, kann er sich „berechnen" lassen, wenn er als Dienstleistung anderen Freude bereitet, indem er ihnen die Möglichkeit gibt, sich seine Begonien anzugucken. Aus dem Kontext wird deutlich, daß im engeren Sinne M der Rezipient der Transaktion ist (Z 10 *ich*). Die Aussage wird jedoch als Abschluß des Sprachspiels verallgemeinert, zumal die Bezahlung nicht ernst gemeint ist. Es läßt sich folgender Satz aus der Sequenz *dit kann man eijentlich bezahlt krieg'n* rekonstituieren: Das Angucken der Begonien kann man (*ich*) eigentlich bezahlt kriegen, der sich in den folgenden Aktivsatz transformieren ließe: Jemand bezahlt jemandem das Angucken der Begonien mit impersonalem Agens und Rezipiens. Aus dem Kontext läßt sich die Aussage spezifizieren: Der Kunde bezahlt mir das Angucken der Begonien.

(18)

1	M:	nee (.) diese (.) diese (.) diese knoll'nbegonien oder wat.
2	m:	((lacht)) begonien (.) ja.
3	M:	ja.
4	m:	vierfünfzig.
5	M:	vierfuffzich. -
6		(wa) jetzt könnt' ick doch eijentlich schon (.)
7		wie weit muß ick dit abschneiden? -
8		ich könnte eijentlich schon berechnen (.)
9		daß ick dit schön fand (.) wa?
10	K1:	wieso?
11	M:	wie? dit angucken der begonien müßt' ick eijen-
12	K1:	ja (.) ja.
13	M:	lich schon 'ne mark nehm'n.
14	K1:	wär' ganz schön.
15	M:	denn freude bereitet dit (.)
16 →		dit kann man eijentlich bezahlt krieg'n.
		(Rez-10/V-15:13-23)

In Beleg 19 bezieht sich das Pronomen *a* ({3s}) auf den Sohn von E (Z 20). E vertritt die Position, daß es wichtig für ihren acht Monate alten Sohn sei, die Mohrrüben zu beißen, M hingegen vertritt die Position, die Mohrrüben *müss'n se ihm reiben* (Z 7), d.h., E hat die Aufgabe, die Mohrrüben für ihren Sohn zu reiben, da M davon ausgeht, daß der Sohn noch nicht in der Lage ist, Mohrrüben zu *knabbern*. In Z 18 weist M die Position von E zurück und stellt seine Gegenhypothese aus Z 7 noch einmal dagegen, wobei das syntaktische Schema in Teilen parallelisiert wird: [*mohrrüben muß a*] *doch nich beiß'n / jerieb'n kriej'n*. Aufgrund des Gesprächskontextes ist klar, daß der Sohn von E Rezipient der Handlung (*Mohrrüben reiben*) ist, die E ausführt. Der Sequenz *mohrrüben muß a jerib'n kriej'n* kann der folgende Satz als Paraphrase zugeordnet werden: „Ihr Sohn muß Mohrrüben (von Ihnen) gerieben kriegen" mit der Aktivparaphrase: „Sie müssen Ihrem Sohn Mohrrüben reiben".

(19)

1	E:	'n paar mohrrüben (.) so zum knabbern für mein' sohn (.)
2		daß er se nich (.) daß er se nich verschlucken
3	M:	knabbert der schon?
4	E:	kann.
5	M:	also große (.) berlina (.) ja?
6	E:	naja (.) ( ) ((M packt die Mohrrüben in E's Tasche)) ja.
7	M:	für die müss'n se ihm reiben (.) <u>gnädije frau</u>.
8	E:	auch (.) ja (.) auch.
9	M:	na ja.
10	E:	auch.
11	m:	bin gleich wieda da. ((verläßt den Laden))
12	M:	ja püppi.
13	E:	((zu m)) aba dit beißen is wichtja. tschüß.
14	M:	beißen?
15	E:	((vorwurfsvoll) ja (.) na da (.)
16		'türlich beißt a (.) der hat <u>acht zähne</u>.
17	M:	naja (.) da da dadade da (.) naja (.)
18		aba mohrrüben muß a doch nich beiß'n (2.0)
19		((legt die Mohrrüben auf die Waage)
20 →		mohrrüben muß a jerib'n kriej'n.
		(Rez-19/V-15:48-62

In Beleg (20) ist ebenfalls aus dem Kontext der agentive Mitspieler klar.

(20)

1	C:	bei eins zwei oder drei (.) da werden doch zum schluß (.)
2 →		der gewinner kricht doch immer so'n wunsch erfüllt (.)
3		wünschste dir irgendwie

4   H: ein jahr freibier bei wente oder so
                      (Rez-21/F1:535-536)

eins zwei oder drei bezieht sich auf das gleichnamige Fernsehquiz, bei dem der
Quizmaster dem Gewinner am Ende der Sendung einen Wunsch erfüllt. Agens der
Handlung ist also konkret der Quizmaster oder das Quiz als Institution. Man könnte
also folgenden Aktivparaphrase bilden: „Der Quizmaster/Die Sendung erfüllt dem
Gewinner einen Wunsch".

Interessant sind die Belege 21-23, in denen *kriegen* mit der infiniten Verbform von
sagen vorkommt:

(21)
1   F: ich laß mich auch net (.) hier so underdrüggen (.)
2   wenn mir einer da auch net behagt un was sacht (.)
3 →   heut kriegt ers vorn (.) richtich vorn kopf gesacht
                      (Rez-74/I-39:38)

(22)
1   F: die schmeißn in spülstein die kibben rein (.) ne (.)
2   und die schweinerei muß mer rausmachen (.) gell (.) ka
3   (.) und dann schreib ich wenn das (.) bißjen lang is
4   dann schreib ich zettel (.)
5   und es dut dann immer noch net
6   aufhörn dann geh (.) grad
7   wenn ich komm schnell da hoch (.)
8 →   gell (.) un da kriegen ses auch gesacht (.)
                      .
                      .
9   es gibt abber auch ( ) die laufen (.) dann zu unserm
10   höchsten chef (.) un beschwern sich (.) ne (.)
11   un dann heißts ja (.) mir hädde an den Beamte nix zu
12   kritisiern
                      (Rez-81/I-39:42)

(23)
1   M: komme sie hier vorbei un da willer bei ihne sehn ob sie
2   (.) äh (.) ne berechtigungskarte ham (.) daß sie im
3 →   großhandel einkaufe (.) wenn sie das net hawwe krieje
4   sie überhaupt kei Preise gesacht
                      (Rez-83/I-39:43)

Im ersten Beleg ist *er* indefinit gebraucht, die Sprecherin ist Agens der Handlung. Das Thema-Argument im klitisierten Pronomen *es* ist nur ableitbar aus dem Kontext. *es* verweist auf das, was der Sprecherin an einer Person nicht „behagt", nicht paßt. Im zweiten Fall bezieht sich *sie* auf die Beamten, die ihre „Kippen in den Spülstein reinschmeißen". Diesen wird vom Chef von F und den Beamten gesagt, es, nämlich das Reinwerfen der Kippen, zu unterlassen. Im dritten Beleg ist das Agens die Person, die „die Berechtigungskarte sehen will" und die einem Einkäufer die Preise nicht sagt, wenn dieser über ein solche Karte nicht verfügt.

In allen drei Belegen gibt es also einen Agens, der aus dem Kontext rekonstituiert werden kann. Das Subjektnominal hat die semantische Funktion des Rezipienten oder besser vielleicht des Ziels der Handlung, des Adressaten. Den Äußerungen lassen sich folgende Aktivparaphrasen zuordnen:

(21a) „Ich sage jedem richtig vor den Kopf, was mir nicht paßt."

(22a) „Er (der Chef) sagt ihnen (den Beamten) es (daß das Reinschmeißen von Kippen in den Spülstein verboten ist)".

(23a) „Wenn sie nicht eine Berechtigungskarte haben, sagt er ihnen überhaupt keine Preise".

sagen wird hier mit explizitem Bezug auf einen Kommunikationspartner gebraucht, der als Adressat des Gesagten fungiert. Das, was gesagt wird, ist im Sinne eines Sender-Empfänger-Modells das, was vom Sender zum Empfänger transferiert wird.

In Beleg 24 erzählt F, daß eines ihrer Kinder mit einem Loch im Kopf vom Kindergarten nach Hause gebracht wurde. Als Agens der konkreten Handlung kann eine Person angenommen werden (vermutlich eine Kindergärtnerin), die das Kind vom Kindergarten aus zur Sprecherin heimbringt.

(24)

1	F:	für die siebzich mark (.) kann ich meine kinner (.)
2		jeden monat was annerst kaufe (.) UN da lerne se
3		nix gescheits (.) das is zwar (.) n kinnergarte
4		von von de krich (.) abber sie bringe se hin (.)
5 ->		um acht um viertel nach acht krieje se se mit som
6		loch heimgebracht (.) und blut läuft erunder
		(Rez-85/I-39:47)

Als Aktivparaphrase kann „Um viertel nach acht bringt ihnen jemand (aus dem Kindergarten) die Kinder mit so einem Loch im Kopf heim" angesetzt werden. Da es sich um eine generalisierende Aussage handelt, bezieht sich *se* allgemein auf die Kinder von F und nicht auf das konkrete Kind, das ein Loch im Kopf hatte.

Thema in Beleg 25 ist die Prügelstrafe in der Schule. Die Interviewerin I befragt M nach ihrer Meinung zu diesem Thema (Z 1). Auf die Antwort (Z 2) erfolgt eine Nachfrage, in der *kriegen* gebraucht wird. Das Subjektpronomen bezieht sich auf den Interviewpartner M, der Rezipient der in Z 3 ausgedrückten Handlung ist. Mit *n paar* sind ein paar Schläge oder Ohrfeigen (Z 6) gemeint. Da es um den Kontext Schule geht, der ab Z 4 weiter spezifiziert wird, indem eine Lehrerin als Agens der Handlung thematisiert wird, kann als Agens-Argument der parallelisierten Handlung in Z 3 auf einen Lehrer/eine Lehrerin geschlossen werden. Als Aktivparaphrase kann *Der Lehrer/die Lehrerin hat ihnen ein paar versetzt* abgeleitet werden.

(25)

1	I:	was halten sie denn davon?
2	M:	also mir (.) mit hat se noch nie schlecht gedan.
3→	I:	wenn sie n paar versetzt kriegt ham/ (.)ja
4	M:	wenn meiner ma heimkommt un sacht
5		die lehrin (.) un seis aus (.) spontanitöt oder
6		irgendwas (.) hat ihm eine ohrfeige gegebe (.) un
7		er kommt zu mir heim (.) sacht (.) die lehrin
8		hat mir eine gegebe und ich fraache warum?
9		un er sacht er hat das und das in der schul angestellt
10		kriegt er von mir (.) grad noch ein dezu
		(Rez-88/I-39:61)

In Beleg 26 (Rez-93) ist in Verbindung mit *schenken* nur eine passivische Lesart möglich, in Beispiel 27 wird durch *dafür* auf die Ursache der Handlung verwiesen, so daß eine agentivische Interpretation von *er* unwahrscheinlich ist. Aufgrund der Parallelisierung zu „Schläge kriegen" als Bestrafung kann eine (positiv konnotierte) resultative Lesart „er schaffte es, daß sein Essen gekürzt wurde" ausgeschlossen werden.

(26)   R: ((Weinberge)) ham se die geschenkt kriegt oder wie?
              (Rez-93/I-65:12)

(27)

1	M:	was der andere ausgefressen hat (.) hat er die schläge
2 →		gekriegt ne? hat der andere irgendwas gemacht hat ers
3		essen gekürzt kriegt dafür (.)
		(Rez-95/I:-40:21)

Damit wären in allen Belegen die Kriterien erfüllt, von einer Passivparaphrase aus-zugehen. Die Passivparaphrase ist semantisch der Aktivform äquivalent. Das agentive Subjekt wird zurückgestuft und das Rezipiens-Argument vergleichbar dem Thema-Argument im Vorgangspassiv als Subjekt hochgestuft. *kriegen* wäre somit in Analogie zu *werden* im Vorgangspassiv als Teil der Verbalform zu analysieren. Unter der Annahme, daß *kriegen* als Hilfsverb zum Vollverb als Konstituentenkategorie V angesetzt wird, können wir folgende Struktur zugrundelegen:

(20a)

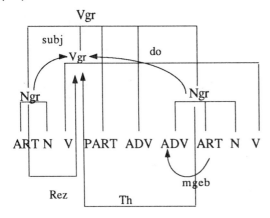

Wird jedoch das Partizip als verbale Ergänzung angesetzt, liegt folgende Struktur vor:

(20b)

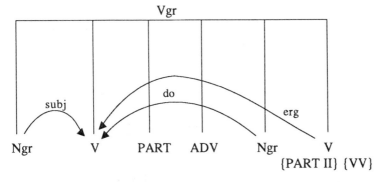

Aufgrund der bisherigen Analysen liegt es nahe, von einem Rezipientenpassiv auszugehen. Dies erscheint um so plausibler, als die passivische Lesart insgesamt die vorherrschende ist. Es gibt nicht einen Beleg der prädikativen Lesart und nur zwei der resultativen. Kann man aufgrund dieser Befunde ganz allgemein von Passivstrukturen reden, und sind insbesondere die Fälle, in denen *kriegen/bekommen* ohne

Partizip erscheint, syntaktisch passivisch? Sehen wir uns zunächst genauer die semantischen Verhältnisse bei den Beispielen mit passivischer Lesart an, in denen *kriegen* ohne Partizip das Prädikat bildet. Wie bei den Fällen mit Partizip herrscht die passivische Lesart vor, wobei in den meisten Fällen eine konkrete Transaktion zwischen einem Rezipienten (R) und einem Agens (A) vorliegt. Das, was von A nach R transferiert wird, ist

1. Geld (allein in 30 Fällen):

(28)

1→	F:	und denn kricht da keene müde mark (.)
2		weil die ham ja noch etwas einjezogen vom sozialamt
		(Rez-52/E2a:166)

2. ein konkretes Objekt, das gegen Geld getauscht werden kann (Tomaten, Blumen, Essen):

(29)

1	R:	naja ick hatte so viel fencheltee jesammelt an tütn
2→		der hat nur fencheltee jekricht
		(Rez-56/3b:7-8)

3. Objekte aus dem Bereich der Arbeit wie Lohn, Zulage, Beruf:

(30)

1	Mi:	ich hatte absolut keine beziehungen
2→		hab trotzdem ne lehrstelle gekriegt
3		obwohl ich ne fünf in mathe hatte
		(Rez-32/F3:224)

4. Übertragung von Information (Auskunft, Antwort, Information, Bescheid):

(31)

1	T:	gut ja (.) das (1.0)
2 →		vielleicht kriegen sie da noch mehr informationen
3	P:	muß ich mal fragen
		(Rez-38/T20a:126)

5. „Übertragung" von Schlägen (Ohrfeige, Abreibung):

(32)

1	M:	wenn meiner ma heimkommt un sacht
2		die lehrin (.) un seis aus (.) spontanitöt oder
3 (→)		irgendwas (.) hat ihm eine ohrfeige gegebe (.) un
4		er kommt zu mir heim (.) sacht (.) die lehrin
5		hat mir eine gegebe und ich fraache warum?
6		un er sacht er hat das und das in der schul angestellt
7→		kriegt er von mir (.) grad noch ein dezu
		(Rez-88/I-39:61)

Dabei überwiegen deutlich die Fälle aus 1. und 2. Die Lesart [X-*kriegen/bekommen* - Y] „Y geht in den Besitz über von X" ist primäre und prototypische Lesart. Die Beispiele aus dem Bereich ARBEIT sind direkt verbunden mit 1. und 2. Bei den Beispielen aus den Bereichen KOMMUNIKATION und SCHLAGEN ist die Possessivlesart abgeleitet: Wer eine Antwort erhalten hat, „besitzt" das so vermittelte Wissen; wer geschlagen wurde, ist „Besitzer" des Schlages bzw. seiner Folgen (z.B. blaues Auge). In den meisten Fällen kann eine lexikalische Paraphrase mit *geben* gebildet werden:

A kriegt Geld:	B gibt A Geld
A kriegt Blumen:	B gibt A Blumen
A kriegt Lohn:	B gibt A Lohn
A kriegt ein Antwort:	B gibt A eine Antwort
A kriegt Schläge:	B gibt A Schläge.

In den über 90% aller Fälle, in denen *kriegen* als *Vollverb* fungiert und das Rezipiens-Argument als Subjektnominal kodiert ist, ist es plausibel, *kriegen* als pseudo-transitives Verb mit passivischer Lesart (92.9%) zu behandeln, das in fast allen Fällen eine *lexikalische Paraphrase* zu *geben* bildet. In keinem Falle kann *kriegen* als suppletive Form zu einem Vollverb behandelt werden, da es keine Anhaltspunkte gibt, welche lexikalische Variante als Vollverb zu inserieren wäre. Aufgrund der Tatsache, daß in diesem Fall die Konstruktion nicht über Tilgung aus einer Verbalform [*kriegen* + Part II] abgeleitet werden kann und die Variante mit Partizip nur selten vorkommt, ist die Frage, ob das Partizip allein aufgrund struktureller Analogie zu anderen Passivkonstruktionen aus dem aktiven Verb abgeleitet ist, oder ob nicht vielmehr das Partizip als verbale Ergänzung zum Vollverb *kriegen* fungiert. Es scheint plausibler anzunehmen, daß das Partizip semantisch als Modifikator des Verbs *kriegen* fungiert und syntaktisch als Ergänzung zum verbalen Prädikat. *kriegen*-Konstruktionen mit passivischer Lesart wären damit einheitlich als aktivische Konstruktionen zu analysieren, wobei in den (seltenen) Fällen, in denen das Partizip auftritt, dieses als Modifikator anzusetzen ist. Die *kriegen*-Konstruktionen haben also nichts mit dem Rezipienten*passiv* zu tun, sondern Interpretation und syntaktische Strukturierung dieser Konstruktion sind abhängig von der lexikalischen Bedeutung von *kriegen* wie Haider (1985) vorgeschlagen hat.

Nur in 7.1% der Fälle ist die Lesart [X-*kriegen/bekommen* - Y] „X kommt in einen Zustand, in dem Y auftritt" möglich:

(33)   *kriejen se janz schwere, kräftje [Handjelenke]* (Rez-18a)

(34)   *sone handjelenke kriej'n se denn* (Rez-18b)

(35)   *kriej'n se richtich große hände* (Rez-18c)

(36)   *der gewinner kricht doch immer so'n wunsch erfüllt* (Rez-21)

(37)   *des is abhängig davon, ob sie nun diese zufuhr bekommen oder nicht*
        (Rez-33)

(38)   *zahnschmerzen kriejn* (Rez-69)

(39)   *denn kriejn die erst ma ne macke (Rez-70)*

(40)   *dann ham sie krach jekricht (Rez-72)*

(41)   *un da kriej ich grade zustände (Rez-87)*

(42)   *magengeschwür kriegt mer ja wegen ärger* (Rez-115)

In diesen Fällen ist *kriegen* ebenfalls pseudo-transitiv mit Subjektnominal in Rezipiensfunktion, aber es gibt in der Regel keine direkte Agensangabe, die nur in Beleg 36 und 37 möglich wäre: X kriegt von A einen Wunsch erfüllt; P bekommt Zufuhr von T. Da die Realisierung des Wunsches in diesem Fall immer konkret ist (s. oben), kann Beleg 36 auch als rein passivische Lesart behandelt werden. In allen anderen Fällen ist ein belebte Agensangabe nicht möglich, sondern nur die Ursache U, die den Zustand Z hervorbringt, in den X aufgrund von U kommt. Deshalb ist in diesen Fällen eine Agensangabe als Präpositionalgruppe mit *von* nicht möglich, sondern nur mit *durch* oder *aufgrund*. Die semantische Funktion wäre also ein nicht belebtes Agens - wenn wir von einem Protoypenkonzept der semantischen Rollen ausgehen -, das eine direkte Wirkung auf das Ziel/den Rezipienten hat. Die spezifische Ausprägung der semantischen Funktion ist abhängig von der spezifischen Semantik von *kriegen*, wobei der Übergang zur Instrumentalfunktion über die Faktoren Belebtheit und Kausalität erfolgt[4]:

	URSPRUNG		
	Agens ←—————————————————→ Mittel		
Belebtheit	+belebt	- belebt	-belebt
Ursache	+direkt	+direkt	-direkt

Die Lesart [X-*kriegen/bekommen* - Y (weil U)] „X kommt aufgrund von U in einen Zustand, in dem Y auftritt" tritt vorrangig in Verbindung mit Objekten auf, die sich auf den körperlichen und geistigen Zustand von X beziehen. Es gibt eine engere

---

4 Insofern ist die Agens-Diskussion (Haider 1984:39), inwieweit ein direktes Agens bzw. indirektes Agens angegeben werden kann, zu relativieren, da ein Anschluß durch eine *durch*-Phrase möglich ist:
?? *Er kriegte die Gläser vom Geschirrspüler gewaschen* (Haider 1984:39);
   Er kriegte die Gläser durch den Geschirrspüler gewaschen;
   Er kriegte die Gläser durch Peters Geschirrspüler gewaschen.
Wegener (1985:139, Anmerk. 2) schreibt zu der Ungrammatikalität des Satzes *Er kriegte die Gläser vom Geschirrspüler gewaschen*, daß schon der entsprechende Aktivsatz ungrammatisch wäre: **Der Geschirrspüler wäscht ihm die Gläser.* Daß dies stimmt, scheint mir allerdings fraglich: *Seit drei Jahren haben wir einen Geschirrspüler und der wäscht uns täglich die Gläser.*

Lesart, die besagt: „Der körperliche/geistige Zustand Z von Person X verändert sich aufgrund von U dahingehend, daß Y auftritt". X ist insofern Rezipient, als daß er von U affiziert wird. Der aspektuelle Charakter liegt in dem Übergang von Zustand Z vor Y zu dem Zustand Z', in dem Y eingetreten ist. *kriegen* hat im Sinne von Hoekstra (1984:65) einen „ingressiven Aspekt", allerdings ist hier jedoch von Aktionsart zu reden:

A kriegt Kopfschmerzen [„ingressiv"]

A hat Kopfschmerzen / A schmerzt der Kopf [durativ]

A kriegt eine Macke [„ingressiv"]

A hat eine Macke [durativ].

Die Ursache kann aus dem Kontext erschlossen werden, wie in dem folgenden Beispiel, in dem die Proposition p >E hat gemalert< aus den Vorgängeräußerungen als Ursache für den möglichen Zustand Z >E hat stark Handgelenke< gegeben wird. *kriegen* hat einen nicht-durativen Charakter, in dem der Prozeß vom implizierten Anfangszustand >E hat nicht starke Handgelenke< zum Endzustand Z aufgrund von p markiert wird. Ob hier im engeren Sinne tatsächlich von Ingressiva gesprochen werden kann, ist fraglich, da dann zahlreiche Verben wie *erben, erkranken, verlieren, anfügen, verwandeln* und so weiter als Ingressiva behandelt werden müßten.

(33-35)

1	E:	((faßt sich an die Oberarme)) beim malern.
2	M:	ach (.) malern sie?
3	E:	hör'n se mal (.)
4		ick hab' dit erste mal in mei'm leben jemalert.
5	M:	na und (..) ((amüsiert)) is doch höchste zeit
6		daß sie dit üben.
7	E:	meine arme
8→	M:	kriejen se janz schwere (.) kräftje (.) kuck'n
9	E	nein.
10	M:	se mal (.) ((macht eine Faust))
11→		sone handjelenke kriej'n se denn.
12	E:	sie steh'n doch immer hier und schlepp'n nur kisten.
13	M:	naja (.) davon ooch (.) und wenn se handjelenke
14		hier beim malern (.) da jibt's besonders starke (.)
15→		kriej'n se richtich große hände. ((lacht))
16	E:	mir reicht's (.) kann ick ihn' sag'n. (1.0) 'n pfund tomaten.
		(Rez-18a-c/V :11-21)

Aufgrund der Tatsache, daß in den Lesarten [X-*kriegen/bekommen* - Y (weil U)] und [X-*kriegen/bekommen* - Y (von A)] ein Rezipiens-Argument in Subjektrelation steht und eine direkte und indirekte Agensrelation möglich ist, die durch eine Präpositionalgruppe angeschlossen werden kann, ist es plausibel anzunehmen, daß es sich in beiden Fällen prinzipiell um eine passivische Lesart handelt. Der Unterschied in der Interpretation ist allein abhängig von der Semantik des Thema-Argumentes und den dadurch bedingten Kompositionsbedingungen der Gesamtinterpretation.

In den bisher behandelten Belegen (mit passivischer Lesart) liegt ein Rezipiens-Argument zugrunde, das in fast allen Fällen auf eine bestimmte oder auch nicht bestimmte Person verweist, die vorwiegend durch (singularische) Personalpronomina kodiert ist. In nur zwei Fällen erfolgt eine Referierung auf ein Tier, in einem Fall auf ein Abstraktum (vgl. Tab. 4-3/4).

Personalpronomina	97
man	6
Demonstrativpronomen	3
N	3
	Σ 109

Tab. 4-3: Referenz beim Rezipiens auf bestimmte bzw. nicht näher bestimmte Personen (= 95.6%)

	s	p
1	20	9
2	37	3
3	19	8
	Σ 96	

Tab. 4-4: Personalpronomina

Das häufige Vorkommen der Personalpronomina verweist auf die Einbettung der Passivstrukturen in den Gesprächskontext, da Personalpronomina die präferierten Kandidaten für anaphorische Prozesse sind.

In 9 Belegen liegt eine explizite Agensangabe vor. Die prozentuale Verteilung der Agensangabe in Form einer Präpositionalgruppe entspricht in etwa der, die in der Schriftsprache gefunden werden (vgl. Tab. 4-5:).

Agensangabe als Pgr	Sprechsprache 8%	Schriftsprache[5] 10.7%

Tab. 4-5: Prozentuale Verteilung der Agensangaben

Die Realisierung der Agensangabe ist von kontextuellen Faktoren abhängig und erfolgt primär dann, wenn aus dem Kontext das Agens nicht erschließbar ist bzw. das Agens ambig ist. Die zweite Funktion besteht in der Fokussierung des Agens. In diesen Fällen wird das Agens nicht zurückgestuft, sondern - im Gegenteil - hervorgehoben.

In dem folgenden Beispiel ist die Agensangabe notwendig, um die geldgebende Institution zu spezifizieren und zu vereindeutigen:

(43)
1   F: und dit schärfste is (.)
2   denn jebm se uns ooch bloß etwas
3   so wir müssn denn noch hundatzwanzich
4   oda hundatvierzich ma (.)
5   sechshundatzwanzich mark lassn se uns
6   nur den sozialsatz (.)
7→   obwohl a arbeitslosenjeld kricht wa
8   C: mhm (.)
9   F: is ooch nich richtich (.) wa
10   C: nee
11   F: dafür hat a ja (.) mal jearbeitet
12→   kricht a ja nich umsonst
13   C: nee (.) is richtich
14   F: der kommt nich mehr wieda
15   L: ((Lautsprecheraufruf))
16   F: dem werdn se dit vorrechnen mit dem jeld (.)
17   naja so jeht's ja nu ooch nich
18   heut is der siebzehnte (.) wa
19→   kriegt a bescheid
20   dat dit jeld ihm zuje (.) zuje (.) zujeschickt wird
21→   und denn kricht a keene müde mark (.)
22→   weil die habm ja noch etwas einjezogn vom sozialamt
23   weil a doch krank war
24   C: mhm

---

5 Zahl aus Vesterhus (1985:30)

25	F:	und nich wußte
26→		daß a von hier noch wat kricht (.) wa
28	C:	mhm
29→	F:	und hat a zwee jahre vom sozialamt jeld jekricht (.)
30		also miete und (.) und dings (.) wa
31	C:	mhm
32	F:	da habm se jetz wat einbehalten (.)
33		und da hat die jesacht
34		(ohne zu ma jeld) rüber hat se jesacht
35		ab fuffzehnten (.) spätesten bis zum fuffzehnten
36→		kricht a dit jeld von hier
37	C:	mhm
38	F:	ja (.) außa dit die dreihundat mark oda wat da miete zu
39		oda vierhundat mark wat dit sind
40		bis jetz hat a keen jeld
50		na (.) so jeht's ja nich
		(Rez-45f./E2a:146-185)

Die Agensangabe dient der Strukturierung des Erzählten. Die Sprecherin stellt klar, welche Institution das Geld gezahlt hat. In bezug auf den vorhergehenden Kontext muß der Wechsel der geldgebenden Institution (Sozialamt - Arbeitsamt) angegeben werden, da der Zuhörer sonst keinen Hinweis auf den Themawechsel hat. In Zeile 21 ist die geldgebende Institution das Arbeitsamt, das als kontextuell voreingestellte Information weiter bestünde, wenn nicht in Zeile 22 der Wechsel durch die Agensangabe expliziert würde. Der gleiche Mechanismus operiert in Zeile 26, 29, 36. Immer dann, wenn das Agens wechselt und aufgrund anderer Markierungen oder Kontextbedingungen erschlossen werden kann, erfolgt die Explizierung über die Agensangabe.

Die resultative Lesart ist im ganzen Korpus nur in zwei Fällen gegeben:

(44)

1	P:	=ängstlich ist zu viel vielleicht gesagt (2.0)
2		aber das da (.) da hat er dann dann abgebrochen/
3→		die die therapie weil äh erstens einmal hat er keine
4		beziehung zu dem therapeuten gekriegt und
5		und die haben ja keine methode da gefunden wo er (.)
6		die zusammenarbeiten könnten
		(Rez-41/T :11)

(45)

1	F:	sacht er
2		sehn se da untn den rasen?
3		wenn ick ihn dit abnehm
4		komm sie da rein
5→		aba (.) ihr mann kricht leicht 'ne neue frau
6		aba die kinda habm denn keene mutta
		(Rez-57/E:91-96)

Nach Haider (1984) tritt die resultative Lesart nur dann auf, »wenn das Verb durch einen adverbialen Verbzusatz modifiziert wird« (Haider 1984:38). Dies trifft für den zweiten Beleg zu, aber nicht für den ersten. Patient X schafft es nicht, den Zustand herbeizuführen, in dem eine Beziehung zum Therapeuten hergestellt ist. Allgemein: [X - V - Y] „X erreicht, daß Y eintritt". *eine Beziehung kriegen* läßt nur die resultative Lesart zu; dies kann nur lexikalisch begründet werden. Im zweiten Beleg haben wir es mit einem Adjektiv als Adverbial zu tun und nicht mit einem Partizip[6]:

(45')   *ihr Mann kricht 'ne neue Frau, die leicht ist*
(45")   *es ist leicht, 'ne neue Frau zu kriegen.*

Das Subjektnominal hat die semantische Funktion des Agens. Während das erste Beleg überhaupt nur die resultative Lesart zuläßt, wäre im zweiten Beleg - wenn auch dispräferiert - eine passivische Lesart denkbar:
(45''')   *X kriegt durch ein Eheinstitut eine Frau (vermittelt).*
Die präferierte resultative Lesart ist jedoch durch die Verbmodifikation verstärkt (Haider 1984:38), da sich *leicht* auf die Anstrengung bezieht, den Zustand Z zu erreichen: Es ist für X leicht, eine Frau zu kriegen, und nicht darauf, daß es für ein Eheinstitut *leicht* wäre, eine Frau zu vermitteln. Da zudem im Kontext ein Eheinstitut als möglicher Agens nicht erwähnt wird und thematisch keine Rolle spielt, kann die mögliche, wenn auch nicht wahrscheinliche passive Lesart definitiv ausgeschlossen werden. Die prädikative Lesart ist nicht möglich, da X nicht eine leichte Frau bekommt. Die Belege können wie folgt analysiert werden:

---

6 Dies bestätigt in drastischer Weise, daß in der aktivischen Lesart »vorrangig (...) Adjektive und Partikeln auf[treten]« (Wegener 1985:135).

(44)

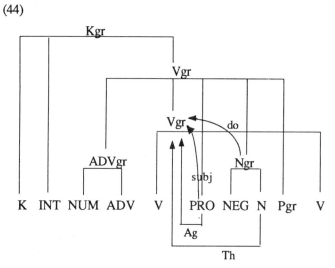

weil äh erstens einmal hat er keine beziehung zu dem therapeuten gekriegt

(45)

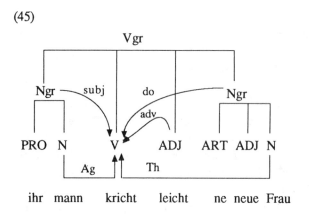

Von allen 122 Fällen tritt also kein Fall auf mit Partizip als Adverbial mit resultativer Lesart, und in nur zwei Fällen spielt die resultative Lesart überhaupt eine Rolle. Dies scheint dafür zu sprechen, daß in der Wirklichkeit die passivische Lesart die vorherrschende ist.

Die resultative Lesart spielt eine wesentlichere Rolle als bisher in den Fällen, in denen *kriegen/bekommen* als trennbares Präfixverb auftritt (vgl. Tab. 4-6), ist jedoch nicht die „dominierende" Interpretation (Haider 1986:36).

Präfixverb	N	% Gesamtkorpus
mitkriegen	7	.1
rauskriegen	5	3.7
hinkriegen	1	0.7
abkriegen	1	0.7
reinkriegen	1	0.7
draufkriegen	1	0.7
wiederbekommen	1	0.7
	Σ17	12.4

Tab. 4-6: Präfixverben

Eine resultative Lesart ist mit den Verben *rauskriegen*, *hinkriegen*, *reinkriegen* verbunden (8 Belege), eine passivische mit *mitkriegen*[7] und *wiederbekommen* (8 Belege). *draufkriegen* ist passivisch in der *Form von* „X kommt aufgrund von U in einen Zustand, in dem Y auftritt":

(46)

1	Mi:	ja (.) ich will jetzt später nich irgendwie später (.)
2		total irgendwie soziale leiter immer weiter runter
2		oder so. ((durcheinander))
4	I:	wo war ich denn stehengeblieben?
5	C:	bei der zukunft!
6→	I:	ja (.) genau (.) bei den vielen arbeitslosen kriegt man eher

so (.) ein sicherheitsdenken drauf.
hauptsache lehrstelle beruf (.) geld.
(Rez-131/F:114-119)

abkriegen hat prinzipiell beide Lesarten:

(47)   *Ich krieg den Lack nicht ab.*

(48)   *Ich krieg von dem Apfel nichts ab.*

---

[7] *mitkriegen* hat auch die Bedeutungsvariante von *erfassen*, z.B. *Ich habe nicht mitgekriegt, daß es draußen schneit.*

Im Korpus liegt die passivische Lesart mit expliziter Agensangabe vor:

(49)   *die eltern haben ziemlich viel abgekriegt von ihm nich/*

mitkriegen hat eine passivische Lesart:

(50)   *da kriej ick imma die deckel mit*

wobei sich *deckel* hier auf die Kronkorken von Flaschen bezieht; oder *mitkriegen*
hat die Bedeutung, daß eine Person etwas nicht vermittelt bekommen hat, wobei
auch in diesen Fällen ein impliziter Agens vorliegt:

(51)
1   F: ja abber wissen se, wenn (.) se das (.) als (..)
2   ähäh kind oder jugendlicher (.) doch net so richdisch
3 →   mitgekricht ham, sin se auch net da so eingestellt
             (I-118/39:81)

mitkriegen hat in keinem Falle die resultative Lesart. Das gleiche gilt für *wiederbekommen*:

(52)   *da hat a ne mark wiedabekomm'.*

rauskriegen läßt nur die resultative Lesart zu und kommt in vier Fällen im
Therapiegespräch vor, in denen es darum geht, eine Frage zu klären bzw. ein
Ereignis herauszufinden:

(53)
1   T: mmh (1.0) und sie wissen nicht
2   wo die dann (.) beerdigt worden ist (.)
3   P: habe ich keine ahnung
4   T: irgendwo muß sie ja geblieben sein nicht
5 →   (3.0) o.k. (.) kann man rauskriegen
6   P: vielleicht in ( ) hineingeworfen oder was =
7   T: = mmh mmh (1.0)
8   P: ich habe mich nicht erkundigt (.)
9 →   T: es gibt einen weg das rauszukriegen (1.0)
10   vielleicht ist das auch gar nicht wichtig \
             (T:165-171)

hinkriegen ist ebenfalls mit der resultativen Lesart verbunden, wie der Beleg zeigt:

(54)
1		lutze 'is mit mir jestan abmd noch losjejang=
2		hat mir in paa schuh jekooft und schlüppa=
3		=mit ick übahaupt noch wat zum anziehn habe!
4		weij'k ja nich zu mein eltan komm (.) wa?
5	No:	wieso denn nich?
6	Ch:	wat meinste wat da los is!
7		((lachend)) nee!
8→		mich kriejn da keena mehr hin!
9	No:	wieso hast in da so 'n ärger?

(Rez-116/E:83-90)

Fassen wir die bisherigen Hauptergebnisse kurz zusammen:
1. *erhalten* ist nicht belegt. *kriegen* ist vorherrschend, *bekommen* dagegen selten belegt.
2. *kriegen* hat eine passivische Bedeutung. Die vorherrschende Interpretation ist [X-*kriegen*/*bekommen* - Y (von Z)] „Y geht (von Z) in den Besitz über von X". Diese kann als lexikalische Paraphrase zum Typ [Z - *geben* - X Y] angesehen werden. Daneben existiert die Lesart [X-*kriegen*/*bekommen* - Y (weil U)] „X kommt aufgrund von U in einen Zustand, in dem Y auftritt". Die resulative Lesart ist marginal, eine prädikative ist nicht belegt.
3. Das Partizip II tritt selten auf, in der Regel ist *kriegen*/*bekommen* Vollverb.
4. Aufgrund von (2) und (3) wurde argumentiert, daß *kriegen*/*bekommen* in passivischer Lesart als pseudo-transitives Verb zu klassifizieren ist, wenn das Partizip nicht vorliegt, [*kriegen* subj/Rez do/Th (erg/Ag)]. In den wenigen Fällen, in denen das Partizip auftritt, liegt es dann nahe, dieses als verbale Ergänzung anzusetzen und im Lexikon von *kriegen* zu spezifizieren.
(5) In resultativer Lesart ist *kriegen*/*bekommen* ebenfalls pseudo-transitiv: *kriegen* [subj/Ag do/Th (adv/Mod)].
Welche Funktion hat nun das „Rezipientenpassiv" im Diskurs? Sehen wir uns zwei Beispiele genauer an. In dem ersten Beispiel (55) spielt die Perspektive eine zentrale Rolle. Der Hund von E wird thematisch eingeführt in Zeile 14 durch exophorische Referenzierung, wobei die Fortführung der Parallelstrukturen in Z 10-12 insofern wichtig sind, also daß die semantischen Funktionen der referierten Elemente Ziel bzw. Benefiziär sind. Die semantische Funktion wird in 15 weitergeführt mit einer Fokus-Nominalgruppe in Subjektrelation, als indirektes Objekt im Folgesatz. Der Rezipient wird in der Folgeäußerung thematisch weitergeführt, wobei in 15 eine (links-herausgestellte) Fokus-Nominalgruppe steht, die über das koreferentielle Pro-

nomen kontinuiert wird. Entscheidend ist das fokussierte Rezipiens, von dem aus die Perspektive für den Gag aufgebaut wird.

(55)

1	E:	ja (.) 'ne knolle - 'ne knolle fenchel und nochmal (.)
2		da haben sie jetzt schöne gelbe birnen. (3.0)
3	M:	ja
4	E:	das ist ja gut (.) die hab'n ihre wirklich (.) drei tage
5		nur jebraucht (.) um (.) um gelb zu werden.
6	M:	(denn schmeck'n se wirklich (.) denn schmeck'n se toll)
7	E:	und die schmecken herrlich (.) viel zu schade für (.) na ja.
8	M:	na nicht (.) dit is nich zu schade (3.0)
9		wat is zu schade (.) sie wat wollt' ick (.)
10		für sie is et nich zu schade (.)
11		für ihr'n sohn is et nich zu schade
12		und für ihr'n mann is et nich zu schade (.)
13		also ick bitt' sie!
14	E:	na ja.
15	K4:	((lacht)) der hund? schmeckt dem't nich?
16		((der Hund von E ist vor dem Laden angebunden))
17	M:	nee (.) ((lacht)) de-deeer hund (.)
18→		der kricht doch wat andert (.)
19→		der kricht doch schabefleisch. (3.0)
		(Rez-12/V7:80-88)

In dem zweiten Beispiel spielt die Perspektivierung ebenfalls eine Rolle, wird aber durch strukturelle Faktoren außer Kraft gesetzt.

(56)

1	M:	wenn meiner ma heimkommt un sacht
2		die lehrin (.) un seis aus (.) spontanitöt oder
3 (→)		irgendwas (.) hat ihm eine ohrfeige gegebe (.) un
4		er kommt zu mir heim (.) sacht (.) die lehrin
5		hat mir eine gegebe und ich fraache warum?
6		un er sacht er hat das und das in der schul angestellt
7→		kriegt er von mir (.) grad noch eine dezu
8	I:	ja das hat meine mutter auch
9		immer zu mir gesagt.
10	M:	das hab ischem auch schon gesagt (.)
11		un kommt der einmal rein un sacht die jungs (.)
12		oder irgendjemand hat mich gehaue (.)

13→   kriegter se auch da dezu /
               (Rez-88/I-39:66)

An den Stellen, an denen *kriegen* steht, könnte man eine lexikalische Paraphrase
mit *geben* einsetzen, und zwar *geb ich ihm noch eine dezu.* Welche Gründe gibt es
für den Gebrauch von *kriegen*?

Wir hatten gezeigt, daß *kriegen* ein Verb ist, das einen Rezipienten als Subjektnominal kodiert, wobei das Agens gleichzeitig in der Regel nicht ausgedrückt wird.
Im Vergleich zur *geben*-Paraphrase, in der das Agensargument als Subjekt kodiert
ist, wird die Handlung aus der Perspektive des Rezipienten der Handlung aufgebaut:

Rezipiens ◄————Handlung———— (Agens)

Agens ————————Handlung————→ Rezipiens

Während das ditransitive Verb *geben* prinzipiell agensorientiert ist, ist *kriegen* prinzipiell rezipiensorientiert.

Bei dem zweiten Beispiel haben wir es mit einer Erzählung zu tun, die durch M
erzählt wird. Die Darstellung der Handlung ist szenisch erzählend, es wird auf zwei
Ereignisse referiert. Das eine Ereignis bezieht sich auf die Interaktion zwischen M
und ihrem Sohn (S), das zweite Ereignis ist in das erste eingebettet und hat als Plot
die Darstellung der Tatsache, daß S von seiner Lehrerin L geschlagen wurde.
Grundlegend für die Erzählung ist zunächst einmal die Sprecherperspektive, die von
M eingenommen wird, die zugleich Protagonistin der Erzählung des ersten
Ereignisses, der äußeren Erzählung, ist. Als Protagonist einer Erzählung wollen wir
den Handlungsträger einer Erzählung definieren, mit dem ein Sprecher sich am
stärksten identifiziert. Wie Kuno (1987:207) zeigt, gibt es eine Empathie-Hierar-
chie, die besagt: «Given descriptor x (e.g. *John*) and another descriptor f(x) that is
dependent upon x (e.g. *John's brother*), the speaker's empathy with x is greater than
with f(x)» (Kuno 1987:206). Aufgrund dieser Präferenzhierarchie ist als eine Art
Default-Prinzip voreingestellt, daß M sich eher mit sich selbst identifiziert als mit
ihrem Sohn S. Da zudem gilt, daß «the speaker cannot empathize with someone
else more than with himself» (ibid., S. 212), wird die Erzählung aus der Perspektive von M aus aufgebaut. In der Erzählung des zweiten Ereignisses, der inneren
Erzählung, gibt es zwei Interaktionspartner: den Protagonisten S und die Antago-
nistin L. Die Voreinstellung wäre hier, daß M die Perspektive von S einnimmt,
weil die Empathie mit S größer ist als mit anderen. Es gibt also eine klare Organisation der Perspektive, die über M als Erzählerin und Protagonistin der äußeren
Handlung aufgebaut ist. Wenn jedoch Teilereignisse verkettet werden, die aus dieser
Perspektive aufgebaut werden, wie kann dann erklärt werden, daß die Agensorientierung über die rezipiensorientierte *kriegen*-Variante aufgebrochen wird? Sehen

wir uns die Erzählung genauer an, so stellen wir fest, daß der Wechsel der semantischen Rollen in Zeile 7 und 13 stattfindet, aber die syntaktische Kodierung parallel zu den Vorgängersätzen beibehalten wird. In der äußeren Erzählung erfolgt die
Referenzierung auf den Sohn von M konsequent über ein Subjektnominal, unabhängig davon ob dieses Agens oder Rezipiens ist (vgl. Tab. 4-12). Es scheint
also hier eine Art Strukturzwang zu geben, die Teilereignisse parallelisiert aufzubauen, und dieser Strukturzwang wirkt im konkreten Fall stärker, als von den oben
bezeichneten Präferenzhierarchien zu erwarten wäre. Der Strukturzwang und die
Tendenz der Parallelisierung von Subjektnominalen wird deutlicher, wenn man sich
die den Rezipienssubjekten koreferentiellen Ausdrücke ansieht (vgl. Tab. 4-7).

		SPRECHERWECHSEL		
		ja	nein	
SUBJEKT	gleich	6.8	56.9	62.7
	ungleich	30.7	5.6	36.3
		37.5	62.5	100

Tab. 4-7: Dem Subjekt von *kriegen*-Konstruktionen in passivischer Lesart
vorangehende koreferentielle Nominalgruppe (in%)

Es gibt eine starke Tendenz der Fokussierung des Rezipienssubjekts und Parallelisierung mit dem vorangehenden koreferentiellen Subjektnominal. Über die Verkettung und Parallelisierung von Subjektnominalen wird diskursrelevante, alte
Information linearisiert, auch über Sprecherwechsel hinweg. Interessant ist aber,
daß dann, wenn kein Sprecherwechsel stattfindet, die Tendenz der Parallelisierung
erheblich stärker ist. Dies erklärt sich daher, daß geschlossene Redebeiträge in stärkerem Maße strukturell parallel aufgebaut sind.
    Interessant ist in Beispiel (55:Z 7) auch, daß eine Agensangabe erfolgt. Diese
hat zumindest eine Kontrastfunktion zum Agens des vorangehenden Teilereignisses
(*die lehrin*), wenn die Agensangabe nicht sogar notwendig ist, um eine mögliche
Ambiguität zu vermeiden.

Z	Äußere Erzählung	Innere Erzählung
1	S: subj/Ag	
	S: subj/Ag	
2		L: subj/Ag
3		S: io/Rez
4	S: subj/Ag	
	M: erg/Ziel	
	S: subj/Ag	L: subj/Ag
5		S: io/Rez
	M: subj/Ag	
6	S: subj/Ag	S: subj/Ag
7	S: subj/Rez	
	M: erg/Ag	
8-10	[eingeschobenes *adjacency pair* als eine Art Evaluation]	
11/12	S: subj/Ag	J:subj/Ag
	S: subj/Ag	S:do/Rez
13	S: subj/Rez	

Abb. 4-5: Referierung auf die Protagonisten / Antagonisten der Erzählung (56)
(S = Sohn, M = Mutter, L = Lehrerin, J = Junge)

4.3 Zusammenfassung

1. Die Korpusanalyse hat gezeigt, daß *kriegen/bekommen* in erster Linie als
pseudo-transitive Verben mit obligatorischen Argumenten angesetzt werden
können, die eine passivische Lesart haben und als *geben*-Konverse fungieren. Als
Grundmuster läßt sich folgende Struktur ansetzen, wobei das Rezipiensargument
häufig durch Personalpronomina kodiert ist, eine Agensangabe kommt in der Regel
nicht vor:

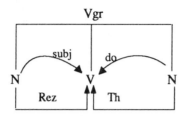

2. In Analogie zu Fall 1. wird [*kriegen* + V$_{[-FIN]}$] als Spezialfall von 1. so angesetzt, daß *kriegen* das Rezipiens-Argument als Subjekt regiert. Das Partizip hat die Funktion eines koprädikativen Modifikators, der die Bedeutung des pseudo-transitiven Verbs *kriegen* spezifiziert und syntaktisch als verbale Ergänzung angesetzt werden kann:

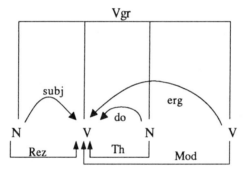

3. Der resultativen Lesart liegt ein pseudo-transitives Verb zugrunde, das durch ein adjektivisches Adverbial modifiziert sein kann bzw. in der Regel modifiziert ist:

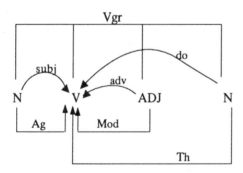

4. Tritt *kriegen* / *bekommen* als trennbares Präfixverb auf, so ist die resultative und auch passivische Lesart möglich. Die Präfixverben sind transitiv bzw. pseudotransitiv.

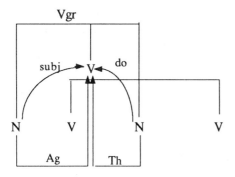

5. Die diskursive Funktion der untersuchten Beispiele besteht in der Fokussierung des Rezipienten einer Handlung und der damit verbundenen Perspektivierung und in der Tendenz der strukturellen Parallelisierung koreferentieller Subjektnominale, also der Herstellung diskursiver Kohärenz.

Die empirischen Befunde passen gut zu den Ausführungen im Grimmschen Wörterbuch zum Verb *kriegen*. Dort wird aufgezeigt, daß es ein md. starkes Verb *kriegen* mit der Bedeutung (a) „sich anstrengen, streben" und (b) mit der Bedeutung „kämpfen, streiten" gab und daneben ein schwaches Verb *kriegen* mit den gleichen Bedeutungen. Anders im Niederdeutschen. Hier gab es ebenfalls ein stark flektiertes Verb *kriegen*, aber mit der Bedeutung „erlangen, erwerben". Die nd. Bedeutungsvariante ist grundlegend für die heutige passivische Lesart, während die Flexion auf das schwache Verb im Mitteldeutschen zurückgeht: »so ist *kriegen* eine echt mitteldeutsche schöpfung der nhd. zeit, nach längerm schwanken aus hd. und nd. wie durch ein compromiss zusammengebracht. der inhalt ist wesentlich nd., die form wesentlich hd.; der nd. inhalt hat darin seine starke form aufgegeben, die hd. form ihren urspr. reicheren inhalt eingebüszt« (Grimm/Grimm 1873:2240). Die Kodierung des Rezipienten als Subjekt geht - sieht man sich die Belege im Grimmschen Wörterbuch an - auf ein transitives Verb *kriegen* zurück mit der ursprünglichen Bedeutung erlangen/erwerben/gewinnen, das sich in der Bedeutung von „bekommen" im nd. Gebiet am frühesten zeigt (ibid., S. 2236). Dieser Prozeß, nach dem die Bedeutungsvariante von „bekommen" sich durchsetzt, hat umgekehrt zur Folge, daß die resultative Lesart völlig marginalisiert wird, und heute als ein Relikt der ursprünglich mitteldeutschen starken Form auftritt, wobei die starke Form völlig verschwunden ist. Auch das Partizip als Objekt und als Passivform spielt in den Belegen im Grimmschen Wörterbuch eine völlig untergeordnete Rolle (s. ibid., S.

2252f.). In den wenigen Fällen, in denen das Partizip steht, tritt dieses in der Funktion als koprädikativer Modifikator auf. In der Regel steht jedoch seit jeher *kriegen* vorrangig als Vollverb. Von daher liegt es nahe, die Syntax und Semantik von *kriegen* nicht vom Partizip her aufzurollen oder gar [*kriegen* + Partizip] als Ausgangsform zu betrachten, bei der das Partizip „getilgt" wird, sondern umgekehrt *kriegen* als pseudo-transitives Verb anzusetzen und das Partizip „additiv" als verbale Ergänzung zu begreifen.

5. Über die Struktur und Funktion von *daß*-Sätzen

Die mit der Konjunktion *daß* verbundenen Strukturen sind ganz allgemein im Kontext des Nexus von grammatischen Einheiten zu sehen, genauer: des grammatikalisierten Nexus grammatischer Einheiten. Während im Chinesischen die Bedeutung des Nexus relativ gering ist und der Bezug von Informationseinheiten häufig allein über semantische und pragmatische Relationen erfolgt, liegt im Deutschen ein komplexes Nexus-System vor (vgl. Fritsche 1981). Der Subjunktor *daß* hat - wie andere Subjunktoren im Deutschen - die Funktion, den spezifischen Bezug zweier (oder mehrerer) Propositionen p und q zu markieren, wobei eine Proposition syntaktisch als Subjunktivum fungiert und semantisch in spezifischer Art und Weise gegenüber der anderen Proposition ausgezeichnet ist. Das Subjunktivum steht immer im Nachfeld von *daß* und ist syntaktisch adjazent zu diesem.

In Grammatiken werden *daß*-Sätze als Nebensätze[1] behandelt, da sie durch die Konjunktion *daß* eingeleitet werden, das finite Verb in Endstellung haben und in einen Matrixsatz eingebettet sind bzw. als „dependente" Sätze von einem „dominanten" Satz abhängen (DUDEN 1984: 681): [[*daß* ... +FIN]$_S$]$_S$. Je nach dem Bezug zum Matrixsatz haben die dependenten *daß*-Sätze unterschiedliche syntaktische und semantische Funktionen, wobei *daß*-Sätze als Subjekt- und Objektsätze, zusammengefaßt als Ergänzung- oder Komplementsätze, im Zentrum der Darstellung stehen. Daneben werden *daß*-Sätze - peripher - als Attributsätze, als Modal-, Final-, Kausal- und Konsekutivsätze behandelt. Eine besondere Rolle bei den eingebetteten *daß*-Sätzen spielt die Tatsache, daß bei Komplementsätzen im Matrixsatz ein Korrelat stehen kann (oder muß), insbesondere das Korrelat *es* (vgl. 1,2), das seit jeher die Grammatiktheoretiker beschäftigt.

(1)   *Ich weiß, daß du morgen kommst.*
(2)   *Ich weiß es, daß du morgen kommst.*

Neben eingebetteten *daß*-Sätzen gibt es nicht-eingebettete bzw. »isolierte *daß*-Sätze« (Helbig/Buscha 1984:615, Grundzüge 1981:787; vgl. 3); diese werden in Grammatiken des Deutschen gelegentlich zwar erwähnt, aber nicht weiter behandelt.

---

1 Harweg (1974) geht von einer *daß*-Phrase aus. Aufgrund unserer Terminologie (vgl. Kap. 2.5) sprechen wir weiterhin von einem Satz bzw. von einer Konjunktionalgruppe auf der Ebene der Konstituentenstruktur.

(3)   *Daß du mir gut aufpaßt!* (= Paß gut auf!)
         (Helbig/Buscha 1984:615)

Während nicht-eingebettete *daß*-Sätze im Grundkorpus keine größere Rolle spielen
(1 Beleg), gibt es 14 Fälle wie diesen:

(4)   *bloß daß wir keen wort französisch konntn* (daß-151)

Diese wollen wir als pseudo-eingebettete *daß*-Sätze behandeln. Das Vorkommen
von pseudo- und nicht-eingebetteten *daß*-Sätzen ist stark abhängig von pragmatischen Faktoren. Dies wird in Kap. 5.2.1 weiter verdeutlicht durch die Analyse eines
spezifischen Diskurses: des gesprächstherapeutischen Diskurses, in dem ein hoher
Anteil aller *daß*-Sätze nicht- bzw. pseudo-eingebettet vorkommt.

Im Grundkorpus sind 167 *daß*-Sätze belegt, davon der weitaus größte Teil im
therapeutischen Diskurs (vgl. Tab. 5-1)

Diskurs	n	%
Therapie	107	64.07
Freies Interview	23	13.77
Verkaufsgespräch	21	12.57
Erzählung	16	9.58
	$\Sigma 167$	100

Tab. 5-1: Stratifikation der *daß*-Sätze nach Diskurstyp

Von den 167 Belegen sind 5 Problemfälle, die gesondert behandelt werden müssen.
Ein Großteil der *daß*-Sätze steht in Objektrelation, wobei hiervon der größte Teil
ohne Korrelat vorkommt (vgl. Tab. 5-2). In drei Fällen bezieht sich der *daß*-Satz
auf eine Objektnominalgruppe. Diese attributiven *daß*-Sätze werden im folgenden in
bezug auf die syntaktische Funktion des Kernnominals behandelt, da - hierauf wird
näher eingegangen - die *daß*-Sätze auch (und prinzipiell) als Attribute zu den Korrelaten gefaßt werden. Eine geringere Rolle spielen die *daß*-Sätze in Subjektrelation
bzw. in Prädikativrelation, worauf ebenfalls näher eingegangen wird, da

daß-Sätze in Prädikativrelation bisher kaum weiter behandelt worden sind (außer Rudolph 1981).

EINGEBETTET				
	ohne Korrelat	mit Korrelat	mit Ngr	Σ
Subjekt/Pädikativ	8	14	1	23
direktes Objekt	73	8	3	84
Präpositionalobjekt	4	13	3	20
Adverbial				19
PSEUDO-EINGEBETTET/NICHT EINGEBETTET				15
INDIREKT EINGEBETTET				1

Tab. 5-2: Distribution der *daß*-Sätze nach grammatischen Kriterien

Bevor nun auf die Korpusanalyse im einzelnen eingegangen wird, sollen noch zwei Punkte hervorgehoben werden:
1. In der Literatur werden eingebettete *daß*-Sätze links- und rechtseingebettet bzw. »satzinitial« versus »satzfinal« (Harweg 1974, vgl. 5 vs. 5a) behandelt:

(5) a. *Mich freut, daß du kommst.*
    b. *Daß du kommst, freut mich.*

Im gesamten Korpus ist nicht ein Fall einer Linkseinbettung belegt. Selbst in den Fällen, wo eine Prädikativkonstruktion vorliegt und nach Grammatiken eine Linkseinbettung oder ein Korrelat erwartbar wäre, liegt im Korpus Rechtseinbettung vor:

(6)   *is ja nett daß sie mir dit sarn (.) frau szwalek* (daß-15)

2. In den meisten Fällen liegt eine einfache Einbettung über ein Matrixverb vor. In wenigen Fällen kommt eine Serialisierung von *daß*-Sätzen vor (7), nur drei mal ist eine Mehrfacheinbettung belegt (8):

(7)   *das war irgendwie den eltern natürlich*
       daß wir was besseres sind (.)
       daß wir ja mal was besseres sein können

(8)   *ich hoffe daß sie das verstehen (.) daß er geburtsleiden*
        mit sich noch rumschleppen würde

Wir werden deshalb unsere Analysen auf die Grundstrukturen der Einbettung (und
Nicht-Einbettung) von *daß*-Sätzen beschränken.

5.1 Eingebettete daß-Sätze

Eingebettete *daß*-Sätze sind dadurch gekennzeichnet, daß sie einen Subjunktor *daß*
haben, der zusammen mit seinem Subjunktivum Y in eine übergeordnete Struktur
eingebettet ist:

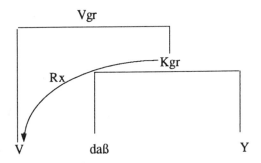

Dabei ist die Stellung des *daß*-Satzes nicht festgelegt, sondern von verschiedenen
Parametern abhängig, wie im einzelnen zu zeigen sein wird.

Eingebettete *daß*-Sätze sind zu einem großen Teil vom Verb regiert (Subjekt-,
Objektrelation) und besetzen direkt die Argumentstellen des Verbs oder sind indirekt abhängig über ein sog. »Korrelat« (Engel 1988) oder »Platzhalter« (Hel-
big/Buscha 1984) bzw. »Herausforderndes Element« (Bischoff 1981).

In Subjekt bzw. Prädikativrelation ist ein *daß*-Satz im Korpus 23 mal belegt.
Dabei ist nur 6 mal der *daß*-Satz Argument eines Vollverbs. In allen anderen Fällen
liegt ein Äquations- oder Existenzsatz mit der Kopula *sein* vor, vorwiegend mit einem adjektivischem Prädikativum (vgl. Tab. 5-3).

Vollverb		6
Kopulaverb mit	ADJ	9
	N	4
	ADV	2
	∅	2

Tab. 5-3: Distribution der *daß*-Sätze in Subjekt- und Prädikativrelation in Abhängigkeit vom Verb

Auffällig ist der hohe Anteil von *daß*-Sätzen in Kopulasätzen. In den Grammatiken zur deutschen Sprache werden *daß*-Sätze als Argumente des Verb *sein* nicht behandelt, in der Literatur nur am Rande (Rudolph 1981, Oppenrieder 1991:260-62).

Mehr als die Hälfte der *daß*-Sätze in Subjekt- bzw. Prädikativrelation tritt mit einem Korrelat auf, und zwar vorwiegend mit Korrelat-*es* oder dem Demonstrativpronomen *das* (vgl. Tab. 5-4).

ohne Korrelat		9
mit Korrelat	*es*	5
	Enklitikon [s]	1
	das	7
	der	1

Tab. 5-4: Distribution der *daß*-Sätze in Subjekt- und Prädikativrelation im Hinblick auf ein Korrelat

Sehen wir uns zunächst die Fälle ohne Korrelat an. In einem Falle ist der *daß*-Satz Thema-Argument eines Passivsatzes und steht im Nachfeld des verbalen Prädikats (9); der Passivsatz selbst ist Objekt zum Matrixverb *schreiben*.

(9)
1   T: er schreibt (.) von mir wird erwartet
2→   daß ich im leben überdurchschnittlich gut durchkomme \
             (daß-107/T:79%)

(9)

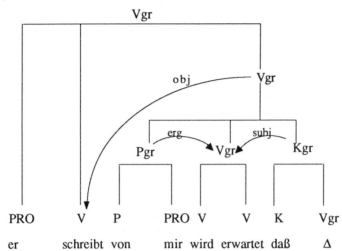

PRO	V	P	PRO	V	V	K	Vgr
er	schreibt	von	mir	wird	erwartet	daß	Δ

Im zweiten Falle (10) steht der Subjekt-*daß*-Satz ebenfalls im Nachfeld des verbalen Prädikats, die Subjektstelle ist durch das Adverb *da* besetzt, durch welches die zuvor genannten Gründe zoomartig zusammengefaßt werden; *da* hat hier eine refokussierende Funktion (Rehbein 1980).

(10)
```
1      I:      und bei der frage (.) was ihr machen würdet (.)
2              wenn ihr (.) ganz viel geld hättet (.) da ist mir aufgefallen (.)
3→             daß alle jungs sparen wollen (.) und die mädchen sich
4              klamotten kaufen (.)
               (daß-134/F:54%)
```

In vier Fällen stehen die *daß*-Sätze in Subjektfunktion eines Kopulasatzes, wobei die Subjektgruppe wie die Prädikativgruppe im Nachfeld des Prädikats stehen:

(11)
```
1      A:      (was nehm se) denn (.) orangensaft?
2      I:      nee (.) lieber 'ne selters
3              ((Gäste verabschieden sich))
4      A:      ((zu F1, die einen Blumenstrauß auf dem Tisch liegen
5              hat))
6→             is aba nett von dir daß de mir blum mitjebracht hast
7              mein engel
               (daß-154/E:60%)
```

(12)
1	E:	jestern milch jekauft und heute anjesäuat
2		((ein paar Kinder betreten den Hausflur))
3	S:	sie habm doch 'n <u>kühlschrank!</u>
4	E:	und trotzdem

.
.
.

5	S:	ja aba ich mein (.)
6		sie habm doch den kühlschrank
7		ich hatte ihn doch damals (.)
8	E:	na ja na ja ja
9	B:	(hatte)
10→		ah is ja seltsam
11		daß die jetzt schon (.)
12	X:	ick hab in bißchen eh (.) runtajedreht
13		weil mir dit (.)
14		ick dachte imma
15		jetzt vabraucht a so viel strom
		(daß-159/E:91%)

(13)
1	E:	((faßt sich an die Oberarme)) beim malern.
2	M:	ach (.) malern sie?
3	E:	hör'n se mal (.)
4		ick hab' dit erste mal in mei'm leben jemalert.
5→	M:	na und (..) ((amüsiert)) is doch höchste zeit
6		daß sie dit üben.
		(daß-11/V:67%)

(14)
1	K3:	meine goldbarren (.) meine gesammelten (.) kommen da rein.
2	E:	wat ham sie denn an goldbarren (.) glaub' ick nich. echt?
3	K3:	((schneidet eine vornehme Grimasse, wiegt den Kopf))
4		lacht)) wär' ja schön wa?
5→	E:	is ja nett (.) daß sie mir dit sarn (.) frau szwalek.
		(daß-15/V:80%)

In all den Fällen der Einbettung in einen Kopulasatz ohne Korrelat liegt folgende Grundstruktur vor:

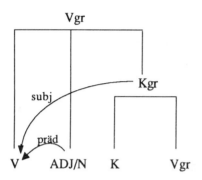

Das Vorfeld ist nicht oder durch Partikeln besetzt, die Argumente stehen im Nachfeld. Das Subjektargument könnte in Erstposition stehen oder durch ein Korrelat besetzt sein:

(11) a. *es is aba nett von dir daß de mir blum mitjebracht hast mein engel*
     b. *daß de mir blum mitjebracht hast mein engel is aba nett von dir*

11a,b sind die Möglichkeiten, die Bischoff (1981:148) aufgrund ihrer Korpusanalyse von Texten angibt; das Strukturmuster, das sich aus 11-14 ergibt, wird von ihr jedoch nicht belegt und angegeben.

Während in den Fällen 11,12,14 aufgrund des adjektivischen Prädikats der *daβ*-Satz eindeutig als Subjektsatz identifiziert werden kann, ist in Beleg 13 fraglich, ob der *daβ*-Satz in Subjekt- oder in Prädikativrelation steht. Man könnte auch annehmen, daß die Nominalgruppe *höchste Zeit* in Subjektrelation steht und der *daβ*-Satz als Prädikativum fungiert. Dagegen spräche - folgt man Eisenberg (1989:95-96), daß Subjektsätze - wie alle Subjektausdrücke - in Kopulasätzen vom Prädikatsnomen regiert werden:

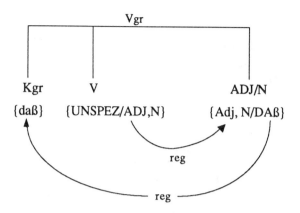

Der *daß*-Satz wäre von *nett* bzw. *Zeit* regiert und somit eindeutig Subjekt:

(13) a. *Daß sie üben, ist nett*
    b. *Daß sie üben, ist höchste Zeit.*

Allerdings wäre zu fragen, warum ein w-Satz in Subjektrelation mit dem adjektivischen Prädikativ möglich ist, aber nicht mit *Zeit*, wohl aber mit *Musikstück*, das wiederum mit einem *daß*-Satz verbunden werden kann:

(13) c. *Was sie üben, ist nett*
    d. **Was sie üben, ist Zeit*
    e. *Was sie üben, ist ein Musikstück.*
    f. **Daß sie üben, ist ein Musikstück.*

Die Akzeptablität von 13a,b,c,e versus 13 d,f ist nicht abhängig vom Prädikativ, sondern ganz allgemein von der semantischen Relation, die das Prädikativum mit dem Subjekt verbindet. Steht das Prädikativum in einer Modifikatorrelation zum Subjekt, ist ein *daß*-Satz sowie ein w-Satz möglich, steht das Prädikativ in einer Existenzrelation, ist ein *daß*-Satz nur in wenigen Fällen und ein w-Satz ist nicht möglich; bei einer Äquationsrelation (Identitäts- bzw. Implikationsrelation) ist ein *daß*-Satz nicht möglich, aber ein w-Satz:

(13) a. *Daß sie üben, ist nett.*
    c. *Was sie üben, ist nett.*
    g. *Das Geübte ist nett.*

(13) b. *Daß sie üben, ist Zeit.*
   d. **Was sie üben, ist Zeit.*
   h. **Das Geübte ist Zeit.*

(13) f. **Daß sie üben, ist ein Musikstück.*
   e. *Was sie üben, ist ein Musikstück.*
   i. *Das Geübte ist ein Musikstück.*

(13) j. *Das Musikstück ist ein Erfolg.*
   k. *Das Musikstück ist ein Libretto.*

Von daher ist von einem zweistelligen Verb *sein* auszugehen, das zwei Argumente regiert, von denen das eine in Subjekt-, das andere in Prädikativrelation steht. Bei Synkretismus könnte man nur von der Erstposition als latente Struktur her argumentieren, daß Subjektfunktion vorliegt oder bei einer Modifikatorrelation, daß das Element Subjekt ist, was modifiziert wird.

(13j)

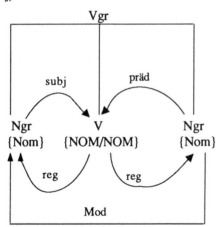

Das Musikstück ist   ein Erfolg

(13k)

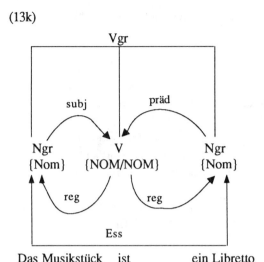

Das Musikstück   ist   ein Libretto

Das Vorkommen von *daß*-Sätzen (und w-Sätzen) ist nicht regiert vom Prädikativum, sondern ist abhängig von der Semantik der Argumente. Insofern kann in dem Satz *is doch höchste zeit daß sie dit üben* nicht entschieden werden, ob *höchste zeit* in Subjektrelation steht oder nicht. Allein aufgrund der Stellung kann angenommen werden, daß der *daß*-Satz Subjekt ist, da der *daß*-Satz nicht oder nur unter sehr starken pragmatischen Bedingungen als Prädikativum fungieren kann, wenn die Erstposition mit *es* besetzt wird:

(13)   *Es ist doch höchste Zeit, daß sie dit üben.*
(13')   *?Es ist, daß sie dit üben, höchste Zeit.*

Auch in den letzten zwei Fällen kann nur von einem *daß*-Satz als Prädikativum ausgegangen werden, wenn man annimmt, daß über die Position (latente Strukturierung) syntaktifiziert werden kann:

(15)
1	T:	= mmh (3.0) also letzten endes ähnlich
2		wie dies schneiden nicht / (2.0)
3→		der effekt ist der daß sie (2.0) ein stück ihrer
4		lebendigkeit ihrer kraft einfach verlieren nicht / (3.0)
		(daß-119/T:95%)

(16)
| 1 | P: | aber seine meinung war über diese tanztherapie |
| 2→ | | daß es nicht so unheimlich gut gewesen wäre ist |

3   weil die durchführung der therapie nicht besonders
4   gut war
             (daß-95/T:73%)

Im ersten Fall liegt eine Fokuskonstruktion vor, in der durch das akzentuierte
Pronomen *der*, das sich anaphorisch auf die Nominalgruppe und kataphorisch auf
den *daß*-Satz bezieht, die in dem *daß*-Satz ausgedrückte Proposition nach rechts herausgestellt wird. Semantisch liegt eine Modifikator- bzw. Explikationsrelation zwischen den Argumenten vor. Syntaktisch kann der *daß*-Satz als Attribut zu *der* aufgefaßt werden im Sinne von Engel (1988:291), oder aufgrund der Tatsache, daß eine
Spezifikation erfolgen muß, ist von einer Pronominalgruppe auszugehen, in welcher der *daß*-Satz vom Pronomen regiert wird, wenn man annimmt, daß das Pronomen ein „herausforderndes Element" ist (Bischoff 1981:283f.).

(15) a.   **Der Effekt$_i$ ist der$_i$*
     b.   **Der$_i$ ist der Effekt$_i$*
     c.   *Das* [präsupponierte Information] *ist der Effekt*

Die Nicht-Akzeptabilität von (15a) ist jedoch allein auf die Identitätsrelation zwischen Nominalgruppe und Pronomen zurückzuführen, wobei semantisch die Modifikatorrelation nicht gesättigt ist und insofern der *daß*-Satz obligatorisch ist. In
anderen Fällen, in denen eine Nominalgruppe spezifiziert wird, ist der *daß*-Satz eindeutig Attribut:

(15) d.   *Der Effekt, daß sie ihre Kraft nicht verlieren, ist gut.*
     e.   *Es ist der Effekt, daß sie ihre Kraft nicht verlieren.*

Von daher liegt es nahe, auch bei Pronomina, den *daß*-Satz als Attribut und nicht
als von einem Pronomen regierte Form anzusetzen.

Während der *daß*-Satz prinzipiell im Vorfeld des verbalen Prädikats stehen könnte,
ist dies mit Fokus-Pronomen nicht möglich:

(15) f.   *der effekt ist daß sie (2.0) ein stück ihrer lebendigkeit*
           ihrer kraft einfach verlieren nicht /
     g.   *daß sie (2.0) ein stück ihrer lebendigkeit ihrer kraft einfach verlieren*
           nicht / ist der effekt
     h.   *??? der daß sie (2.0) ein stück ihrer lebendigkeit ihrer kraft einfach*
           verlieren nicht / ist der effekt

Aufgrund dieses Stellungsverhaltens liegt es nahe, die Nominalgruppe in Subjektfunktion anzunehmen. In jedem Falle gilt wiederum, daß über die zweiwertige
Kopula Prädikativ- und Subjektargument regiert werden. Als Struktur wollen wir
folgende ansetzen:

(15)

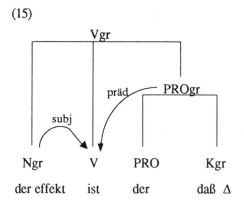

Ngr	V	PRO	Kgr
der effekt	ist	der	daß Δ

Im zweiten Fall (16) ist allein über den Nexus von *aber* präferiert der *daß*-Satz im
Nachfeld des verbalen Prädikats. Prinzipiell kann jedoch nicht entschieden werden,
welches Argument Subjekt ist und welches Prädikativum.

Neben *daß*-Sätzen ohne Korrelat oder Fokus-Pronomen als Korrelat, gibt es solche,
die durch kataphorisches *es* bzw. *das* gebunden sind:

(16)

1	P:	na (.) des glaub i net /
2		ganz von außen kommend is er net \
3	T:	und (5.0) also etwa unerledigt zu lassen (.)
4		das ruft in ihnen sofort des gefühl hervor /
5→		es bestätigt sich erneut (.) daß ich nix tauge /
6	P:	ja (.) (2.0) i muß es fertig bringen (.)
		(daß-34/T:11%)

(17)

1	P:	es kann ja gar nicht so sein \
2		auch (.) / das könnte ich so dazu sagen (.)
3		ebensowenig (.) wie es nicht sein kann (.)
4→		daß sie daß sie also an an an der arbeit
5		überhaupt nix taugen (.)
6		ebensowenig ist es möglich (.) \
7->		daß sie als vater überhaupt nichts taugen (.)

8   das gibt's gar nicht (.)
                     (daß-38/39/T:15%)

(18)
1   T: (6.0) aber trotzdem also obwohl sie so gute erfahrungen
2   auch machen jetzt das sind ja gute erfahrungen
3   die sie jetzt auch machen äh passierts halt doch
4→   daß sie schwer abstürzen gelegentlich
5   P: ja das passiert
                     (daß-65/T:44%)

(19)
1   P: das das hat ja ( ) da war die depression schon
2   längste zeit gewesen und es war nur ein versehen
3→   daß ich dazukomme daß ich ja ja neu anfangen muß / (1.0)
4   so war es gar nicht vorgesehen \
                     (daß-67/T:45%)

(20)
1→   P: und jetzt ist es ihm ganz bewußt (.) weil daß äh schon
2   langsam mit dem leiden auch mit der seelischen (.)
3   situation \ (2.0) und mit den therapien (.)
4   also vor 5 jahren hat er
                     (daß-88/T:69%)

(21)
1   T: es ist ja ähnlich abgelaufen wie vor = \
2   P: mmh
3   T: = zwei jahren \ nicht (.) auch so in der zeit vorher
4   und dann den selbstmordversuch und fast identisch auch =
5   P: = mmh =
6   T: = denn nicht / (2.0) und das wundert mich
7→   daß sagen wir mal in der zeit vor dem selbstmordversuch
8   jetzt \ (2.0) da nicht auch so ein stück erinnerung (.)
9   rückerinnerung gekommen ist \ (4.0)
                     (daß-70/T:47%)

(22)
1   P: nein (.) nein (2.0) einmal ist nur das gekommen (.)
2   ich hatte gedacht weil äh \ (.) nach der reise
3   irgendwann ( ) kann ich nicht (.) war das gleich nachher
4→   oder wie weit (2.0) daß ich gedacht habe

5   daß ich ja vielleicht bei dem ( ) vorbeigehen soll \
       (daß-71/T:47%)

(23)
1 P: ja genau **des** is einmal sehr wichtig is **des**
2→ T: mhm (1.0) ja daß sie was anpacken und daß
3   sie's dann auch durchführen können
       (daß-59b,c/T:39%)

(24)
1 P: also mir wurde auch die schon damals erfordert \ (.)
2   **das** war irgendwie den eltern natürlich
3→   daß wir was besseres sind (.)
4→   daß wir ja mal was besseres sein können \ (.)
       (daß-116a,b/T:85%)

(25)
1 C: also bei den jungs (.) wenn ich das mal so sagen soll (.)
2   is das schon irgendwie so (.) wenn einer dann drei wochen
3   nich mitkommt (.) und samstag abends zuhause hängt und so (.)
4→   ne? dann is **das** schon so (.) daß dann (.) weiß ich auch nich (.)
5   was hier eigentlich los is (.) weil das is ja grad so
6   unsere clique ne?
       (daß-132/F:43%)

(26)
1→ I: aber ist **das** typisch (.) daß man so was sagt (.)
2   wenn einem das nächste wort fehlt?
       (daß-140/F:82%)

(27)
1→ I: wie kam **das** überhaupt daß sie das gemessen haben?
       (daß-143/F:97%)

Während gegenüber der Attributfunktion des *daß*-Satzes bei Nominalgruppen, der *daß*-Satz das Korrelat *es, das* ersetzen kann, ohne daß sich die Bedeutung ändert, kann nur beim Pronomen *das* der *daß*-Satz im Nachfeld des Pronomens und adjazent zu diesem stehen, aber nicht bei *es* (vgl. auch Engel 1988:252):

(19) a. *es war nur ein versehen, daß ich dazu komme*
  b. **es, daß ich dazu komme, war ein versehen*
  c. *daß ich dazu komme, war nur ein versehen*

d. *das war nur ein versehen, daß ich dazu komme*
e. *das, daß ich dazu komme, war ein versehen*
f. *daß ich dazu komme, war nur ein versehen*

	im Nachfeld von	substituierbar ohne Bedeutungsänderung
N	+	-
das	+	+
es	-	+

Tab. 5-5: Stellungsverhalten und Substituierbarkeit von *daß*-Sätzen

Die Frage ist, wie der *daß*-Satz syntaktisch im Hinblick auf *es* behandelt werden kann? Aufgrund der Position kann der *daß*-Satz wie in (19e) als Attribut behandelt werden, dies wäre für *es* nicht möglich. Auf der anderen Seite kann in allen Belegen, in denen *es* steht prinzipiell auch *das* stehen und umgekehrt; semantisch sind *das* und *es* äquivalent. Eisenberg (1989:196) schlägt vor, auf *es* bezogene Sätze und Infinitivgruppen als Attribute zu *es* zu fassen. Beleg 19 kann folgende Grundstruktur zugrunde gelegt werden:

(19)

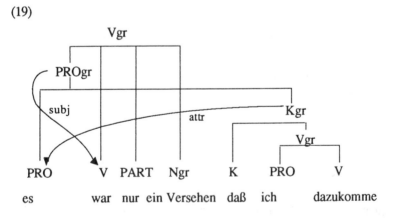

Die Lösung hat den Vorteil - wie weiterhin gezeigt wird - daß alle Fälle mit Korrelaten zum *daß*-Satz einheitlich als Attributkonstruktionen analysiert werden können. Wie erklärt sich jedoch das Stellungsverhalten von [*es, daß* p]? Die Begründung liegt allein im pragmatischen Bereich. Bei der Konstruktion *[das daß*-p X) bzw. [N *daß*-p X] sind die Nominale durch Akzent fokussiert; dies ist bei *es* nicht möglich. Während *das* alle phorischen Funktionen erfüllen kann, ist *es* auf anaphorische und kataphorische Funktionen beschränkt. Die deiktische Komponente, die *das* als exophorisches Demonstrativ besitzt, hat *es* nicht:

(28)   *Das da*   ((mit Zeigegestus))
(29)   *dies das*   ((mit Zeigegestus))
(30)   *??Es da*   ((mit Zeigegestus))

Von daher kann das Korrelat-*es* durch das in allen Fällen ersetzt werden, aber nicht umgekehrt, weil der pragmatische Geltungsbereich von *das* größer ist als von *es*:

	exophorisch	anaphorisch	kataphorisch
das	+	+	+
es	??	+	+

Tab. 5-6: Referenzfunktionen von den Korrelativa *es* und *das*

es ist deshalb nicht fokussierbar und kann folglich keinen Fokus-Akzent erhalten. Zudem tritt *es* häufig als Enklitikon auf (s.u.). Da der Dummy in „[ ], *daß ich dazu komme, war ein versehen*" akzentuiert werden muß, kann *es* die Dummy-Position nicht besetzen. Da keine Belege des Konstruktionstypus [*das*, *daß*-p X] vorliegen, wäre weiter zu prüfen, welche pragmatischen Funktionen im einzelnen mit diesen Konstruktionen verbunden sind. Im weitesten Sinne handelt es sich um Fokuskonstruktionen.

   In Beleg 31 ist der *daß*-Satz Attribut zur Nominalgruppe *die rolle*; die syntaktische Funktion der komplexen Nominalgruppe ist entweder als Objekt (s. Z 1) oder als Subjekt (s. Z 5,8) anzusetzen. Ein dritte Möglichkeit der Analyse besteht darin, aufgrund der Koreferenzbeziehungen eine syntaktisch nicht weiter zu bestimmende freie Nominalgruppe anzusetzen.

(31)
1   P: also ich habe auch die rolle immer (.) durchspielen
2   müssen (.) durchmachen müssen in meiner kindheit
3   egal ob ich in der schule war / (2.0) dann später war
4   das ja nicht so konkret weil ich ja nicht mehr zu hause
5→   war / (.) auch die rolle daß ich eigentlich (1.0)
6   bezüglich was ich mache / (1.0) lerne studiere oder egal
7   (.) daß ich kein normaler durchschnittsbürger bin ( )
8   also mir wurde auch die schon damals erfordert
             (daß-114/115/T:84%)

Den Hauptteil aller *daß*-Sätze machen *daß*-Sätze von transitiven Verben in Objektrelation (do) ohne Korrelat aus, z.B. *sieht man kaum daß hier mal fremde mit nem mofa durchfahren durch westerhausen.* Wie bei den Subjektsätzen erfolgt die Einbettung der *daß*-Sätze rechtseinbettend und folgt somit der präferierten Wort- und Satzgliedstellung SPO. Neben *wissen* und *sagen,* die auch nach Bischoff (1981:268) den Hauptteil aller Verben in der geschriebenen Sprache ausmachen - 10% ihres Testkorpus -, spielen in der gesprochenen Sprache *denken, glauben, merken* eine relativ große Rolle (vgl. Tab. 5-7), also Verben der Klassen der *verba dicendi* (V1), *verba sentiendi* (V2) und Verben der Wahrnehmung (V3). Daneben gibt es Verben des Veranlassens und Aufforderns (V4), z.B. *fordern,* Verben des Wollens und Hoffens (V5) sowie *verba operativa* (V6)[2].

Die Klasse der Verben des Sagens, des Denkens, des Wollens, des Hoffens, der Wahrnehmung, der Handlungsmodalität, die *daß*-Komplemente zulassen, stellen Modaloperatoren dar. Durch die Verben wird spezifiziert, welche Einstellung ein Sprecher zur Proposition p des *daß*-Satzes hinsichtlich des Faktizitätsgrades einnimmt, d.h., ob ein Sprecher den Satz für wahr hält oder nicht. „*wissen-daß*-p" impliziert, daß ein Sprecher den durch p ausgedrückten Sachverhalt für wahr hält, „*glauben-daß*-p" ist demgegenüber unspezifiziert. Morphologisch schlägt sich dies darin nieder, daß faktive Verben nur den Indikativ, nicht-faktive Verben Indikativ und Konjunktiv I (vgl. Eisenberg 1989:131) nehmen[3].

	n	faktiv	Kon-junktiv	auch mit Korrelat belegt	V-Klasse
aufpassen	1	+	-	+	V1
äußern	1	-	-	-	V1
ausdrücken	1	-	-	-	V1
berechnen	1	+	-	-	V6
denken	8	+	-	-	V2
einsehen	1	+	-	-	V2
erzählen	1	-	-	-	V1
feststellen	1	-	-	-	V6

2 Bei den Klassen V1-3 ist eine Infinitivgruppe ausgeschlossen; ein uneingeleiteter *daß*-Satz ist möglich (vgl. Beneš 1979).
3 Die Unterscheidung des DUDEN (1984: 682-683) in faktischen und referierenden *daß*-Anschluß ist unabhängig von wahrheitssemantischen Werten; stattdessen wird als Kriterium gegeben, ob der Inhalt des *daß*-Satzes abhängig ist vom „geistig-seelischen Verhalten, das im dominanten Satz gegeben ist" oder nicht.

fordern	1	+	-	-	V4
glauben	14	-	-	+	V2
heißen	2	-	-	-	V1
hoffen	1	-	-	-	V5
machen	1	+	-	-	V6
meinen	3	+	-	-	V1
merken	9	+	-	-	V3
möchten	1	+	-	-	V5
sagen	9	-	-	-	V1
schätzen	1	+	-	-	V2
schreiben	3	-	-	-	V1
sehen	2	+	-		V2
verstehen	1	+	-	-	V2
vorstellen, sich	3	-	+	-	V2
wissen	8	+	-	+	V2

Tab. 5-7: Verben mit *daß*-Komplementen in Objektrelation

In der gesprochenen Sprache spielt der Konjunktiv praktisch keine Rolle, er ist nur in einem Fall belegt, zudem in der Umschreibung [*würde* + Infinitiv] als typisches Kennzeichen der gesprochenen Umgangssprache (DUDEN 1984:171):

(32)
1→   T: könnten sie sich vorstellen / daß sie gegenüber diesem (.)
2   mann mit seinem fehlverhalten (.) daß sie dem gegenüber
3   anders / auftreten würden (.) wenn sie nicht von ihm
4   abhängig wären

vorstellen ist ein nicht-faktives Verb. Der Konjunktiv markiert in besonderer Weise die Modellsituation, die als mögliche vom Therapeuten ins Spiel gebracht wird. Diese mögliche Alternative wird so ins Spiel gebracht, daß der Therapeut selbst keine Stellung dazu bezieht und dem Patienten den Part zuspielt, Stellung zu beziehen.

Ein Teil der Sätze mit Objekt tritt mit Korrelat *es, das*, Enklitikon [s] sowie *was* auf. Da *es* gegenüber *das* keinen Fokusakzent erhalten kann, liegt es nahe, von einem Enklitikon *es* auszugehen.

	n	Korrelat	faktiv
begreifen	1	es	+
finden	2	es / 's	+
für wichtig halten	1	's	+
glauben	1	's	-
machen	1	's	+
vorstellen	1	dit	-
wissen	1	das	+

Tab. 5-8: Sätze mit Objekt und Korrelat *es, das*

(33)
1   T: mmh (3.0) ja (.) jetzt moment (.) äh (.)
2→   ich halt's für wichtig / (.) daß sie daß wir jetz immer
3   wieder schauen / (.) äh (.) was ist /
           (daß-36/T:13%)

(34)
1   T: h / und d o c h irgendwie scheinen sie es als
2   ihre aufgabe zu b e g r e i f e n / (.)
3→   daß daß es i h n e n immer wieder zufällt (.)
4   äh da einzugreifen
           (daß-46/T:22%)

(35)
1→   Bi: ich find's auch gut (.) daß man da mehr hinschreiben kann (.)
2   denn manchmal...
           (daß-122/F:25%)

(36)
1   P: i bin davon nicht über... (2.0)
2   also ich kanns nit i kanns net äh glauben
3→   daß des=
4   T: =hm erzähln / sie mir doch 'mal n bißl was
5   von der beziehung zu ihrer frau (1.0)
           (daß-57/T:33%)

(37)
1   T: mmh (1.0) ja ich find **das** gut

2→   daß sie davon daß sie da so'n positiven eindruck haben
3   und daß sie daß sie davon wirklich was profitieren
           (daß-62/T:41%)

(38)
1   T: (2.0) ja und (.) **das** hatte ich nicht gewußt
2→   daß wir dazwischen eine eine tochter / gehabt haben = \
           (daß-79/T:55%)

(39)
1   M: ick muß gloob ick (viel) vitaminmangel leid'n.
2   mir schmeck'n uff eenmal nach jahr'n erdbeer'n. (2.0)
3   hab' ick niejejess'n. (3.0)
4→   könn' sich **dit** vorstell'n daß ick vielleicht na (.)
5   weeß ick nich (2.0) also in den letzt'n jahr'n
6   hab' ick vielleicht een pfund erdbeer'n jejess'n. (2.0)
           (daß-21/V:97%)

Bei Korrelat *das* ist der *daß*-Satz wiederum eindeutig Attribut, z.B. (37') *ja ich find das daß sie davon daß sie da so'n positiven eindruck haben gut.* Wiederum gilt, daß *es* durch *das* ersetzt werden kann, aber nicht notwendigerweise gilt das Umgekehrte. Dies gilt auch im Falle, das *es* klitisiert ist:

(35) a.   ich find's auch gut, daß man da mehr hinschreiben kann
     b.   ?ich find' s, daß man da mehr hinschreiben kann, auch gut

     c.   ich find **es** auch gut, daß man da mehr hinschreiben kann
     d.   ?ich find **es**, daß man da mehr hinschreiben kann, auch gut

     e.   ich find **das** auch gut, daß man da mehr hinschreiben kann
     f.   ich find **das**, daß man da mehr hinschreiben kann, auch gut

Aufgrund dieses einheitlichen Verhaltens können die *daß*-Sätze als Attribute zu den Korrelativa *es* und *das* begriffen werden. Die adjazente Stellung des *daß*-Satzes im Nachfeld des Korrelativums ist prinzipiell dispräferiert (und im Korpus auch nicht belegt). Satz (35) können wir folgende Struktur zugrunde legen:

(35)

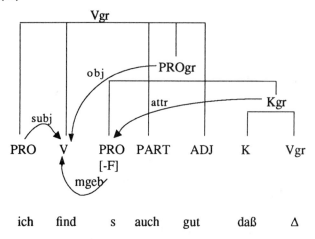

ich   find   s   auch   gut   daß   Δ

In drei Fällen ist der *daß*-Satz als Attribut zu einer Objekt-Nominalgruppe belegt:

(40)
1   T: = na gut ich mein sie brauchen jetzt auch ein gewisses
2   erfolgserlebnis insofern brauchen sie jetzt auch das
3→   erlebnis daß ihr bemühen um diese kur erfolgt hat ne /
4   daß sie da nit wieder auf dem bauch landen
             (daß-59a/T:39%)

(41)
1   P: ja und des da und verständnis ist ah sehr sehr (7.0)
2   ((sehr leise)) die ganze gruppe irgendwie (.) ich hab'
3→   auch das glück daß ich in 'ne gruppe nei bin die ganz
4   neu aufgebaut ist
             (daß-64/T:43%)

(42)
1   P: also er hat schon (.) schon (.) als er 17 jahre 18 jahre
2   alt war hat er hat er schon dieses gefühl gehabt
3→   daß er ja irgendwann auch eine therapie braucht auch \
4   (.) er hat schon damals gewußt daß es ja alles nicht so
5   ganz harmonisch laufen wird
             daß-86a/T:68%

In den ersten beiden Fällen steht der *daß*-Satz direkt hinter dem Bezugsnominal (im Gegensatz zu Bezug auf *das*), während im dritten Beleg der *daß*-Satz aufgrund der

Verbklammer außerhalb des Satzrahmens steht, in dem die Bezugsnominalgruppe eingebettet ist. Unabhängig von der syntaktischen Funktion (Subjekt oder Objekt) liegt bei Attributfunktion des *daß*-Satzes in bezug auf eine Nominalgruppe folgende Struktur vor:

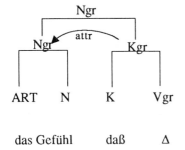

das Gefühl   daß   Δ

Neben *daß*-Sätzen in der Funktion des Subjekts und direkten Objekts treten *daß*-Sätze in der Funktion des Präpositionalobjektes auf, dabei in der Regel mit Korrelat *da(r)*-x, das obligatorisch vom Verb regiert wird (vgl. Tab. 5-9 und hierzu Engel 1988:257-259).

	n	Korrelat obligatorisch
mit Korrelat		
arbeiten an	1	+
bringen zu	1	+
denken an	2	+
Freude haben an	1	+
kommen auf	1	+
kommen durch	1	+
kommen zu	1	+
liegen an	1	+
rechnen mit	1	+
sehen in	3	+
ø für das	1	
mit Bezugsnominal		
liegen in der Phantasie	1	+

	n	Korrelat obligatorisch
mit Korrelat		
ohne Korrelat		
freuen, sich (über)	1	
zufrieden sein (über)	1	
staunen (über)	1	
wundern, sich (über)	1	

Tab. 5-9: *daß*-Sätze in der Funktion des präpositionalen Objekts

Nur in vier Fällen tritt der *daß*-Satz ohne Korrelat auf:

(43)
1	K1:	nö (.) ach (.) darüber streiten sowieso nich.
2→		ick wunderte mich bloß (.) daß ick zwee flaschen
3		zuviel hatte.
		(daß-2/V:13%)

(44)
1	K2:	könn' ja eintritt nehm'n!
2	M:	ja (.) ( ) seh'n se (.) sie hab'n ideen (.)
3		da bin ick noch nich druff jekomm'n.
4→	K2:	ja (.) da staun' ich (.) daß - hab ich sonst auch nich
5	M:	ja bitte. ja (.) darf ich mal (.) darf ich mal.
		(daß-4/V:17%)

(45)
1	M:	nein (.) ick habe gestern von zehn uhr bis abends
2		neun uhr bücher jemacht
3	K6:	fünf pfund neue kartoffeln.
4	M:	und jetz bin ick wieda glücklich und zufrieden (.)
5→		daß ick se habe (.) fertig habe.
		(daß-9/V:52%)

(46)
1	M:	dit is turbanzia.
2	K3:	wie heißt die?

3→   M: ja ick freu' mich daß ick den namen weeß.
                 (daß-10 /V:66%)

Der *daß*-Satz hat den Status eines Objektes, wir können folgende Grundstruktur zugrunde legen:

(64)

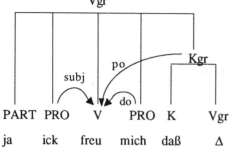

PART PRO   V   PRO K   Vgr

ja   ick freu mich daß   Δ

Als kataphorische Korrelate treten *daran, dadurch, darauf, darin, dazu, damit* und dialektal *für dös* (dafür) auf. Die Korrelate sind primär kataphorisch gebrauchte
Präpositionaladverbien, die prinzipiell auch in exophorischer Funktion auftreten
können.

(47)
1   M: nee (.) er war elf jahre verheiratet. wenn er jetzt
2   nochmals (.) viermal (.) denn würd' ick sag'n noch
3   vierundvierzich (.) denn is er fünfundfuffzich (.) naja (.)
4   denn muß er sich ja (.) denn kann er langsam **dran** denken (.)
5→   daß ooch mal zu ende jeh'n könnte. aber ick wollt' ja
6   bloß wat nettet sag'n. (6.0)
                 (daß-6/V:35%)

(48)
1   E: ick hab' keine ahnung von fußball.
2   M: naja (.) ick (.) ick hab ja
3   E: ick hab' weder ahnung (.)
4   M: noch interesse (.) meinen sie (.) aber ick habe freude **dran** (.)
5→   daß se absteijen.
                 (daß-13/V:75%)

(49)
1   T: hm (17s) hh / (13s) mmh / Wofür haben sie denn heute

2		g e k ä m p f t \ (4s)
3	P:	nja um (.) um äh w o f ü r / mh (.) eigentlich
4		für fürs g r u n dprinzip fürs r e c h t /
5→		**für d ö s** (.) äh daß man net ff (2s) h / (.)
6		die menschen äh menschlichen fähigkeiten verw i r f t /
7→		(2s) daß man net objektiv (.) sondern s u b j e k t i v
8		denkt (4s)

(daß-42/43/T:19%)

(50)

1	T:	und und und (.) das war einmal (.) aber so habe ich nicht
2→		bewußt **daran** gedacht daß es ja jetzt =
3	P:	= gleichmäßig laufen äh ablaufen tut wie (11.0)

(daß-72/T:47%)

(51)

1	P:	weil bei seine dinge ist es ja **dazu** gekommen
2→		daß die irgendwie damit rechnen daß \ (1.0)
3		daß diese (1.0) bei der geburt erlebte zustände
4→		**dazu** vielleicht bringen daß es ja (.) ab und zu
5		unheimlich so ein gefühl ist\ (.)

(daß-76/T:51%)

(52)

1	P:	= gefunden worden und dann ist er langsam **drauf** gekommen
2→		daß es ja psychosomatisch sein muß =
3	T:	= mmh =

(daß-87/T:69%)

(53)

1	T:	er sieht ja die größten probleme eigentlich **darin**
2-→		daß ihr gegenüber (.) was er jetzt fühlt (.)
3→		daß gegenüber ihm so hohe \ äh (.) erwartungen \ stehen

(daß-105/106/T:79%)

(54)

1→	I:	keiner von euch arbeitet **daran** daß er seinen
2		traumberuf bekommt?

(daß-129/F:39%)

(55)

1	Jö:	läßt immer den supercoolen raushängen und so (.) weil er der
2		große is (.) der eben als einzigster hier geld verdient und

3   so.
4→   Mi: ja (.) das kommt auch dadurch (.) daß er arbeitet jetzt.
               (daß-137/F:72%)

(56)
1   C: mhm (.) ich glaube auch die meisten leute habm da
2   eigentlich überhaupt keine (.) ahnung **daran** liecht das eben
3→   daß dann solche vorurteile kommen
               (daß-144/F:88%)

Der *daß*-Satz kann direkt hinter dem Korrelat stehen *[daran daß...]*$_S$ (53) oder außerhalb des Satzrahmens *[daran... [daß]]*$_S$ (50). Wie bei *das* und *es* kann der *daß*-Satz auch hier formal als Attribut zum Präpositionaladverb begriffen werden (Eisenberg 1989:352, Grundzüge 1981:819), wenn auch hier »keine Spezifizierung oder Explikation wie bei normalen Attributen vor[liegt], sondern das Pro-Element gewissermaßen als Träger der Präposition auf[tritt]« (Grundzüge 1981:819). Ein Satz wie (56) hat also folgende Grundstruktur:

(56)

Ist das Präpositionalobjekt als Präpositionalgruppe realisiert, so modifiziert ein *daß*-Satz das Kernnominal und ist somit ebenfalls Attribut:

(57)
1   P: dös liegt immer wieder (.) in der phantasie (.)
2→   daß man oimal naja gut hh (.)
               (daß-49/T:23%)

(58)
1   T: ja ist der streß nun (.) äh (.) ist der von außen
2   oder setzen sie sich selber unter diesen streß?
3→   daß sie nichts liegenlassen können
               (daß-33/T:11%)

(59)
1   T: mmh (.) und mit welchem resultat so / (1.0)
2→   P: mit dem resultat daß ich ja \ (1.0) wie ich gesagt habe
3   ein bißchen ängstlich war bei der situation (1.0)
                daß-112/T:82%

(60)
1→   P: dann kommen wir auch zu ähnlichem resultat und daß ich
2   aggressionen da habe die ich ja gegenüber eltern oder
3   oder gegenüber den erlebten situationen erziehung (.)
4   kindheit dann dann (.) loswerden möchte \ (.)
                (daß-113/T:82%)

(57)

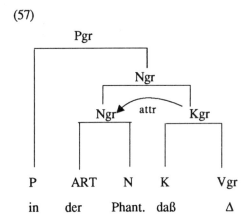

Dialektales *für dös* ist strukturell analog aufgebaut: Der *daß*-Satz ist Attribut zu dem Demonstrativpronomen. Da aber *dös* semantisch leer ist und nur eine kataphorische Funktion hat, wird die Schnittstelle zum Präpositionaladverb deutlich, da in beiden Fällen (*für dös, dafür*) keine Modifikatorfunktion vorliegt, sondern eine Proform als Träger der Präposition des Präpositionalobjektes.

Ebenfalls in Attributrelation in bezug auf ein Korrelat tritt der *daß*-Satz in der Adverbialrelation auf; im Korpus in bezug auf *dadurch* und *so*. Strukturell gesehen handelt es sich - analog zum Präpositionalobjekt mit Korrelat - um eine komplexe adverbiale Adverbialgruppe mit einem Adverb bzw. Pronominaladverb als Kern:

(61)

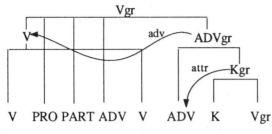

V   PRO PART ADV   V   ADV   K   Vgr

sind sie denn jetzt erleichtert dadurch daß   Δ

Neben kausalem und modalem Adverbial mit obligatorischem Korrelat, ist der *daß*-Satz als finales und konsekutives Adverbial belegt.[4] Dabei sind die semantischen Relationen zwischen den Propositionen des Haupt- und Nebensatzes nur partiell faßbar. Modaler *daß*-Anschluß, durch den »in einem der beiden Teilsätze Mittel und Umstände genannt [werden], die das im anderen Satz genannte Geschehen charakterisieren« (DUDEN 1984:708), erfolgt nach DUDEN (ibid., S. 708f.) durch *dadurch - daß* (ähnlich Helbig/Buscha 1984:460) bzw. *so - daß*. Allerdings läßt sich bei *dadurch - daß* eine kausale Interpretation annehmen, wobei sich *dadurch - daß* durch *auf Grund der Tatsache - daß* bzw. *weil* substituieren läßt, während ebenfalls modaler *indem*-Anschluß weniger akzeptabel ist:

(61)
1→   T: sind sie denn jetzt erleichtert dadurch daß sie bei
2   xxx gekündigt haben /
            (daß-60/T:39%)

(62)
1   P: und das war ja das ge ge grundgelegte äh fassung
2   was die dann gefunden haben und wenn die das jetzt
3   zerlegt haben hat er gemerkt daß er fortschritte z.b.
4→   dadurch hat / (.) daß er jetzt besser aggressionen zeigen
5   kann und daß er nicht mehr so abhängig von den eltern \
6   ist (.) was er bis jetzt gewesen ist \
            (daß-104a,b/T:78%)

---

4 Daß adverbiale *daß*-Sätze alltagssprachlich in der Tat relativ selten vorkommen (Engel 1988: 718) stimmt - im Korpus 18 Belege -, aber es stimmt nicht, daß es sich vor allem um Finalsätze handelt (vgl. ibid.).

(63)

1→	P:	= und äh und da hat er ja dadurch daß er die erlebnisse
2		der kindheit hineingegangen ist hat er ja unheimlich
3		depressive situationen da erlebt /
		(daß-99/T:75%)

Modaler *so - daß*-Anschluß erfolgt nicht nur in dem Sinne, daß Handlungen und Tätigkeiten spezifiziert werden (a), sondern auch Zustände, ausgedrückt durch statische Prädikate (b); *so - daß* ist also nicht nur ein Kodierungsdevice für Handlungsmodalität, sondern auch für Ereignismodalität:

(64)

1	Bi:	is auch alles kinderei!
2	A:	ja (.) kinderei (.) kinderei!
3	Ma:	ja für mich is das so (.) irgendwie (.) ich seh das so (.)
4→		daß im großen und ganzen gehören wir zur clique.
		(daß-135/F:65%)

(65)

1	P:	und dann wieder der selbe streß und des oh /
2		hoffentlich kommt bald samstag (.) sonntag (.)
3		do hast da ruhe und samstag (.) sonntag is do meistens
4→		so (.) / daß mi vollaufe lasse \
		(daß-32/T:10%)

Die Abgrenzung nach den Kriterien des DUDEN von modalem *daß*-Anschluß zu entsprechendem Konsekutivgefüge ist ohne Probleme möglich. Nach DUDEN (1984:709) können modaler *daß*-Anschluß und konsekutiver *daß*-Satz mit *so*-Korrelat dadurch unterschieden werden, daß
1. nur in konsekutiven Fällen nach dem *so* ein qualifizierendes Adjektiv stehen kann:

(66)

1→	P:	äh (.) haben sie so übungen gemacht äh (.) daß die ja
2		in die kindheit zurückgehen und und die gefühle der
3		kindheit also da dann halt rausholen / (1.0)
4		aber seine meinung war über diese tanztherapie
5		daß es nicht so unheimlich gut gewesen wäre ist
6		weil die durchführung der therapie nicht besonders gut
7		war (.) und und weil äh die ziele der therapie
8		eigentlich nicht so konkret waren \

9→ daß er ja dann halt dies methode nicht mehr weitergemacht
10 hat (1.0)
(daß-94/96/T:73%)

(67)
1 A: und da quatscht schon klaus so richtich laut üba den
2→ daß a dit hört (.) wa? also er klaus bald aus de
3 telefonzelle jeholt
(daß-156/E:66%)

2. nur im konsekutiven Fall *so* weglaßbar, also optional ist; in Fällen, in denen *so* inseriert werden könnte, liegt in keinem Falle modale Interpretation vor:

(68)
1 P: aber dieser brief und seine äußerungen auch ab und zu
2 am telefon und früher einmal wenn wir getroffen haben
3 (1.0) ähm (1.0) mögen dann doch irgendwie fuß und hand
4→ haben (.) daß es ja bei mir vielleicht einmal (.)
5→ gut wir sind äh äh wäre daß ich ja die beziehung zu den
6 eltern auch besser zerlege \ und und es anschaue \ (1.0)
(daß-109/110/T:81%)

(69)
1 P: dann geh ich i ins bett (3.0) ((Luftholen))
2 ah und dann lieg i drin (.) schweißgebadet oft (.)
3→ daß ich aufstehen muß (.) muß mich abtrocknen (4.0)
(daß-31/T:9%)

(70)
1 P: also lieber tut er wie ein wissenschaftler in einer ecke
2 sitzen und äh und äh (.) hat ja diesbezüglich nie sport
3→ gemacht daß er ja also den körper kennen würde (1.0)
(daß-89/T:71%)

(71)
1 P: (1.0) ja (5.0) fest dran überlegt und gerätselt
2 und äh vielleicht (atmet schwer 4.0) is a großer teil
3 oder großer fehler an mir selber passiert (2.0)
4 T: hm
5→ P: daß des soweit gekommen ist.
(daß-55/T:31%)

3. *so - daß* in konsekutiven nicht durch *dadurch -daß* bzw. *indem* ersetzbar ist, ohne daß sich die Satzbedeutung ändert, aber in modalen.

Während die Kriterien 1 und 2 für (a) und (b) zutreffen, gilt Kriterium (3) für die modalen *daß*-Sätze nicht.

Finalsätze treten in vier Fällen auf; *daß* kann durch *damit* substituiert werden:

(72)

1	T:	= na gut ich mein sie brauchen jetzt auch ein gewisses
2		erfolgserlebnis insofern brauchen sie jetzt auch das
3		erlebnis daß ihr bemühen um diese kur erfolgt hat ne /
4→		daß sie da nit wieder auf dem bauch landen

(daß-59b/T:39%)

(73)

1	Mi:	und wenn die hier nich sind (.) kann man immer noch zu
2		den jugendlichen-treffpunkten.
3	C:	ja genau (.) wird jeder abgeklappert. (..) hinten anner
4		bank beim e-werk.
5→	I:	grenzt ihr euch von den anderen ab (.) daß ihr keinen mehr
6		in eure gruppe reinlasst?
7	C:	ja (.) wente letzten samstag (.) da kamen hier auch so zwei
8		pappnasen an (.) vonne schule (.) ne? und äh (.) weiß ich auch
9		nich (.) `n bischen gut druck gemacht.

(daß-125/F:31%)

(74)

1	S:	mja (.) da habm se erst ma=
2	K:	=((lachend)) kam da raus ick im schlafanzuch (.) ne koffa in
3		der hand rüba
4	I:	hm
5	S:	da habm se jekloppt
6	K:	habm die denn abjehang (.) ja?
7→	S:	daß wa rauskomm (.) na also! ick war (beede) kaputt warn wir

(daß-149/E:38%)

(75)

1	T:	wofür / halten sie sich denn
2	P:	ja halt für einen ganz normalen bürger der da auf der
3→		erde herumkrakpelt / und und ( ) schaut daß ( ) er den

| 4 | | magen vollkriegt |
| | | (daß-24/T:2%) |

In einem Fall kann die semantische Relation zwischen der Proposition des übergeordneten und der des untergeordneten Satzes nicht rekonstruiert werden:

(76)

1	M:	außerdem?
2	E:	'n paar mohrrüben (.) so zum knabbern für mein' sohn (.)
3→		daß er se nich (.) daß er se nich verschlucken
4	M:	knabbert der schon?
		(daß-12/V:70%)

In allen bisher auftretenden syntaktischen Funktionen - sei es als Argument des
Verbs oder als Adjunkt - liegen *daß*-Sätze vor, die direkt oder über ein Korrelat in
einen übergeordneten Matrixsatz eingebettet sind. Demgegenüber gibt es eine Reihe
von *daß*-Sätzen, bei denen eine solche Art der Einbettung nicht vorliegt. Die
Struktur und Funktion dieser Sätze soll im weiteren behandelt werden.

5.2 Pseudo-eingebettete, nicht-eingebettete und indirekt eingebettete *daß*-Sätze

Neben eingebetteten *daß*-Sätzen finden wir in unserem Korpus eine Anzahl nicht-
eingebetteter *daß*-Sätze bzw. - von uns so bezeichneter - pseudo-eingebetteter *daß*-
Sätze wie z.B. *bloß daß wir keen wort französisch konntn*. Bei pseudo- und nicht-
eingebetteten *daß*-Sätzen erfolgt keine Einbettung über ein Matrixverb; das finite
Verb erscheint in Verb-Endstellung. Nicht-eingebettete *daß*-Sätze sind hinsichtlich
syntaktischer, semantischer und pragmatischer Eigenschaften beschrieben worden
(Buscha 1976, Weuster 1983. Oppenrieder 1989, 1991), wobei die Funktionen dieser Sätze, wie sie im Korpus belegt sind, in der Literatur nicht behandelt werden.
Pseudo-eingebettete *daß*-Sätze werden zudem überhaupt nicht thematisiert. Es soll
deshalb zunächst einmal kurz auf die Diskussion des grammatischen Status von
nicht-eingebetteten *daß*-Sätzen in der Literatur eingegangen werden.

Während die einen nicht-eingebettete *daß*-Sätze als selbständige Hauptsätze klassifizieren - behandeln die anderen diese als „isolierte Nebensätze" (Buscha 1976)
bzw. hauptsatzwertige oder elliptische Nebensätze (vgl. Weuster 1983:12-16).

Weuster schlägt in ihrer detaillierten Untersuchung[5] vor, *daß*-Sätze als selbständige Sätze zu behandeln, weil

1. »die Ellipsenhypothese nicht verträglich ist mit theoretischen Postulaten, daß nur solche Elemente eines Satzes durch Transformationen getilgt werden, die aus der verbleibenden Oberflächenstruktur rekonstruierbar sind« (ibid., S. 41) und

2. weil die *daß*-Sätze (a) als Aussagesätze und (b) als Wunsch- bzw. Befehlssätze klassifiziert werden können.

Zu der Gruppe von konstativen *daß*-Sätzen zählt Weuster jene, mit denen »ein bestimmter Sachverhalt als tatsächlich oder hypothetisch wahr behauptet« (ibid., S. 49) wird. Für diese als Aussagesätze zu klassifizierenden Sätze gilt, daß mit den selbständigen *daß*-Sätzen eine andere Illokution verbunden ist als mit den entsprechenden Aussagesätzen mit Verb-Zweitstellung:

(77) a. *Daß Du dich nicht schämst.*

b. *Du schämst dich nicht.*

Während Satz (77b) zunächst ein Aussagesatz ist, können durch (77a) verschiedene emotionale Bewertungen des Sprechers (Erstaunen, Tadel) ausgedrückt sein. »Eine etwaige emotionale Bewegung des Sprechers könnte hier durch die Intonation ausgedrückt werden und/oder durch den jeweiligen Kontext bestimmt sein« (ibid., S.50).

Zu der Gruppe der imperativen *daß*-Sätze gehören jene, die eine Handlungsausführung beschreiben bzw. die Herbeiführung eines Zustandes spezifizieren, wie z.B. *Daß sich keiner mehr von der Stelle rührt.* Die Wunsch- und Befehlssätze haben weitgehend das gleiche Illokutionspotential (Aufforderung, Rat, Bitte, etc.) wie die entsprechenden Paraphrasen mit 'Hauptsatzwortstellung'.

Aus den Beispielen von Weuster geht hervor, daß die nicht-eingebetteten *daß*-Sätze markiert sind: morphologisch-syntaktisch durch die Konjunktion *daß* und Verb-Endstellung, pragmatisch zum Teil dadurch, daß die prototypische Sprechhandlung Assertion durch eine modale Komponente markiert ist, wodurch ein Sprecher seine Einstellung (Wollen, Tadel) gegenüber der Proposition p ausdrückt. Hinsichtlich Faktizität ist aufgrund des Fehlens des Modaloperators das Fürwahr-Halten seitens des Sprechers unspezifiziert. Eine Äußerung wie *Daß Sie das ablehnen* sagt zunächst nichts darüber aus, ob ein Sprecher den präsupponierten Sachverhalt für wahr hält oder nicht. Hieraus ergibt sich die Kontextsensitivität der nicht-eingebetteten *daß*-Sätze: Erst durch den Kontext können die Sprechereinstellungen inferentiell spezifiziert werden.

---

5 Der empirische Teil basiert auf einem Korpus von schriftsprachlichen Materialien wie Anzeigen, Inserate, Werbeplakate, Formulare, etc.

Während Weuster (ibid., S. 41) davon ausgeht, daß nicht-eingebettete *daß*-Sätze sich prinzipiell in verschiedene Matrixsätze mit unterschiedlichen semantisch-pragmatischen Eigenschaften einbetten lassen, unterscheidet Oppenrieder (1989) zwischen nicht einbettbaren und einbettbaren Verb-Letzt-Sätzen. Zu den nicht einbettbaren *daß*-Sätzen zählt Oppenrieder *daß*-Sätze mit Exklamativakzent, wobei Modalpartikeln und Intonation eine Einbettung von vornherein blockieren können, z.b. *Daß ich DAS noch erleben durfte* (ibid., S. 168). Allerdings sehe ich keine Probleme, Sätze dieser Art einzubetten, z.b. (*Die Mauer ist gefallen.) Ich freue mich, daß ich DAS noch erleben durfte.*

Zu den sogenannten elliptischen *daß*-Sätzen gehören jene, die
1. mittels einer koordinativen Konjunktion an einen komplexen Vorgängersatz mit eingebettetem *daß*-Satz angeschlossene *daß*-Sätze, z.b. (ibid., S. 169)
A: *Wie schade es doch ist, Tante Cilly, daß du schon gehen mußt!*
B: *Und daß du uns frühestens nächstes Jahr wieder besuchen kannst!*
Natürlich liegt hier eine normale *und*-Koordination vor, die über einen Sprecherwechsel hinaus erfolgt. Es besteht in der Tat kein Grund, »hier von illokutiv selbständigen Verb-Letzt-Sätzen auszugehen« (ibid., S. 169)[6].
2. elliptische Antworten auf eine w-Frage (ibid., S. 171) sowie Fortsetzungsfragen (ibid., S. 172):

(77) c. A: *Was hat sie besonders beeindruckt?*
B: *Daß alle hier so saubere Schuhe tragen.*

(77) d. A: *Ich hab's mir doch gedacht.*
B: *Daß Posaunen-Gustavs Alibi nicht wasserdicht ist?*

In unserer Terminologie würden wir jedoch den *daß*-Sätzen in (77d) eine indirekte Subjekt- bzw. Objektrelation zuordnen und somit einen indirekten grammatischen Anschluß an die Vorgängeräußerung. Es erfolgt also eine Einbettung direkt (Fall 77c) oder indirekt (77d). Während bei der Einbettung über indirekte Relationen der Sprecherwechsel konstitutiv ist und die Äußerungen mit spezifischen Intonationskonturen verbunden sind und selbständige Sprechhandlungen bilden, ist dies bei koordinierten *daß*-Sätzen nicht der Fall, sofern eine echte Koordination vorliegt[7]. Im Falle der Einbettung über direkte syntaktische Relationen wollen wir immer von eingebetteten *daß*-Sätzen reden und nur in Fällen der Einbettung über indirekte syntaktische Relationen von nicht-eingebetteten *daß*-Sätzen. Im Fall (77c) liegt

---

6 Was allerdings weder Weuster noch sonst jemand behauptet hat.
7 Auch bei koordinativem Anschluß kommt es häufig vor, daß *und* nicht die Funktion eines syntaktisch Konnektors hat, sondern die eines semantisch-pragmatischen:
K: *ich erhoff mir dit einfach (.) ja*
T: *und daß sie da gern möchten...* (GT:19)

also ein eingebetteter *daß*-Satz als selbständiger *turn* vor; im Falle (77d) liegen indirekt eingebettete *daß*-Sätze vor, die über indirekte syntaktische Relationen an die Vorgängeräußerung angeschlossen sind.

Zu den einbettbaren *daß*-Sätzen sind nach Oppenrieder jene zu zählen, die sich durch die elliptischen dadurch unterscheiden,»daß kein lexikalisch spezifizierter Matrixsatz aufgrund des sprachlichen Kontextes rekonstruiert werden kann, von den nicht-einbettbaren andererseits dadurch, daß die Einbettung bei ihnen nicht von vornherein zu inakzeptablen Ergebnissen führt« (ibid., S. 172). Hierzu zählen *daß*-Wunschsätze und *daß*-Imperativsätze.

Das Hauptproblem bei der Oppenriederschen Klassifikation besteht darin - daß die Dimensionen Sprechhandlung/Sprechakt und Konversationsstruktur nicht genügend reflektiert und berücksichtigt werden, was sicherlich zum Teil damit zusammenhängt, daß Oppenrieder von fiktiven sprechsprachlichen Beispielen ausgeht. Auffällig ist, daß in den Beispielen, in denen *daß*-Sätze im zweiten Teil eines *adjacency pairs* auftreten, „elliptische" Konstruktionen angenommen werden, die wir als indirekt eingebettet bezeichnet haben. Wie das Korpus zeigt, ist dies jedoch nicht der Hauptfall des *daß*-Satzes als Adjazenzkonstruktion, als Konstruktion im zweiten Teil eines *adjacency pairs*. Die Fälle, die von Weuster und Oppenrieder als Hauptkandidaten behandelt werden, nämlich *daß*-Sätze als imperative oder expressive Sprechhandlungen sind im Korpus nicht belegt. Dafür tritt eine Reihe von Fällen auf, in denen ein äußerungsinitiales Element den *daß*-Satz einleitet. Nicht-eingebettete *daß*-Sätze im laufenden Diskurs sind relativ selten und häufig mit Satzabbrüchen verbunden. Wir wollen von folgender grundlegenden Differenzierung der *daß*-Sätze ausgehen, wobei im Korpus allein die *daß*-Sätze als Adjazenzkonstruktion eine größere Rolle spielen (vgl. Abb. 5-1).

SPRECHHANDLUNGSGEBUNDEN

expressiv	*Daß du dich nicht schämst!*
imperativ	*Daß du pünktlich nach Hause kommst!*
	Daß er doch bloß schon bei uns wäre!

KONVERSATIONELL GEBUNDEN

ADJAZENZKONSTRUKTION

indirekt eingebettet	A: *Ich hab's mir doch gedacht.*
	B: *Daß Posaunen-Gustavs Alibi nicht wasserdicht ist?*
pseudo-eingebettet	K: *was kostn die tomaten jetz?*
	V: *lieber ( ) nich daß ick ihn die wegessen wollte...*

| *nicht-eingebettet* | K: *das ist (.) das ist (.) hab ich zweifel (4.0)* |
| | T: *daß sie auf dern andern seite doch so hoffnung haben* |

DISKURSMEDIAL

P: *das ist vielleicht das wichtigste von dem ganzen (3.0)*
  man wird angesprochen man kann seine gefühle sogar
→ *ohne irgendwelche (.) äh daß man sich irgendwie fürchten*
  muß seine gefühle heraus /. darlegen
  (daß-63/T:43%)

Abb. 5-1: Pseudo- und nicht-eingebettete sowie indirekt eingebettete daß-Sätze

Unter den adjazenten *daß*-Sätzen treten am häufigsten solche auf, die durch ein Adverb oder eine Partikel eingeleitet werden. Es handelt sich dabei in der Regel *nicht* um kompletive *daß*-Sätze, die eine syntaktische Konstruktion aus der Vorgängeräußerung fortführen.

(78)

1	P:	ich hätt' gern noch vier (.) äh weiche gelbe birnen.
2	M:	hm (.) dit wird wohl schwer (..)
3	P:	wenn's weniger sind geht's auch noch
4	M:	nee nee (.) dit jeht ja bloß um die weichheit der birnen.
5→	P:	zumindest daß sie'n bißchen gelb sind
		(daß-7/V:39%)

(79)

1	K4:	was kosten die tomaten jetzt?
2	M:	((M nimmt sich eine Erdbeere aus dem Korb und ißt sie/
3→		zu K1:)) lieber ( ) nich (.) daß ich ihn' die wegess'n
4		wollte (.) die war hier bloß (.) die tomate
		zweivierzich.
		(daß-20/V:96%)

(80)

1	T:	und sie sind nicht schlechter als die anderen /
2	P:	na eben weil ja jeder gegen (.)
3		weil ja jeder das selbe problem hat
4	T:	ja (25.0)
5	P:	des is bei a wirtschafts a wirtshausgemeinschaft (.)
6		dasselbe
7	T:	ja
8→	P:	bloß daß mich des nit erleichtert sondern eher bedrückt

9   und und drum (.) plötzlich is man da (1.0)
                    (daß-61/T:41%)

(81)
1   h: äh (.) epileppy aber happy
2   Bi: was'se schreibt is aber gut (.) ne ela?
3   I: hmmm (zustimmend)
4   Bi: vor allem wenn's briefe sind.
5   I: ja (.) kann'se echt gut.
6→   C: schade daß man seinen haß hier nich irgendwie
                    ausdrücken kann.
                    (daß-121/F:24%)

(82)
1   I: wollt ihr so leben wie eure eltern?
2   C: ja (.) dann lieber (.) ne mal so......
3   A: mitte kumpels!
4→   C: ja genau (.) daß man dann auch noch mehr freunde hat
5   und dann öfter was unternimmt (.)
6   man braucht ja nich gleich auf rentenalter schalten ne
                    (daß-127/F:37%)

(83)
1   X: naja lojisch (.) die wolln natürlich leute habm
2   die noch zehn fuffzehn (.) zwanzich jahre arbeetn könn
3   (..) is klaa ne
4→   C: mhm (..) vor alln daß die sich nich vorstelln
5   können daß man selber gar keine lust hat
6   zu hause rumzuhocken und (.) nich zu arbeiten
                    (daß-145a,b/E:9%)

(84)
1   E: herr müller kann wieder nich mit blumen (.)
2   ick seh' dit schon (.) macht a wieda'n janz traurijet
3   gesichte.
4   M: ((hockt noch vor den Blumen)) der macht jar keen
5   traurijet jesicht bloß (.) der muß vorwärts komm'.
6→   K: ach daß madam nich da is nich?
7   M: wenn madam da is
8   denn könnt ihr euch 'ne stunde unterhalten
                    (daß-16/V:81%)

(85)
1	P:	(5.0) vor allem der ton (.) in dem überhaupt (.)
2		äh (.) kommuniziert wird (.) is - is - dann -
3		net angebracht ° in dem fall (3.0) ° meine meinung
4	T:	mmh \ wie wird da kommuniziert \
5→	P:	(3.0) ja daß der da - äh - irgendwie da rum /
6		- äh - nörgelt und plärrt

(daß-52/T:26%)

(86)
1	P:	ja genau **des** is einmal sehr wichtig is **des**
2→	T:	mhm (1.0) ja daß sie was anpacken und daß
3		sie's dann auch durchführen können

(daß-59b,c/T:39%) //s. auch Subjekt

(87)
1	Mi:	ich hab ((lacht)) den traum (.) den traum dann meister
2		zu werden und dann weiterzukommen (..)
3		das is dann schon mein traum.
4→	I:	ja (.) daß man nicht stehenbleibt.
5	Mi:	ja ja eben.

(daß-130/F:40%)

(88)
1	T:	hm (24s) hf / Was fällt ihnen denn n o c h / zu dem
2		traum ein (15s)
3→	P:	hja (.) daß i / (.) h \ also im nachhinein gesehn
4		m a c h tlos überhaupt (.)

(daß-50/T:24%)

In den Fällen, in denen der *daß*-Satz durch lexikalische Elemente wie *schade, bloß, nich* (als Negator), *ja genau* eingeleitet wird, fungieren diese Elemente als Konstituente, über die die Einbettung erfolgt. Daß hier eine spezifische Art Einbettung vorliegt, zeigt sich daran, daß diesen Elementen mindestens eine Proposition zugeordnet werden kann, wobei die lexikalischen Elemente Teile der Proposition sind:

(78')	*Es ist zumindest so*
(79')	*Es ist nicht so*
(80')	*Es ist bloß so*
(81')	*Es ist schade*
(82')	*Es ist genau so*
(83')	*Es ist vor allem so*

Die Elemente kodieren konstative bzw. expressive Sprechhandlungen, durch die der Sprecher seine Meinung hinsichtlich des im *daß*-Satz ausgedrückten Inhalts kodiert. Gegenüber Hörersignalen, die reflexiv Bezug nehmen auf den Kommunikationsvorgang und als selbständige Elemente optional sind, können die lexikalischen Elemente nicht weggelassen werden, ohne daß sich die Äußerungsbedeutung ändert. Strukturell gesehen ist unklar, ob der *daß*-Satz als Subjektsatz oder Prädikativsatz aufgefaßt werden darf (vgl. auch Oppenrieder 1991:261), aufgrund der Stellung ist eher von einem Prädikativum auszugehen. In jedem Falle besteht eine Modifikatorrelation zwischen dem *daß*-Satz und den Bezugselementen. Wir wollen folgende Struktur zugrundelegen:

(81)

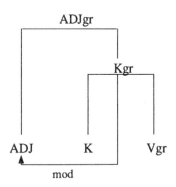

      schade   daß   man seinen haß hier nich ...

Ob eine Pseudo-Einbettung bei *ja* und den nicht-lexikalischen Elementen wie *ach, hm* vorliegt, ist ein schwierige Frage, die wir bereits bei der Diskussion des Satzbegriffes angerissen haben. Entscheidend ist, ob diese Elemente als selbständige Sprechhandlungen begriffen werden können und ob sie eine Äußerungsbedeutung haben, die mit dem *daß*-Satz verbunden ist. Als reine Signale der Dialogsteuerung, die dem *daß*-Satz vorgeschaltet sind, hätten wir es mit Kommunikativen zu tun, die semantisch und syntaktisch unabhängig vom folgenden *daß*-Satz sind, wobei weiter zu prüfen wäre, ob es hier nicht eine Tendenz gibt, aufgrund der präferierten Einbettungsstruktur einen Dummy zu setzen, was auf der Basis der geringen Belege nicht geprüft werden kann (s. aber nächstes Kapitel). Da Kommunikativpartikeln vielfältige Funktionen haben, wie z.B. Wahmhoff/Wenzel (1979) für *hm* zeigen, die zudem mit komplexen Intonationskonturen verbunden sind (Richter 1987), ist es äußerst schwierig, die Funktion solcher Partikeln zu ermitteln. In (88) könnte aufgrund der Pause argumentiert werden, daß es sich um ein reines Bestätigungssignal handelt und der *daß*-Satz indirekt eingebettet ist in den Vorgängersatz über einen Sprecherwechsel hinaus; in (85,86) ist *ja* durch eine vorangehende längere

Pause und durch den direkten Anschluß an den *daß*-Satz zumindest formal an den *daß*-Satz gebunden, wobei in (85) aufgrund des vorangehenden Fragesatzes *ja* als formales Antwortsignal interpretiert werden könnte, während in (87) *ja* turninitial die Funktion vielleicht als Rollenbestätigungssignal interpretiert werden könnte. In (84) könnte *ach* durch „ist es tatsächlich so" paraphrasiert werden, so daß hier die Interjektion als Matrixelement fungiert und eine Pseudo-Einbettung vorliegt.

Eine Pseudo-Einbettung in diskursmedialer Position ist im Korpus zweimal belegt:

(89)
1	S:	die habm uns also bewirtet da wir sind da so nett (..)
2		also (.) habm wir net nette bekanntschaft da jemacht
3	T:	papa hier 's 'n knüppelbild drinne!
4→	S:	bloß daß wir keen wort französisch konntn ne
		(daß-151/E:46%)

(90)
1	T:	der chef taucht jetzt auf als die beurteilende instanz \
2	P:	ja \
3	T:	vor dessen augen sie tüchtig sein (.) / bestehen
4→		oder zumindest so äh (.) daß er sagt (.) gut (.) in
5		ordnung (.) der tut seine arbeit (.)
		(daß-37/T:14%)

In beiden Fällen liegt ein restriktives adverbiales Bezugselement vor, das durch einen Existenzsatz paraphrasiert werden kann:
(89') Es ist bloß (so)
(90') Es ist zumindest so.

Ein indirekt eingebetteter *daß*-Satz liegt (neben 11) in einem Falle vor, der nicht direkt an den ersten Teil eines *adjacency pairs* anschließt, sondern semantisch *einöde aufm lande* spezifiziert und syntaktisch als nachgestellte Apposition begriffen werden könnte:

(91)
1	I:	aber was ist denn hier besser?
2	C:	hier is das feeling irgendwie (.) weiß ich auch nich.
3	Mi:	genau der passende kompromiß irgendwie.
4	I:	wozwischen - zwischen was?
5	Mi:	ja jetzt nich irgendwie einöde auf'm lande oder so (.)
6→		daß man jetzt wer weiß wo auf'm bauernhof wohnt oder so.
		(daß-123/T:29%)

Wir haben festgestellt, daß es eine - wenn auch geringe Anzahl - von *daß*-Sätzen gibt, die präferiert durch ein Element eingeleitet werden und als Adjazenzkonstruktionen auftreten. Wir haben diese Form der *daß*-Sätze als pseudo-eingebettete *daß*-Sätze behandelt. Als schwierig erweist sich die Analyse, wenn die einleitenden Elemente Partikeln wie *hm* oder *ja* sind. Hier ist offen, ob diese als Dummies behandelt werden können und folglich pseudo-eingebettete *daß*-Sätze vorliegen, oder ob diese als vom *daß*-Satz unabhängige Kommunikative begriffen werden mit der Konsequenz, die folgenden *daß*-Sätze als nicht-eingebettete zu behandeln.

5.2.1 daß-*Sätze als Adjazenzkonstruktionen im gesprächstherapeutischen Diskurs*

Wie zuvor gezeigt wurde, treten 64% aller *daß*-Sätze im Therapiekorpus auf (vgl. Tab. 5-1), davon die meisten in eingebetteter Form. Wie Schlobinski (1988) gezeigt hat, sind im gesprächstherapeutischen Diskurs 50 % aller adjazenten Sätze des Therapeuten *daß*-Sätze und davon nur 25% eingebettet; d.h. 25% aller Adjazenzkonstruktionen seitens des Therapeuten sind pseudo- bzw, nicht-eingebettete oder indirekt eingebettete *daß*-Sätze. Als einleitende Elemente treten primär die auf, und zwar *ja, hm* sowie *ah ja, aha* sowie *aber* und *und* als nicht-syntaktische Konnektoren und *beispielsweise* und *bloß*. Interessant ist nun, daß die einleitenden Elemente besonders häufig dann auftreten, wenn Nichteinbettung vorliegt (vgl. Tab..5-10).

EINLEITENDES ELEMENT	ja	nein
DAß-SÄTZE		
nicht-eingebettet über Matrixsatz	69.8	30.1
eingebettet über Matrixsatz	38.2	61.8
ANDERE SÄTZE	26.7	73.3

Tab. 5-10: Verteilung der einleitenden Elemente in bezug auf reaktive Züge/Satzkonstruktionen des Therapeuten im gesprächstherapeutischen Diskurs (in %)

Tab. 5-10 zeigt, daß eine Korrelation besteht zwischen einleitenden Elementen und folgenden, nicht-eingebetteten *daß*-Sätzen. Hieraus könnte geschlußfolgert werden, daß es eine Tendenz gibt, die Leerstelle zu saturieren, die normalerweise durch den Matrixsatz besetzt ist. Die Kommunikativpartikeln hätten die Funktion als Dummies das strukturelle „Loch" zu besetzen. Man könnte folgende Struktur zugrunde legen:

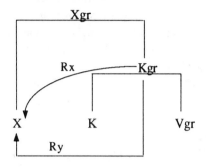

Inwieweit der Dummy in den komplexen Satz integriert ist oder ob eine vorgeschaltete Partikel vorliegt, die als vom *daß*-Satz unabhängige kommunikative Sprechhandlung fungiert, wäre aufgrund weiterer Untersuchungen zu klären, wobei insbesondere intonatorische Faktoren und kommunikative Funktionen der einleitenden Partikeln zu analysieren wären. Auszuschließen ist in jedem Fall eine Struktur, in der das einleitende Element - vergleichbar einer Satzpartikel - in den *daß*-Satz integriert ist, da durch äußerungsinitiale Elemente die Proposition des *daß*-Satzes nicht modifiziert wird:

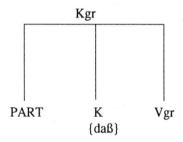

Neben dem Argument, daß es sich hier um eine strukturelle Präferenzstruktur handelt, kann eine andere Hypothese formuliert werden, nämlich die, daß die pseudo-eingebetteten *daß*-Sätze eine spezifische kommunikative Funktion im gesprächstherapeutischen Diskurs erfüllen, die andere adjazentale Satzkonstruktionen nicht bzw. nicht in gleichem Maße erfüllen. In der Gesprächstherapie wird für das Therapeutenverhalten Empathie als Kernvariable angesehen. Unter Empathie, einem Charakteristikum des sprachlichen Verhaltens von Gesprächstherapeuten, ist zu verstehen »daß der Psychotherapeut die vom Klienten in seiner jeweiligen Äußerung enthaltenen persönlich-emotionalen Erlebnisinhalte, z.B., Gefühle, gefühlsmäßige

Meinungen usw. akkurat vom inneren Bezugspunkt des Klienten (Rogers: internal frame of reference) wahrzunehmen bzw. sich vorzustellen bemüht und dem Klienten in einfach verstehbaren Äußerungen das derartig Verstandene kommuniziert« (Tausch 1974:79). Die empathische Kommunikation führt im Idealfall beim Klienten zur Anregung der entsprechenden Erlebnisinhalte und zur Selbstexploration (SE), d.h. dazu, »daß der Klient über sich selbst bzw. über seine spezifischen persönlichen inneren Erlebnisse spricht, insbesondere sein Fühlen, seine gefühlsmäßigen Stellungnahmen und Bewertungen, seine Ziele und Wünsche exploriert und sich z.t. über sie klarer wird oder sich um Klärung bemüht« (ibid., S.91). Selbstexploration führt schließlich zur Selbstbildkorrektur.

Empathie wird auf einer ordinalen, 12-punktigen Skala zu Verbalisierungen emotionaler Erlebnisinhalte (VEE) gemessen[8]. Je höher der Wert auf dieser Skala, desto adäquater hat der Therapeut die emotionalen Erlebnisinhalten des Klienten verbalisiert. Wie die Analyse der Therapeutenäußerungen zeigt, sind mit pseudo-eingebetteten *daß*-Sätzen eingeleitete Äußerungen siginifikant höhere VEE-Werte verbunden als mit anderen Äußerungstypen (vgl. Tab. 5-11).

		VEE
DAß-SÄTZE		
nicht-eingebettet über Matrixsatz mit einleitendem Element		8
nicht-eingebettet über Matrixsatz ohne einleitendes Element		6
eingebettet über Matrixsatz mit einleitendem Element		5
eingebettet über Matrixsatz ohne einleitendes Element		5
ANDERE SÄTZE	mit einleitendem Element	3.5
	ohne einleitendes Element	3.5

Tab. 5-11: Durchschnittliche VEE-Werte im Hinblick auf reaktive Therapeutenäußerungen und initiale Satzkonstruktionen

Die Verknüpfung der Therapeuten- und Klientenäußerung zeigt sich nicht nur in der gesprächsorganisierenden Formatierung als Zweierstruktur, sondern auch in einer Art Parallelisierung der Information. Die Parallelisierung entsteht dadurch, daß die Therapeutenäußerung in einer paraphrastischen Relation zur Klientenäußerung

---

8 Das Rating der Therapeutenäußerungen im Korpus nach VEE wurde von der Diplompsychologin Sigrid Thoms durchgeführt, der ich dafür herzlich danke. Es soll an dieser Stelle nicht der Wert dieser Skala beurteilt werden; entscheidend ist, daß nach dieser Skala das Therapeutenverhalten beobachtet und geschult wird.

steht. Paraphrasen, genauer: Kontext-Paraphrasen sind hinsichtlich eines Themas alternierende Varianten, die eine kommunikative Funktion erfüllen; im Diskurs dienen sie zur Explikation, Präzisierung und Aspektualisierung des Themas. Durch Paraphrasen wird ein Thema von verschiedenen Perspektiven her beleuchtet. »Paraphrasen sichern das zum Redethema vordringende Begreifen ab. Das erfordert, daß kommunikativ dem Redethema mehrere sprachliche Formulierungen zugeordnet werden, wodurch es gewissermaßen von verschiedenen Seiten eingegrenzt wird« (Ungeheuer 1969:207). Paraphrasen haben also eine Doppelfunktion: sie binden auf der einen Seite das Thema an die Vorgängeräußerung (Themaprogression), auf der anderen Seite wird das Thema aus verschiedenen Perspektiven her beleuchtet (fokussierende Funktion). Durch Kontinuierungsmechanismen wie pronominale Referenzierung, synonyme Relationen, Adjazenzkonstruktionen werden Diskurskohärenz und thematische Progression hergestellt. Pseudo-eingebettete *daß*-Sätze sind im therapeutischen Diskurs besonders geeignet, beide Funktionen einer paraphrastischen Relation zu übernehmen.

Wir wollen dies an einem Beispiel verdeutlichen. In dem folgenden Diskursausschnitt sind Partnerprobleme der Klientin (K) Gegenstand der Gesprächstherapie. Die Klientin lebt mit ihrem Partner (Jochen) in einer Double-bind-Situation: Sie ist völlig auf ihren Mann fixiert und fordert von ihm immer wieder neue Liebesbeweise, aber ihr Mann kann ihr noch so viel Liebesbeweise erbringen, ihr unersättlicher Anspruch auf Liebesbeweise kann nicht gestillt werden. Auch in anderen Partnerbeziehungen ist es ihr nicht gelungen, dieser „double-bind-Falle" zu entgehen.

Der Diskursausschnitt repräsentiert den Prototyp einer gelungenen klientenzentrierten Therapie, was sich in den hohen VEE-Werten niederschlägt.[9]

(92)

T1: ist es so (.) daß sie immer das gefühl haben bei diesen dingen (.)
daß sie da niemals so eine (.) eine anerkennung voll akzeptieren können.

K1: ja kann ich nicht (.) auch bei Jochen nicht (..) obwohl ich's
da vielleicht (.) am ehesten noch kann (.) und ich bin deshalb

T2:   hm.

K1: auch so unheimlich äh ich bin richtig begierig auf anerkennung (.) weil (.) ich bekomme anerkennung (.) ich bekomme

T3:   hm.

K1: vielleicht genauso viel wie andere und das würde völlig

---

9 Inwieweit es beim Klienten zur Selbstexploration (SE) kommt, wird durch eine entsprechende Skala gemessen. Die Klientenäußerungen wurden entsprechend dieser Skala bewertet. Die einzelnen SE-Werte sind der Vollständigkeit halber mit angegeben worden.

	ausreichen (.) aber es reicht nicht aus (.) weil ich sie immer
T4:	hm.
K1:	zunichte mache (.) und deshalb möchte ich wieder neue (.) und
	ich kann eigentlich genug anerkennung kriegen (.) (SE=7)
T5:→	hm. daß Sie immer das gefühl haben (.) irgendwie bleibt das
	unvollständig und - es ist eben noch so (..) in irgendeiner weise
	bei der ganzen sache ein stachel des zweifels drin. (VEE=8)
K2:	ja (.) und vor allen dingen (.) es ist so verkehrt (.) ich meine (.)
	wenn mich jemand jetzt im moment mag (.) sollte ich das momentan
	nehmen (.) ich sollte sagen (.) „prima (.) ich freu mich darüber (.)
	und (.) und wenn er (.)
T6:	hm.
	tatsächlich also (.) weiß ich (.) in
K2:	zwei monaten oder so mich nich mehr so nett findet (.) ja (.)
	dann ist das eben
T7:	hm.
	seine Sache oder dann ist das dann
T7:	hm.
K2:	ist das einfach so das (.) was oft passiert und wie es vielen vielleicht
	passiert. (SE=4)
T8:→	ja (.) daß sie daran leiden daß Sie das nicht so voll akzeptieren können (.)
	daß sie das/ (VEE=10)
K3:	ja (.) ich leide sehr darunter (..) ja (.) darum (.) ich meine (.)
	wenn ich (.) wenn ich `n bißchen selbstsicherer wäre (.) würd
T9:	hm.
K3:	ich auch viel öfter ganz anders handeln und so bin ich
T10:	hm.
K3:	eben so unsicher.(SE=8)
T11:→	ach ja (.) daß Sie das gefühl ham (.) alles das ist in irgendeiner weise
	ihnen hinderlich (.) sich so zu entfalten/ (VEE=12)
K4:	ja (.) das ist also (..) meine (.) meine zweifel und diese unsicherheit und
	dieses (.) eigentlich doch wieder etwas pessimistische (.) was da
	zum Ausdruck kommt (.) daß mich das
T12:	hm.
K4:	doch eben sehr hindert äh meine entwicklung voranzutreiben und und
	und äh auch irgendwo viel
T13:	hm.
K4:	im leben zu sein. (SE=9)
	(GT-172:152-4)

Bei allen reaktiven Therapeutenäußerungen handelt es sich um pseudo-eingebettete *daß*-Sätze. Der Informationsgehalt ist relativ gering, die Themaprogression erfolgt über

1. pronominale Referenzierung (auch in Verbindung mit dem Indefinitpronomen *alles*);
2. das Pronominaladverb *daran*;
3. die refokussierende Partikel *so*.

Diese drei Mechanismen, von denen die pronominale Referenzierung mit *das* das vorherrschende Prinzip ist, haben einen weiten refokussierenden Skopus: die Referenzierung ist weder auf eine Nominalgruppe, die alte Information kodiert, oder auf eine Proposition eindeutig möglich. Die Referenzierung erfolgt in der Regel über Inferenzierung auf das, was K als Thema etabliert und entfaltet hat. Insofern wird durch die themakontinuierenden Mechanismen seitens des Therapeuten das Thema immer wieder an K zurückgespiegelt, und der Klientin kommt die Aufgabe zu, das Thema in dieser oder jener Richtung zu entfalten. Allerdings begrenzt der Therapeut alle möglichen Alternativen dadurch, daß er die Klientin auf die Gefühlswelt zentriert und das Thema aspektualisiert.

Die Zentrierung erfolgt durch die Strategie, daß auf die Gefühlsebene durch den *daß*-Satz explizit oder implizit referiert wird. Dabei zeigt sich folgende Struktur:

TURN	PART	K	ADRESSAT	GEFÜHL	SPEZIFIZIERUNG
T5	*hm*	*daß*	*sie*	*gefühl haben*	*es bleibt ein stachel des zweifels*
T8	*ach ja*	*daß*	*sie*	*leiden*	*das nicht akzeptieren zu können*
T11	*ja*	*daß*	*sie*	*gefühl haben*	*das ist hinderlich...*

Die Fokussierung auf die Gefühlsebene - zumindest auf die Einstellung des Klienten, wie sämtliche Äußerungen im Korpus belegen - ist die eine therapeutische Aufgabe, die (optionale) Spezifikation (=Aspektualisierung) die zweite. Die Aspektualisierung erfolgt in der Regel durch enge bis weite Paraphrasierung bestimmter Elemente der Vorgängeräußerung oder des Themas. In T5 wird das von der Klientin thematisierte Spannungsverhälnis zwischen „begierig auf Anerkennung und sie bekommen" und „nicht genug Anerkennung kriegen" durch „Stachel des Zweifels" paraphrasiert, was sich auf einen gemeinsam geteilten, im Diskurs vorerwähnten Sachverhalt bezieht, zugleich aber eine neue Information darstellt, die von der Klientin angenommen und in K_4 explizit wieder aufgenommen wird.

Durch die Zentrierung auf die Gefühlswelt mit Hilfe von pseudo-eingebetteten *daß*-Sätzen wird die Perspektive aus der Sicht des Klienten organisiert. Zum einen wird das Therapeuten-Ich (in Analogie zum Agens in Passivkonstruktionen) zurückgestuft: Man könnte sich ja auch eine Äußerung wie 'Ich glaube, Sie bemühen sich, das so'n bißchen runterzuspielen' vorstellen. Hier jedoch würde der Therapeut sich qua Subjekt$_{Agens}$ zum Agens des Diskurses hochstufen, weniger stark die Zentrierung auf den Klienten ausrichten, und seine Äußerung wäre somit direktiver. Durch das Fehlen eines expliziten Einstellungsoperators im übergeordneten Satz nimmt der Therapeut seine Rolle zurück und nimmt die Rolle des Klienten ein bzw. spiegelt dessen Gesprächsarbeit fort, ohne dabei dem Klienten eine spezifische Einstellung zu unterstellen wie in 'Du glaubst/bis der festen Meinung, daß p'. Gerade hierdurch wird das 'Selbstgespräch zu zweit' kontinuiert. Gegenüber einer Äußerung wie „*Sie haben das Gefühl...*" ist der *daß*-Satz hinsichtlich Faktizität unspezifiziert und ermöglicht es somit der Klientin, die Bewertung gegenüber der Proposition selbst vorzunehmen. Der Klient ist gefordert, Stellung zum fokussierten Teil zu beziehen.

Pseudo-eingebettete *daß*-Sätze sind also geeignet, über Klientenzentrierung Selbstexploration bzw. Experiencing auszulösen. Die Kontextsensitivität dieser Sätze ist darin begründet, daß sie immer wieder das Thema an den Klienten zurückbinden und es ihm ermöglichen, seine eigene Gefühlswelt selbst und aktiv zu erschließen. Die themakontinuierende Funktion erfüllen insbesondere die mit Kommunikativen eingeleiteten nicht in einen Matrixsatz eingebetteten *daß*-Sätze. Indem die Kommunikativen sowohl die Funktion des „attention getters" (Wald 1981:223-224) als auch bestätigende Funktionen haben, markieren sie die Kontinuität des Themas. Sie treten insbesondere dann auf, wenn ein nach Einschätzung des Therapeuten zentraler Aspekt thematisiert ist. Das entscheidende Thema wird vom Therapeuten als relevant und fortzuführen markiert.

(93)

K: ja (.) mit P. sieht es (.) eben so aus
        daß er schon ziemlich (.) am anfang die sachen
        mir dann abgenommen hat (.) oder mir geholfen hat
        und irgendwann (.) die sachen einfach für mich gemacht hat (.)
        die briefe für mich geschrieben hat.

T: ja daß du von daher auch nie soviel angst (.) inzwischen mehr zu
        haben brauchst/ weil du das (.) gefühl hast (.) der P. macht das schon.

Die pseudo-eingebetteten im besonderen, aber auch die nicht-eingebetteten *daß*-Sätze haben also eine diskursspezifische Funktion, wobei wesentlich die Sprechereinstellung modifiziert wird und die Äußerungen abgeschwächt, vage gehalten werden. Die pseudo- und nicht-eingebetteten *daß*-Sätze sind wie andere sprachliche Elemente Mittel, die die spezifische Modalität des gesprächstherapeutischen Diskurses festlegen. Während in einer Erzählung Sprecher und Hörer in der Regel den Hand-

lungen Faktizität präsupponieren, wird im therapeutischen Diskurs gerade von einer (Gefühls-) Welt zur anderen vorangeschritten. Man kann sagen, daß die gesprächstherapeutische Maxime „Fühle dich ein, suche und akzeptiere" die Modalität des Diskurses festlegt und sich in der therapeutischen Konversationsmaxime „Sei vage" niederschlägt. Es handelt sich bei dieser Maxime um eine lokale Anwendung der Griceschen Kooperationsmaxime der Quantität: „Make your contribution as informative as is required (for the current purpose of the exchange)" (Grice 1975:45), die diese allgemeine Kooperationsmaxime einschränkt. Entsprechend der Kooperationsmaxime „Sei vage!" haben Gesprächstherapeuten ein spezifisches Vagheitsrepertoire entwickelt, das aus verschiedenen sprachlichen Mitteln besteht, die die Funktion haben, die Direktivität von Äußerungen abzuschwächen. Pseudoeingebettete *daß*-Sätze, aber auch nicht-eingebettete, scheinen ein spezifischer Kodierungsdevice der Modalität des therapeutischen Diskurses zu sein (vgl. Abb. 5-2). Sie sind der funktionale Ausdruck dessen, daß - *ex negativo* definiert -
- Ratschläge
- Belohnungen
- Kritik
- Fragen
- Aufforderungen
nicht gegeben werden sollen (vgl. Tausch 1974:91).

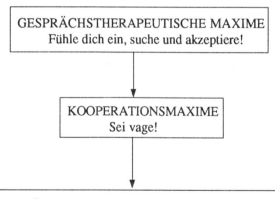

Abb. 5-1: Therapeutenverhalten und sprachlicher Default

Die Analyse der adjazentalen pseudo- und nicht-eingebetteten *daß*-Sätze im therapeutischen Diskurs hat gezeigt, daß zwei Faktoren bei der Pseudoeinbettung eine Rolle spielen: Zum einen gibt es aus strukturellen Gründen die Tendenz, einen Dummy

zu setzen, also pseudo-eingebettete gegenüber nicht-eingebetteten *daß*-Sätzen zu prä-
ferieren, zum anderen erfüllen die mit Kommunikativpartikeln eingeleiteten, nicht
über einen Matrixsatz eingebetteten *daß*-Sätze im besonderen Maße die Funktion,
die der gesprächstherapeutische Diskurs erfordert.

5.4 Zusammenfassung

Aufgrund der Korpusanalyse wurden eingebettete, indirekt eingebettete, pseudo-eingebettete und nicht-eingebettete *daß*-Sätze unterschieden. Eingebettete *daß*-Sätze treten am häufigsten in der Funktion eines direkten Objektes auf, aber auch als
Subjekt, Prädikativ, Präpositionalobjekt, Adverbial und Attribut. Beziehen sich
daß-Sätze auf ein Korrelat, so wurde einheitlich eine Attributrelation angenommen,
auch in Relation zu *es*. Pseudo- und nicht-eingebettete *daß*-Sätze treten präferiert als
Adjazenzkonstruktionen auf, besonders häufig im therapeutischen Diskurs. Es
wurde argumentiert, daß das Vorkommen dieser *daß*-Sätze extrem kontextsensitiv
und diskursspezifisch ist. Im Rahmen des gesprächstherapeutischen Diskurses
haben die pseudo- bzw. nicht-eingebetteten *daß*-Sätze die Funktion, die Direktivität
von Äußerungen seitens des Therapeuten abzuschwächen und das interaktiv zu
bearbeitende Thema an den Klienten zurückzuspiegeln.

6. Strukturelle und funktionale Aspekte von *aber* im Diskurs

aber wird in erster Linie zur Wortklasse der Konjunktionen gezählt, die syntaktisch gleichwertige Elemente verbinden (Grundzüge 1981:700). Konjunktionen »stehen immer unmittelbar vor dem anschließenden Teil und verbinden nur gleichartige Teile miteinander« (Buscha 1989:9). Die semantische Hauptfunktion von *aber* besteht in der adversativen und konzessiven Leistung: *aber* »signalisiert einen Gegensatz« (Engel 1988:740) bzw. »gibt einen Gegensatz an, der sich auf die Bedeutung der von den satzwertigen Teilen bezeichneten Sachverhalten bezieht und eine semantische Opposition zum Ausdruck bringt (rein adversativ)... [aber] kann aber auch einen Gegensatz angeben, der sich aus der Bewertung der Sachverhalte ergibt, in der Negation einer Erwartung besteht und eine Einschränkung darstellt (konzessiv-adversativ)« (Buscha 1989:21). Nach dem DUDEN (1984:375) hat die Konjunktion *aber* restriktiven und adversativen Charakter und steht zwischen Sätzen und Wörtern bzw. Wortgruppen. *aber* ist seiner Stellung nach jedoch freier als andere Konjunktionen, die nur in satzinitialer Position vorkommen können (DUDEN 1984:727):

(1) a. *Peter kommt, aber nicht Klaus.*
   b. *Peter kommt, nicht aber Klaus.*

Daneben kommt *aber* auch als Abtönungspartikel vor (vgl. DUDEN 1984: 352):

(2) *Kommst du? Aber ja.*

Während der DUDEN von unterschiedlichen Satzpositionen der Konjunktion *aber* ausgeht, gehört nach Helbig/Buscha (1984:453,640) *aber* zu jener Gruppe von Konjunktionen, die zudem als Adverb und Partikel auftreten. Als Adverb wird *aber* klassifiziert, wenn es die gleiche semantische Funktion wie die Konjunktion erfüllt, aber nicht satzinitial auftritt.[1] Als Partikel ist *aber* dadurch gekennzeichnet, daß - in welchem Satztyp auch immer - eine „Ausrufeintention" mit dem entsprechenden Satz verbunden ist (Helbig/Buscha 1984:487). *aber* hat dann (a) restriktive

---

1 Engel (1988:232,740) hingegen spricht in diesem Fall von einer »adversativen Partikel«.

oder (b) intensivierende Bedeutung (vgl. ibid., S.481) oder drückt (c) eine »unmittelbare Überraschung« aus (Engel 1988:89):

(3)   *Der Freund aber kam nicht!*
(4)   *Er hat aber viele Bücher!*
(5)   *Ist das aber kalt!*

Daß *aber* wie die Konjunktion und syntaktisch „gleichwertige Elemente", genauer: parallel aufgebaute Konstituenten gleichen kategorialen Formats koordiniert, wird im allgemeinen angenommen und bei der Analyse von *aber*-Strukturen vorausgesetzt (so Lang 1988)[2]. Die durch *aber* koordinierten Teil werden als Konjunkte bezeichnet (vgl. auch Eisenberg 1989:319); es läßt sich folgende Grundstruktur annehmen:

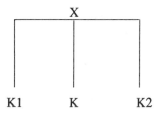

Diese wäre sowohl bei Phrasen- als auch Satzkoordination anzusetzen und auch immer dann, wenn in einem Satz S2 ein identisches Teilstück zu S1 besteht, das „getilgt" bzw. „reduziert" ist. Ein Satz wie

(1) a.   *Peter kommt, aber nicht Klaus*

wäre ein koordinierter Satz mit dem Teilsatz *Peter kommt* sowie dem reduzierten Konjunkt *aber Klaus kommt nicht.* Eisenberg (1989:327f.) schlägt nun für die syntaktische Analyse der *und*-Koordination vor, daß *und* in Sätzen wie *Hans kocht Tee und Kaffee* »einem für sich grammatischen Ausdruck durch Nebenordnung ein Konjunkt hinzu[fügt], in dem ganz bestimmte syntaktische Funktionen wiederaufgenommen werden« (ibid., S.328). Damit wird jedoch das Postulat der Parallelstrukturiertheit (s.o.) aufgegeben[3]. Satz (6) hätte dann folgende Struktur:

---

2 Daß Parallelisierung wichtig ist, zeigen Regeln wie die folgende: Werden zwei Sätze mit identischen Subjekten, die zudem jeweils am Satzanfang stehen, gehäuft, so wird das Subjekt des zweiten Satzes getilgt, und der Konjunktor *aber* tritt hinter das finite Verb des zweiten Satzes: *Das Restaurant liegt günstig, ist aber nur für Kuchen und Kaffee zu empfehlen* (Engel 1988:740).
3 Dies ist in der Erstauflage (Eisenberg 1986:316f.) explizit problematisiert.

(1a)

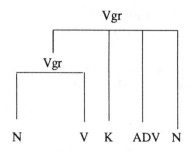

Peter   kommt aber nicht Klaus

Wie bei der *und*-Koordination werden bei der *aber*-Koordination nicht nur syntaktische Funktionen wieder aufgenommen, sondern einzelne Konstituenten haben eine
neue syntaktische Funktion wie die adverbiale des Negationwortes in (1). Das
Kriterium einer identischen syntaktischen Formatierung entfällt. Um dieses aufrecht
zu erhalten, wäre von dem zweiten Konjunkt als Satz auszugehen, das entweder reduziert ist oder das als verbloser Satz angesetzt wird, wobei sich in K1 ein
Teilstück befindet, auf welches sich die syntaktischen Funktionen der koordinierten
Elemente indirekt beziehen (vgl. Kap. 2.3.2).

Unabhängig davon, ob *aber* als Konjunktion zwischen zwei parallelisierten
Konjunkten angesetzt wird oder nicht, zeigen die Belege der gesprochenen Sprache,
daß in nahezu 50% der Fälle *aber* selbst bei wohlwollender Betrachtung nicht im
bisher behandelten Sinne als koordinierende Konjunktion fungiert, vergleiche z.B.

(6)		
1	M:	frau r. ((steht hinter E)) da kann ick schon ma'n
2		bißchen äh wat machen (.) ja? die nimmt mir dit nich so
3		doll übel (.) wenn se betrog'n wird
4	K1:	((lacht laut auf))
4	E:	also
5→	M:	aber dafür steicht jetzt hertha bsc ab (.) und dit is 'ne
6		freude
		(aber-46/V:75%)

(7)		
1	K2:	fünfundzwanzichfünfzich
2	m:	danke
3	K3:	richtig? fünfundzwanzichfünfzich? ((zu M)) (2.0)
4	M:	ach ja! hab' nich jerechnet

5	K1:	zwei pfund delicious
6	M:	ja.
7	M:	((zu m, die bei K2 und K3 kassiert hat))
8		aba in meine kasse (.) nich in die falsche kasse
9		((schmunzelt)) (3.0) ((zu K2 und K3))
10→		aba tun se mir doch ma ne (.) 'n gefallen wat
11		ihre kumpels jetzt zahlen (.) mich interessiert
12		dit mal (.)
		(aber-1a,b/V:42%)

aber ist in diesen Fällen ein Konnektor mit vielfältigen Funktionen, der teilweise im Sinne von Schiffrin (1988) und Chafe (1988) als Diskurspartikel interpretiert werden könnte. Auffällig ist der hohe Anteil von satzinitialem *aber* nach einem Sprecherwechsel (vgl. auch 6:Z5 sowie Tab. 6-1).

| | SPRECHERWECHSEL | |
	ja	nein
satzinitial	100 (37.1%)	102 (39.9%)
satzmedial	25 (7.4%)	42 (15.6%)

Tab. 6-1: *aber* in Abhängigkeit von Position und Sprecherwechsel

Nur in den wenigsten Fällen ließe sich über einen Sprecherwechsel hinaus eine »genuin symmetrische Strukturbildung« [X1 *aber* X2] (Lang 1988:13) ansetzen. Die Asymmetrie zwischen den konnektierten Einheiten wird noch deutlicher, wenn man von der Semantik von *aber* und den damit verbundenen Klassifikationen ausgeht.

In Grammatiken zum Deutschen ist die Semantik von *aber* am ausführlichsten in der Grundzüge-Grammatik dargestellt. Grundsätzlich wird davon ausgegangen, daß *aber* immer Bezug auf eine Erwartung nimmt. Hierbei werden vier Satzverknüpfungen unterschieden[4] (vgl. Grundzüge 1981:783):

1. [S(p), *aber* (S(q)]. Die deskriptiven Sätze S(p) und S(q) implizieren, daß (a) aufgrund der Existenz des einen Sachverhaltes (p bzw. q) ein anderer nicht erwarteter Sachverhalt (q bzw. p) in Kauf genommen werden muß oder (b) das unerwartete Gegebensein des einen Sachverhalts (p bzw. q) durch einen anderen Sachverhalt annehmbarer wird (q bzw. p) oder (c) ein Sachverhalt q notwendig wird, damit die an p geknüpfte Erwartung erfüllt werden kann.

---

4 Die Darstellung folgt den in dieser Arbeit verwendeten Notationen (vgl. Kap. 2.3.1).

2. [nicht S(p), *aber* S(q)]. Die an den Sachverhalt p geknüpfte Erwartung ist nicht erfüllt, als Ersatz wird q angeboten.

3. [S(p), *aber* nicht S(q)] beinhaltet, daß die Erwartungen zum Teil erfüllt wurden;

4. [nicht S(p), *aber* auch nicht S(q)]. Für die nicht erfüllte Erwartung an p wird kein Ersatz angeboten[5].

Beispiel (6) wäre unter Typ 3 zu subsumieren, ein Satz wie *Er ist streng, aber gerecht* unter Typ 1, *Er trinkt nicht Kaffee, aber auch nicht Tee* unter Typ 4, ein Satz wie *Er hat nicht mehr eine Mark, aber dafür zwei Fernseher* unter Typ 2. Bereits Sätze wie *Er ist streng, aber sie hat keinen Sinn für gerechte Strafe* fallen aus dem Interpretationsraster heraus.

Die bisher detaillierteste Analyse zur Semantik (und Syntax) von *aber* hat Lang (1988) im Rahmen einer Analyse der Adversativkonnektive vorgelegt. Lang (1988:2) geht davon aus, daß der durch *aber* und andere Adversativkonnektive induzierte Gegensatz nicht immer schon durch die »grammatisch determinierte Bedeutung der Konjunkte repräsentiert ist, sondern (und das ist sogar der häufigere Fall) erst durch Involvierung kontextuell oder situativ assoziierbarer Kenntnisse nichtsprachlicher Art etabliert werden muß« (ibid.). Insbesondere *aber* als „UNIVERSAL-Adversativkonjunktion" hat einen relativ weiten Interpretationsspielraum und ist entsprechend kontextsensitiv, wobei sich die Interpretation an Art und Ausmaß der Parallelstruktiertheit der Konjunkte bemißt. Durch das Postulat der Abhängigkeit der Interpretation von *aber*-Konstruktionen in Abhängigkeit von Parallelstrukturen »ist dann auch Vorsorge getroffen, daß wir eine ganze Skala von Adversativkonstruktionen zu gegenwärtigen haben, die sich, möglicherweise sogar entlang verschiedener Dimensionen, von maximaler bis minimaler Parallelstruktur erstrecken und (...) entsprechend in ihren Interpretationen unterscheiden« (ibid., S. 13). Lang hebt also zwei Punkte hervor:

1. die Interpretation von *aber*-Konstruktionen ist in hohem Maße kontextsensitiv und

2. die Interpretation von *aber*-Konstruktionen ist abhängig von der Parallelstrukturiertheit der Konjunkte, wobei ein geringes Maß an Parallelisierung erwartet werden kann.[6]

Obwohl Lang die Kontextsensitivität hervorhebt, untersucht er nun auf der Folie semantischer Prämissen *aber*-Konstruktionen, wobei jedoch allein von variierenden Einzelsatzschemata ausgegangen wird mit der Konsequenz einer semantischen Typenbildung von Adversativkonstruktionen. Die pragmatischen Faktoren werden über eine sog. EVAL-Funktion behandelt, die - entsprechend der in Lang

---

5 Zu weiteren Restriktionen von *aber*-Konjunkten nach einem negierten Vorgängersatz vgl. Asbal-Schnitker (1979:460-61)

6 Es wurde bereits oben darauf hingewiesen (vgl. auch Tab. 4.3-1), daß eine große Anzahl von Belegen nicht in das Schema [X1 K X2] passen.

(1977:66f.) postulierten „Gemeinsamen Einordnungsinstanz" (GEI) - einen Bezugsrahmen für die Kontextinformation darstellt und durch die, wenn der durch *aber* induzierte Gegensatz nicht auf der Ebene der Konjunktbedeutungen etabliert werden kann, eine kontextuelle Bewertung der Konjunktbedeutungen induziert wird.

Im Zentrum steht bei Lang die semantische und syntaktische Analyse, die näher zu betrachten ist (vgl. ibid., S.16f.). Lang kommt in seiner Systematik zu sechs Typen von Adversativkonstruktionen. In Typ I wird der Gegensatz durch semantische Kontrastpaare in den Konjunkten hergestellt:

(8)   *Hans ist groß, aber Fritz ist klein*

Die Konjunkte sind umkehrbar und syntaktisch parallel. Eine Konjunktreduktion ist möglich. Es gibt mindestens zwei Paare von kontrastfähigen Konstituenten, wobei sich die Konjunkte semantisch weder ein- noch ausschließen dürfen. Wenn der Kontrast nicht über Konjunkte etabliert werden kann, dann über die kontextuelle Bewertung der Konjunktbedeutungen, z.B.

(9)   *Hans ist groß, aber Fritz ist stark*

In Beispiel (9) wird *stark* als Vorteil gegenüber *groß* bewertet (vgl. ibid., S.23). Der Universalkonnektor *aber* kann - unter bestimmten Bedingungen - durch *hingegen* und *jedoch* sowie satzmedial *indessen* substituiert werden.

Bei Typ II liegt ein implizierter Gegensatz in den Prädikaten zum selben Argument vor, z.B.

(10)   *Anna ist klug, aber nicht hübsch.*

Die Konjunkte sind umkehrbar, jedoch mit Differenzierungen in der Interpretation. Die Prädikate müssen zum selben Argument gehören; Konjunktreduktion ist der Normalfall. Für die Vergleichsdimension ist entscheidend, daß sie sich nach den lexikalischen Bedeutungen in den Prädikaten richtet, 2. nach der kontextuell bestimmten Werteverteilung (s. hierzu auch Fries 1991:10-11) und 3. nach der Reihenfolge der Konjunkte. *aber* kann häufig durch *jedoch* substituiert werden.

Bei Typ III entsteht der Gegensatz durch Annullierung von Schlüssen aus der Alltagskenntnis, z.B.

(11)   *Hans ist krank, aber er geht arbeiten.*

Es gibt keine speziellen Parallelitätsbedingungen und prinzipiell ist eine Konjunktumkehrung möglich, jedoch mit Bedeutungsdifferenzierung. Die Semantik ergibt sich aus Schlußregeln, wobei in den Prämissen auf Alltagswissen, Erfahrungssätze zurückgegriffen wird. Für (11) sähe der Ableitungsmechanismus wie folgt aus:

Prämisse: Wer krank ist, geht nicht arbeiten.
Faktum: Hans ist krank.
Conclusio: Hans geht nicht arbeiten.
Kontrast: Hans geht arbeiten.

aber kann durch *dennoch* und *trotzdem* substituiert werden. Das Schema [p *aber* q] kann häufig durch [*obwohl* p, q] paraphrasiert werden.

Bei Typ IV erfolgt Gegensatz durch Blockierung einer kommunikativen Folgerung aus S1, z.B.

(12)   *Hans ist vergeßlich, aber wir haben ja alle unsere Fehler.*

Es gibt keine Parallelstruktur der Konjunkte, die zudem nicht umkehrbar sind. »S2 bezieht sich vorwegnehmend auf kommunikativen Sinn q, den S1 als Behauptung im gegebenen Interaktionszusammenhang haben könnte, aber gemäß einem aus S2 abzuleitenden -q nicht haben soll« (ibid., S. 38). Im obigen Beispiel wird durch S1 eine Kritik formuliert, die durch S2 abgeschwächt wird.

Bei Typ V beruht der Gegensatz auf dem mit der Behauptung verbundenen Wahrheitsanspruch und dessen Zurückweisung im Dialog, z.B.

(13)

A: *Hans ist krank.*

B: *Aber das stimmt doch gar nicht...*

Die Konjunkte sind auf zwei Sprecher verteilt. Es gibt einen deiktischen Rückbezug auf S1.

Bei Typ VI liegt der Gegensatz zwischen dem akzeptierten Inhalt eines Satzes und der nicht-akzeptierten sprachlichen Form von S, z.B.

(14)   *Hans ist eine Null, aber man darf es ja so nicht sagen.*

Es gibt eine „*so*-Referierung", und die Differenzierung erfolgt auf den Ebenen Objekt- versus Metasprache.

Wie im weiteren Verlauf der Analyse deutlich wird, spielen die Typen IV bis VI im Korpus keine Rolle, während es eine Vielzahl von Fällen gibt, die nicht auf der Basis der von Lang vorgenommenen Systematisierung analysiert werden können. Häufig jedoch tritt Typ III in modifizierter Form auf: Es wird ein Gegensatz markiert, der auf einer im Kontext und nicht in einem Konjunkt kodifizierten Prämisse beruht. Wir wollen in diesen Fällen von „impliziten Kontrasten" reden und bei der

Analyse gelegentlich auf Toulmins (1975) Ableitungsschemata von Argumentationen zurückgreifen.

Während Lang in seinen konkreten Analysen pragmatische Aspekte weitgehend ausblendet, gibt Ehlich (1984) in einer systematischen Analyse zu dem Text „Die Entführung" von Eichendorff eine Reihe von Textfunktionen, die *aber* erfüllt:

1. Bruch von Handlungsverläufen,
2. Zerbrochene Sprechhandlungsmuster,
3. Thematisierte Erwartungen,
4. Ortswechsel, z.B. *drüben aber,*
5. Zeitwechsel, z.B. *jetzt aber,*
6. Aktantenwechsel, z.B. *Gaston aber.*

Die allgemeine Textfunktion von *aber* besteht darin, daß Eichendorff *aber* an Schaltstellen einsetzt, »an denen sich die Aufmerksamkeit des Lesers auf etwas Neues richten muß« (ibid., S.177). Entsprechende Erwartungsverletzungen des Hörers werden bearbeitet. »Das Ausbleiben einer solchen Bearbeitung würde den Hörer dazu zwingen, entweder eine Korrektur der Inkonsistenz in den Sprecheräußerungen einzufordern, oder aber die Kommunikation abzubrechen. Durch den Einsatz von 'aber' hat der Sprecher die Möglichkeit, beide kommunikativ unangenehmen Gefahren zu vermeiden« (ibid., S.185). Es wird also die Diskontinuität im Hinblick auf die Erwartungsstruktur des Hörers, genauer: des Lesers, bearbeitet.

Eine Analyse zu den Funktionen von *aber* im gesprochenen Deutsch liegt bisher nicht vor. Eine interessante Arbeit zur Diskursfunktion von „discourse markers", u.a. auch von *but*, hat Schiffrin (1988) vorgelegt. Obwohl *but* syntaktisch und semantisch nicht äquivalent zu *aber* ist, gibt es ein Reihe von Parallelen, und - wie wir sehen werden - hat auch *aber* u.a. die Diskursfunktionen, die Schiffrin beschreibt. Auf der anderen Seite gibt es wesentlich mehr Funktionen für *aber* als die von Schiffrin beschriebenen für *but*. Dies mag zum einen damit zusammenhängen, daß *but* andere bzw. weniger Funktionen hat als *aber*, zum anderen aber damit, daß Schiffrin keine systematische Analyse von *but* vornimmt, sondern es geht ihr darum, allein spezifische Diskursfunktionen von *but* zu bestimmen.

Schiffrin geht davon aus, daß gegenüber *and* durch *but* Handlungen kontrastiert werden (Schiffrin 1988:152). Die Kontrastfunktion liegt teilweise „im semantischen Gehalt der Propositionen", in vielen Fällen jedoch in impliziten Erwartungshintergründen. Letzteres tritt insbesondere im zweiten Teil eines *adjacency pairs* von Frage-Antwort Paaren auf. «What *but* contrasts in such answers is the functional relation of material in the response to the different expectations created by a prior question» (ibid., S.159).

(15)

Debby: Okay do either of you speak any language besides English
Jan: I can read Latin, but I can't speak it.

In den Antworten wird ein Mehr an Informationen gegeben, als durch die Bitte um Information erfragt wurde. Die Kontrastfunktion liegt darin, daß die in der Frage etablierte Erwartung zurückgewiesen werden muß/wird, aber durch die Zusatzinformation ein Teil der Erwartung erfüllt wird.

Daneben hat *but* die Diskursfunktion als «marker of speaker-return» (ibid., S. 164f.). Hier wird *but* als eine Art anaphorischer Schalter begriffen, mit dem ein Sprecher zu seinem ursprünglich begonnenen Diskurs zurückgeht[7], z.B.

(16)

1	A:	The only difference I think may be with -
2		well in our area, it isn't because of the school.
3→		But the only difference I would think would be the schools.

A beginnt in Z1 mit der Beschreibung von innerstädtischen versus vorstädtischen Nachbarschaften. In Z2 fokussiert sie auf ihre eigene innerstädtische Nachbarschaft, die eine exzellente Schule hat, so daß diese eine Ausnahme darstellt, und geht in Z3 zurück auf die allgemeine Beschreibung. *But* hat hier den Effekt «of speaker-continuation even when the idea and/or interactional structure of talk warrants otherwise» (ibid., S. 167). In vielen Fällen markiert *but*, daß der Sprecher das Rederecht erhalten will, was ihm erlaubt, zu seiner thematischen Präsentation zurückzukehren. Diese Funktion wird deutlich daran, daß *but* - gegenüber *and* und anderen Diskursmarkern - auch relativ häufig bei Turns vorkommt, wo nicht ein *Transition-Relevance-Space* vorliegt, wo also ein Sprecher parallel zu einem anderen Sprecher versucht, das Rederecht zu erhalten, z.B.

(17)

I: But I could never
H: →   But you still have a family structure.

In solchen Fällen wie (17) «*but* shows speaker's placement of their own utterances in the conversation taking precedence over their interactional consideration of others' utterances» (ibid., S.175). Diese sind häufig gekoppelt, daß ein Sprecher Nicht-Übereinstimmung mit dem Hörer formulieren will bzw. formuliert.

Fassen wir zusammen, so läßt sich festhalten, daß für *aber* spezifische syntaktische und semantische Funktionen beschrieben worden sind, pragmatische

---

7 In diesem Sinne spricht auch Givón (1990:850) von „thematischem Kontrast".

Funktionen indes nur in bezug auf einen literarischen Text. Allerdings liegt mit Schiffrins Analyse zu *but* ein Bezugsrahmen vor, der für die folgenden Analysen fruchtbar angewendet werden kann.

Im Gesamtkorpus kommen 287 *aber*-Belege vor, von denen einige jedoch nicht weiter analysiert werden können, da Satzabbrüche vorliegen bzw. aufgrund unverständlicher Passagen eine Analyse nicht möglich ist, so daß eine Anzahl von 278 Belegen übrig bleibt (vgl. auch Tab. 6-2.).

Diskurstyp	n	%
Verkaufsgespräch	67	24.1
Therapie	67	24.1
Freies Interview	89	32.0
Erzählung	55	19.8
	Σ278	100

Tab. 6-2: Verteilung von *aber*-Konstruktionen nach Diskurstyp

Wenn wir davon ausgehen, daß *aber* bei prinzipiell gleicher semantischer Funktion, jedoch satzmedialer Position, als Adverb klassifiziert wird und bei satzinitialer Position als Konjunktion, so überwiegt deutlich der konjunktionale Gebrauch gegenüber dem adverbiellen und dem Gebrauch als Partikel. In adverbialer Funktion steht *aber* in der Regel nach dem Subjekt und dem finiten Verb, insbesondere dann, wenn das finite Verb ein Hilfs- oder Modalverb ist und eine Satzklammer gebildet wird, z.B.

(18)   der war äh aber an einem Punkt (aber-89)
(19)   die dürf'n aber ooch vorn sitzen (aber-29).

Tritt ein Objekt auf, steht *aber* zwischen finitem Verb und Objekt, insbesondere bei Satzklammer, oder nach dem Objekt, vgl.:

(20)   man kann es aber auch benutzen als ein wissen (aber-134)
(21)   ich hör aber alles quer durch'n garten (aber-137)

Satzinitiales adversatives *aber*, das zwei Konjunkte syntaktisch verbindet, geht bis auf einen Fall immer nach dem Schema [p *aber* q]. Nur in Beispiel (22) liegt das Schema [*aber* q p] vor:

(22)
1	S:	dit sieht wirklich nach (Fanatika) aus
2	I:	mhm
3→	K:	aba dit sind eh (.) dit sind nich die richtijn franzosn
4		dit warn hier die algerja die algerja sind dit hier
		(aber-254/E:50%)

In satzinitialer Position können vor *aber* noch Kommunikativpartikeln stehen. Der im Nachfeld von *aber* stehende Hauptsatz zeigt alle syntaktischen Variationen, die in der gesprochenen Sprache vorkommen. Interessant ist, daß in vier Fällen eine links herausgestellte Fokus-Nominalgruppe (Left-Disclocation) vorkommt und in einem Fall ein links herausgestellter Objektsatz:

(23)
1→	M:	aba bier und selta (.) dit schleppt se imma nach hause
2		(.) käst'nweise
		(aber-16/V:95%)

(24)
1	M:	sind sie denn ooch an der silberhochzeit schon
2		wieda beteiligt?
3	P:	guten tag
4	K1:	ja (.) wir war'n ja auch einjelad'n
5	M:	freundlichen guten tag
6→	K1:	aber mein mann, der muß ja arbeiten (.) und da
7		klappt dit nich (.) naja=
		(aber-18/V:13%)

(25)
1→	Ma:	aber namen (.) 'n namen muß man nich drunter schreiben
2		(.) nich?
		(aber-137/F:2%)

(26)
1→	C:	ja aber der (.) der nennt das z.b. (.) wenn wir uns
2		mal irgendwo auf'ne parkbank setzen und uns einen ballern
3		(.) dann nennt er das fertig (.) ne/
		(aber-204/F:72%)

(27)
1→	P:	( ) anderen kinder auch (.) aber daß dazwischen eine
2		tochter / gewesen ist \ (.) das habe ich erst vor (.)

3   fünf jahren von meinem vater gehört
               (aber-99/T:55%)

In diesen Fällen erfolgt die Kontrastierung doppelt: syntaktisch durch eine Fokus-konstruktion und durch satzinitiales *aber*. Die links herausgestellte Gruppe ist durch eine Pause vom Rest des Satzes abgetrennt. Hier spiegelt sich ein genereller Trend wider: Während in satzinitialer Position dem *aber*-Satz in mehr als die Hälfte der Fälle eine Pause vorangeht, tritt *aber* in satzmedialer Position immer ohne voran-gehende Pause auf (vgl. Tab. 6-3), ist also intonatorisch stärker in das Satzschema integriert.

	ohne Pause	nach Pause
satzinitial	97	105
satzmedial	67	0

Tab. 6-3: *aber* in bezug auf Satzposition und vorangehende Pause

Im Hinblick auf die Struktur [S1 K S2] finden sich 98 Fälle, von denen 51 entwe-der ein identisches Teilstück in S2 haben oder eine indirekte Relation von einer Konstituente in S2 zu einer Konstitutente in S1 besteht. Anders formuliert: so wohlgeformt koordinierte Sätze mit „Konjunktreduktion" wie sie in der Fach-literatur bevorzugt eine Rolle spielen, z.B. *Hans ist groß, aber nicht Klaus* bzw. *Hans ist groß, aber Fritz ist klein*, finden sich nur in 18 Prozent aller Korpus-belege.

6.1 Explizite und implizite Kontrastfunktion

Für die nachfolgenden Analysen wollen wir von einer expliziten und impliziten Kontrastfunktion ausgehen. Eine explizite Kontrastierung liegt dann vor, wenn der Gegensatz durch semantische Kontrastpaare in den Konjunkten oder - im Sinne von Lang (s.o.) - über die EVAL-Funktion erfolgt. Folgende Sätze sind explizit kontra-stiv:

(28)   *Norbert ist in Berlin, aber Peter ist in Osnabrück.*
(29)   *Andrej ist klug, aber nicht kooperativ.*
(30)   *Klaus ist klug, aber gut aussehend.*

Die Kontrastierung erfolgt primär auf der Ebene der Satzbedeutung.

Eine implizite Kontrastierung liegt dann vor, wenn die Kontrastbildung auf der Folie von Implikaturen erfolgt. Eine Implikatur «is a contextual assumption or implication which a speaker, intending her utterance to be manifestly relevant, manifestly intended to make manifest to the hearer» (Sperber/Wilson 1986:194). Sperber und Wilson unterscheiden zwei Arten von Implikaturen: *implizierte Voraussetzungen* und *implizierte Schlußfolgerungen*. In dem Beispiel (vgl. ibid., S.194)

(31)
Peter: *Would you drive a Mercedes?*
Mary: *I wouldn't drive ANY expensive car*

besteht die implizierte Voraussetzung darin, daß ein Mercedes ein teures Auto ist; die implizierte Schlußfolgerung ist, daß Mary keinen Mercedes fahren würde. Bei der *aber*-Konnexion ist von Interesse, welche impliziten Voraussetzungen mit p oder q in [p *aber* q] verbunden sind. Gehen wir von Beispiel (32) aus.

(32)   *Peter fährt zwar einen Kleinwagen, aber niemals einen Mercedes*

Es gibt mehrere implizite Voraussetzungen, um den Gegensatz herzustellen: 1. ein Mercedes ist kein Kleinwagen bzw. ein Kleinwagen ist kein Mercedes und 2. ein Kleinwagen hat Eigenschaften, die ein Mercedes nicht hat und die von Peter positiv bewertet werden (Vergleichsdimension). Welche Eigenschaften bewertet werden, kann (a) zum Alltagswissen (oder auch Weltwissen) der Interaktionspartner und/oder (b) zum situativen Wissen gehören. Zum Alltagswissen gehört, daß ein Mercedes relativ teuer, ein Kleinwagen normalerweise relativ billig ist. Zum kontextuellen Wissen kann z.B. gehören, daß Peter ungern mit dem Auto fährt und passionierter Radfahrer ist. Die Tatsache, daß „Peter dann niemals einen Mercedes fährt" ist in Kontrast zu der implizierten Voraussetzung zu sehen, daß er passionierter Radfahrer ist und nur gezwungenermaßen Auto fährt, wobei hier wiederum ein komplexes Schlußverfahren angewandt werden kann. Bei impliziten Voraussetzungen wird der Kontrast primär auf der Ebene der Äußerungsbedeutung etabliert. Interessant ist nun, daß es eine Reihe von Fällen gibt, in denen [*aber* q] in Kontrast steht zu im vorangehenden Diskurs implizierten Voraussetzungen, *ohne* daß ein Konjunkt im Vorfeld von *aber* existiert, z.B.

(33)
1   H: ein jahr freibier bei wente oder so
2   Q: oohh!
3   Mi: dann würd ich aber nur noch mit'n fahrrad nach wente
4   fahren (.) das wüßt ich aber

5	A:	ja!
6	C:	und dann (.) samstagabend is genauso wie jeder wochentach
7		ey. ((Lachen))
8	A:	bloß dann nachher die umstellung (.) wenn's wieder geld
9		kostet. ((Lachen)) bezahlen? wie geht das? ((Lachen)) (.)
10→		da müssen aber 'n paar fässer dran glauben (.) wa
		(aber-155-157/F:26%)

Es wird auf diesen Fall und ähnliche Fälle in Kap. 6.1.4 eingegangen.

6.1.1 *Raum- und Zeitkontrast*

Eine referentielle Kontrastfunktion von *aber* liegt darin, räumliche und zeitliche Wechsel zu markieren, wobei der Wechsel von einem Raum R1 zu einem Raum R2 oder von einem Zeitpunkt t_i zu einem Zeitpunkt t_j in der Regel explizit durch Raum- oder Zeitadverbien ausgedrückt wird. Bei den Raumkontrasten, die nur eine geringe Rolle spielen, wird in Beleg (24) von *hier* und *da*, in Beleg (35) dem Ort W. (Da-Bereich) und *hier* als Bezugsraum/-stadt der Sprecherin und entsprechend in Beleg (36) *zuhause* (Da-Bereich) und *hier* (der Gruppentreffpunkt) gegenübergestellt.

(34)		
1	I:	die meisten von euch haben geschrieben (.) **da** is immer
2→		was los (.) aber was is denn **hier** los?
		(aber-159/F:28%)

(35)		
1	I:	das würdest du **westerhausen** noch vorziehen (.) oder was?
2	A:	ja (.) westerhausen/
3→	I:	aber was ist denn **hier** besser?
		(aber-161/F:29%)

(36)		
1	I:	..wenn die eltern druck machen (.) habt ihr
2		wahrscheinlich auch keinen bock auf **zuhause**
3	Q:	nÄÄ!
4→	I:	aber **hier** ist praktisch euer anlaufpunkt?
		(aber-164/F:31%)

Neben der expliziten Kontrastierung spielt in einem Fall (Beleg 37) die implizite eine Rolle. Hier wird der Kontrast *Hannover* als Element der Teilmenge {*andere stadt*} (Z1) zu Heimatstadt über ein komplexes Schlußverfahren hergestellt. Ausgangspunkt ist die Tatsache, daß Mi Flugerätemechaniker werden wollte. Um diese Ausbildung durchzuführen, muß man in Hannover studieren. Da Mi jedoch nicht in eine andere Stadt ziehen will, sondern in seiner Heimatstadt bleiben will, und Hannover eine andere Stadt ist, zog er folglich nicht nach Hannover und wurde deshalb nicht Fluggerätemechaniker.

(37)
1   I: würdet ihr in eine **andere stadt** ziehen (.) um eine
2   lehrstelle zu bekommen (.) oder nehmt ihr lieber das (.)
3   was es **hier** gibt?
4   Mi: ich wollt unbedingt fluggerätemechaniker werden (.)
5→   gibt's aber nur in **hannover**
             (aber-210/F:75%)

Einen quantitativ deutliche höheren Anteil nimmt die Kontrastierung von zeitlichen Zuständen oder Prozessen ein. In 5 Belegen erfolgt die Zeitkontrastierung, die mit teilweise aspektuellen Faktoren einhergeht, explizit:

(38)
1   T: wenn ich sie richtig verstehe hat er zwar äh das
2   **zunächst** irgendwo unter anleitung gemacht / (.) hat es
3→   aber **dann** alleine weitergemacht
             (aber-121/T:75%)

(39)
1   I: meint ihr nicht (.) daß sich das **später** mal ändern wird?
2   A: möglich (.) kann sein
3→   C: aber **im moment**/
             (aber-162/F:30%)

(40)
1   I: lehrstelle (.) beruf (.) familie (.) das is **dann die**
2   **nächste phase?**
3   C: ja sicher!
4→   A: ja (.) aber das hat eigentlich **noch'n bißchen zeit**
             (aber-208/F:74%)

(41)
1   E: und hab' a (.) hab' ick **jetz** tomaten? nein
2→   M: nee (.) **noch nich** (.) aba kriej'n se **gleich**

| 3 | E: | ja (.) aba nur drei stück |
| | | (aber-5a,b/V:49%) |

(42)

1	K2:	(Jeb'n se doch nummern aus)
2	M:	nee nee nee nee
3	E:	wie beim arzt (.) ja ja
4	M:	naja ((lacht)) (2.0)
5	E:	heute nich herr müller (.) **manchmal** ist es ja
6		wirklich so mit nummern (.) da kann man=
7→	M:	=aba **heut** is et anjenehm=
8	E:	heut is et anjenehm
		(aber-44a/V:61%)

Während in den ersten beiden Belegen der zeitliche Kontrast zwischen gegenwärtigem Zeitpunkt und vergangenem (38) bzw. zukünftigen (39) markiert wird, haben (40) und (41) einen stark inzeptiven Aspekt. In (40) wird das Erreichen des Zustandes „Lehrstelle, Beruf, Familie haben" als noch nicht erreichter und noch-nicht-zu-erreichen-wollender Zustand als Teil der Jugendphase gegen die folgende Erwachsenenphase abgegrenzt. In (41) ist Ausgangspunkt, daß der Zustand „E ist im Besitz von Tomaten" zum Zeitpunkt „jetzt" noch nicht hergestellt ist; M ist bereit, eine entsprechende Ausführung vorzunehmen, um den Zustand Z herzustellen, und teilt E mit, daß die Ausführung der entsprechenden Handlung unmittelbar bevorsteht. In (42) wird durch *heut* gegen „sonst" ein Ausnahmezustand gegen einen häufig vorkommenden Zustand, also ein punktueller Aspekt gegen einen frequentativen/habituellen, hervorgehoben.

In vielen Fällen erfolgt die Zeitkontrastierung indirekt, wobei die implizite Zeit aus dem vorangehenden Kontext erschlossen werden kann, und die auf der Folie der kontextuell vorausgesetzten Zeit explizite Zeitreferierung durch *aber* herausgehoben wird. Es liegt folgendes Grundschema vor: [Impliziter Zeitraum *aber* direkte Zeitangabe], wobei 1. in der Regel die vorausgesetzte Zeit ein vergangener Zeitraum ist, während die (meist konkrete) Zeitangabe auf die Gegenwart bzw. einen folgenden Zeitraum referiert (43,44,45, 46,47,48), 2. ein Rückblick erfolgt (51,50,52) oder ein Zeitraum zwischen zwei Zeitzuständen angegeben wird (49):

(43)

1	A:	ja (.) und wenn einer aufgenommen wird (.) dann mit
2		voller mehrheit (.) und nich mit halber mehrheit und all
3		so'n kram

4	Mi:	muß einstimmig angenommen werden
5→	A:	aber das is **jetzt** auch so halb vergessen
		(aber-194/F:65%)

(44)

1	M:	nein (.) dit war'n janz fremde kund'n (.)
2		dit war'n janz fremd (.) hab' ick dit erste mal
3		in meinem leben jeseh'n
4	E:	also ick wollt' ja nich (.)
5		ick denke (.) wat machst du nu?
6	M:	nee (.) ick hab' dit meina frau jesacht
7→		„**heut** mußt' ick aba mit der frau s. ziemlich hart sein"
		(aber-13/V:85%)

(45)

1	F:	..das war mit xy so (.) der ging mit der zeit uns auf'n
2		keks
3	A:	das is manchmal so ganz willkommen (.) so nue (.) ja (.)
4→		du bist auch und hier und da (.) aber **nach'ner zeit** (.)
5		wenn man nich mehr so in seiner gruppe is (.) dann (.)
		(aber-203/F:71%)

(46)

1	I:	wieviele wart ihr?
3→	Ma:	teilweise waren wir 12 (.) 13 (.) aber **dann** war'n wir nur
3		noch 3 (.) 4
		(aber-192/F:61%)

(47)

1	R:	..und dit habm die türknkinda hier jemacht (.) hier
2		nebnan sind (mmh) acht person in drei zimmer wohnung (.)
3		kost aba üba siebmhundat mark
4	B:	ja teuer
5	R:	ja! und hier stehn denn die janzn räda und siebm sind
6		andauand drin (.) jetz is wenichstn noch keen jeratta und
7→		jetatta aba wenn die ganze geschichte **nu jetzt wieda**
8		abjefahrn wird die steine sind ja voll die janze und die
9		komm ja bald obendraus! ((lacht))
		(aber-284,285/E:99%)

(48)

1	P:	und das kann ich auch dann genauso fragen=

2   T: =mmh=
3→   P: =das habe ich ja zu hause aber **jetzt** ( ) (.) also die
4   zwei ersten kinder / (4.0)
               (aber-108/T:65%)

(49)
1   P   := ja also den ältesten sohn haben wir gewußt (.) \
2   T: ah ja
3→   P: ( ) anderen kinder auch (.) aber daß **dazwischen** eine
4   tochter / gewesen ist \ (.) das habe ich erst vor (.)
5   fünf jahren von meinem vater gehört
               (aber-99/T:55%)

(50)
1   P: ..ich hoffe daß sie das verstehen (.) daß er
2   geburtsleiden mit sich noch schleppen würde=
3   T: =mmh (.)
4   P: also von da (.) ( ) schwierigkeiten
5   T: mmh ja (.) ja (.) ja (1.0)
6→   P: aber **damals** hatte er ja (.) hatte er keine keine
7   pri ( )übungen gemacht obwohl das möglich gewesen wäre
8   aber er ist nicht reingegangen
               (aber-118,119/T:73%)

(51)
1   P: es war nur ein versehen daß ich dazukomme daß ich ja ja
2   neu anfangen muß / (1.0) so war es gar nicht vorgesehen \
3→   (1.0) aber das hat ja **damals** nicht so viel
4   ein (wirkungen) dazu gehabt \
               (aber-90/T:45%)

(52)
1   K1:   wiedersehn
2   K2:   ich hätt' gern vier jonathan
3→   M: tschüß (.) und denn war'n sie aber auch **vorher** dranne
4   denn hintereinander begrüß' ick euch alle (.)
5   stimmt dit? sie kamen hier schon vorbei
6   E: ja?
7   M: ick meine ja (.)
               (aber-43/V:61%)

Das letzte Beispiel ist nur verständlich, wenn man weiß, daß E an der Reihe war, ihren Kaufwunsch zu äußern. M nimmt K2 das Handlungsrecht und übergibt es E, da E zu einem früheren Zeitpunkt den Tante-Emma-Laden betreten hatte und somit das Recht erworben hat(te), vor K ihren Einkauf zu tätigen.

Beispiel (47) hat neben futurischem Zeitaspekt einen aspektuellen Charakter (repetitiver Aspekt), nämlich daß ein negativ bewerteter Zustand Z aus der Vergangenheit gegenüber einem positiv bewerteten, gegenwärtigen Zustand Z' wieder auftreten wird. *aber* hebt hier die Wiederholung von Z als negativem Ereignis gegenüber Z' hervor.

6.1.2 Personenwechsel

Ein weiterer referentieller Kontrast erfolgt dadurch, daß auf andere Personen als auf direkt zuvor erwähnte verwiesen wird. Dabei kann es sich um Protagonisten oder Antagonisten einer Erzählung handeln oder um Interaktionspartner. Die personalreferentielle Kontrastierung erfolgt auch über Sprecherwechsel hinweg (vgl. 60,61,62,63,64).

(53)
1	M:	alle menschen trinken tatsache mehr als ich
2		((zeigt auf seine Brust)) glooben se dit? alle menschen
3		((m kommt hinzu, schaut E fragend an, dann ihren Mann))
4		ick soll nich soviel saufen!
5→	E:	**sie** staunen (.) aber nich **ick**!
		(aber-34/V:47%)

(54)
1	M:	...hat **se** mir jesacht „ick wollt' schon nich mehr
2→		in (mein) laden komm'n" (.) aber **ick** denk' mir da
3		wirklich nüscht bei (.) aber da war **se** mir
4		ernsthaft böse
		(aber-42a,b/V:59%)

(55)
1	E:	ick hab' keine ahnung von fußball
2	M:	naja (.) ick (.) ick hab ja
3	E:	ick hab' weder ahnung (.)
4	M:	noch interesse (.) meinen **sie** (.)
5→		aber **ick** habe freude dran (.) daß se absteijen
		(aber-46,47/V:75%)

(56)

1	L:	frau s. (.) wenn a blumen macht (.) ja (.)
2		da könnt' ick mich stundenlang drüber amüsieren
3	M:	so!
4	L:	((laut zu M)) p. hat neulich zu mir jesacht „**herr M.**
5→		hat mir'n strauß blumen jemacht (.) aber den hätte **ick**
6		ooch noch so jemacht"

(aber-52/V:82%)

(57)

1	T:	..da sind sie nun wirklich (.) jemand ganz anderes als
2		sie jetzt sind (6.0) damit sind sie natürlich nicht
3		alleine das geht (1.0) (leise) irgendwo (1.0) **uns allen**
4→		so (1.0) aber **sie** leiden ganz besonders unter diesem
5		vielleicht ist bei ihnen die sch die kluft besonders groß

(aber-76/T:30%)

(58)

1	T:	ich meine ob die information etwas bringt müssen **wir**
2		sehen / das (.) wie gesagt das ist mehr ein sammeln \
3→		(8.0) aber so für **sie** selber scheint das doch (3.0) gibt
4		es da einen zusammenhang \ (1.0)

(aber-109/T:65%)

(59)

1	T:	mmh mmh (3.0) **ich** meine **man** weiß es ja nie /
2→		aber vielleicht gehören **sie** ja zu den ganz wenigen glücklichen
3		menschen auf dieser welt

(aber-129/T:91%)

(60)

1	I:	einer von euch schreibt „ja (.) saufen find ich gut (.)
2		aber alki möchte **ich** auch nich sein"
3→	Mi:	ja (.) das denken aber **alle** würd ich sagen

(aber-174,175/F:42%)

(61)

1	C:	...z.b. **jö.** (.) **der** geht mir nie auf'n keks
2	H:	ja (.) **meyer** ( )
3	Bi:	**der** sacht auch nich viel
4→	H:	aber **jö.** (.) meyer is irgendwie (.) den kannste auch nich

| 5 | | schlagen (.) er (ist) irgendwie ganz seltsam so (.) |
| | | (aber-231/F:94%) |

(62)

1	f	...daß man selber gar keine lust hat zu hause rumzuhocken
2		und (.) nich zu arbeiten (.) (naja)
3	C:	irgendwo muß das geld ja auch herkommen
4	f:	et jibt aba ooch welche (.) wir kenn ooch welche **die** sind
5		froh dat **se** nich arbeiten (.) ja (.) jibt's ooch
6→	C:	ja (.) aba **ich** glaub nich daß das...
		(aber-238,239/E:10%)

(63)

1	S:	s. s.! (.) **wir** machn noch mal die tour
2→	T:	**ick** will aba mit
		(aber-264/E:59%)

1	C:	ja (.) weiß nich (.) **dittert** sagt das jetzt aber öfter
2→	X:	nä (.) hab **ich** aber noch nie gehört
		(aber-212/F:77%)

Gemäß der Hypothese von Givón (1990:850), nach der ein „switch-subject" zwischen X1 und X2 in [X1 *but* X2] mit hoher Wahrscheinlichkeit erfolgen müßte[8], findet in den vorliegenden Belegen für *aber* - bis auf den Fall eines Wechsels vom indirekten Objekt zum Subjekt, jedoch bei gleichzeitigem Personenkontrast (57) - ein entsprechender Wechsel statt.

6.1.3 Kontrast von Objekten

Wenn Objekte kontrastiert werden, ohne daß gleichzeitig ein Handlungskontrast vorliegt, handelt es sich um grammatische Objekte, die zu einem verbalen Prädikat in Beziehung gesetzt werden:

(64)

1	m:	äh (.) was hör ich eigentlich gerne?
2	Mi:	soll ich (.) kann ich hinschreiben „quer durch'n garten?"
3	C:	musste wissen ey (.) du mußt doch (..) **stilrichtung**

---

8 »The contrastive 'while', 'but', 'though' and 'yet' are strongly associated with switch-subject, while the non-contrastive 'and' is strongly associated with equi-subject« (Givón 1990:850).

4   kannste ja wohl hinschreiben
5→   Mi: ich hör aber **alles** quer durch'n garten (..) heino
6   auch ey
              (aber-138/F:4%)

(65)
1   m: ...jetz ha'jk een jahr **arbeitslosnhilfe** ja (.)
2→   jetz habm se mir heute zujeschickt (.) ja (.) aba **jeld**
3   (.) ja (.) ha'jk noch keens
              (aber-236/E:4%)

Der Gegensatz wird durch Kontrastpaare in den Konjunkten ausgedrückt entsprechend Typ I der Langschen Klassifikation. Kontrastierung der Objekte bei gleichem verbalen Prädikat kommt nur in diesen beiden Fällen vor; in allen anderen Fällen werden auch andere Konstituenten kontrastiert, insbesondere die verbalen Prädikate.

6.1.4 Handlungs-, Zustands- und Eigenschaftskontrast

Bei rund einem Viertel aller Belege findet sich ein Handlungs-, Zustands- und Eigenschaftskonstrast bzw. ein Kontrast von einem Zustand zu einer Handlung oder einem Prozeß. Handlungen, Prozesse und Zustände sind präferiert über die verbalen Prädikate kodiert, Eigenschaften über - in Verbindung mit *aber* - prädikativ gebrauchten Adjektiven. Aufgrund der Kontrastbildung über das verbale Prädikat bzw. Prädikative lassen sich die meisten Belege dieses Typs unter die von Lang (1988) als Typ I und II kategorisierten Klassen subsumieren. In der Regel erfüllt *aber* die syntaktische Funktion, zwei Konjunkte, und zwar Sätze, zu verbinden. Insbesondere bei der Kontrastierung von Eigenschaften liegt - in der Terminologie von Lang gesprochen - Konjunktreduktion vor (s.o.).

Wenden wir uns zuerst dem Kontrast von Handlungen zu. In Beleg (66) liegt semantisch eine Negation des Typs [p, *aber* ¬p] vor. Der eigentliche Kontrast liegt in dem Bruch mit der - hier explizit angekündigten - Normalerwartung, die als eine voreingestellte Bedingung formuliert wird: „Man könnte annehmen, daß p"; „unter Bedingungen, daß man annimmt, daß p". Diese Annahme wird dann durch *aber* und Negation zurückgenommen, der Fokus liegt darauf, daß *man* zwar unterstellen könnte, daß p, aber E p nicht tut. *aber* kann durch *jedoch* substituiert werden.

(66)
1   E: nu könnt' ick ja jemein sein und könnte sag'n (.)
2→   ick sammle platin (.) aba mach ick nich (.)

3   sag' ick nich
           (aber-12/V:80%)

In Beleg (67) liegen semantische Kontrastpaare in den Konjunkten vor, und zwar
die quantifizierten Nominalgruppen „ein Pfund Erdbeeren" versus „einige Zentner
Erdbeeren" sowie die verbalen Prädikate "essen" versus "wegschmeißen". Die
Position von *aber* nach dem finiten Verb kann vielleicht damit zusammenhängen,
daß aufgrund der strukturellen Parallelität zum ersten Satz im zweiten Satz ohne externes Subjekt die Subjektstelle analog zum ersten Satz besetzt wird. Auch hier
kann *aber* durch *jedoch* ersetzt werden.

(67)
1   M: könn' sich dit vorstell'n (.) daß ick vielleicht na
2   (.) weeß ick nich (2.0) also in den letzt'n jahr'n
3   hab' ick vielleicht een pfund erdbeer'n jejess'n (2.0)
4→   hab' aba in den äh letzt'n zehn jahr'n vielleicht
5   schon (.) einije zentner wegjeschmiss'n
             (aber-17/V:97%)

In verschiedenen Fällen ist der Handlungskontrast an die zeitliche Abfolge von
Handlungen bzw. Ereignissen gekoppelt (s. auch voriges Kap.). In diesen Fällen
steht [*aber dann*] in Analogie zum narrativen Konnektor von Teilereignissen [*und
dann*]:

(68)
1→   Bi: ja (.) ich hatte erst was anderes vor (.) aber dann hab
2   ich mir das doch wieder überlegt
             (aber-171/F:39%)

Auch in Beleg (66) kann - wie in allen anderen Fällen - *aber* durch *jedoch* substituiert werden. Das gleiche gilt für die Kontrastierung von zwei oder mehreren Zuständen:

(69)
1   Bi: ..irgendwie richtig was unternehmen und nich nur ans
2   saufen denken. ((Lachen)) ich meine vielleicht auch (.)
3→   das gehört auch mit dazu (.) aber nich nur
             (aber-188/F:55%)

Im folgenden Beleg (70) hat *aber* die syntaktische Funktion des Satznexus über
einen Sprecherwechsel hinaus. Auf die Proposition des Vordersatzes (Z8) wird pro-

nominal verwiesen (*des*, Z10). Semantisch-pragmatisch werden zwei Zustände in Beziehung gesetzt, *aber* hat hier konzessive Bedeutung. Es ist eine *obwohl*-Paraphrasierung möglich, die im Gesamtkorpus in fünf Fällen belegt ist: *Obwohl meine Frau gehörlos war, hat das überhaupt nichts ausgemacht.*

(70)

1	P:	ich hab' des immer als herrlich empfunden
2	T:	hm
3	P:	die beziehung (.)
4	T:	hm
5	P:	damals war (3.0) 'mal meinungsverschiedenheiten
6	T:	hm
7	P:	ghabt aber i hab' die beziehung immer als gut empfunden
8		(1.0) äh mei frau war gehörlos
9	T:	(2.0) äh ja das wußte ich nicht
10→	P:	(2.0) ja aber des hat überhaupt nix ausgemacht / äh (3.0)
		(aber-77,78/T:33%)

Auch bei der Kontrastierung von Zuständen kann normalerweise *aber* durch *jedoch* substituiert werden und hat adversative Bedeutung wie im folgenden Beleg:

(71)

1	T:	gibt's nichts anderes zu tun als daheim zu sitzen und a
2		bier zu trinken
3→	P:	ja vielleicht gäbe es was aber
4	T:	mmh
5	P:	ich bin auch wahrscheinlich nicht in der lage des
6		((sehr leise)) irgendwas da zu unternehmen
		(aber-86/T:40%)

Analog zu Handlungkontrasten liegt der Kontrast von Zuständen in gegensätzlichen stativen Prädikaten oder in der Negation eines stativen Prädikats. Parallel dazu findet sich die Kontrastbildung von einem Zustand zu einer Handlung bzw. zu einem Prozeß, z.B.

(72)

1	T:	= man weiß in aller regel nicht so schrecklich viel
2→		darüber / aber (.) äh man kann mehr darüber lernen nicht
		(aber-102/T:57%)

(73)
1	Jö:	und er ist etwas ruhiger
2	C:	wie?
3	Mi:	ja (.) 'n bischen ruhiger
4→	Bi:	ja aber so langsam kommt er aus sich raus
		(aber-233/F:97%)

Bei der Kontrastierung von Eigenschaften kann *aber* immer durch *jedoch* ersetzt werden. Die Parallelstrukturiertheit der Konjunkte ist äußerst stark; das im Nachfeld von *aber* stehende Konjunkt hat immer mindestens eine oder mehrere indirekte Relationen zum vorangehenden Konjunkt, oder/und es gibt identische Teilstücke. Dabei gilt als erstes, daß das finite Verb im zweiten Konjunkt nicht wiederholt wird, was darauf zurückzuführen ist, daß prinzipiell als erstes das finite Verb als Default in einer Satzkette nicht wiederholt werden muß und zudem das Kopulaverb *sein* semantisch relativ bedeutungsarm ist und von daher auch thematisch keine Notwendigkeit zur Wiederholung besteht. Zum zweiten gilt, daß, wenn das finite Verb nicht wiederholt wird, auch andere Teile nicht wiederholt werden müssen (s. hierzu auch Klein 1985):

(74)
1	K1:	die sollt'n rot werden (.) die hat er uff de kochmaschine
2		dahin jelegt
3	M:	((lacht))
4	K1:	die sind braun jeword'n von'd fliejenscheiße
5→		(.) aber nich rot
		(aber-33/V:39%)

(75)
1	D:	drei zitronen
2→	M:	ja (.) natur sind die nich (.) aber voll saftig (.)
3		die sind natur und hab'n wenig saft
		(aber-39/V:55%)

(76)
1	Lu:	..denn denkste dit wassa muß urisch voll sein (.) so ja
2		(.) hustekuchen (.) dit wassa is echt leer! dis leer!
3	No:	hm
4	Lu:	die liejn da alle nur und sonn sich (.) ja
5	X:	ahja
6→	Lu:	dit wassa is aba leer!
7	No:	dit is aber stark chloriert (.) ne?

8   Lu: ja chloriert (.) aba dit wassa is leer[9]
                    (aber-275a-c/E:77%)

Die Reduzierung auf den bloßen Kontrast von Eigenschaften findet sich in dem folgenden Spruch, geäußert von einer Sechzehnjährigen:

(77)
1   C: wie ela schreibt ey (.) da könnt ich mich jeden tach
2   drüber beömmeln
3→   H: äh (.) epileppy aber happy
4   Bi: was se schreibt is aber gut (.) ne ela
                    (aber-153,154/F:24%)

Die eigentliche Kontrastierung erfolgt über die EVAL-Funktion: „epileptisch" wird als negativ bewertete Eigenschaft in Kontrast zu der positiv bewerteten Eigenschaft *happy* gebracht. Die Parallelisierung erfolgt syntaktisch [ADJ *aber* ADJ] und phonetisch: [e:pilɛpi] - [hɛpi]. Daß „epileptisch" negativ konnotiert ist, hat indes mit spezifischen Implikationen zu tun: Wer unter epileptischen Anfällen leidet, ist nicht so „happy" wie jemand, dem dieses erspart geblieben ist.

6.1.5 Kontrast auf der Folie von Implikaturen

Wie bereits in Beleg (77) deutlich wurde, gibt es Fälle, in denen die Kontrastierung nicht durch Kontrastpaare in den Konjunkten, sondern durch Bewertungsprozeduren erfolgt, die wiederum u.a. an alltagsweltliche Normen gekoppelt sein können. Die Implikaturen liegen immer im vorangehenden Diskurs, *aber* hat in diesen Fällen also eine anaphorische Funktion, kataphorisches *aber* ist nicht möglich. Implikatur und Rückbezug wird z.B. im folgenden Beleg (78) deutlich:

(78)
1   I: wie sieht das hier mit lehrstellen aus?
2   A: ja (.) dat geht
3   C: ham alle was gekriegt
4→   Ma: es kommt aber auf die zensur an
                   (aber-209/F:75%)

---

9 Vergleiche diese Zeile mit Zeile 6: Im ersten Fall ist *aber* ein adversatives Adverb (und nicht eine intensivierende Partikel), im letzteren adversative Konjunktion.

Die implizite Voraussetzung dafür, daß „alle eine Lehrstelle gekriegt haben" besteht darin (Z3), daß alle eine gute Zensur haben, denn nur wer eine gute Zensur hat, bekommt eine Lehrstelle (Z4). *aber* markiert hier den Kontrast zu der Möglichkeit, aufgrund schlechter Zensuren nicht eine Lehrstelle zu bekommen. Während in diesem Beleg der Grad der Parallelstrukturiertheit relativ hoch ist[10], ist im folgenden Beispiel allein über koreferentielles *die* ein Nexus zu den Vorgängeräußerungen (Z1,3) hergestellt:

(79)

1	M:	keene (.) keene von ihr'n freundin' sie einjelad'n?
2	K1:	na ja (.) nu (2.0) ( ) sowieso
3	M:	der hat zahlreiche freundin'
4	K2:	oh (.) oh mann (.) oh
5	M:	alle über achtzich
6	K2:	oh oh oh
7→	K1:	ja (2.0) die dürf'n aber ooch vorn sitzen
		(aber-29/V:34%)

aber markiert hier den Kontrast zu einer implizierten Begründung[11]:
Ausgangsdaten: K1 hat zahlreiche Freundinnen, die über 80 Jahre sind.
Begründung: 80 jährige haben (normalerweise) keinen Geschlechtsverkehr.
Schlußfolgerung: Die Freundinnen dürfen (beim Geschlechtsverkehr) vorn sitzen.
Durch den Kontrast mit der implizierten Normalerwartung wird der ironische Diskurs - K1 ist selbst circa 70 Jahre alt - sprachspielerisch abgeschlossen.

Beim folgenden Beleg spielt die Handlung eine zentrale Rolle. Als Ausgangsfaktum gilt, daß K2 nach E den Tante-Emma-Laden betreten hatte und nun vor E seinen Kaufwunsch äußert (Z2):

(80)

1	K1:	wiedersehn
2	K2:	ich hätt' gern vier jonathan
3→	M:	tschüß (.) und denn war'n sie aber auch vorher dranne
4		denn hintereinander begrüß' ick euch alle (.)
5		stimmt dit? sie kamen hier schon vorbei
6	E:	ja?
7	M:	ick meine ja (.)
		(aber-43/V:61%)

---

10 Und folglich Typ III der Langschen Klassifikation vorliegt.
11 Vgl. hierzu Toulmin (1975:97f.) und Bublitz (1978:46f.).

Der Verkäufer weist die Aufforderung von K2 indirekt zurück, indem er darauf hinweist, daß E an der Reihe ist. Die implizierte, zum gemeinsam geteilten Alltagswissen von Kunden und Verkäufern gehörende Begründung hierfür ist, daß zunächst derjenige an der Reihe ist, der zuerst den Laden betreten hat, in diesem Falle also E. V hat das Recht, die Aufforderung zur Durchführung des Kaufaktes zurückzuweisen, weil K gegen Bedingung 4 der folgenden Sprechhandlungsregel verstoßen hat (vgl. auch Schlobinski 1982:29f.): Wenn K V durch eine spezifische Äußerung zu der Handlung X (Vollzug des Kaufaktes durch Erfüllung des Kaufwunsches) auffordert, und V glaubt, daß K glaubt, daß 1a. X getan werden muß bzw. 1b. V X ohne Aufforderung nicht tun würde, 2. V fähig ist, X zu tun, 3. V die Verpflichtung hat, X zu tun und 4. K das Recht hat, V aufzufordern, X zu tun, so wird K's Äußerung als eine gültige Aufforderung zur Durchführung des Kaufaktes verstanden. Durch *aber* wird der durch K formulierte und vorausgesetzte (Z2) Anspruch im wahrsten Sinne des Wortes *adversativ* zurückgewiesen.

In Beleg (81) wird durch die Frage (Z1) unterstellt, daß die Befragten „keine Träume im Kopf haben". Implizit wird als Ausgangsfaktum vorausgesetzt, daß, wer keine Träume hat, nur an seine Sicherheit denkt. Da die Befragten keine Träume im Kopf haben, denken sie nur an ihre Sicherheit.

(81)
1	I:	habt ihr denn gar keine träume im kopf (.) das willste
2		mal machen (.) oder da willste mal wohnen?
3	Q:	nee!
4	I:	gar nicht?
5	Q:	ne!
6→	I:	dann denkt ihr aber ziemlich an eure sicherheit (.)
7		nicht?

(aber-167/F:36%)

Dies ist einer der wenigen Fälle, wo die Implikatur als Ausgangspunkt angesetzt wird und nicht als Begründung. In der Regel gilt, daß bei Schlußverfahren die zum *aber*-Satz kontrastive Implikatur als Begründung bzw. Rechtfertigung angesetzt wird. Es gilt folgendes Schema:

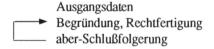

Ausgangsdaten
Begründung, Rechtfertigung
aber-Schlußfolgerung

So auch im folgenden Beispiel (82). Ausgangsfaktum stellt die Tatsache dar, daß A das Gymnasium besucht. Implizierte Begründung für die Schlußfolgerung, daß A nach der zehnten Klasse das Gymnasium verlassen wird, ist der zum gemeinsam geteilten Wissen als gültig vorausgesetzte Normalfall, daß man das Gymnasium bis zur 12. bzw. 13. Klasse besucht, um das Abitur zu machen. *aber* also markiert den Bruch mit der implizierten Begründung etablierten Normalerwartung.

(82)

1	I:	((zu A)) du z.b. gehst auf's gymnasium oder nicht?
2→	A:	ich geh aber nach der zehnten ab
		(aber-173/F:40%)

Im folgenden Beleg (83) ist neben dem Ausgangsdatum „X kommt zur Gruppe und trinkt nichts" (Z2) die Evaluation der Proposition wichtig, nämlich daß dies „Scheiße" sei (Z3). Die Begründung für die Conclusio, daß *das* (thematische Refokussierung) Gruppenzwang sei, liegt in der gemeinsam geteilten Implikatur der Gruppenmitglieder: „Wer zur Gruppe gehören will, muß mittrinken". Durch *aber* drückt die Sprecherin ihre Differenz zu der impliziten Gruppennorm aus.

(83)

1	H:	wenn wir da so sitzen (.) alle schon so'n bischen
2		angeheitert (.) und da kommt einer an und trinkt nix (.)
3		dat is wirklich scheiße
4→	I:	das ist aber gruppenzwang!
		(aber-176/F:42%)

Im nächsten Beleg (84) stützt sich die Schlußfolgerung „keine Zigaretten von (dem Taschengeld) kaufen", auf die Implikation, daß die Eltern von C und von Mi nicht wollen, daß ihre Kinder rauchen.

(84)

1	C:	krieg ich von meinen eltern mal 5 dm (.) und dann ja toll
2		(.) wofür brauchste das denn (.) wird dann noch
3		nachgefragt (.) wenn de mal dein taschengeld haben
4		willst
5→	Mi:	und dann noch den spruch: aber keine zigaretten von
6		kaufen (.) hähähä
		(aber-180/F:47%)

Generalisiert liegt folgendes Schema zugrunde:

Ausgangsfaktum: Die Befragten bekommen von ihren Eltern Taschengeld.
Rechtfertigung: Die Eltern wollen nicht, daß ihre Kinder rauchen.
Schlußfolgerung: Die Eltern äußern, daß ihre Kinder keine Zigaretten von dem Taschengeld kaufen sollen.

In Beleg (85) liegt keine Schlußregel vor, sondern der Gegensatz entsteht dadurch, daß „Lehrstelle, Beruf und Geld" implizit gleichgesetzt wird mit „ödem Leben". Durch *aber* und Negation bringt die Sprecherin ihre Meinung zum Ausdruck - dies ist der kommunikative Sinn der Äußerung in Z6 -, daß sie nicht (nur) ein ödes Leben will, ein Leben, das charakterisiert ist durch Lehrstelle, Beruf und Geld, obwohl diese Punkte in ihrem Denken aufgrund der bestehenden Arbeitslosigkeit einen zentralen Stellenwert einnehmen.

(85)

1	I:	... aufgrund der arbeitslosigkeit denken wir an
2		unsere sicherheit (.) hauptsache lehrstelle beruf
3		(.) geld
4	C:	ja (.) natürlich!
5	Bi:	ja!
6→	Mi:	ja (.) aber auch nich so'n ödes leben (.)
		(aber-168/F:37%)

(86)

1	S:	mußt ick uffpassn daß ick da nich (.) ach ! (.)
2	I:	mhm
3→	S:	die trittflächn jenau treffn aba sauba is dit (.)
4		dit is eh is saubra wie bei uns die tolettn
		(aber-251/E:43%)

In Beleg (86) ist die Ausgangslage, daß S beim Benutzen eines französischen Klos „aufpassen mußte, nicht auf die Trittflächen zu urinieren". Die Begründung dafür, daß die französischen Toiletten „aber sauber sind" (Z3), sogar sauberer als die Toiletten in Deutschland (Z4), liegt in der Implikatur, daß Toiletten unsauber sind, wenn auf die Trittflächen uriniert wird, was ohne weiteres möglich ist, da S ja „aufpassen mußte". Die Erwartung, daß eine unsaubere Toilette möglich, vielleicht sogar wahrscheinlich ist, wird kontrastiert mit der Tatsache, daß dem faktisch nicht so ist.

Als letztes Beispiel sei das folgende gegeben:

(87)

1	H:	ein jahr freibier bei wente oder so
2	Q:	oohh!
3	Mi:	dann würd ich aber nur noch mit'n fahrrad nach wente
4		fahren (.) das wüßt ich aber
5	A:	ja!
6	C:	und dann (.) samstagabend is genauso wie jeder wochentach

7		ey. ((Lachen))
8	A:	bloß dann nachher die umstellung (.) wenn's wieder geld
9		kostet ((Lachen)) bezahlen? wie geht das? ((Lachen)) (.)
10→		da müssen aber 'n paar fässer dran glauben (.) wa
		(aber-155-157/F:26%)

Der Gebrauch von *aber* in Zeile 3 folgt dem bisher behandelten Schema, wobei das Ausgangsfaktum als hypothetisches von H eingeführt wird: Es gibt ein Jahr Freibier bei (der Kneipe) Wente. Als implizite Begründung für *dann würd ich* (Mi) *aber nur noch mit'n fahrrad nach wente fahren* ist anzusetzen, daß Mi, wenn es bei Wente Freibier gäbe, viel Bier trinken würde, und wer viel Bier trinkt, ist nicht in der Lage, Auto zu fahren. Komplizierter ist der Gebrauch von *aber* in Zeile 10. In Z8 wird das hypothetische Modell „Freibier bei Wente" mit der Wirklichkeit konfrontiert, daß für Bier Geld bezahlt werden muß. Dies wiederum wird sprachspielerisch ironisiert (Z9). Die Kontrastfunktion von *aber* entsteht dadurch, daß der thematisch vorerwähnte Zustand „Freibier" konfrontiert wird mit dem Zustand „Bier gegen Geld". Es gilt die interne Logik: Wer normalerweise für Bier bezahlen muß, wird unter der Bedingung, daß er dies nicht muß, „ein paar Fässer trinken".

Wir haben bisher gezeigt, daß *aber* eine explizite und implizite Kontrastfunktion hat. Explizite Kontrastierung liegt referentiell (Zeit, Raum, Person) und nicht-referentiell (Handlung, Zustand, Prozeß, Eigenschaft) vor. Die implizite Kontrastierung operiert auf der Folie von implizierten Voraussetzungen. Die Voraussetzungen können im Konjunkt S(p) impliziert sein, müssen es aber nicht. In einer Reihe von Fällen liegt die implizierte Voraussetzung im vorangehenden Kontext, ohne daß *aber* eine syntaktische Nexusfunktion hat.

6.2 Funktionen von *aber* im Rahmen von Thematisierung und Themasteuerung

Man kann den Kontrast von Handlungseinheiten etc. auch als „thematischen Kontrast" begreifen (so Givón 1990:851), wenn man von einem eingeschränkten Topik-Begriff ausgeht. Wenn im folgenden von Thema gesprochen wird, so wollen wir darunter nicht im engeren Sinne „Topik" verstehen (s. auch Kap. 2.4), sondern Diskurseinheiten, die

1. eine Informationsstruktur aufweisen, die durch Propositionen kodiert ist, die ihrerseits durch Kohärenzrelationen verbunden sind (vgl. auch Givón 1984:245f.) und die

2. interaktiv bearbeitet werden (vgl. hierzu Dittmar 1988).

Im Hinblick auf die Informationsstruktur und die Kohärenzbedingungen stellt sich die Frage, welche thematischen Relationen zwischen den einzelnen Propositionen bestehen, wie u.a. Kontrast, Konditionalität, Temporalität usw., und wie semantische Felder aufgebaut werden. Temporale, lokale, personale Referentialität sowie die Struktur semantischer Felder sind ein wichtiger Schlüssel zum Verständnis davon, wie thematische Einheiten aufgebaut sind und von anderen thematischen Einheiten oder thematischen Subeinheiten (Episoden oder Nebensequenzen) abgrenzt werden können. In bezug auf die interaktive Bearbeitung stellt sich die Frage, welche konversationellen Austauschstrukturen zwischen den Interaktionspartnern und welche Rahmenbedingungen bestehen.

Themen haben drei wesentliche Aspekte. Zum ersten haben Themen einen sachlichen Gehalt: alles kann prinzipiell Gegenstand des Interesses sein und kommuniziert werden, aber kein Gegenstand kann ohne weiteres ad inifinitum kommuniziert werden. Ein eingeführtes Thema erreicht irgendwann eine Sättigung, so daß eine interaktive Bearbeitung nicht mehr zu erwarten ist. Andere Themen mögen nicht auf das Interesse der Interaktionspartner stoßen und stimulieren von daher keine weiteren Gesprächsbeiträge. Zum zweiten haben Themen einen zeitlichen Aspekt: Neben der aufgrund des sachlichen Gehalts implizierten zeitlichen Rahmenbedingungen zwingen Themen diejenigen, die das Thema interaktiv bearbeiten, in ein zeitliches Schema der Reihenfolge. Sie legen nicht fest, wer wann welchen Beitrag zu erbringen hat, aber um einen Sinnzusammenhang herzustellen, müssen sich die Gesprächsbeiträge in diesen Zusammenhang einfügen oder als herausgelöste Beiträge markiert werden. Exemplarisches Beispiel für letzeres sind Nebensequenzen/Evaluationen in Erzählungen (vgl. Labov 1980). Zum dritten gibt es einen sozialen Aspekt der Themenwahl. Nicht alles, was prinzipiell zum Thema werden kann, wird auch zum Thema. Dabei spielt die soziale Legitimität eine wichtige Rolle.

Es soll an dieser Stelle nicht auf detaillierte soziale und diskursive Analysen von Themen und deren Bearbeitung eingegangen werden, sondern - sehr eingeschränkt - gefragt werden, welche Funktion *aber* im Hinblick auf thematische Felder und die damit verbundenen Austauschstrukturen hat.

6.2.1 *Themainitiierung und Themawechsel*

In einigen Fällen tritt *aber* auf, wenn ein neues Thema initiiert wird, wobei ein vorangehendes Thema - sofern vorhanden - unmittelbar abgeschlossen wird. In Beleg (88) ist Gegenstand der von E und M geführten Diskussion, daß M Kunden keine schlechte Ware andreht. M nimmt nun auf die ihm gut bekannte Stammkundin R Bezug, indem er einen Witz macht (Z1). Anschließend (Z5) bringt M ein völlig neues Thema auf, das durch *aber dafür* eingeleitet wird, ohne daß ein „Wofür" aus dem Kontext, geschweige aus der unmittelbaren Äußerungsbedeutung erschlossen werden kann, was auch der an der Interaktion beteiligten E nicht klar ist, denn sie fragt anschließend: *wie komm'n se 'n daruff?* Der Verkäufer M will offensichtlich das Thema wechseln, vermutlich deshalb, weil das Thema „Kunden betrügen" nicht adäquat zur Verkaufssituation paßt, weil die sozialen und situativen Rahmenbedingungen nicht stimmen. Der Wechsel des Themas wird durch ein neues, durch *aber* eingeleitetes Thema vollzogen.

(88)

1	M:	frau r. ((steht hinter E)) da kann ick schon ma'n
2		bißchen äh wat machen (.) ja? die nimmt mir dit nich so
3		doll übel (.) wenn se betrog'n wird
4	K1:	((lacht laut auf))
4	E:	also
5→	M:	aber dafür steicht jetzt hertha bsc ab (.) und dit is 'ne
6		freude
		(aber-46/V:75%)

Anders verhält es sich im folgenden Beleg (89), in dem zunächst aus dem Handlungsmuster „Kaufakt" ausgebrochen wird. M wendet sich seiner Frau zu und fordert sie auf, das von ihr kassierte Geld in seine Kasse (eine alte Zigarrenschachtel) zu tun. Dann wendet er sich wieder den Kunden zu und initiiert ein völlig neues Thema. *aber* leitet hier das neue Thema bei gleichzeitigem Adressatenwechsel (s.u.) ein.

(89)

1	K2:	fünfundzwanzichfünfzich
2	m:	danke
3	K3:	richtig? fünfundzwanzichfünfzich? ((zu M)) (2.0)
4	M:	ach ja! hab' nich jerechnet
5	K1:	zwei pfund delicious
6	M:	ja.
7	M:	((zu m, die bei K2 und K3 kassiert hat))
8→		aba in meine kasse (.) nich in die falsche kasse
9		((schmunzelt)) (3.0) ((zu K2 und K3))
10		aba tun se mir doch ma ne (.) 'n gefallen wat
11		ihre kumpels jetzt zahlen (.) mich interessiert
12		dit mal (.) also ick (.)
13		ja (.) ick werd' mal fragen
		(aber-1a,b/V:42%)

Im folgenden Beispiel (90) spielen Adressatenbezug und Handlungskette keine
Rolle. Das in Z5 initiierte Thema wird völlig neu eingeführt, bekannt sind nur die
durch *wir* kodierten Protagonisten der Erzählung sowie der Ort der Handlung, nämlich Paris.

(90)

1	I:	bimbos? was sind bimbos?
2	S:	na auslända so=
3	K:	=hier! eh (.) die 'ne andre hautfarbe habm wie wir
4	I:	mhm (.)
5→	S:	aba wir habm da schön jesessn da am café da wo der
6		orson welles ooch jesessen hat (.) allet dit harn wir
		(aber-255/E:51%)

In Beleg (91) initiiert der Therapeut ein völlig neues Thema, indem er auf den ersten Selbstmordversuch von T zu sprechen kommt. *aber* tritt hier satzmedial nach
dem finiten Verb auf:

(91)

1→	T:	der erste selbstmordversuch war aber jetzt / äh (1.0) war
2		das eigentlich der erste in ihrem leben bis=
3	P:	= ja ja ja
4	T:	= vor zwei jahren=
5	P:	= ja=
6	T:	der war äh aber an einem punkt äh wo sie wieder neu
7		angefangen haben \
		(aber-88,89/T:44%)

Normalerweise jedoch tritt *aber* turn- und somit satzinitial auf, wenn ein Themawechsel erfolgt bzw. ein neues Thema initiiert wird. *aber* hat hier keine Kontrastfunktion; es besteht zudem kein Nexus zum vorangehenden Diskurs, sondern - vice
versa - *aber* hat in bezug auf den vorangehenden Diskurs die Funktion eines
Difraktors, der das Auseinanderbrechen der thematischen Kohärenz markiert.

6.2.2 *Thematische Wiederaufnahme*

Eine zweite Funktion von *aber* in bezug auf Thematisierungen und
Themabearbeitung besteht darin, daß der Rückbezug auf ein zuvor behandeltes
Thema, das durch Nebensequenzen unterbrochen wurde, eingeleitet wird. Dies ent-
spricht in etwa dem, was Schiffrin (1988:171,173) für *but* als «marker of speaker-

return» festgestellt hat: «it can gain an additional expressive function as a point-making device which indicates the speakers' orientation (...) to a particular assertion» (ibid., S.174). Während *but* jedoch immer auch eine Kontrastfunktion zu einer vorangehenden Proposition markiert und im weitesten Sinne „Disagreement" ausgedrückt wird, hat *aber* als „Thematischer-Wiederaufnahme-Device" die alleinige Funktion, Nebensequenzen abzuschließen und den Rückbezug zum „relevanten" Thema - aus der Sicht desjenigen, der den thematischen Faden wieder aufnimmt - herzustellen. Dies kann direkt durch eines entsprechende Sprechhandlung oder indirekt erfolgen. In den Belegen (92:Z6) sowie (93:Z11) wird durch eine direkte Aufforderung der Rückbezug hergestellt. Im ersten Fall steuert der Therapeut die Konversation, indem er auf den zuvor erwähnten Bruder referiert, im psychologischen Sinne fokussiert; im zweiten Fall bringt die Interviewerin das Thema auf die sie interessierende Person Iris zurück (Z1), nachdem die beteiligten Interaktionspartner eine anwesende und eine nicht anwesende Person zum Gegenstand des Diskurses gemacht haben:

(92)

1	T:	gut ja (.) das (1.0) vielleicht kriegen sie da noch mehr
2		informationen / (.)
3	P:	muß ich mal fragen (.)
4	T:	anders geht es nicht ((lacht)) (1.0)
5	P:	ja (4.0)
6→	T:	aber jetzt nochmal zu ihrem bruder \ (.) ich meine äh (.)
		(aber-104/T:59%)

(93)

1	I:	und iris? wie ist es bei iris?
2	Bi:	hausfrau! ((Lachen))
3	Mi:	ja häuslich (.) bianca ist auch häuslich (.) mußte auch
4		noch hinschreiben
5	C:	ELA!
6	Bi:	oh (.) ja ela is häuslich! ((Lachen))
7	I:	ela is auch häuslich?
8	Mi:	nein (.) im gegenteil!
9	Bi:	ela is überhaupt nich häuslich (.) wenn'se aufräumen muß
10		(.) oh oh (.)
11→	I:	aber erst mal iris (.) dann ela (.) fällt euch zu iris
12		noch was ein?
		(aber-222/F:88%)

Neben der direkten Wiederaufnahme eines Themas wird häufiger ein Thema indirekt, d.h. ohne daß ein gesteuerter Rückbezug hergestellt wird, wieder aufgenommen. In folgenden Beleg (94) unterhalten sich M und E über eine abwesende Person, die am Vortage eine Meinung äußerte, mit der M nicht übereinstimmte und die zu einem kontroversen Diskurs geführt hatte. Die Nachbearbeitung dieser Kontroverse wird durch die Kaufhandlung, beginnend in Z9, unterbrochen. Hieraus ergibt sich ein neues Thema, das von M und E interaktiv weitergeführt und abgeschlossen wird (Z15/16). Direkt im Anschluß daran wird das zuvor behandelte Thema wieder aufgenommen, wobei turninitial *aber* steht und durch pronominale Referenzierung auf die in Z12 referierte Person zurückverwiesen wird.

(94)

1	M:	...**der** meinte da (.) seine meinung von sich
2		geben zu müssen
3	m:	ja?
4	M:	dit is allet dummet gerede (.) aber na macht ma
5	E:	nee (.) aber wirklich (.) die stunde die hat so
6		manchen irgendwie jeknechtet
7	M:	ja (.) ((lacht)) dit war (.) war'n bißchen ungewöhnlich
8	m:	wiedersehn.
9		dit sind achtzig fennich (.) is er ihnen dit wert?
10	E:	au ja
11	M:	ja denn is jut
12	E:	is er ihnen dit wert? (2.0)
13		mir war er fünfundsiebzich pfennich wert (.)
14		und nu denk' ick mußte 'ne mark haben (.) damite
15		leben kannst
16	E:	mhm (.)
17→	M:	aber **der** is (.) naja so is er halt
18	E:	wenn er so is (.) na dann soll er ooch so sein (.)
		(aber-35,a,b,36,37/V:48%)

Ähnlich verhält es sich im nächsten Beispiel (95). Thema ist der Hund von E, über den M sich in ironischer Weise äußert (Z2). E stimmt M in Z4 zu, in Z6/7 wird der (aus)laufende Diskurs unterbrochen und in Z9 von E, die sich zuvor M abgewendet hatte, wieder aufgenommen, wobei zudem ein Kontrast *reiben/beißen* hergestellt wird.

(95)

1		((M packt Mohrrüben in E's Tasche))
2	M:	ja für die müss'n se ihm reiben, gnädije frau

3   E: auch, ja (.) auch
4   M: na ja
5   E: auch
6   m: bin gleich wieda da ((verläßt den laden))
7   M: ja püppi
8→   E: ((zu M)) aba dit beißen is wichtja. tschüß
                    (aber-9/V:71%)

aber kann im Falle der Markierung einer thematischen Wiederaufnahme an andere
Kontrastfunktionen gekoppelt sein, *muß* dies aber nicht. *aber* steht in allen Belegen
turninitial und hat die Funktion eines thematischen Konnektors.

6.2.3 Themakontinuierung

Vergleichbar der Funktion von *aber* als „Thematischer-Wiederaufnahme-Device" ist
die Funktion als „Themakontinuierungs-Device". Hier allerdings hat *aber* nicht die
Brückenfunktion, ein Thema rückzubinden, sondern *aber* dient als direkter thematischer Anschluß, wobei ein Thema weiter entfaltet wird. In dieser Funktion tritt *aber*
häufig in Verbindung mit Fragen auf (s. Kap. 6.3.2) und besonders häufig im therapeutischen Diskurs als Diskursstrategie des Therapeuten. Immer dann, wenn nach
Meinung des Therapeuten der thematische Faden weitergeführt werden soll, und
häufig dann, wenn die Themaentfaltung stockt, formal nach längeren Pausen, findet
durch den Therapeuten eine Zentrierung auf das Thema statt, indem einzelne
Aspekte hervorgehoben werden, nachgefragt wird, etc. In Beleg (96) berichtet der
Patient von seinen Problemen. Nachdem T durch *mhm* (Z5) P ein Feedback gibt,
entsteht eine Pause von zwei Sekunden. An dieser Stelle ist offen, wer den Turn
übernimmt. T führt dann das Thema mittels eines durch *aber* eingeleiteten Turns
fort, indem er das zuvor behandelte Thema interpretiert.

(96)
1   P: ( ) mmh hat hat er nix davon (1.0) des is des is mei
2   großes problem
3   T: mmh
4   P: (2.0) er soll schon woas davon haben
5→   T: mmh (2.0) aber wenn ich sie recht verstehe (.) der vater
6   (.) der sie gerne sein wollen ()
                    (aber-65/T:3%)

Ähnlich ist die Funktion von *aber* im folgenden Beispiel:

(97)
1   P: ja ich hab bei xxx äh (.) ja so vier jahre als
2   feinmechaniker gearbeitet und dann wurde die abteilung
3   aufgelöst und dann wirst halt ja (3) verschickt ja (5)
4→   T: aber gut das war ja noch einigermaßen im selben bereich
5   um dadrauf aufzubauen (.)
         (aber-83/T:37%)

Hier übernimmt T nach einer Pause den Turn durch *aber gut* - *aber* hat hier nicht die
Funktion einer intensivierenden Partikel (vgl. Kap. 6.6) - und aspektualisiert das
Thema, das durch anaphorisches *das* aufgenommen wird.

Themakontinuierendes *aber* ist jedoch nicht auf das Therapeutenverhalten beschränkt, sondern findet sich auch bei Patienten, die ihr Thema selbständig entfalten
und in anderen Diskurstypen. Dabei sind die Grenzen zur Funktion der Wiederaufnahme fließend. Im folgenden Beispiel erzählen Jugendliche von einer Klassen-
fahrt und davon, daß Außenseiter sich immer einer Gruppe anschließen. Das
„Schlimmste" daran ist vor allen Dingen:

(98)
1   C: ...wenn die dir immer hinterher laufen, das geht dir dann
2   allmählich auf'n keks (.) gehste abends los (.) dann (.)
3   ja! kommen wir mit und so ne (.) und dann äh (.) sitzen
4   se da und sagen nichts
5   Mi: da sind wir mit elf mann rumgelaufen (.) das bringts doch
6   nich
7   I: das hat euch gestört?
8   C: ja (.) sicher! ((alle durcheinander))
9→   C: ja (.) toll (.) aber dann waren wir da schon die hohlen
10   köpfe (.) und die liefen da immer hinterher (.) total
11   bescheuert!
         (aber-166/F:35%)

Hier wird das Thema zwar direkt fortgeführt, aber auf der interaktionellen Ebene hat
durch die Zwischenfrage von I (Z7) eine Unterbrechung des narrativen Diskurses
stattgefunden. *aber* hat die Funktion eines Konnektors der thematischen Kohärenz,
wobei die Nexus-Funktion daran gekoppelt ist, daß aufgebrochene Handlungsmuster
„Handlungskomplikation" (Labov 1980:293f.) des Handlungsschemas „Erzählen"
zu verbinden.

6.2.4 Summarizer

Unter „Summarizer" verstehe ich Äußerungen, mit denen ein Sprecher ein Thema (kommentierend) zusammenfaßt und beendet bzw. beenden will. Summarizer sind also themaabschließende Äußerungen, die als explizite kommunikative Sprechhandlung, z.B. in Diskussionen, gebraucht werden wie *Lassen Sie uns das Thema nun beenden und zu einem anderen Tagungspunkt übergehen.* In der gesprochenen Umgangssprache kommen Äußerungen vor wie *Laß uns das Thema wechseln,* doch in der Regel werden in der Alltagssprache indirekte Sprechhandlungen gewählt, und zwar generalisierende Feststellungen oder expressive Kommentare. Solche Äußerungen können durch *aber* eingeleitet werden.

In Beleg (99) ist Gegenstand eines längeren Gespräches die Ernährung von Hunden. M erzählt schließlich die Geschichte, daß ein Schlächter ihm erzählt hat, daß während der Kuba-Krise die Leute erst für ihre Tiere und dann für sich „Reserve jekooft" haben (Z1f.), was E bestätigt (Z6). Das ganze Thema wird anschließend durch einen Kommentar von M abgeschlossen (Z7); *aber* steht in turninitialer Position. Das eigentliche Verkaufsgespräch wird dann fortgesetzt.

```
(99)
1     M:      ...da sacht er „ah stell dir doch mal vor (.)
2             die leute hab'n nich etwa (.) für sich reserve jekooft
3             (.) die hab'n für ihre viecha zuerst mal hunde (.)
4             und katzenfutter jekooft (.) dat den dit nich
5             dreckich jeht"
6     E:      dit is wahr (.) ja
7→    M:      aber sonst sind se alle sehr lieb ((lacht))
8             fünfundneunzich
9     E:      paar zierliche Bananen noch.
              (aber-28/V:29%)
```

In Beleg (100) erzählt P über seine Aggressionen gegenüber den Eltern und seiner Kindheit (Z1f.). Dieses Thema wird abgeschlossen (Z11), und anschließend greift P als Thema einen Brief auf, der bereits zuvor behandelt worden war und als Ausgangspunkt für das Gespräch über P's Aggressionen gedient hatte. Auch hier steht *aber* turninitial und hat die Funktion, ein Thema abzuschließen.

```
(100)
1     P:      ...ich aggressionen da habe die ich ja gegenüber
2             eltern oder oder gegenüber den erlebten situationen
3             erziehung (.) kindheit dann dann (.) loswerden möchte \
4     T:      mhm
```

5	P:	weil ich mir lieber sage (.) nein / (.) so was (.)
6		gibt es nicht \
7	T:	mhm (.) mhm (3.0)
8	P:	und ähh (.) ja also (.) gut können wir machen \ (.) ich
9		bin bereit
10	T:	mmh (1.0)
11→	P:	aber das ist ja zuerst einmal so (1.0)
12	T:	mhm
13	P:	klar mir vorgele vorgelegt worden (.) so durch den brief..

(aber-124/T:83%)

Ein spezieller „Themaabschluß-Device" ist der Gebrauch von *aber* in der Kommunikativformel [(X) *aber na* (Y)]. *aber* tritt (a) turninitial, (b) turnfinal und (c) zwischen zwei Sätzen innerhalb eines Turns auf:

(a) vorgeschaltet:

(101)

1	M:	„papa kuck mal" - und da hab' ick jestaunt (.)
2		wat so'n kind so mehr sieht als wir (3.0)
3	K1:	hm
4→	M:	na aber na (.) ob jetzt noch so jenau ( ) wird (.)
5	K1:	mhm
6	M:	außerdem?

(aber-40/V:58%)

(b) nachgeschaltet:

(102)

1	M:	also (.) meine innere uhr is janz kaputt (.)
2		wenn ick jetzt 'ne stunde früher uffstehe (.)
3		denn steh'ick uff (.) wie jemartert (.) sonst bin
4→		ick von alleene uffjewacht (3.0) aba na
6	K5:	und vielleicht drei äpfel

(aber-3/V:45%)

(103)

1	M:	wenn die leistung bringen würden
2→		denn würd' ick ja vielleicht ooch ma hinjeh'n (.) aba na
3	E:	fünffünfundvierzig und ihre frau macht ...

(aber-11/V:76%)

(104)
1   M: =naja (.) ( ) is keen dollet geschäft (.) dit freut
2→   mich nich (.) aber na
                  (aber-24a/V:20%)

(c) zwischengeschaltet:

(105)
1   M: da looft wat falsch (.) hat' ick den eindruck
2→   aba na (.) sie ham ja hoffentlich zeit (.)
                  (aber-7/V:54%)

(106)
1   M: ...der meinte da (.) seine meinung von sich
2   geben zu müssen
3   m: ja?
4→   M: dit is allet dummet gerede (.) aber na (.) macht ma
                  (aber-35a/V:48%)

In allen Fällen wird ein Thema abgeschlossen, wobei im Falle von (106) von einer
- vielleicht berlinischen - Sprechhandlungsformel *aber na macht ma* mit der
Funktion als Summarizer zu sprechen wäre. In dem anderen Fall eines zwischenge-
schalteten *aba na* folgt ein themaabschließendes Statement.

Interessant ist der letzte Beleg, in dem themaabbrechendes *aber na ja* zwischengeschaltet ist (Z5), das Thema von K1 jedoch fortgeführt wird (Z7). M unterbricht
daraufhin K1 (Z9), der schließlich durch einen Gemeinplatz das Thema endgültig
abschließt.

(107)
1   M: wissen se (.) ick quatsche denn imma dabei (.)
2   und wat weeß ick (.) und dann denk' ick (.)
3   ach würste dich geirrt hab'n
4   K1:   hat er sich aber nich
5   M: nee (.) nee (.) mir war dit ooch so (.) aber na ja (.)
6   mal gucken
7   K1:   na ich steck manchmal (.) ick zähl' se zwar meistens
8   beim einfüllen (.) aber manchmal und äh
9→   M: na ja und na ja
10   K1:   der mensch is nich vollkommen
                  (21,22a,b,c/V:12%)

In diesem Beleg wird die themaabschließende Funktion durch die aufschiebende und schließlich aufhebende Funktion deutlich. Aufgrund des Summarizers (Z5) kann das Thema nicht mehr längerfristig entfaltet werden. Ein Thema wird - wenn es fortgeführt wird - nach kürzester Zeit beendet.

Im Hinblick auf Themaentfaltung und -steuerung hat *aber* die Funktion Themen zu initiieren, abzuschließen, nach einer Unterbrechung wieder anzuschließen und fortzuführen. In der Interaktion sind diese Funktionen teilweise an die formale Organisation des Gesprächs gebunden, die im folgenden behandelt werden soll.

6.3 Konversationelle Aspekte: *aber* als gesprächsstrukturierendes und gesprächssteuerndes Element

Wir wollen in diesem Kapitel auf die konversationellen Funktionen von *aber* eingehen und greifen deshalb auf Kategorien zurück, wie sie in Ansätzen der Konversationsanalyse formuliert worden sind (vgl. hierzu Levinson 1983). Zwei zentrale Begriffe spielen hierbei eine Rolle: der des „turn taking" und der des „adjacency pairs". Im Rahmen des Systems des Turn-taking werden sequentielle Eigenschaften von Konversationen beschrieben, die sich aufgrund der Tatsache ergeben, daß Sprecher ihre Gespräche organisieren, indem sie anderen Sprechern oder sich selbst das Rederecht zuweisen. Gespräche sind also aufgrund interaktiver Austauschstrukturen in hohem Maße strukturiert, wie Schegloff (1968) in seinem grundlegenden Artikel „Sequencing in conversational openings" für Gesprächseröffnungen am Telefon gezeigt hat. Basale Austauschstruktur in diesem, aber auch anderen Diskurstypen ist das sog. *adjacency pair* (Definition vgl. s. 162) mit der Sequenzierung Turn A - Turn B. Die Strukturierung von Gesprächen schlägt sich nun auch in der syntaktischen Organisation von Sätzen nieder, wie bereits in Kapitel 5 anhand von adjazenten *daß*-Sätzen deutlich wurde. Auch einige Funktionen von *aber* lassen sich direkt an die formale Strukturierung der Gesprächsorganisation binden[12], wobei die thematische Organisation in vielen Fällen ebenfalls eine Rolle spielt.

---

12 Schegloff (1979) spricht von „syntax-for-conversation", deren Gegenstand syntaktische Phänomene im Hinblick auf konversationelle Strukturen sind.

6.3.1 Turngetter-Funktion

Es wurde anfangs darauf hingewiesen (vgl. Tab. 6-1), daß satzinitiales *aber* extrem häufig in turninitialer Position vorkommt[13], und zwar in 50% aller möglichen Fälle, während in satzmedialer Position *aber* wesentlich geringer auftritt und nach einem Sprecherwechsel signifikant weniger häufig als in diskursmedialer Position. Die quantitative Verteilung deutet darauf hin, daß ein Zusammenhang besteht zwischen den pragmatischen Funktionen von *aber* und den gesprächsstrukturierenden Funktionen. Ganz allgemein hat *aber* eine „turn-entry"-Funktion, die an andere pragmatische Funktionen wie Themakontinuierung oder -kontrastierung gebunden ist, die partiell aber als rein gesprächsstrukturierende Funktion wirksam ist, ohne daß ein Kontrast markiert wird oder andere Funktionen gleichzeitig wirksam werden. So im folgenden Beispiel, in dem S an einer nicht-turnübergaberelevanten Stelle das Rederecht durch Selbstwahl erhält.

(108)
1   T: oh da muß ma ja imma stehn wenn ma uff tolette jeht
2→   S: aba ick hab jedacht
3   ick flieg da rin in dit ding
              (aber-248/E:40%)

In der Regel jedoch hat turninitiales *aber* gleichzeitig andere Funktionen, wie im folgenden Beispiel die der zeitlich-aspektuellen Kontrastierung:

(109)
1   K2:   (jeb'n se doch nummern aus)
2   M: nee nee nee nee
3   E: wie beim arzt (.) ja ja
4   M: naja ((lacht)) (2.0)
5   E: heute nich herr müller (.) manchmal ist es ja
6   wirklich so mit nummern (.) da kann man=
7→   M: =aba heut is et anjenehm=
8   E: heut is et anjenehm
              (aber-8/V:61%)

aber kann folglich nicht - oder nur bedingt - als eine sprecherwechselmarkierende Partikel *per se* begriffen werden, aber in vielen Fällen ist die sequentielle Funktion

---

13 Korfer (1979) hat für den universitären Diskurs gezeigt, daß *ja aber* reaktive Turns einleitet und einen Sprecherwechsel markiert.

der Gesprächsorganisation an andere pragmatische Funktionen der Kontrastierung gekoppelt.

6.3.2 aber *in Frage-Antwort-Sequenzen*

Eine spezielle Funktion von *aber*, nämlich die, Fragesequenzen einzuleiten, ist deutlich an das System des Turn-taking gebunden: *aber* tritt immer turninitial auf. Es liegt folgendes konversationelles Grundschema zugrunde:

> A: Turn$_i$
> B: [aber-Turn$_j$]?
> A: Turn$_k$

Durch *aber* eingeleitete (Nach)fragen wird der laufende Diskurs unterbrochen, in der Regel jedoch nicht, um einen Themawechsel vorzubereiten, sondern um thematische Aspekte zu fokussieren und zu aspektualisieren:

(110)

1	I:	bimbos? was sind bimbos?
2	S:	na auslända so=
3	K:	=hier! eh (.) die 'ne andre hautfarbe habm wie wir
4	I:	mhm (.)
5	S:	aba wir habm da schön jesessn da am cafe da wo der
6		orson welles ooch jesessen hat (.) allet dit ham wir
7→	I:	aba
8		nich am gleichen tag oda?
9	S:	nö nich den gleichen tag aba dit weeß ich nu (.) aus'm
10		fernseha weeß ick dit
		(aber-255-257/E:51%)

(111)

1	M:	tschö
2	E:	schönes wochenende (.) nä?
3	K3:	tschüß (.) mach's gut
4	E:	ja
5	K3:	((zu E)) aber ich dachte (.) ich mußte kucken
6		ich denke isses (.) oder isses nich
7	E:	weil (.) warum?
8	K3:	flocki. ((Name des Hundes))
9	E:	flocki (.) ja

10	K3:	mmh
11	E:	jaja
12	K3:	((wendet sich zu M, der knieend Blumen aus den
13→		Vasen nimmt)) aber hier kommt immer noch so ein (.)
14		so ein ähnlicher hund (.) nich?

(aber-48,49/V:80%)

(112)
1	T:	ist der streß nun (.) äh (.) ist der von außen oder
2		setzen sie sich selber unter diesen streß?
3		daß sie nichts liegenlassen können
4	P:	i glaub (.) das is teils teils
5	T:	ah (.) ja /
6	P:	des is
7→	T:	aber jedenfalls nicht nur ganz von außen kommend? \
8	P:	na (.) des glaub i net / ganz von außen kommend is er net

(aber-67/T:11%)

(113)
1	T:	...wie wollen sie ... ihm helfen wenn sie sich nicht
2		selber helfen können mhm (.) so
3	P:	ja des is mei problem / des is eines meiner probleme
4→	T:	(1.0) aber mmh sind sie denn nun wirklich dieses hilflose
5		würmchen / als das sie sich vorkommen

(aber-66/T:5%)

(114)
1	I:	ich denke immer (.) daß jugendliche alles anders machen
2		wollen als die blöden spießer (.) das ist nicht so (.)
3		oder wie?
4	A:	das läuft auf's gleiche raus (.) irgendwie mal
5	Mi:	man muß der realität ins auge sehen
6	C:	ja (.) genau!
7→	I:	aber traumberufe (.) habt ihr die?

(aber-170/F:38%)

(115)
1	Bi:	irgendwie aus spaß!
2→	I:	aber auch weil's alle machen?

(aber-177/F:44%)

(116)
1   A: die könnens ja auch nich ändern
2   C: was wollens se machen
3→   I: aber teuer ist es schon ne?
                    (aber-179/F:45%)

(117)
1   Mi: ja (.) „tipp ich mal so" sacht olaf immer
2→   I: aber ist das typisch (.) daß man so was sagt (.) wenn
3   einem das nächste wort fehlt?
                    (aber-214/F:82%)

(118)
1   C: und jetzt steht er da irgendwie über alle drüber (.) voll
2   cool (.) als geht ihm das alles so am arsch vorbei (.) so
3   Mi: ja (.) schule is ganz wichtig
4→   C: aber jedem 'ne rolle geben?
5   I: ja (.) z.b. bianka
6   C: bianka? das is schwierig!
7   Mi: schwierig (.) echt!
8   C: freundin! nä (.) weiß ich nich! kann ich nich einordnen
9   Bi: das is einfach so kumpelhaft und so (.) aber das ich da
10   jetzt so eine rolle hab oder so
                    (aber-217,218/F:86%)

(119)
1   Mi: ja (.) wenn die beiden (.) ja (.) dann gehn'se 15 mal
2   um'n billiardtisch rum (.) lalalalalala (.) und dann
3   christof (.) ela (.) wir gehen jetzt spazieren ((Lachen))
4→   I: aber sie is auch sehr sensibel (.) oder?
                    (aber-227/F:91%)

(120)
1   No: wieso habm s' dich denn jetz da getillt? (.)
2   'ste wat jeklemmt oda so? (.)
3   zu: gegnseitje einvaständnis (.) ne
4→   No: aber mit ab abfindung?
                    (aber-287/E:81%)

Die Fragen haben in der Regel themakontinuierende Funktion (vgl. 113), beziehen
sich direkt auf den vorangegangenen Kontext und kodieren Bitten um spezifischere

Information (110), sind affirmative *tag-questions* (11,16) oder auch restriktive Nachfragen (112). Daneben hat *aber* auch die entgegengesetzte Funktion, nämlich entlang eines thematischen Fadens neue Themen bzw. thematische Etappen zu konstituieren. So führt in Beleg (114) die Interviewerin Zeile 7 ein neues Thema ein, das anschließend interaktiv bearbeitet wird.

In einem Beleg tritt *aber* nicht turninitial auf, sondern satzmedial:

(121)
1	Mi:	'n bischen rumfahrn (.) ab und zu sonntag nachmittags
2		spazierenfahren (.) wo henning immer ganz doll dagegen is
3		und so (.) weil seine kiste sowieso nich läuft ((Lachen))
4→	I:	kneipe is aber hauptanlaufspunkt?
		(aber-196/F:67%)

6.3.3 *Adressierung*

Adressierungen sind markierte Sprechhandlungen, die im Regelsystem einer Sprachgemeinschaft als Alternationsregeln begriffen werden können (Ervin-Tripp 1969, Dittmar 1980:207f.), wobei die Wahl einer spezifischen Anrede abhängig ist von Merkmalen der angesprochenen Person (Sexus, Alter, etc.), Merkmalen, die das Verhältnis von Sprecher und Angesprochenem charakterisieren (Verwandtschaftsbeziehungen), und Merkmalen der Situation (formal versus informal). In diesem Sinne spielen in den folgenden Belegen die formale Situation und Sexus eine Rolle bei der Wahl von {Herr + Name} sowie den pronominalen Anredeformen. Die Verbindung der Anredeformen mit *aber* erklärt sich aus den zugrundeliegenden Sprechhandlungen in bezug auf den vorangehenden Kontext und aus der Sequenzierung des Gesprächs.

(122)
1	S:	ich seh nur daß die altn weg sind (.) ach da! (.) ((geht
2		zu den Briefkästen)) aha!
3→	E:	aba sie! die habm se rausjeschmissn (.) obm=
4	B:	=wen? den tankwart?
		(aber-279/E:89%)

(123)
1	L:	ich trau' mich gar nich mehr zu ihnen (.) nachdem ich
2		ihren mann gestern ( )
3	m:	ich hab' schon gehört!=

4	M:	=ich hab' (.) aber wie könn' se mir denn sag'n
5		wenn ick blumen verkaufe (.) wie könn' sie mir sag'n:
6		„sie mach'n ja nur scheiße (.) sie könn' ja jar nich
7		verkoof'n" (.) dit hör'n die kund'n
8→	L:	aber herr m (.) herr m. die hab'n sie doch alle jekannt
		(aber-53,54/V:84%)

(124)

1	M:	oda ick hab' dit ooch in'e falsche kehle (jekricht) (.)
2		vielleicht wa' ick so nervös
2→	E:	aber (.) aber herr m. sie mach'n manchmal so'n ( )
		(aber-58/V:89%)

(125)

1	E:	ick hab in bißchen eh (.) runtajedreht weil mir dit (.)
2		ick dachte imma jetzt vabraucht a so viel strom aba (.)
3		nu hab ick 'n bißchen kleina noch jedreht und dadurch is
4		dit jekomm (.) nu war et ja ooch eh regnerisch
5	B:	ja (.)
6→	E:	haach! aba ick kann ihn sajn (.) herr s. (.) ((lachend))
7		wir komm nich voran (.) wir komm nich voran
		(aber-282,283/E:91%)

(126)

1	K1:	zwei pfund delicious
2	M:	ja.
3	M:	((zu m, die bei K2 und K3 kassiert hat))
4		aba in meine kasse (.) nich in die falsche kasse
5		((schmunzelt)) (3.0) ((zu K2 und K3))
6→		aba tun se mir doch ma ne (.) 'n gefallen wat
7		ihre kumpels jetzt zahlen (.) mich interessiert
8		dit mal (.) also ick (.)
9		ja (.) ick werd' mal fragen
		(aber-1b/V:42%)

In den Belegen (121,123,124,125) geht der direkten Adressierung an den Interaktionspartner ein Sprecherwechsel voraus. Während in den ersten drei Fällen turninitial [*aber* + Anredeform] in Funktion einer nicht-konstativen Sprechhandlung vorliegt, leitet *aber* in (125) ebenfalls eine nicht-konstative Sprechhandlung ein, wobei der Name aus dem Satzschema nach rechts herausgestellt ist. Die Funktion der Sprechhandlungen liegt im Falle von (122) darin, daß ein Ausruf vorliegt (expressive Sprechhandlung), wobei *aber* intensivierende Funktion hat (vgl. hierzu 6.6). In (123) rechtfertigt E ihre Handlung gegenüber den Vorwürfen seitens M. (regulative Sprechhandlung), in (124) wird ein Einwand formuliert (vgl. auch 6.4) und in Beleg (125) liegt eine kommunikative Sprechhandlung vor. Im letzten Beleg (126) nimmt sich M nach einer Pause das Rederecht (selbstiniiierter Turn) und wechselt den Adressatenbezug, und zwar von m zu K2/K3. Adressatenwechsel verbunden mit der Einführung eines neuen Themas erklärt in diesem Fall die satz- und turninitiale Position von *aber*.

6.4 *aber* als Sprechhandlungsmarker von Einwänden (Disagreement)

In ihren Analysen zu *but* hat Schiffrin (1988:174f.) argumentiert, daß durch turn-initiales *but*, insbesondere als «uncooperative turn entry», d.h. dann, wenn nicht eine turnübergaberelevante Stelle (*transition relevance space*) vorliegt, u.a. „disagreement" ausgedrückt wird (s. auch oben). Da Schiffrin „disagreement" nicht weiter definiert, aber intuitiv verschiedene Fälle vergleichbar sind, wollen wir an dieser Stelle spezielle Sprechhandlungen betrachten, nämliche Einwände, durch die Nicht-Übereinstimmung mit einem vorangehenden Redebeitrag ausgedrückt wird. Die Sprechhandlung „Einwand" sei wie folgt definiert: Wenn Sprecher A gegenüber einem Interaktionspartner B zu einem bestimmten Zeitpunkt eine Äußerung macht, und B anschließend eine Äußerung macht, in der ein zuvor erhobener Geltungs-anspruch vollständig oder partiell zurückgewiesen wird, so wird B's Äußerung als ein Einwand gegen A's Äußerung verstanden.

Im Korpus finden sich vierzehn Belege, in denen ein Sprecher einen Einwand formuliert. In drei Fällen (127,128,129) erfolgt die Formulierung durch expositive Äußerungen[14]. *aber* steht satzinitial, wobei zudem die turninitiale Partikel *ja* auftritt:

(127)

1	f	...daß man selber gar keine lust hat zu hause rumzuhocken
2		und (.) nich zu arbeiten (.) (naja)
3	C:	irgendwo muß das geld ja auch herkommen
4	f:	et jibt aba ooch welche (.) wir kenn ooch welche die sind
5		froh dat se nich arbeiten (.) ja (.) jibt's ooch
6→	C:	ja (.) aba ich glaub nich daß das...
		(aber-238,239/E:10%)

---

14 »Expositive Äußerungen haben den Sinn klar zumachen, wie die Äußerungen zu nehmen sind, mit denen man seine Ansichten darlegt, seine Begründungen durchführt, die Bedeutung der eigenen Worte erklärt« (Austin 1972:177).

(128)

1	E:	jestern milch jekauft und heute anjesäuert
2	B:	sie ham doch n kühlschrank!
3	E:	ja und trotzdem (.) ((zu den Kindern)) ja was wie wollt
4		ihr den hin
5	K:	könn wir könn wir rübergehen?
6	e	äh jo.
7	K:	danke
8	E:	bittschön
9	B:	die sind aus der gotenstraße ne/
10	E:	was?
11	B:	die sind vielleicht aus der gotenstraße (.) oda?
12	E:	jaja die gehn jetz alle so rum
13	B:	ja jetzt möglich hier den
14		abkürzung zu nehm
15	E:	jö! jo! (.)
16→	B:	ja aba ich mein sie habm doch den kühlschrank ich hatte
17		ihn doch damals (.)

(aber-281/E:91%)

(129)

1→	A:	ich meine (.) abwechslung schön und gut (.) aber (.) ich
2		meine...

(aber-189/F:56%)

Während in den obigen Fällen *aber* turn- bzw. satzinitial auftritt, ist in den anderen Fällen satzmediales *aber* zu mehr als die Hälfte belegt, was durchschnittlich gesehen relativ häufig ist und dem Gebrauch von *but* widerspricht, da zudem bis auf zwei Fälle der Einwand an einer turnübergaberelevanten Stelle erfolgt.

(130)

1	M:	ick kann's ihn' ja nich dit allet so jenau erklär'n
2		ick will ihn' dit ooch nich
3→	E:	das müssen se aber schon können jetzt

(aber-25/V:25%)

(131)

1	K1:	wiedersehn
2	E:	ich hätt' gern vier jonathan
3→	M:	tschüß (.) und denn war'n sie aber auch vorher dranne
4		denn hintereinander begrüß' ick euch alle (.)

5		stimmt dit? sie kamen hier schon vorbei
6	E:	ja?
7	M:	ick meine ja (.)
		(aber-43/V:61%)

(132)

1	T:	...wie wollen sie ... ihm helfen wenn sie sich nicht
2		selber helfen können mhm (.) so
3	P:	ja des is mei problem / des is eines meiner probleme
4→	T:	(1.0) aber mmh sind sie denn nun wirklich dieses hilflose
5		würmchen / als das sie sich vorkommen
		(aber-66/T:5%)

(133)

1	P:	ich hab' auch das glück daß ich in 'ne gruppe nei bin die
2		ganz neu aufgebaut ist und die alle wie i zur zeit im
3		selben stadium ungefähr stehen
4	T:	mmh sie sind jetzt nicht mehr alleine
5	P:	ja
6→	T:	(6.0) aber trotzdem also obwohl sie so gute erfahrungen
7		auch machen jetzt
		(aber-87/T:43%)

(134)

1	Bi:	ha (.) ha (.) dafür sagst du zum abschied hallo
2	A:	ja (.) dat sacht man
3→	Ma:	ja (.) haste aber noch nie gemacht
4	A:	'türlich!
		(aber-151/F:20%)

(135)

1	C:	wie ela schreibt ey (.) da könnt ich mich jeden tach
2		drüber beömmeln
3	H:	äh (.) epileppy aber happy
4→	Bi:	was'se schreibt is aber gut (.) ne ela
		(aber-153,154/F:24%)

(136)

1	A:	ja o.k. ich würd nach osnabrück meinetwegen innen
2		hydepark oder sonstwo fahren (.) o.k. (.) aber dann nich
3		so'ne super disco tour da
4	H:	der is doof (.) weil er inne disco geht (.) oder was?

4→	C:	ja (.) dann würd ich aber auch nich überall „punk
5		forever" draufschreiben
6	I:	das is dann ganz schön verlogen
		(aber-206,207/F:74%)

(137)

1	C:	nä das is bei uns so mit gruppenclown würd ich sagen (.)
2		wer mal gut drauf is (..) ein tach is dittert z.b. ein
3		tach nur henning
4→	Mi:	aber das is nur bei den jungs (.) die mädchen sind
5		irgendwie nie der clown
		(aber-216/F:83%)

(138)

1	C:	ja (.) da kann ich natürlich zu jö. was zu sagen (.) der
2		sacht auch nich viel (.) aber wenn er was sacht (.) dann
3		witzig (.) und aus dem hintergrund
4	Mi:	so witzig find ich das ab und zu gar nich
5	C:	und sehr direkt
6	Mi:	ja (.) sehr direkt (.) wenn er was sacht. ja (.) in bezug
7		auf mich
8→	Jö:	ja (.) dürft ihr aber alle nich so ernst nehmen
		(aber-223,224/F:89%)

(139)

1	So:	mann ey (.) ich mit meinem meister da (.) hat schon'n
2		auto ey (.) fährt voll geil ey (.) und (.)
3	Mi:	so geht'se einem 'n bischen auf'n nerv (.) wenn'se dann
5→	Bi:	aber ich find (.) das hat sich echt
6		schon gebessert (.)
4	Mi:	z.b (.)
		(aber-228/F:91%)

In allen belegten Fällen wird *aber* zur Formulierung eines Einwandes gebraucht, wobei *aber* auch immer durch *jedoch* substituiert werden kann. Die Kontrastfunktion liegt darin, daß der durch einen Sprecher erhobene Geltungsanspruch - sei es in bezug auf die Herstellung interpersonaler Beziehungen (130), auf die Sprechermeinung (139) oder sei es in bezug auf einen objektiven Sachverhalt (128) - eingeschränkt oder zurückgewiesen wird.

6.5 Restriktiver Gebrauch

Unter restriktivem Gebrauch von *aber* im engeren Sinne wollen wir jenen verstehen, bei dem die Extension von *aber*-$q(S_2)$ gegenüber $p(S_1)$ eingeschränkt ist. *aber* markiert 1. die Aussonderung einer Teilmenge aus einer zuvor bezeichneten Menge (140) oder aber schränkt die Extension eines Begriffes (141,144,145) ein:

(140)

1	E:	und hab' a (.) hab' ick jetz tomaten? nein
2	M:	nee (.) noch nich (.) aba kriej'n se gleich
3→	E:	ja (.) aba nur drei stück
		(aber-5a,b/V:49%)

(141)

1	I:	wieviele wart ihr?
3→	Ma:	teilweise waren wir 12 (.) 13 (.) aber dann war'n wir nur
4		noch 3 (.) 4
		(aber-192/F:61%)

(142)

1	I:	aber sonst redet ihr euch im allgemeinen mit spitznamen
2		an?
3→	A:	ach ja (.) aber wir haben ja nich alle spitznamen (.)
		(aber-183/F:48%)

(143)

1	I:	wo ist denn hier anarchie?
2	A:	wände besprühen und so
3	I:	das ist anarchie?
4→	A:	ja (.) aber (..) kleine anarchie (.)...
		(aber-193/F:63%)

(144)

1	K:	denn een ordentlichet bia!
2	v:	ja?
3	K:	ja (.) jut
4	v:	eiskalt?
5	K:	wer trinkt noch'n bia?
6→	R:	ick trink eins aba nich eiskalt
		(aber-242/E:25%)

(145)
1	Mi:	dann heißt'wieder pommes weiß (.) ab und zu mal für'ne
2		mark und so
3	A:	und dann gehste inne küche und (.) „he (.) lieschen" und
4→		so (.) ne mach mal pommes fertig (.) aber mit gurken und
5		hier und da

(aber-198/F:67%)

In den beiden nächsten Belegen ist *aber* adversativ-restriktiv gebraucht. In (146)
wird zum einen eine Teilmenge bezeichnet, nämlich acht von zehn Flaschen, wobei
gleichzeitig ein Handlungsgegensatz zwischen *bezahlen* und *bringen* markiert wird.
In (147) wird aus der Menge der „ganzen Leute aus der Umgebung" die Menge der
„fremden Leute" ausgesondert, wobei gleichzeitig der implizite Gegensatz eine
Rolle spielt, daß fremde Leute nicht zwangsläufig wissen, daß M „der Beste ist",
d.h. der beste Blumen- und Gemüseverkäufer.

(146)
1	M	nee nee gar nich (.) nee die zwei die haben
2	K1:	nee?
3	M:	se bezahlt
4	K1:	bezahlt hab ick se ja?
5	M:	aber sie hab'n keen pfand bezahlt
6	K1:	na denn is jut
7	M:	wiss'n se wie ick meene (.) sie hab'n
8	K1:	denn krieg'n se se so zurück (.) ausjetrunken
9	M:	ja ja ja bezahlt hab'n se dit (.) sie hab'n zehn stück
10→		bezahlt (.) aber sie hab'n (.) gloob ick (.) nur acht
11		flaschen jebracht (.) so war mit ditte

(aber-20a,b/V:12%)

(147)
1	E:	die janzen leute in der umgebung kommen her und wissen
2		(.) sie sind der beste
3→	M:	ja (.) aber dit sind fremde leute (.) nein (.)

(aber-56/V:87%)

Bei den letzten beiden Belegen liegt ein erweiterter restriktiver Gebrauch vor.

(148)
1	T:	aber äh trotzdem äh scheinen sie döses (.) zumindest
2		manchmal / zu vers u c h e n! dem was beizubringen (.)

3→	P:	es bleibt aber meistens beim versuch
		(aber-73/T:18%)

(149)

1	Mi:	meine eltern wissen's zwar und pupen mich ab und zu auch
2		deswegen an (.) aber (.)
3→	C:	zuhause rauch ich aber nich (.) ne
		(aber-178/F:45%)

In allen Fällen kann *aber* durch *jedoch* substituiert werden, wobei in (140) und (145) der Grad der Akzeptabilität der *jedoch*-Paraphrase aufgrund der Tatsache, daß *jedoch* nicht nach dem finiten Verb stehen kann, etwas geringer ist bzw. eine semantische Verschiebung erfolgt:

(140')   *?Tomaten kriegen sie gleich, jedoch nur drei Stück*

(145')   *?Mach mal Pommes fertig, jedoch mit Gurken*

6.6 *aber* als intensivierende Partikel

Neben kontrastivem und restriktivem Gebrauch tritt *aber* als intensivierende Partikel auf. In allen Belegen hat *aber* modalen Charakter und ist gekoppelt an expressive Sprechhandlungen, mit denen der Sprecher seine Meinung oder seine Gefühle zum Ausdruck bringt. Ein Teil der Belege ist mit affirmativ-expressiven Sprechhandlungen verbunden, die durch das Schema [*aber* ADJ], aber auch [*aber* ADV/K/PART], kodiert sind:

(150)

1	P:	und zu wenig zeit gehabt daran zu denken wie äh schaut
2		jetzt die beziehung zu den eltern aus (.) ob da noch
3		solche abhängigkeiten drinnen ist
4	T:	mmh
5→	P:	aber sicherlich (.) ist das ja insoweit weil äh..
		(aber-126/T:88%)

(151)

1→	Ma:	das sind bescheuerte fragen (.) aber echt!
		(aber-142/F:14%)

(152)

1	M:	dit is allet dummet gerede (.) aber na (.) macht ma
2→	E:	nee (.) aber wirklich (.) die stunde die hat so

3   manchen irgendwie jeknechtet
                             (aber-35b/V:48%)

(153)
1   C: wenn ich nich zur gruppe gehen kann (.) dann liegt das an
2   meinem alten (.) der wieder abm mit mir vorhat
3→   A: ha! aber genauso!
                           (aber-150/F:20%)

(154)
1   A: ja (.) der punkt is schon (.)
2   C: schon lange erreicht (.) würd ich sagen
3   I: ja (.) bei allen?
4→   C: ja (.) aber hundertprozentig (.)
                           (aber-163/F:30%)

(155)
1   f: ...und die sind bestimmt alkoholika sind ja nie nüchtern
2   (.) wa die wissn ja schon nich mehr wat um se rum (.) ne
3→   C: ja na (.) aba ob!
4   f: na (.) die jehn zum sozialamt und kriejn ihr jeld
                           (aber-240/E:11%)

(156)
1   P: und da is ma des moi für mich war mir jetzt mal wichtig
2   erst einmal so zu machen wie i schon immer wollt
3   wahrscheinlich wollt i des schon immer \
4   T: da aufzuhören bei xxx /
5→   P: aber ja (2) schluß des des
6   T: mmh
7   P: herumschrauben bei xxx
                           (aber-85/T:38%)

(157)
1   S: ick een Jugoslawn hajk kennjelernt und een eh belgja (.)
2→   aba nett!
                           (aber-259/E:54%)

(158)
1   A: ((zu F1, die einen Blumenstrauß auf dem Tisch liegen
2→   hat)) is aba nett von dir daß de mir blum mitjebracht hast
                           (aber-269/E:60%)

Letztere Belege sind eher als eine berlinische Formel anzusehen, die im Sinne von „wirklich sehr nett" gebraucht wird; strukturell gesehen folgt sie jedoch dem Schema *[aber* + ADJ]. In allen anderen Fällen steht *aber* satzmedial. Auch hier tritt der affirmativ-expressive Sprechhandlungscharakter hervor:

(160)
1   H: ein jahr freibier bei wente oder so
2   Q: oohh!
3   Mi: dann würd ich aber nur noch mit'n fahrrad nach wente
4→   fahren (.) das wüßt ich aber
         (aber-155/156/F:26%)

(161)
1   A: nä (.) auf'er fete (.) ey (.) wenn ey (.) wenn auf'er
2   fete 'n joint rumgeht (.) dann bin ich (.) dann nimmste
3→   den aber auch
         (aber-145/F:18%)

Im folgenden Beleg bringt C seine Meinung zum Ausdruck, wobei die vorangehende Meinung bestätigt wird:

(162)
1   Mi: alle (.) die (.) die nich zu uns gehören sind pappnasen
2   ((Lachen))
3   Ma: hucky (.) das hättest du anders formulieren sollen
4→ C: ja (.) das würd ich aber auch sagen
         (aber-201/F:70%)

In Beleg (163) und (164) gibt E einen Kommentar ab, der sich auf den vorangehenden Diskurs als Ganzes bezieht. Dabei nimmt E in Form eines Summarizers (s.o) Stellung zum vorher Gesagten, wobei (164) ironisch zu verstehen ist und die ironische Distanzierung durch die Partikel *aber* geleistet wird.

(163)
1   M: nee uns jeht's janz schlecht (.) ja (.) na ick
2   ( ) das glauben sie herr doktor (4.0) danke danke
3   K5: danke auch
4→ E: ham se aba ihr fett jekricht
5   M: ach iwo (.) dit (.) über dit gerede
6   da bin ick weit weg
         (aber-4/V:46%)

(164)
1   M: nee (.) ((lacht)) dedeeer hund (.) der kricht doch wat
2   andert (.) der kricht doch schabefleisch (3.0)
3→   E: der tut mir aber leid
                (aber-27/V:28%)

In Beleg (165) hat *aber* in Verbindung mit nicht-kopulativem *ooch* (auch) intensivierende Funktion: Das Aussehen der zuvor erwähnten Person wird als besonders
„gut" und „charmant" hervorgehoben:

(165)
1   S: der hat mir jefallen (.) dit war wirklich jegnseitje
2   K: kannst andas nich sajn wenn der mann (.) nich die
3   fahrkartn hat kannste dich uff keene frau valassn
4   I: jaja
5   S: dit jibt et im lebm aba so wat (.) ooch wenn de älta bist
6   jibt et so wat im lebm daß de dit (machst) ja (.) und wo
7   de sachst also jetzt eeh mit dem (   )
8   T: jibb det knüppelbild
9→   K: der sah aba ooch jut höma (.) der sah aba ooch schamant
                (aber-260-261/E:58%)

Im letzten Beleg (166) könnte *aber* durch *echt* oder andere Modifikatoren ersetzt
sein, obwohl *aber* hier auch als kontrastiver Fokus auf die Bilder gegen zuvor er-
wähntes „lustig/fröhlich" und „englisch/deutsch/italienisch" interpretiert werden
kann. Man könnte eine Doppelfunktion annehmen: Kontrastierung einerseits und
Intensivierung der Gesamtaussage andererseits. Daß Letzteres von Bedeutung ist,
zeigt die intensivierende Kommunikativpartikel *ey* sowie der explizite Kommentar
das sacht alles.

(166)
1   A: wie war denn der film mit dem großen nigger (.) den'se
2   abgehäutet haben?
3   Mi: das war'n dokumentarfilm!
4   A: lustig (.) fröhlich?
5   X: englisch oder deutsch?
6   Mi: englisch (.) italienisch (.) alles
7→   M: aber rein die bilder (.) ey (.) das sacht alles. da
8   ham'se voll die szene gezeigt (.) ey (.) wie'se 'ne
9   patrone rausoperiert ham (.) ey
                (aber-141/F:13%)

6.7 Zusammenfassung

aber tritt im Korpus relativ häufig in satzinitialer Position auf (70%), jedoch nur zur Hälfte mit vorangehendem Konjunkt. Die Funktionen von *aber* liegen

1. in der Kontrastierung von Personen, Raum und Zeit, Handlungen, Prozessen, Zuständen, Eigenschaften. Neben expliziter und referentieller Kontrastierung gibt es eine Reihe von Fällen der impliziten Kontrastierung, wo sich *aber*-S(p) auf eine vorangehende implizite Voraussetzung bezieht;

2. in der Markierung von Thematisierungen und Themasteuerungen. Themainitierungen, -wechsel, -wiederaufnahmen, -fortführungen und -abschlüsse können durch *aber* als entsprechender Device eingeleitet werden;

3. (in Verbindung mit (2)) in der Gesprächsstrukturierung;

4. in der Markierung spezifischer Sprechhandlungen, nämlich Einwänden, durch die „Disagreement" ausgedrückt wird;

5. im restriktivem Gebrauch und

6. in der Modifikation einer Konstituente als intensivierende Partikel.

Der Gebrauch von *aber* erweist sich in der Tat (vgl. Lang 1988:11) als äußerst kontextsensitiv. Dabei spielt der Grad der Parallelstrukturiertheit eine Rolle. Es besteht eine Präferenzhierarchie dahingehend, daß bei explizit adversativem Gebrauch relativ häufig parallelisierte Konjunkte vorkommen, insbesondere bei der Kontrastierung von Eigenschaften, während bei implizitem Kontrast dies nicht der Fall ist. Bei anderen Funktionen ist der Bezug auf den vorigen Kontext in der Regel entweder nicht an einzelne Sprechhandlungen gebunden oder ein Bezug ist überhaupt nicht gegeben:

Parallelstrukturiertheit

  +   —

<—————————————————————————————————————>

Explizite Kontrastierung > Implizite Kontrastierung > Diskursive Funktionen

Trotz der verschiedenen Funktionen, die *aber* erfüllt, scheint es bis auf den Fall als *Intensifier* eine Grundfunktion zu geben, nämlich die, Diskontinuität auf etwas Vorangehendes zu markieren bzw. auch zu überbrücken. Diese gilt nicht nur dann, wenn ein Kontrast vorliegt, sondern auch dann, wenn *aber* spezifische diskursive Funktionen erfüllt. Als Turngetter markiert *aber* eine Bruchstelle im laufenden Diskurs, als themaorganisierendes Element einen Bruch in der Themakontinuierung, als Einwand einen Bruch in präsupponierten Geltungsansprüchen. Dieser Bruch in der Kontinuität ist immer in bezug auf den vorangehenden Diskurs markiert.

Aufgrund des strukturellen Vorkommens und der Funktionen von *aber* stellt sich die Frage, welcher Wortklasse *aber* zugehört. Es ist meiner Meinung nach nur dann sinnvoll, *aber* als Konjunktion anzusetzen, wenn tatsächlich zwei Konjunkte koordiniert werden. In allen anderen Fällen wird *aber* als Partikel angesetzt, als satzinitiale adversative Partikel dann, wenn ein impliziter Kontrast vorliegt, als satzmediale adversative Partikel, wenn impliziter Kontrast oder expliziter mit vorangehendem Konjunkt vorliegt. Steht *aber* satz- und turninitial und hat die oben beschriebenen Funktionen, so ist *aber* eine Diskurspartikel mit spezifischen kommunikativen Funktionen. Auch in allen anderen Fällen (Intensivierung, Restriktion) kann *aber* als Partikel angesetzt werden. *aber* gehört also zwei Wortklassen an: 1. der Klasse der koordinierenden Konjunktionen mit der spezifischen Leistung, zwei Konjunkte relational zu binden (kgeb) und 2. der Klasse der Partikeln, die in der Regel Vgr direkt subordiniert sind und verschiedene Positionen in Vgr einnehmen können.

Die Analyse von *aber* hat gezeigt, daß der Konnektor *aber* nicht auf lexikalische Phänomene reduziert werden kann, sondern daß pragmatische Phänomene eine Rolle spielen. Für die Semantik von *aber* bedeutet dies, daß die Bedeutung von *aber* nicht ohne „Gesprächsandeutungen" (Posner 1979) begriffen werden kann. Das heißt, daß bei der Interpretation von *aber* nicht nur die lexikalische Bedeutung, sondern auch die diskursiven Gebrauchsregeln relevant sind. Letztere könnten über die GEI-Funktion (s. S. 260) in die lexikalische Bedeutung von *aber* integriert werden.

Der Gebrauch von *aber* scheint aufgrund der hohen Kontextsensibilität ein interessanter Fall für eine weiterführende Frage zu sein, nämlich wie sich die grammatischen Funktionen von *aber* aus den pragmatischen ableiten lassen, inwieweit grammatische Funktionen als „fossilierte" pragmatische Funktionen begriffen werden können. Die Beantwortung dieser Frage setzt allerdings eine diachrone Perspektive und die Analyse von Textkorpora voraus.

7. Nexus durch *weil*

Wenn *weil* als (kausale) Konjunktion das Interesse von Sprachwissenschaftlern auf sich zieht, dann in der Regel immer in Relation zu *da* und *denn* (Thim-Mabrey 1982, Pasch 1983) und/oder im Hinblick auf die Fragestellung, wie durch Konnektive Kausalität grammatikalisiert wird (Rudoph 1981, Hilgendorf 1986). In diesem Kapitel soll - sehr eingeschränkt - primär der Gebrauch von *weil*-Strukturen in der gesprochenen Sprache näher untersucht werden. Dies aus zweierlei Gründen: 1. Im Gesamtkorpus sind 96 *weil*-Strukturen belegt (vgl. auch Tab. 7-2) sowie 253 mal *denn*, 679 mal *da*. Von den zahlreichen *da*- und *denn*-Belegen tritt jedoch jeweils nur in einem Fall *da* bzw. *denn* als Konjunktion auf. In allen anderen Fällen haben *da* und *denn* als Adverb bzw. Modal- oder Diskurspartikel andere Funktionen[1]. *da* und *denn* als Konkurrenzformen zu *weil* spielen also in der gesprochenen Sprache eine marginale Rolle (vgl. Tab. 7-1), so wie es Eisenberg (1989) für *da* vermutet hat: »Es könnte sein, daß *da* im Gesprochenen selten verwendet wird, eher auf das Schriftdeutsch beschränkt ist[2] und daß hier Freiheiten wie im Gesprochenen ausgeschlossen sind« (Eisenberg 1989:20).

	Schriftsprache[3]	gesprochene Sprache (Korpus)
weil	45	98
da	15	1
denn	40	1

Tab. 7-1.: Verteilung von konjunktionalem *weil, da* und *denn* im Hinblick auf geschriebene und gesprochene Sprache (in %)

---

1 Eine Reihe dieser Funktionen hat Redder (1990) beschrieben, wobei allerdings *da* in der gesprochenen Sprache im Sinne von Schiffrin (1988) als „Diskursmarker" zahlreiche deiktische Funktionen im Diskursraum hat, die von Redder nicht erfaßt worden sind.
2 So auch Behaghel (1928:341) und Eroms: »Zu beachten ist, daß weder *da* noch *denn* in den Mundarten und in der Umgangssprache gebräuchlich sind« Eroms (1980:94).
3 Zahlen nach Rudolph (1981:186), die auf 913 Belegen aus literarischer Prosa und Sachprosa basieren.

2. Es wird nicht angestrebt, auf der Basis eines ontologischen Kausalitätsbegriffes *weil* als Element der Kausalkonnektive zu erfassen, sondern die Nexusfunktion von *weil* soll im diskursiven Kontext behandelt werden (Näheres hierzu unten).

Um die Funktionen von *weil* darzustellen, sollen zunächst die Positionen in der Literatur zu diesem Thema angerissen werden, wobei es nicht möglich ist, dies zu tun, ohne *weil* in Kontrast zu *da* und *denn* zu behandeln, da die Funktionen von *weil* - *omnia determinatio est negatio* - im allgemeinen auf der Kontrastfolie insbesondere zu *da*, aber auch zu *denn* behandelt werden.

weil kennzeichnet nach (Engel 1988:730) »den Nebensatz-Sachverhalt als Ursache des Obersatz-Sachverhaltes« und »kann als *Arche-Ausdruck* für Kausalzusammenhänge im weitesten Sinne verwendet werden, auch für Zusammenhänge im mentalen Bereich, der ontologisch selbstverständlich ebenfalls zur Wirklichkeit gehört« (Redder 1990:129). Als Kern der Kausalfunktion werden traditionellerweise die (aufeinanderbezogene) Ursache-Wirkungs-Relation bzw. Grund-Folge-Relation angesehen: »Die Kausalrelation ist immer eines von beiden: entweder Grund-Folge oder Ursache-Wirkung. Hierbei ist die Grund-Folge-Relation zeitlos, während bei der Ursache-Wirkungs-Relation der Zeitfaktor eine Rolle spielt« (Rudolph 1981:162). Das Ursache-Wirkungs-Prinzip als physikalisches und erkenntnistheoretisches Modell ist jedoch nicht erst seit den Erkenntnissen der modernen Chaos-Forschung ein fragwürdiges Modell und kann von daher nicht zur Bestimmung von Kausalität als semantisch-pragmatischem Phänomen als Basis herangezogen werden. Insofern hat der DUDEN recht, wenn es heißt: »Der Begriff „Kausalität" darf auf sprachliche Äußerungen der Alltagssprache nicht im wissenschaftlich strengen Sinne angewandt werden; je nach inhaltlicher Füllung der Teilsätze kann er recht Verschiedenes meinen« (DUDEN 1984:693), auch wenn hier gemeint ist, daß sich *weil* neben einer Kausalbeziehung (1) auf eine „Symptombeziehung[4]" (2) erstreckt :

(1)   *Weil der Motor kaputt ist, brennt auch das Lämpchen nicht mehr.*
(2)   *Weil das Lämpchen nicht mehr brennt, ist der Motor kaputt.*

Wenn Kausalität nicht im physikalischen und ontologischen Sinne auf die Bestimmung von grammatikalisierten „Kausalverhältnissen" übertragen werden kann, was ist dann gemeint, wenn in der Literatur in Verbindung mit *weil* und *da* von „Kausalität" die Rede ist? Gehen wir von den obigen Beispielen aus. Im Falle von (1) ist es in einer Situation, in der jemandem der Wagen streikt und dies durch das Ausgehen einer Lampe angezeigt wird, *naheliegend* anzunehmen, daß der Motor kaputt ist. Es mag durchaus sein, daß aufgrund eines elektromagnetischen Feldes

---

4 Der Begriff geht auf Boettcher/Sitta (1972:142) zurück.

Lampe und Motor gleichzeitig ausgehen, oder daß ein Kausalkomplex bewirkt, daß die Lampe nicht mehr brennt. Aber mit Rückgriff auf alltagsweltliche Erfahrungen wird man einen Kausalzusammenhang zwischen Ereignis E1 und E2 herstellen. Es werden also Ursache-Wirkungs- und Grund-Folge-Beziehungen aufgrund von Erfahrungen hergestellt, unabhängig davon, ob andere Möglichkeiten existieren, sondern danach, ob etwas wahrscheinlich ist oder nicht. Die Tatsache, daß in Beispiel (1) p Ursache/Grund für q ist, kann nicht aus der semantischen Klassifikation von p und q abgeleitet werden. Entscheidend ist vielmehr, daß eine (asymmetrische) „Begründungsrelation" zwischen p und q hergestellt wird, nämlich dem Grund und dem „Begründungssubstrat" (Harweg 1972:5; Thim-Mabrey 1982:200), also dem, was begründet werden soll. Dieses Begründungssubstrat scheint nun in (2) zu fehlen, kann aber - wie Thim-Mabrey (1982:201f.) prinzipiell zeigt - rekonstruiert werden. In (2) wird durch den *weil*-Satz nicht begründet, warum der Motor kaputt ist, sondern warum der Sprecher annimmt, daß der Motor kaputt ist. Das Begründungssubstrat ist also latent vorhanden und kann rekonstruiert werden:

(2')   *Ich nehme an, der Motor ist kaputt, denn das Lämpchen brennt nicht mehr.*

Der Unterschied zu (1) liegt in der perspektivischen Darstellung des Gesamtereignisses und - dies wäre allerdings im Diskurs zu überprüfen - im Grad der Wahrscheinlichkeit, daß angenommen wird, daß der Motor kaputt ist, was sich in unterschiedlichen Sprechhandlungen (Vermutung versus Feststellung) niederschlagen müßte.

Wenn im folgenden von Kausalität oder Kausalverhältnissen gesprochen wird, so ist damit eine asymmetrische Relation zwischen p und q gemeint, wobei p im alltagsweltlichen Sinne, also so, wie Sprecher/Schreiber es diskursiv konstituieren, Grund/Ursache für q ist. Dies ist zunächst völlig unabhängig vom grammatikalisierten Nexus[5], denn allein über die temporale Abfolge von Propositionen können Kausalrelationen dargestellt werden, wobei der Kausalnexus über Implikaturen erfolgt. Was im Hinblick auf *weil* als Grund/Ursache gegeben werden kann, ist nach Hilgendorf (1986: 217) nicht einheitlich; *weil* leitet sowohl Nebensätze ein, die 1. eine zeitlich vorausgehende Ursache, 2. eine zeitlich fortbestehende Ursache, 3. eine gleichzeitig beginnende Ursache, 4. eine zeitlich nachfolgende Handlung als Ursache vorhergehenden Handelns darstellen, als auch 5. allgemeine Ursachen ohne zeitlichen Bezug angeben sowie 6. soziale, rechtliche, persönliche Gegebenheiten usw.

---

5 So gibt es im Chinesischen wesentlich häufiger als im Deutschen Kausalrelationen zwischen Propositionen, ohne daß dies in irgendeiner Weise grammatisch markiert ist.

Spezifischere Bestimmungen des Kausalverhältnisses, das durch *weil* konstituiert wird, ergeben sich aus den Bestimmungen des Begründungsverhältnisses von *da*
und *denn* im Vergleich zu *weil*. Obwohl *da* und *weil* in vielen Fällen austauschbar
ist, gibt es verschiedene Beschränkungen und Präferenzen. Während *weil*-Sätze auf
warum-Fragen möglich sind (3) und ebenso dann, wenn im vorangehenden Satz
Korrelate wie *deshalb*, aber auch kataphorische Elemente wie *nur*, *bloß*[6] stehen (4),
ist der Gebrauch von *da* nicht möglich.

(3)
A: *Warum kommst du nicht?*
B: *Weil es regnet / ??Da es regnet / *Denn es regnet*

(4)   *Ich komme deshalb nicht, weil (*da/?denn) es regnet.*

Thim-Mabrey (1982:209f.) erklärt dies damit, daß *weil* (und nur *weil*) in
Begründungsbeziehungen vorkommen kann, in denen der Kausalzusammenhang
»als ein Sinnganzes, bestehend aus zwei aussagemäßig unabgeschlossenen Strukturen«, vorkommen kann (Näheres hierzu in Kap. 7.1). Andererseits gibt es die
Präferenz von *da*, wenn der subordinierte Satz in Anteposition steht, *weil* tritt präferiert in Postposition auf (vgl. Beispiel 5); dies wird allgemein in Zusammenhang
gebracht mit
1. Thema-Rhema-Strukturen (Buscha 1989:54, Engel 1988:269)[7]: *da* wird thematisch, *weil* rhematisch gebraucht,
2. Emphase: *da*-Sätze werden mit geringerem Nachdruck (Hartung 1961, Erben
1964: 186-187) gebraucht bzw. haben »weniger Gewicht« (Pasch 1983:336).

(5)   *Da/?weil/* denn die Heizungsröhren geplatzt sind, hat es Frost gegeben.*

Aufgrund des Stellungs- und Substitutionsverhaltens sowie den Präferenzhierarchien
geht Pasch (1983) davon aus, daß »*da* eine „Brücke" zwischen *denn* und *weil* darstellt« (Pasch 1983:336), da *da* und *weil* syntaktisch subordinierende Konjunktionen sind[8], während *denn* und *da* - im Gegensatz zu *weil* - semantisch eine Klasse
bilden und einem Handlungstyp angehören.

---

6 Thim-Mabrey (1982:211) spricht in diesen Fällen von »spezifizierenden Elementen«,
da diese eine eigene Bedeutung haben, die nicht aus dem Kausalsatz allein hervorgeht.
7 Während im allgemeinen die Differenzierung des Kontrastes neu/bekannt versus
unbekannt dargestellt wird, wird dies bei Engel explizit im Sinne der Thema-Rhema-
Funktion dargestellt: »*da* leitet nämlich meist thematische Kausalsätze ein, während
weil-Sätze bevorzugt Neues und Wichtiges als Begründung für das Obersatzgeschehen
nennen und damit häufig rhematischer Natur sind« (Engel 1988:269).
8 Im Hinblick auf die subordinierende Funktion von *da* und *weil*, geht Pasch nicht auf die
Funktion von *weil* in Verbzweitsätzen ein, so daß von daher auch kein Beispiel »für den

Im Hinblick auf die semantische Klassifizierung versucht Pasch nachzuweisen, daß bei Äußerungen mit *denn* und *da* immer zwei Handlungen vollzogen werden, während bei einer Konstruktion mit *weil* hingegen nur eine sprachliche Handlung vollzogen wird. Dieser Unterschied wird nun semantisch derart spezifiziert, daß *weil*-Konstruktionen mit einem Einstellungsoperator (E) verbunden sind, der besagt, daß der Operand [*weil* (p,q)] eine Tatsache ist. Bei *da/denn*-Konstruktionen hingegen bezieht sich der Einstellungsoperator auf p und q. Es gilt (vgl. ibid., S.335):

1. [E (*weil* (p,q))]
2. [*da/denn* (E(p), E(q))].

Wenn nun *weil*, wie oben beschrieben, gegen *da* als semantische Klasse abgegrenzt werden kann, bleibt die Frage offen, wie sich die Ersetzbarkeit von *da* durch *weil* bei reduktiven Schlüssen in postponierten *weil*-Sätzen erklärt, wie z.b. in

(6)   *Die Heizungsröhren sind geplatzt, weil/da es Frost gegeben hat.*

Pasch geht nun davon aus, daß in diesem Fall *weil*-Sätze als elliptische Sätze begriffen werden müssen, bei denen »die Bedeutung der vorangehenden Äußerung von s1 in ihrer Einheit aus Einstellungsoperator und dessen Operand als Tatsache - propositionalisiert - berücksichtigt [wird] und fungiert dann als Folgeoperand von *weil*« (Pasch 1983:335). Für (6) ergibt sich mit *weil* eine Interpretation, die nach Pasch wie folgt beschrieben werden kann: »der Sprecher drückt aus, 1. daß er überzeugt ist, daß die Heizungsröhren geplatzt sind (1. Äußerung von s1), 2. daß er überzeugt ist, daß es Frost gegeben hat und 3. daß er überzeugt ist, daß der Grund dafür, daß er überzeugt ist, daß die Heizungsröhren geplatzt sind, der von ihm als Tatsache bewertete Sachverhalt ist, daß es Frost gegeben hat (2. und 3.: Äußerung von s2)« (ibid., S.335-36). Beispiel (6) paßt nunmehr in das Schema b, der Unterschied »zwischen *weil* einerseits und *da* und *denn* andererseits [ist] weitgehend nivelliert« (ibid., S.336). Ob dies allerdings spezifisch für entsprechende Konstruktionen ist, scheint mir fraglich. Einem Sprecher, der beispielsweise auf die Frage *Warum lacht er* äußert *(Er lacht,) weil er das komisch findet*, werden wir normalerweise unterstellen, daß er annimmt, daß *er lacht* (Wahrheitsbedingung) und daß er „überzeugt ist", daß die zuvor geäußerte Frage ernst gemeint ist (Wahrhaftigkeitsbedingung). Entsprechende Wahrheits- und Wahrhaftigkeitsbedingungen werden auch bei deduktivem Schluß und reduktivem in anteponiertem *da*-Satz vorausgesetzt:

Fall der Möglichkeit von *denn* und *weil* bei Ausschluß von *da* gefunden werden konnte« (vgl. Pasch 1983:333).

(5)   *Da es Frost gegeben hat, sind die Heizungsröhren geplatzt*

(7)   *Da die Heizungsröhren geplatzt sind, hat es Frost gegeben.*

Wenn wir wie Pasch argumentieren, so gilt für (6): [E(*weil*(E(p),E(q))]. Damit ist jedoch die Differenzierung der Bedeutungsstrukturen von *da*- versus *weil*-Konstruktionen hinfällig. Übrig bleibt jedoch die Differenzierung in unterschiedliche Handlungstypen, und dies genau ist der Ansatz, der von Redder (1990) verfolgt wird, in dem die Funktionen von *denn* und *da* handlungstheoretisch bestimmt werden.

Nach Redder (1990:83f.) dient konjunktionales *denn* der Realisierung des Handlungsmusters Begründung. *denn* ist hörerorientiert und verkettet zwei sprachliche Handlungen, nämlich die zu begründende und die begründende. »*denn* ist ein sprachliches Mittel zur Umstrukturierung von Wissen, nämlich zur Umformung eines Nicht-Verstehens zu einem Verstehen« (Redder 1990:125). Im Dialog antizipiert und identifiziert der Sprecher das Nicht-Verstehen des Hörers und greift einer interaktiven Verstehensbearbeitung vor. *denn* steht deshalb nie nach einem Turnwechsel, so daß der Sprecher ein „monologisierendes Abkürzungsverfahren" (ibid., S.84) wählt. Insofern stellt sich auch nicht die Frage nach der Wahrheit eines *denn*-Satzes, sondern nach der Angemessenheit an das hörerseitige Verstehen. *da* hingegen ist specherbezüglich[9] und »kein Indikator für Begründungen« (ibid., S.264), bezieht sich aber ebenso wie *denn* auf den mentalen Bereich. »Der Sprecher liefert kein Verstehenselement für den Hörer (...), sondern nimmt vielmehr gerade etwas als gemeinsames Wissen in Anspruch, was inhaltlich einen systematischen Teilgedanken der kommunizierten Schlüsse, Einschätzungen, Entscheidungen bildet« (ibid., S.264). *da* leistet die Bearbeitung von diskursiven Übergangsstellen. In Vorfeldposition »wird der Leser (..) in den Gedankengang des Autors involviert» (ibid., S.251), in Nachfeld-Position funktioniert *da* »sukzessive neufokussierend mit prolongiertem katadeiktischen Verweis auf die Nachgeschichte« (ibid., S.251). *weil* auf der anderen Seite ist »prädestiniert (...) für einen Bezug auf die Struktur der Wirklichkeit. (...) Gleichzeitig nebeneinander Existierendes wird (...) als ursächlich durch einen Kausalnexus Zusammengehaltenes begriffen. Das macht den Ausdruck besonders geeignet, in Erklärungen von ursächlichen Zusammenhängen verwendet zu werden. Die operative Prozedur kategorisiert einen propositionalen Gehalt als Grund oder Ursache im Verhältnis zu einem *gekoppelten* anderen propositionalen Gehalt. Er dient der Gewinnung von Wissen über spezifische Zusammenhänge in der Wirklichkeit, also dem Wissens-Aufbau bzw. -Ausbau« (ibid., S. 127). Ähnlich wie bei Thim-Mabreys „Sinnganzen" (s.o.) integriert bei Redder nun *weil* den im Nachfeld *von* weil stehenden propositionalen Teil in den „Gesamtgehalt": »Dieser, grammatisch also das *Satzgefüge*, hat eine illokutive Qualität, insbesondere die einer Erklärung« (Redder 1990:128).

---

9 Anders Eroms (1980:95): »*Denn*-Sätze und *da*-Sätze sind (...) sprecherbezüglich«.

Fassen wir die wesentlichen Punkte bei Redder zusammen, wobei insbesondere die Unterscheidung von *denn* und *weil* eine Rolle spielt, da es eine Reihe von Fällen im Korpus gibt, in denen *weil* in Verbzweitstellung vorkommt:
1. *weil* ist wirklichkeitsbezogen, *denn* hingegen hörerbezüglich;
2. [p *weil* q] hat eine integrierte illokutive Funktion, p und *denn*-q haben eine illokutive Funktion;
3. *denn* verkettet Handlungen, *weil* koppelt einen propositionalen Gehalt als Ursache/Grund zu einem anderen propositionalen Gehalt;
4. *denn* transformiert ein Nicht-Verstehen in ein Verstehen (vgl. auch ibid., S. 48f.), *weil* ein Nicht-Wissen in ein Wissen;
5. *denn* dient der Realisierung vom Handlungsmuster „Begründung", *weil* der Realisierung vom Handlungsmuster „Erklärung";
6. für Begründungen ist Angemessenheit an das hörerseitige Verstehen relevant, aus 2. kann gefolgert werden, daß für *weil*-Sätze sich die Frage nach der Wahrheit (s. auch ibid., S.128) und nicht nach der Angemessenheit stellt.

Wenn Differenzierungen in der Funktion derart existieren, wie erklärt sich dann, daß *weil*, *da* und *denn* sich häufig substituieren lassen? Redder (ibid., S.129) erklärt dies mit der »Unempfindlichkeit von 'weil' gegenüber eine P-X-Differenzierung«, das meint, eine Unempfindlichkeit gegenüber der Differenzierung in Wirklichkeit und die Widerspiegelung der Wirklichkeit als psychische Strukturen. Also nicht nur Realgründe, »auch „logische" oder „moralische" Gründe können durch 'weil' zum Ausdruck gebracht werden« (ibid., S.129). Was bedeutet dies nun anhand konkreter Beispiele? Sehen wir uns zwei Beispiele aus Redder (1990:113 und 305) an.

(8)
1	A:	Das kann man aber maschinell schon genauso herstellen, net?
2	B:	Ah nich ganz, nein. Nich ganz genau. Nee.
3→		Denn äh die Drucker/im Druckverfahren wird ja meistens
4		ein solcher Dekor aufgetragen. Dann ist das ein
5		Papierstreifen, der aufgelegt wird, um die roten Kratzer
6		zu kriegen.
		(Aus: Redder 1990:113)

In Beispiel (8) kann meiner Ansicht nach vor der Pausenpartikel ohne weiteres *weil* (vgl. auch Kap. 7.1.2), aber auch *da* substituiert werden. Nach Redder ist entscheidend, daß der Wissenstyp gewechselt wird: Das Alltagswissen der Kundin (Z1) wird durch die Verkäuferin auf der Basis eines Expertenwissens negiert (Z2) »und diese Richtigstellung der Kundenerwartung sogleich in einer ausführlichen Begründung auf einen speziellen Teil des Produktionswissens bezogen« (ibid., S.113). An die durch *denn* eingeleitete Begründung schließt sich eine Erklärung, »d.h. ein Wis-

sensaufbau in der Folge ('dann') eines gesicherten Verstehens«(ibid., S.114) an
(Z4). Problematisch scheint mir, daß 1. *denn* durch *weil* bzw. *da* substituierbar ist;
ob *denn* hier präferiert aufgrund des argumentativen Zusammenhangs von Redder
auftritt, scheint mir insofern fraglich, als dann in unserem Korpus eine höhere
Anzahl von konjunktionalem *denn* bzw. *da* zu erwarten wäre. Wie bereits erwähnt
(vgl. Tab. 7-1), ist dies jedoch nicht so, sondern *weil* ist *der* rekurrente Konnektor,
der - wie wir sehen werden - in den meisten Fällen durch *da* bzw. *denn* ersetzt werden könnte;
2. (*denn-*)Begründungen hörerspezifisch sein sollen, (*weil-*)Erklärungen indes wirklichkeitsbezogen, (*da-*)Planung sprecherspezifisch. Die Erklärung in Z4 scheint mir
- wie Erklärungen meisten im Diskurs - sowohl hörer- wie auch sprecher- wie auch
wirklichkeitsbezüglich zu sein. Umgekehrt ist die Begründung in Z3 natürlich
wirklichkeitsbezüglich und kann als Erklärung begriffen werden, warum man „das
genauso maschinell herstellen kann" wie - impliziter *aber*-Kontrast (vgl. Kap.
3.1.4) - nicht maschinell.

Sehen wir uns als zweites Beispiel folgenden Ausschnitt aus einer Rundfunksendung zum Thema „Verkehrssicherheit" an:

(9)
A: ...Herr Pautz fragt, in den Fahrschulen sollte mehr auf
            Autobahnen und Landstraßen geübt werden als in der Stadt. Oft
            kann der Fahrer auf der Autobahn seinen Wagen nicht richtig
→   einschätzen, da er in der Fahrschule nie schneller als
            siebzig gefahren ist. In der Fahrschule sollte mehr auf das
            Fahrkönnen der Schüler eingegangen werden...
            (Redder 1990:304).

Auch in diesem Beispiel kann meines Erachtens *weil* ohne Probleme substituiert
werden und wäre auf der Basis des vorliegenden (umgangssprachlichen) Korpus sogar erwartbar. Die Aussage: »Der propositionale Gehalt der Wiedergabe wird bei
einer Inanspruchnahme weder in die Gesamtproposition integriert und sachbezogen
ins Verhältnis gesetzt, wie 'weil' dies tun würde...« (ibid., S.305), scheint mir
nicht haltbar. Der *da*-Satz ist auch insofern hörerbezogen, als die Anfrage im
Ganzen auf der Folie eines Argumentationsschemas für den Hörer zu sehen ist,
während auch dieses Beispiel für Redder der Prototyp für sprecherzogenes *da* ist.

7.1 Struktur und Funktion von *weil* im Diskurs

Wie bereits im vorigen Kapitel erwähnt, treten 96 *weil*-Belege, aber nur jeweils ein
konjunktionaler *da*- und *denn* Beleg auf (vgl. auch Tab. 7-1), was einen deutlichen

Unterschied zum Gebrauch in der Schriftsprache markiert. Über die Hälfte der *weil*-Belege findet sich im therapeutischen Diskurs (vgl. Tab. 7-2).

	n	%
Therapiegespräch	51	53.0
Erzählung	20	21.0
Freies Interview	15	15.5
Verkaufsgespräch	10	10.5
	Σ96	100

Tab. 7-2: Verteilung der *weil*-Sätze nach Diskurstyp

Während anteponierte *weil*-Sätze kaum eine Rolle spielen (vgl. auch Tab. 7-3), tritt *weil* in über ein Fünftel aller Belege in Verbzweitsätzen auf, davon zu einem großen Teil im therapeutischen Diskurs (vgl. Tab. 7-4), was zum einen auf den generell hohen Anteil von *weil*-Sätzen des therapeutischen Diskurses im Korpus zurückzuführen ist, aber auch andere Gründe hat, wie in Kap. 7.2 gezeigt wird.

	Gesprochene Sprache	Schriftsprache[10]
Anteposition	2	20
Postposition	97	80

Tab. 7-3: Stellung der *weil*-Sätze in geschriebener und gesprochener Sprache (in %)

	Verbzweit	Verbletzt
Verkaufsgespräch	1	9
Freies Interview	1	14
Erzählung	3	18
Therapiegespräch	16	51

Tab. 7-4: Absolute Häufigkeit von *weil*-Sätzen als Haupt- und Nebensätze

10 Nach Rudolph (1981:185).

Am häufigsten sind also *weil*-Sätze vertreten wie (10), die auch über Sprecherwechsel hinaus vorkommen können (11) und in denen *weil* eine subordinierende
Funktion hat. Es liegt das Grundschema [S [*weil* S]] vor.

(10)
1   F: ..der kann sowieso nich viel machn (.) uff 'n bau und so
2→   dit kann a nich mehr weil a zu krank is
                 (weil-16/E: 8%)

(11)
1   A: ja (.) und ich war am arsch!
2→   Mi: ja (.) weil er die kiste bier gekauft hat.
                 (weil-34/F:59%)

In nur zwei Fällen tritt ein *weil*-Satz in anteponierter Position auf [[*weil* S] S]; *da*-
Substitution ist möglich, *denn*-Substitution aufgrund der Stellung nicht:

(12)
1   K1:   ((betritt den Laden)) ist ihre frau beim zahnarzt
2   M: nee (.) meine frau ist bei ihrer mutta (.) die hat heut'
3→   jeburtstag - und weil wir nich feiern (.)
4   K1:   ach so (.) keinen freund
5   M: jeht meine frau zum kurzen nachmittag
6   und sagt nur guten tach (.) und denn kommt se wieda (.)
                 (weil-1/V::8%)

(13)
1   C: ja (.) der fährt den ganzen tach nur hin und her.
2   I: ja (.) der hat wahrscheinlich das nötige geld dafür.
3→   Jö: ja (.) und weil wir es nich machen...
4   A: sind wir dann gleich
5   fertig.
                 (weil-42/F:73%)

In beiden Fällen, in denen der *weil*-Satz in anteponierter Stellung auftritt, ist das
Satzschema diskursiv gebrochen: In (12) wird der Satz nach einem Sprecherwechsel
vom selben Sprecher fortgeführt, in (13) übernimmt ein anderer Sprecher den Turn
und führt das Satzschema zu Ende. Pragmatisch erklärt sich die Voranstellung vielleicht dadurch, daß ein kontrastiver Fokus vorliegt. In (13) wird das, „was wir (die
Mitglieder einer Jugendgruppe) nicht machen", nämlich durch Geld *den Supercoolen*
spielen, hervorgehoben gegenüber den Handlungen desjenigen, der durch Geld *einen*

auf Macker macht. In (12) wird die Begründung/Erklärung dafür, daß die Frau von
M nicht im Laden ist, sondern zum Geburtstag ihrer Mutter, hervorgehoben, weil -
implizit - normalerweise der Geburtstag der Mutter gefeiert wird.

Bis auf diese zwei Fälle eines anteponierten *weil*-Satzes, liegt in den anderen
Fällen ein postponierter *weil*-Satz vor. Es werden sowohl Handlungen als auch
Zustände verknüpft. In 80 % aller Fälle kann *weil* durch *da* ersetzt und/oder durch
einen *denn*-Satz paraphrasiert werden. Die illokutive Funktion des *weil*-Satzes ist
abhängig von den verknüpften Propositionen, der illokutiven Funktion des Vorgängersatzes / der Vorgängeräußerung und vom diskursiven Rahmen. Sehen wir uns
einige Beispiele an, zunächst den Typ der Handlungsverknüpfung:

(14)
1   F: na (.) die jehn zum sozialamt und kriejn ihr jeld
2   C: mhm.
3→   F: unssaeena (.) da sajn (.) da regn sich noch uff weil se
4   miete zuzahln müssn (.) wir könn nich von siebmhundat
5   mark sechshundat miete bezahln
                (weil-17/E:12%)

In Beispiel (14) beklagt sich F über andere Mieter im Wohnhaus. Ohne den
spezifizierenden *weil*-Satz wäre für den Hörer unverständlich, warum die betreffenden Mieter sich aufregen; der *weil*-Satz liefert also eine Begründung für den Vorgängersatz. Entscheidend für die Begründung ist, daß der propositionale Gehalt von
q: <sie müssen Miete zuzahln> wahr ist und daß die Proposition angemessen ist
im Hinblick auf die Tatsache, daß sich jemand aufregt. F bezweifelt nun die Angemessenheit q aufgrund der Tatsache, daß die betreffenden Personen Geld vom Sozialamt bekommen. Dies wiederum ist eingebettet in den Begründungszusammenhang,
daß die Mieter unverschämt hohe Ansprüche stellen (während Frau F benachteiligt
und bescheiden ist). Im Sinne der Kleinschen Argumentationsanalyse (Klein 1980)
hat der *weil*-Satz eine „Stützungsfunktion" innerhalb eines komplex aufgebauten
Argumentationsschemas, daß die Klage von F rechtfertigt. Der *weil*-Satz kann ohne
Probleme durch einen entsprechenden *da*- bzw. *denn*-Satz ersetzt werden.

In Beispiel (15) geht dem Kausalsatz (Z28) voraus, daß E M gefragt hat, ob er
noch einmal Kinder wolle. Anlaß zu der Frage ist die Tatsache, daß ein neunmona-
tiges Baby im Laden von M ist. M verneint die Frage von E, da er nie Zeit habe
und er zu allem, was er tun wolle, jemanden kommen lassen müsse:

(15)
1   E: ich hol ne gurke und hol keine von diesen zitronen (.)
2   na herr m. wie wär's noch mal?
3   M: na naja (.) wat soll ick sagn?

4	E:	babies sind interessant=
5	M:	=ick kann's ihn ja nich dit allet so jenau erklär'n (.)
6		ick will ihn dit ooch nich.
7	E:	das müssen se aber schon können jetz.
8	M:	schaun se (.) schaun se (.) wie soll ick ihn dit erklärn?
9	E:	könn se nich?
10	M:	nee nee (.) ick weeß nich ob ick die richtjen worte finde
11	E:	fragen se mal ihre frau vielleicht kann
12		die ihn dit erklären.
13	M:	wir ham doch wir ham doch keene zeit (.) und ick
14		muß zu allem een komm' lass'n (.) ach so wieviel?
15	E:	drei (.) hab'n se schon richtich gemacht.
16	M:	((lacht))
17	E:	ja
18	M:	((lacht)) ( )
19	E:	was haben sie eben gesagt?
20	M:	na ja dit war (.) dit war eben ( )
21	E:	nochmal!
22	M:	(klammer) (.) wenn bei mir ne birne kaputt jeht
23		dann muß ick een komm' lass'n (.) wenn an mein auto wat
24		kaputt jeht dann muß ick een komm' lass'n (.) ick muß
25		imma een komm' lass'n ((klatscht in die Hände))
26	E:	aber=
27	M:	=da mach'n sie mir solche vorschläge!
28→	E:	((lacht)) nee (.) weil se so fasziniert den kleinen
29		anjeguckt haben.
		(weil-2/V:26%)

Unter den dargestellten Bedingungen (Z13, 22-25) erhebt M einen ironisch gemeinten Vorwurf (27), der jedoch einen ernst gemeinten Hintergrund hat (Z6), und der von E in Form des *weil*-Satzes zurückgewiesen wird, indem der mit der Frage in Z2 erhobene Geltungsanspruch als legitim gerechtfertigt wird. Auch in diesem Fall könnte eine *denn*-Paraphrase stehen, die Substitution von *da* scheint mir aufgrund des *da* in Z27, auch wenn dies eine andere diskursive Funktion hat, und aufgrund der Negationspartikel *nee* (Z28) fraglich. Grundsätzlich jedoch ist eine *da*-Paraphrase möglich: *Ich mache Ihnen solche Vorschläge, da sie so fasziniert den Kleinen angeschaut haben.*

Auch in (19) gelten die bisher aufgezeigten Substitutionsbedingungen:

(16)
1   K1:   woll'n sie'n zehna hab'n.
2   M: ( ) pump'n se mir ma een.
3   K2:   ((lacht))
4   K1:   hier!
5   M: so.
6→   K1:   weil se imma so nett zu mir sind.
              (weil-7/V:78%)

Der *weil*-Satz bezieht sich auf die Handlung, daß K2 M Geld borgt. Aus dem Kontext her ist dies weder erklärungsbedürftig noch relevant für ein Verständigungshandeln in dem Sinne, daß der Handlungsvollzug nicht hinreichend verstehbar wäre. Der *weil*-Satz hat vielmehr die Funktion, die vorangegangene Handlung refokussierend zu kommentieren, und zwar als expressive Sprechhandlung, mit der der Sprecher seine Einstellung gegenüber dem Interaktionspartner zum Ausdruck bringt.

Neben der Verkettung eines *weil*-Satzes mit einer vorangehenden Handlung erfolgt die Kopplung an einen vorangehenden Zustand, z.B.

(17)
1   Mi: 'n bischen rumfahrn (.) ab und zu sonntag nachmittags
2   spazierenfahren (.) wo henning immer ganz doll dagegen is
3→   und so (.) weil seine kiste sowieso nich läuft.
              (weil-39/F:66%)

(18)
1   H: der is doof (.) weil er inne disco geht (.) oder was?
              (weil-43/F:74

(19)
1   T: ja scheint ihnen denn ihr ihr problem immer ganz so
2   aussichtslos/
3→   P: ja weil's kein einzelproblem mehr ist weil's a
4   gemeinschaftsproblem ist
              (weil-52a,b/T:42%)

Das Prädikat des vorangehenden Zustandes wird durch ein statives Verb ausgedrückt, in der Regel durch *sein* bzw. *haben*. In (17) hat der *weil*-Satz die Funktion, den Sachverhalt zu begründen, daß der Hörer dagegen ist, nachmittags spazierenzufahren, in (18) wird die Begründung für den unterstellten Sachverhalt bezweifelt, daß R. *doof* sei. In beiden Fällen könnte ohne den *weil*-Satz eine Verstehensdefizienz entstehen, so daß die *weil*-Sätze ein mögliches Nicht-Verstehen seitens des Hörers antizipativ durch den Sprecher ausschließen. Anders die Funktion von *weil* in (19). Die Proposition <P scheint sein Problem aussichtslos> wird durch P zunächst bestätigt und dann spezifiziert. Die Spezifizierung ist Teil eines Detaillierungszwanges im therapeutischen Diskurs, bei dem es darum geht, daß der Patient seine bestehenden Probleme bearbeitet. In diesem Sinne sind die asyndetisch koordinierten *weil*-Sätze sowohl sprecher- als auch hörerbezüglich. Sprecherbezüglich insofern, als die *weil*-Sätze auf die (psychischen) Probleme des Sprechers verweisen, hörerspezifisch insofern, als daß an die Frage des Therapeuten angeknüpft wird. Wenn *weil* hier ein Verständigungshandeln markiert, dann in einem rekursiven Sinne: Das bestehende Problem ist nicht oder nicht nur für den Therapeuten nicht verstehbar, sondern für den Patienten selbst. Die Verstehensbearbeitung wird nicht dem Hörer, sondern dem Sprecher selbst zugeführt.

Neben postponierten *weil*-Sätzen mit einem Vorgängersatz treten postponierte *weil*-Sätze auf, zu denen im Vorfeld von *weil* eine Gradpartikel bzw. ordinative Angabe steht (vgl. Kap. 3.3.2), und zwar

(20)

1	M:	((sucht Geld)) nee (.) nee (.) jetzt muß ick mal seh'n
2		(.) ob die wechseln kann (.) nich mein jeld. ((bezieht
3		sich auf die Geldbüchse seiner Frau)) aha.
4	E:	werden se schon wieda unruhig (.) nich?
5	M:	nee.
6→	E:	nur weil hinter mir 'ne schlange is.
		(weil-6/V:78%)

(21)

1	F:	jetz kann ick ja nich arbeetn weil ick schwanga bin
2	C:	mhm
3	F:	denn krieg ick ja keine arbeit da hab ick hier jesessn
4→		drei 'ne halbe stunde (.) ja nur weil die mir jesacht
5→		habm die eh eh ick krieg keen jeld (.) naja lojisch weil
6		ick ja vaheiratet bin dann krieg ick ja nich extra jeld
7		[mhm]
8	F:	weil ick ja nich jearbeitet hab (.) ne
		(weil-11,12/E: 5%)

In diesen Fällen kann *weil* nicht durch *da* oder *denn* substituiert werden. Thümmel (1979:8) hat gezeigt, daß nach bestimmten Partikeln im Vorgängersatz wie u.a. *nur, bloß weil* nicht substituiert werden kann. Da diese eine eigene Bedeutung haben, werden sie als „spezifizierende Elemente" (vgl. Thim-Mabrey 1982:211) gegenüber kataphorischen Korrelaten wie *deshalb* abgegrenzt. Sie sind mit *deshalb* und anderen Korrelaten nur dann vergleichbar »wenn ein „stummes" *deshalb* mitklingt, das immer einfügbar sein muß« (ibid., S.211). Da diese Elemente nicht in einen Vordersatz integriert sind, sondern selbständig stehen und eine Prädikation haben (*nur deswegen ist es so, es ist nur deswegen so, es ist ja klar*) können sie als Dummies begriffen werden (vgl. Kap. 3.3.2). Dies ist in den oberen Beispielen möglich, wobei in (21:Z5) zusätzlich *nämlich* inseriert werden müßte. Thim-Mabrey begründet die Tatsache, daß in diesen Fällen *da* nicht eingesetzt werden kann, damit, daß die *weil*-Aussage und die vorangehende Aussage als „Sinnganzes", als zwei »aussagemäßig unabgeschlossene Strukturen« (ibid., S.209) zu begreifen sind. Dies liegt genau dann vor, »wenn der Kausalsatz nur mit *weil* eingeleitet werden kann und als solcher ein echter Bestandteil von Frage oder Aufforderung ist« (ibid., S.216). Die Tatsache, daß der *weil*-Satz durch ein spezifizierendes Element eingeleitet wird, das nicht in einen Vorgängersatz eingebaut ist, stützt Thim-Mabreys Auffassung, daß die vorangegangene Aussage nicht abgeschlossen ist. Obwohl die Vorgängersätze prinzipiell allein stehen können und von daher abgeschlossen sind[11], werden sie durch die nachstehende Partikel sogleich als unabgeschlossen markiert. Die äußerungs- bzw. satzinitialen Elemente haben eine Art Schalterfunktion, nämlich einerseits den Bezug herzustellen direkt zum Vorgängersatz (anaphorische Funktion) - und nicht zum vorangehenden Kontext, wie die Beispiele zeigen -, andererseits eine Leerstelle zu eröffnen, die durch den *weil*-Satz abgesättigt wird (kataphorische Funktion). Die gleiche Funktion wie die Partikeln hat die formelhafte berlinische Wendung *naja lojisch* und die formelhafte Adressierung *weeßte* in Beleg (22). Die Vorgängeräußerung (Z1) wird als nicht-abgeschlossen markiert, so daß eine Fortsetzung obligatorisch wird.

(22)

1	S:	ick konnt dit nich jenießn
2	K:	der nur aach!
3→	S:	weeßte weil ick eh (.) weil ick so 'ne Zahnschmerzn hatte
		(weil-20a,b/E:34%)

Die Unabgeschlossenheit des konversationellen Schemas wird deutlich, wenn man die Vorgängeräußerung wegläßt, wie in (23), wo die ordinative Angabe in einen Kopulasatz integriert ist:

---

11 Damit gilt in diesen Fällen nicht das intonatorische Argument, daß aussagemäßig unabgeschlossene Strukturen Intonations- und Akzentmuster von Eingliedsätzen haben (vgl. Thim-Mabrey 1982:209). Dies trifft nur dann zu, wenn die Partikeln in den Vordersatz integriert sind.

(23)
1   F: et is ja bloß weil wa bis jetz noch keen jeld jekricht habm
                   (weil-15/E: 7%)

Themainitial ist diese Konstruktion nicht möglich, sofern nicht spezifische kontextuelle Bedingungen gelten. Die Partikel *bloß* setzt einen Bezug auf einen Vor-
gängersatz/eine Vorgängeräußerung voraus, erweist sich als eine Kohäsionspartikel.
Andererseits kann der *weil*-Satz nicht weggelassen werden. Entsprechend ist *da*-Sub-
stitution auch dann nicht möglich, wenn ein korrelatives Element turninitial steht
wie in (24), wobei die *tag-question*, markiert durch *nich*, explizit signalisiert, daß
das Schema fortzuführen ist.

(24)
1   S: ick bin ja nur in de apotheke jewesn (.) nu konnt kann
2   ick englisch nich/
3   I: mhm
4→   S: und dadurch weil ick nun eh konnt ick mich vaständjen
                   (weil-21/E:39%)

Parallel liegt der Fall in Beleg (25):

(25)
1   I: fühlt ihr euch dann älter (.) erwachsener?
2   Bi: nä (.) so is das bei uns nich gerade.
3   Mi: nä!
4   Bi: irgendwie aus spaß!
5→   I: aber auch weil's alle machen?
                   (weil-33/F:44%)

Durch *auch* wird der Bezug zur Vorgängeräußerung hergestellt, wodurch eine Integration der zugrundeliegenden Proposition und der Proposition des *weil*-Satzes zu
einer Gesamtaussage erfolgt.

Eine ähnliche Funktion hat *das is* als Schalter zwischen den Sprecherwechseln in
folgendem Fall:
(26)
1   I: und seit wann heißt ihr jawoll?
2   C: das is=
3→   A: =weil uns der name zu albern war (.) irgendwie.
                   (weil-36/F:61%)

Als Antwort auf die Frage von I ist der Kausalsatz nicht adäquat, da nach einer Zeitangabe gefragt wird. Der kausale Anschluß könnte jedoch dadurch erklärt werden, daß A von C den Turn übernimmt und einerseits Bezug nimmt auf die Ausgangsfrage, gleichzeitig jedoch an das von C begonnene Schema anknüpft und im Sinne von „das ist deshalb, weil" fortführt. *Das is* wäre somit als verbindendes Stück zwischen Frage und Antwort zu sehen, wie in den folgenden Belegen, denn in nahezu allen anderen Fällen, in denen *weil* nicht durch *da* bzw. *denn* substituiert werden kann, handelt es sich um *weil*-Sätze in der zweiten Komponente eines Frage-Antwort-Paares, was auch immer wieder als Charakteristikum von *weil* angeführt wird: »da ist nicht möglich, wenn (im Dialog) auf eine Frage nach dem Grund für einen Sachverhalt als Antwort der zu begründende Sachverhalt nicht wiederholt wird und nur der Grund selbst genannt wird« (Buscha 1989:54). Auch dies ist kohärent zu den obigen Beispielen: Die *warum*-Frage, als ein nicht abgeschlossenes *adjacency pair* verlangt nach einem nicht abgeschlossenen Kausalsatz, einem *weil*-Satz. In der Terminologie der Konversationsanalyse gesprochen: der *weil*-Satz ist „konditionell relevant" (Schegloff/Sacks 1973), d.h. sequentiell implikativ, im Hinblick auf die erste Komponente der spezifischen Zweierstruktur, während ein *da*- bzw. *denn*-Satz ausgeschlossen ist. Dies bestätigen die Belege (27-32):

(27)
1	Ma:	ja (.) o.k. warum fahrt ihr denn nich z.b. zu zu zu dir
2		z.b.?
3→	Mi:	weil wir nich rauchen dürfen z.b.
		(weil-37/F:65%)

(28)
1	No:	wieso hast in da so 'n Ärger?
2→	Ch:	weil (.) mein chef azählt dit wieda allet andere
		(weil-25/E:72%)

(29)
1	M:	ja ick wollt' ihn' dit nur mal kurz anschreib'n (.)
2		((greift zum roten Filzstift)) damit sie wissen (.) wat
3		ick für jeld brauche.
4	E:	naja (.) warum schreib'n se'n dit nich ja jetz schreibt a
5		dit ooch noch in rot und sieht dit kaum.
6→	M:	weil ick doch keen andern blei zur stelle habe.
7		((sucht einen anderen)) mal seh'n (.) ob der noch
8		schreibt (.) ick hab' imma 'ne ausrede.
		(weil-4/V: 68%)

(30)

1	K4:	der wirt empfiehlt heute chinakohl (.) nich?
2	M:	ja.
3	E:	((zu K4)) warum?
4→	K4:	weil er'n nich hat.
5	M:	weil er'n nich hat (.) der wirt empfiehlt.

(weil-3a,b/V:49%)

(31)

1	I:	und da hab ich mich echt gefragt (.) warum?
2	Q:	ja also (.)
3	I:	die meisten von euch haben geschrieben (.) da is immer
4		was los (.) aber was is denn hier los?
5→	C:	weil wir hier jeden tag rumhängen (.) deswegen.

(weil-30/F:28%)

(32)

1	P:	darf ich jetzt fragen warum nehmen sie die (1.0) die zwei
2		gestorbenen kinder von meine eltern ins bild hinein
3		(1.0)
4→	T:	weil sie sonst heute nicht leben könnten \ (2.0)

(weil-91/T: 98%)

Interessant ist, daß in (28) *weil* auch dann durch *da* und insbesondere *denn* nicht substituiert werden kann, wenn aufgrund der Verbzweitstellung eine *denn*-Paraphrase möglich sein müßte (hierzu Näheres in Kap. 7.1.1). Offensichtlich ist der Faktor, das unabgeschlossene Schema durch einen *weil*-Satz zu kompletieren so stark, daß trotz der syntaktischen Parallelität aufgrund von koordiniertem *weil* eine *denn*-Paraphrase nicht möglich ist.

In Beleg (31) bezieht sich die Antwort in Form eines *weil*-Satzes (Z5) auf die *warum*-Frage in (1). Hier ist interessant, daß dem *weil*-Satz ein *deswegen* nachgestellt ist. Die Nachstellung erinnert an *afterthought*-Konstruktionen (Chao 1968:69, Chafe 1976:54), die die Funktion haben, thematisch sicher zu stellen, „what the sentence is about" (vgl. hierzu Kap. 2.3.2). Eine ähnliche Funktion hat *deswegen*: Da das *adjacency pair* durch weitere Turns aufgebrochen ist, zudem durch eine der Antwort vorangehende Frage, stellt *deswegen* den Bezug zur Ausgangsfrage sicher. *Deswegen* fungiert also als Mittel der Diskurskohäsion und „kompensiert" den diskursiven Bruch der Zweierstruktur.

Zu Beleg (30) sei angemerkt, daß der *weil*-Satz in Z5 einerseits als Antwort auf die *warum*-Frage fungiert, gleichzeitig jedoch als ein weiterer Beleg des Schemas [*weil*-S,S'] begriffen werden kann (s.o.), wobei S' aus der Vorgängeräußerung eines anderen Sprechers (Z1) kopiert wird.

In Beleg (33) steht die *weil*-Frage in (Z2) nicht in bezug zu einer *warum*-Frage, trotzdem ist *da*-Substitution nicht möglich, da die Proposition der *weil*-Frage direkt auf die Vorgängerfrage insofern bezogen ist, als eine mögliche Antwort präsupponiert ist.

(33)
1   A: wenn mal einer nichts trinkt (.) find ich nich schlimm.
2→   I: und wie ist es mit dem rauchen? weil's alle machen?
             (weil-32/F:43%)

(34)
1→   I: trefft ihr euch schon nachmittags in der kneipe (.) weil
2   es nichts anderes gibt (.) was man machen kann?
             (weil-38/F:66%)

Die Frage von I (33) könnte durch *Raucht ihr deshalb, weil alle rauchen?* paraphrasiert werden. *da* - bzw. *denn*-Anschluß ist wiederum nicht möglich, da dem *weil*-Fragesatz eine nicht-abgeschlossene Struktur vorangeht, auf die der *weil*-Satz bezogen ist. Das gleiche Schema liegt Beleg (34) zugrunde.

Anders ist die Sachlage in (35), dem einzigen Beleg, in dem bei Verbendstellung (Z5) *da* nicht substituiert werden kann, ohne daß der *weil*-Satz sich direkt auf eine Vorgängerfrage bzw. einen nicht-abgeschlossenen Satz bezieht. Man könnte allerdings argumentieren, daß durch „Ich weiß auch nicht, was hier eigentlich los ist" sich der Sprecher selbst die Frage nach einem möglichen Grund, nach dem Warum für den Zustand Z stellt, und insofern ebenfalls eine quasi-nicht-abgeschlossene Struktur vorliegt .

(35)
1   F: ..wenn einer dann drei wochen nich mitkommt und samstag
2   abends zuhause hängt und so (.) ne? dann is das schon so
3   (.) daß dann (.) weiß ich auch nich (.) was hier
4→   eigentlich los is (.) weil das is ja grad so unsere
5→   clique (.) ne? weil wir samstag abends losziehen und dann
6   einen draufmachen. wenn die dann zuhause bleiben und (.)
7   weiß ich auch nich (.) hab kein geld (.) nächsten tach..
             (weil-31a,b/F:43%)

Der *weil*-Satz in Z5 ist also der Versuch, eine Erklärung für das explizit formulierte Nicht-Wissen (Z3-4) zu geben (*Ich weiß es deshalb nicht, weil...*), was in Z7 noch einmal reformuliert wird. Die Tatsache, daß der *weil*-Satz mit Verbzweitstellung (Z4) durch *denn*, aber nicht durch *da*, substituiert werden kann, ist auf die syntaktische Parallelität zurückzuführen. Dies scheint allerdings der Analyse (28, s.o.) zu widersprechen, ist aber insofern kohärent, als in (28) eine explizite *wieso*-Frage als erster Teil eines *adjacency pairs* vorangeht, der pragmatische Zwang zu Fortführung also wesentlich stärker ist als in (35), wo der Sprecher jederzeit nach *was hier eigentlich los is* hätte abbrechen können. *da* und *denn* kann also in (Z5) nicht substituiert werden, weil die implizit zu begründende Frage noch nicht abgeschlossen ist und ein - wenn auch schwacher - Bias zur Fortführung besteht; *denn*-Paraphrase ist in Z4 jedoch möglich, da der Faktor „syntaktische Parallelität" die Fortführungstendenz aufhebt, während in (28) der Zwang zur Fortführung so stark ist, daß das Prinzip des *weil*-Anschlusses aufgrund syntaktischer Parallelisierung nicht außer Kraft gesetzt werden kann.

7.1.1 weil *in Verbzweitsätzen*

Daß subordinierende Konjunktionen auch in Verbzweitsätzen auftreten, ist ein Phänomen, das weitgehend bekannt ist, ohne daß es als „Fehlerhaftigkeit" bzw. „Abweichung von der Norm" stigmatisiert wird (vgl. hierzu Eisenberg 1989:19-20). Die größte Anzahl solcher „Verwechselungen von Haupt- und Nebensatz" zeigt sich nach Kann (1972:377) und Gaumann (1983) bei den Kausalsätzen, was durch die vorliegende Korpusanalyse bestätigt werden kann, da neben den *weil*-Sätzen nur in zwei *obwohl*-Sätzen Verbzweitstellung vorkommt.

weil-Sätze in Verbzweitstellung sind syntaktisch analog zu *denn*-Sätzen aufgebaut, sind jedoch auf der orthographischen Ebene durch Doppelpunkt oder Spiegelstrich, auf der intonatorischen durch eine Pause nach dem *weil* markiert: »Nach der Konjunktion tritt eine intonatorische Pause ein« (Buscha 1989:126). Eine intonatorische Markierung des *weil*-Satzes zeigt sich auch im Korpus, allerdings ist entscheidender eine *weil* vorangehende Pause denn eine folgende (vgl. Tab. 7-5). In den Fällen, in denen keine Pausenmarkierung existiert, liegt ein Sprecherwechsel vor wie in drei weiteren Fällen.

BELEG	PAUSE		SW
	vor *weil*	nach *weil*	
53	+	+	+
36	+	+	+
37	+	+	-

BELEG	PAUSE		SW
	vor *weil*	nach *weil*	
52	+	+	-[12]
38	+	-	-
39	+	-	-
56	+	-	-
40	+	-	-
41	+	-	-
42	+	-	-
43	+	-	-
44	+	-	-
45	+	-	-
46	+	-	-
47	+	-	-
48	-	(+)[13]	-
55	-	(+)	-
28	-	+	+
47	-	-	+
54	-	-	+
48	-	-	-
51	-	-	-

Tab. 7-5: *weil* -Verbzweitsätze im
Hinblick auf vorangehende und folgende
Pause sowie Sprecherwechsel

Die Pausensetzung ist also nicht so einheitlich nach *weil*, wie in der Literatur angenommen wird. Allein Gaumann (1983) hebt hervor: »In Sätzen, in denen die Verbzweitstellung als fakultative Varianten zum Bauplan mit Verbendstellung anzusehen ist, ist die Realisation der Pause (nach *weil*, P.S.) nicht obligatorisch, ihre Setzung ist sprecherspezifisch: sie hängt vom Sprechtempo und der Geläufigkeit des jeweiligen Sprechers ab« (Gaumann 1983:119). Neben individuellen Idiosynkrasien mag auch eine Rolle spielen, daß *weil* in Verbzweitstellung ein andere Akzent- und möglicherweise Tonhöhenstruktur hat, und dies als Zäsur bzw. Pause interpretiert wird. Es liegen zu wenig Belege vor, um eine valide spektrographische Untersuchung zur Klärung dieser Frage durchzuführen. Tatsache jedoch ist, daß 1.

---

12 Mit berlinisch *eildieweil* für *weil*, enstanden aus *alldieweil* und *Eile mit Weile*.
13 (+) kennzeichnet Pausenpartikel *äh*.

eine intonatorische Markierung erfolgt und 2. eine *weil* vorangehende Pause ein
zentrale Rolle spielen. Die Begründung für die Pausenstruktur liegt in dem, was
Eisenberg (1989) formuliert hat: »Vielleicht ist man sich des im Nebensatz gegebenen Grundes bei *weil* nicht so sicher (...), vielleicht verwendet der Sprecher *weil*
dann, wenn er seine Begründung eher zögerlich vorbringt oder sie gar erst sucht, so
daß nach *weil* leicht eine Pause entsteht. Das würde zur Hauptsatzstellung passen,
denn der Hauptsatz signalisiert nicht schon wie der Nebensatz durch seine Form,
daß er Teil eines anderen Satzes ist (...)« (Eisenberg 1989:20). Dies bestätigt auch
die Untersuchung von Gaumann (1983:117). Die *weil* vorangehende oder folgende
Pause ist primär eine Planungspause, die zur Strukturierung des Diskurses dient.
Dies erklärt auch den hohen Anteil von *weil*-Verbzweitsätzen im therapeutischen
Diskurs[14], der im Gegensatz zu den anderen Diskurstypen generell, insbesondere
im Gegensatz zur Erzählung, durch zahlreiche Pausen gekennzeichnet ist. Der the-
rapeutische Diskurs ist im allgemeinen ein vorsichtiges Erarbeiten belastender
Probleme, ein „Suche-und-Finde"-Prozeß, der vorliegende im besonderen, da es um
Patienten geht, die einen versuchten Selbstmord begangen haben. Entspanntheit,
Zeit, zögerliche Artikulation sind konstitutiv für diesen Diskurstyp. Die Tatsache,
daß emotional belastende Themen bearbeitet werden und relativ häufig *weil*-
Verbzweitsätze auftreten, entspricht auch dem Befund von Gaumann (1983), nach
der Verbzweitsätze in emotiven und expressiven Texten relativ häufig vorkommen,
denen ein »geringes Maß an sprachlicher Kontrolle eigen [ist]« (ibid., S.154).
Gaumann zieht daraus die Schlußfolgerung, daß hieraus die Verwendung einfacher
syntaktischer Formen resultiert. »Die komplexe Form der Hypotaxe mit Endstellung des finiten Verbs wird zugunsten der syntaktisch einfacheren und geläufigeren
Parataxe mit Zweitstellung des finiten Verbs aufgegeben« (ibid., S. 60). Die
besondere pragmatische Leistung der Verbzweitstellungsvariante liegt »in der Ver-
minderung der Dekodierungsanstrengung für den Hörer«, der sich »verstärkt auf die
Dekodierung der semantischen Information des Satzes richten kann« (ibid., S.155).
Die Begründungen von Gaumann sind insofern plausibel, als sie erklären, warum
im besonderen im therapeutischen Diskurs *weil*-Sätze mit Verbzweitstellung vorhanden sind.

   Wie verhalten sich nun *weil*-Verbzweitsätze im Hinblick auf die Ersetzung
durch *denn*- und *da*-Paraphrasierung? Prinzipiell kann *weil* durch *denn* bzw. durch
eine *da*-Paraphrase ersetzt werden:

---

14 Eine weitere Begründung für den hohen Anteil von *weil*-Verbzweitsätzen kann in
dialektalen Einflußgrößen bestehen, da die Aufnahmen in München erhoben wurden,
denn »generell läßt sich (...) sagen, daß Sprecher bairischer oder österreichischer
Mundart eine hohe Frequenz von Angabesätzen mit Verbzweitstellung aufweisen«
(Gaumann 1983:65).

(36)
1   C: sachste (.) kannste mir'n paar gurken dabeilegen? ja (.)
2   macht'se gurkenscheiben dabei (.)
3→   A: ja (.) weil (.) das is ein ganz (..) schwester (.)
4   bruderhaftes verhalten (.) verhältnis (.) quatsch!
          (weil-40/F:68%)

(37)
1   P: (lacht) ah ja mei (4.0) verändern was heißt verändern
2→   (3.0) so unbedingt wollt i des a net direkt (.) weil (.)
3   es is ja (.) vom ersten augenblick an hat sie gfallen..
          (weil-50/T:35%)

(38)
1   F: und denn kricht a keene müde mark (.) weil die habm ja
2→   noch etwas einjezogn vom sozialamt weil a doch krank war
          (weil-18,19/E:13%)

(39)
1→   F1:   also er klaus bald aus de telefonzelle jeholt weil weil
2   da war keen anschluß
          (weil-24/E:67%)

(40)
1   P: dann hock i mi hi (.) i mach nix (.) wir sitzen (.) i hab
2→   nit a mal zeit zum essen (.) weil da war i zu nervös \
          (weil-45/T:9%)

(41)
1   T: ..dann haben sie das gefühl (.) / i hob nix gemacht (.) \
2   i bin bloß herumgestanden (.) \obwohl das mit sicherheit
3→   nit stimmen kann (.) \ weil es is ja viel zu tun \
          (weil-46/T:14%)

(42)
1   P: =und wir schätzen daß sie ja (.) nicht mehr lange dann
2→   hierbleibt \ (.) weil sie ist schon längst schwächlich
3   gewesen und äh (.)
          (weil-59/T:54%)

(43)
1   P: ..aber er ist nicht reingegangen \ (2.0) und vor zwei
2   jahren ja also jetzt sind wir da auch ( ) das war jetzt
3→   (.) ( ) halt zwei jahre (.) weil das ist geschehen vor
4   etwa fünf jahren (.) und ...
                   (weil-73/T:73%)

(44)
1→   P: ..aber das hat er dann aufgehört (1.0) weil er er ist ja
2   immer noch verschlossener geworden und ..
                   (weil-74/T:75%)

(45)
1   T: = wenn ich sie richtig verstehe hat er zwar äh das
2   zunächst irgendwo unter anleitung gemacht / (.) hat es
3   aber dann alleine weitergemacht = \
4→   P: = so ist es (.) je (.) so ist es (1.0) weil er erschien
5   etwas (.) daß er einen therapeuten da hatte der ..
                   (weil-75/T:75%)

(46)
1   P: ..wo ich ein bißchen so die sache weggeschoben habe war
2→   eben die beziehung zu den eltern \ weil (.) das habe ich
3   ja nie behandelt das habe ich als tabu immer gesehen \
                   (weil-76/T:80%)

(47)
1   P: ..und wir alle beide sind unter un (.) eigentlich sehr
2   schwierigen bedingungen geboren worden \ (1.0) und bei
3   beiden ist der fall gewesen äh daß es ja geheißen hat (.)
4   entweder mutter oder das kind = \
5   T: = mmh =
6→   P: = weil die zwei ersten sind gestorben / die kinder und
7   dann hat es bei uns geheißen die dürfen keine mehr haben
                   (weil-55/T:49%)

(48)
1   P: ..ich bin z.b. von provinz nach hauptstadt hingeflogen
2→   worden weil die haben da nicht getraut so (.) so
3   kaiserschnitt zu machen
                   (weil-56/T:49%)

(49)
1   P: und irgendwie äh wenn ich jetzt die (.) ich habe heute
2→   ganz kurz eigentlich zu wenig heute zeit gehabt (.) weil
3   gestern ist der brief gekommen (2.0)
           (weil-84/T:88%)

(50)
1   P: = ängstlich ist zu viel vielleicht gesagt (2.0) aber das
2   da (.) da hat er dann dann abgebrochen / die die therapie
3→   weil äh erstens einmal hat er keine beziehung zu dem
4   therapeuten gekriegt und ...
           (weil-70/T:70%)

(51)
1   P: und da her er hat er sich an äh entschlossen eine
2   therapie (1.0) hineinzugehen oder irgendwas zu probieren
3→   / weil er hat gesehen (.) aha jetzt geht's nicht mehr so gut
4   weiter (1.0) und dann hat er mit der psychoanalyse
5   begonnen / (1.0)
           (aber-69/T:69%)

(52)
1   M: ick sage (.) wenn sie dit aufjegess'n hab'n (.) erst dann
2→   sind's ihre (.) eildieweil (.) dis könnt' ja passieren
3   (.) dat sie gleich wieda runterkomm'...
           (weil-5/V:72%)

(53)
1   P: = wenn es sie interessiert dann frage ich gerne \ (5.0)
2   dann frage ich gerne (.) ja \ (1.0)
3→   T: weil (.) die weiß mit sicherheit mehr \ (.)
           (weil-60/T:54%)

Während *denn*-Substitution meiner Ansicht nach in allen Fällen immer möglich ist, auch nach Turn-Wechsel und unabhängig von handlungsprozeduralen Faktoren wie Begründung versus Erklärung, scheint in drei Fällen die *da*-Paraphrase fraglich:

(54)
1   P: ..aber daß dazwischen eine tochter / gewesen ist \ (.)
2   das habe ich erst vor (.) fünf jahren von meinem vater
3   gehört = \
4   T: = mmh (3.0) mmh (.)

5→	P:	und weil die (.) die wurde dann ja (.) nicht offiziell
6		begraben \ (2.0)
		(weil-61/T:55%)

(55)		
1	P:	nein (.) nein (2.0) einmal ist nur das gekommen (.) ich
2→		hatte gedacht weil äh \ (.) nach der reise irgendwann
3		( ) kann ich nicht (.) war das gleich nachher oder wie
4		weit (2.0) ...
		(weil-54/T:47%)

(56)		
1	F:	..wenn einer dann drei wochen nich mitkommt und samstag
2		abends zuhause hängt und so (.) ne? dann is das schon so
3		(.) daß dann (.) weiß ich auch nich (.) was hier
4→		eigentlich los is (.) weil das is ja grad so unsere
5		clique (.) ne? weil wir samstagabends losziehen und dann
6		einen draufmachen. wenn die dann zuhause bleiben und (.)
7		weiß ich auch nich (.) hab kein geld (.) nächsten tach..
		(weil-31a,b/F:43%)

Die Schwierigkeit, in Beleg (54) und (55) eine *da*-Paraphrasierung vorzunehmen, besteht darin, daß im ersten Fall durch *und...dann* der Kausalzusammenhang nicht deutlich wird und ein Repair vorliegt, im zweiten Fall ebenfalls durch die Pausen-partikel, terminalem Tonhöhenverlauf und Pause das initiierte Kausalschema abge-brochen wird.

In Beleg (56:Z4) gilt das gleiche wie für den anschließenden *weil*-Anschluß in Verbletztstellung, wie es bereits oben behandelt wurde. *da* und *denn* können in (Z5) nicht substituiert werden, weil die implizit zu begründende Frage noch nicht abge-schlossen ist und ein - wenn auch schwacher - Bias zur Fortführung besteht; *denn*-Paraphrase ist in Z4 jedoch möglich, da der Faktor „syntaktische Parallelität" die Fortführungstendenz aufhebt. Folgte man der Argumentation von Redder, so wäre an dieser Stelle hörerbezügliches *denn* zu erwarten, das gegenüber *weil* Zusam-menhänge »nach Maßgabe verständlicher Folgerichtigkeit für H« (Redder 1990:131) aufweist, denn die Kommunikativpartikel *ne* fungiert explizit als ein hörer-orientierter Steuerungsmechanismus.

»Nur die *weil*-Sätze, die funktional den *denn*-Sätzen entsprechen, die also Äußerungsbegründungen sind, weisen Hauptsatzserialisierung auf, die *weil*-Sätze in der Funktion von Sachverhaltsbegründungen behalten die Nebensatzstruktur bei« (Eroms 1980:115). Sachverhaltsbegründungen lassen sich von Äußerungs-begründungen nach Eroms (ibid., S.94) dadurch abgrenzen, daß sich durch Zusätze wie *der Grund dafür* der Bezug der Sachverhaltsbegründung verdeutlichen läßt. Und für den Grenzfall der Nichtersetzbarkeit von *weil* durch *denn* gilt,»daß *weil* in solchen Fällen eintreten muß, in denen der Satz ohne Sachverhaltsbegründung unvollständig ist« (ibid., S.94). Wir hatten schon gezeigt, daß unabhängig von genau differenzierten kommunikativen Funktionen, *weil* in Sätzen mit Verbletztposition durch *denn* und *da* substituiert werden kann, das gleiche gilt für *weil* in Verbzweitposition. Insofern gilt die von Eroms gezogene funktionale Differenzierung - zumindest in der gesprochenen Sprache - nicht, ebenso wenig Redders Erweiterung dieses Ansatzes, nach dem *weil* in Verbzweitstellung zunehmend sprecherbezüglich ist,»woran sich Fragen nach einem möglicherweise veränderten Ausdrucksbedürfnis im Sinne stärker individualisierender Wirklichkeitsbetrachtung anknüpfen« (Redder 1990:130), und im Sprachsystem eine »Reaktivierung der Feldtransposition mit Rückorientierung auf das Symbolfeld von Sprache, wo „weil" historisch seinen Ausgang genommen hat« (ibid., S.130). Auch die von Küper (1991) formulierte These,»daß in allen Fällen, in denen Hauptsatzstellung im *weil*-Satz möglich ist, sowohl mit dem *weil*-Satz als auch mit dem voraufgehenden Hauptsatz eigenständige sprachliche Handlungen (Illokutionen) vollzogen werden, während immer dann, wenn Nebensatzstellung obligatorisch ist, dies nicht der Fall ist« (Küper 1991:141), kann nicht verifiziert werden. Nach Küper (ibid.) ist Beispiel (57a) deswegen korrekt, weil der Inhalt des *weil*-Satzes nicht behauptet wird, sondern dieser nur auf den vorangehenden Satz referiert. Der *weil*-Satz hat keine eigenständige Illokution, sondern enthält »einen Verweis auf die dem Hörer bekannte Handlung, das Geld genommen zu haben, und die BEGRÜNDUNG dafür« (ibid.).

(57) a.   Ich habe das Geld dèshalb genommen, weil es mir ohnehin gehörte.
     b.   *Ich habe das Geld dèshalb genommen, weil - es gehörte mir ohnehin.

Vergleichen wir Beleg (38). Nach den von Küper formulierten Kriterien dürfte der *weil*-Satz mit Haupsatzstellung nicht stehen, da die Proposition des *weil*-Satzes eine Begründung für den vorangehenden Satz ist, und *deshalb* ohne weiteres inseriert werden könnte: Die durch *a* {3s} kodierte Person erhält 'kein Geld dèshalb mehr vom Sozialamt, weil - die haben noch etwas Geld eingezogen'. Die These von der eigenständigen illokutiven Handlung des *weil*-Satzes mit Verbzweitstellung kann auch durch die anderen Belege nicht verifiziert werden. Daß der Anschluß an einen Matrixsatz im Falle der Subbordination stärker ist als bei Koordination an einen syntaktisch parallelisierten Vorgängersatz, soll nicht bestritten werden, aber daß mit dem *weil*-Satz mit Verbzweitstellung im Gegensatz zum *weil*-Satz mit Verbletztstellung eine eigenständige sprachliche Handlung vollzogen wird.
    Die Erklärung für *weil*-Verbzweitsätze in der gesprochenen Sprache kann, so wie es auch von Redder erwähnt wird,»in den Zusammenhang anders geformter,

formal weniger weit auf die propositionale Gesamtstruktur vorausgreifender verbaler Planung gebracht werden« (ibid., S.130). Anders formuliert: Wenn der Diskurs aufgrund von Planungspausen stärker gebrochen ist, treten *weil*-Verbzweitsätze mit höherer Wahrscheinlichkeit auf. Dies erklärt auch das häufige Vorkommen im therapeutischen Diskurs, in dem emotional belastende Themen interaktiv erarbeitet werden und in dem der Redefluß häufig durch (auch längere) Pausen unterbrochen ist.

7.2 Konkurrenzformen *da* und *denn*

Aus den bisherigen Analysen wurde deutlich, daß die Konjunktion *weil* in der gesprochenen Sprache als prototypischer kausaler Konnektor fungiert, während analoger *da*- und *denn*-Nexus keine Rolle spielt. Die einzigen Belege zu *da* und *denn* finden sich im Erzählkorpus:

(58)

1	I:	wie lange habm se gearbeitet?
2	0:	äh (.) meine erste arbeitsstelle die ick ma alleene
3		jesucht hab? mein mann hat ja nüscht davon jewußt (.) eh
4→		dit war einunfuffzich (.) da ick ja nich jehn konnte
5		(damals jing ja noch viele) in der schule davon wa (.) da
6	I:	
		mhm
7	0:	war denn die christjane die jetz da drübm is...
		(E:30%)

(59)

1	E:	...jetz hab ick von jedn briefkastn zwee schlüssel (.)
2		die erste die varückt jespielt hat dit war die alte
3		frau pommer(en)
4	B:	pomerenke
5	E:	pomrenke (.) die is doch nun selbständich! (.)
6		taxiuntanehma
7	B:	aha
8	E:	und ((den Dialog imitierend)) ja nun müßt ick ja nun mein
9		schlüssel haben ich bin geschäftsfrau (.) jaja die
10		schlüssel könn se jetz noch nich ham saji ick (.) äh
11		müßn se warten bis ick einjkauft habe (.) heut is
12		sonnabmd und denn (.)
13		((eine Frau mit Kind betritt das Haus. E's Redefluß wird

14		im folgenden immer stockender. Sie folgt den beiden mit
15		den Augen))
16		na ja denn kam ick (.) nun jeda baefkastn zweie (.) ja
17		jeda zweie und denn hat a aber so ziemlich eh klar
18		jemacht von näch(.)stn tach (2.0) und denn äh jing et
19→		ja (.) denn drübm war ja nu noch in bißchen schwierija
20		nich? und (1.0) ((flüsternd)) s alles hausbesetza
21	B:	bitte?
22	E:	hier 's alles hausbesetza drin
23	B:	ja?
24	E:	ja
25	B:	seit wann das denn?
26	E:	nu (.) seitdem die wohnung fertig sind (.) hausbesetza!
27	B:	besetzer?
28	E:	richtich besetzt! sind rinjekomm mit de wajns und ham besetzt...
		(E:97%)[15]

In Beleg (58) kann *da* durch *weil* und durch *denn*-Paraphrase substituiert werden. Die Tatsache, daß I „nicht gehen konnte", ist eine Begründung für die Tatsache, daß ihr Mann nicht wußte, daß sie ihre Arbeitsstelle allein gesucht hat. Der *da*-Satz begründet antizipierend das mögliche Nicht-Verstehen der Handlungsweise von I, denn normalerweise (alltagsweltliche Implikatur) weiß - heute im Gegensatz zu 1951 - der eine Ehepartner vom anderen, ob er eine Arbeit sucht oder nicht.

Der Gebrauch von denn in (59) ist kompliziert und abweichend von dem in der Literatur beschriebenen Gebrauch. Im engeren Sinne könnte man einen Nexus zwischen „dann ging es ja" und „drüben war es noch ein bißchen schwieriger" annehmen. Anaphorisches *es* verweist auf eine komplexe thematische Einheit, nämlich darauf, daß der Sprecherin E vom Hauswart die Briefkastenschlüssel anvertraut wurden, was zu Schwierigkeiten führte. Eine Nachbarin, Frau Pomerenke, wollte ihren Briefkastenschlüssel haben, den E ihr jedoch nicht gab, worauf Frau Pomerenke „verrückt spielte", worauf hin der Hauswart ihr die Schlüsselregelung „klar machte". Von diesem Tag an „ging es ja". Der im Vorfeld von *denn* stehende Satz und assoziierte Sachverhalt kann als Resultat der Erzählung in etwa wie folgt paraphrasiert werden: Nachdem der Hauswart Frau Pomerenke, die mit der Schlüsselregelung nicht einverstanden war, Bescheid gegeben hat, gab es keine Probleme mehr. Der nun folgende *denn*-Satz steht in Bezug zum Vordersatz weder in einer Grund-Folge- noch Ursache-Wirkungs-Relation. Die Tatsache, daß es keine Probleme mehr gab, ist nicht abhängig von der Tatsache, daß es anderswo schwieriger war. Von daher ist auch eine *weil, da*-Substitution nicht möglich. *denn* mar-

---

15 *denn* in Zeile 17 und 18 ist dialektal und steht für das temporale Adverb *dann*.

kiert hier einen Themawechsel; das im folgenden ausgeführte Thema „Die Hausbesetzer im Nachbarhaus (*drübm*)" wird im Kontrast zu „hier" etabliert, wobei die kontrastive Vergleichsdimension über die Bewertung (*schwieriger*) des neu etablierten Themas im Vergleich zum zuvor behandelten Thema (Implikation: „schwierig") erfolgt. Aufgrund der Kontrastfunktion könnte folglich *aber* substituiert werden, was meiner Ansicht nach in diesem Fall möglich ist. *denn* hat also wie *aber* die Funktion, 1. Raumkontrast und impliziten Kontrast hinsichtlich einer Vergleichsdimension (vgl. Kap. 3.4.1) und 2. thematischen Wechsel (vgl. Kap. 3.4.2.1) zu markieren.

7.3 Zusammenfassung

Die Konjunktion *weil* fungiert in der gesprochenen Sprache als der Kausalkonnektor schlechthin, durch den die asymmetrische Relation zwischen Grund und „Begründungssubstrat" hergestellt wird. Jede Proposition kann prinzipiell als Grund bzw. Begründungssubstrat fungieren; ob durch *weil*-Nexus verbundene Propositionen valide und akzeptabel sind, hängt von alltagsweltlichen Erfahrungen und Kategorisierungen ab.

Sofern nicht eine *warum*-Frage vorangeht oder sich der *weil*-Satz auf einen Satz bezieht, der eine ordinative Angabe oder ein „deshalb"-Korrelat hat, kann *weil* immer durch *da* bzw. *denn*- Paraphrase substituiert werden. Im Hinblick auf Sprechhandlungstypen gibt es keine Klassifikation derart, daß *weil* präferiert bei Erklärungen gegenüber Begründungen steht. Generell gilt, daß *weil* bei Begründungen *und* Erklärungen und entsprechenden Diskursschemata auftritt, aber auch Rechtfertigungen, Kommentare einleitet. Im Bezug auf den Sprechhandlungscharakter von *weil*-Sätzen gilt, was Rudolph (1981:174f.) ansatzweise ausgeführt hat, daß die »pragmatische Verwendungsvielfalt von Kausalsätzen« (ibid., S.175) hoch ist.

Bis auf wenige Ausnahmen treten *weil*-Sätze in Postposition auf. Über ein Fünftel der Belege weisen Verbzweitstellung auf. Das Vorkommen dieser Variante ist besonders häufig im therapeutischen Diskurs, der durch das interaktive Erarbeiten emotional belastender Themen charakterisiert ist. Die Verbzweitstellung ist in Zusammenhang mit dem für diesen Therapiediskurs typisch stockenden, „zögerlichen" Redefluß zu sehen, wobei eine Pause sowohl vor *weil* als auch nach *weil* auftreten kann.

8. Zusammenfassung

In den ersten beiden Kapiteln wurde gezeigt, daß für die Beschreibung grammatischer Strukturen im Rahmen einer deskriptiven, korpusbezogenen Funktionalen Grammatik Konstituenten- und Markierungsstrukturen sowie syntaktische, semantische und pragmatische Funktionen die Grundlagen bilden. Gegenüber strukturalistisch fundierten Grammatiken wurde argumentiert, daß semantische und pragmatische Funktionen bei der Beschreibung zu berücksichtigen sind; gegenüber funktional typologischen Grammatikansätzen, in denen die grammatische Struktur in pragmatischen Begriffen beschrieben wird, wurde die strukturelle Seite des Sprachsystems hervorgehoben und in ihren Bausteinen skizziert. Funktionale Grammatik heißt, grammatische Strukturen im Hinblick auf die angeführten Bausteine zu beschreiben, wobei es gilt, den Zusammenhang der verschiedenen innersprachlichen und außersprachlichen Faktoren ins Blickfeld zu rücken.

Es wurde ferner argumentiert, daß der Topikbegriff, der in Funktionalen Grammatiken von zentraler Bedeutung ist, aufzugeben ist. Die Komponenten, die unter dem Begriff Topik integriert werden, sollten als einzelne Komponenten behandelt werden, da sie dann operational definiert werden können:

1. *syntaktische Komponente*: positionelle Anordnung über Vor-, Mittel- und Nachfeld sowie Adjazenzbeziehungen. Positionskonfigurationen können eindeutig bestimmt werden;

2. *semantische Komponente*: (a) Ausgangspunkt (Urspung), Ziel etc. der Satzbedeutung über semantische Relationen; (b) zum gemeinsam geteilten Wissen der Interaktionspartner gehörend oder nicht (bekannt versus nicht bekannt);

3. *pragmatische Komponente*: im Diskurs/Text anaphorisch oder exophorisch vorausgesetzt bzw. nicht (alte Information versus neue Information).

Unter pragmatischen Aspekten sind anstelle von „Topik" Fokussierungsprozesse sowie die Struktur von Diskursen von zentraler Bedeutung.

In bezug auf den Satzbegriff wurde vorgeschlagen, diesen aufgrund von Definitionsschwierigkeiten in einem vorwissenschaftlichen, tradierten Sinne beizubehalten, aber als Konstituentenkategorie nicht anzuwenden.

In der Untersuchung zur Subjekt- und Objektfunktion im Chinesischen wurde zunächst argumentiert, daß das Chinesische nicht als „topikprominente" Sprache im Gegensatz zu „subjektprominenten" Sprachen zu begreifen ist, sondern daß es sinnvoll ist, über Vorfeldposition, Argumentstatus und Obligatorik eine Subjektrelation anzusetzen. Zu ähnlichen Schlußfolgerungen kommt Tsao (1979), der allerdings von anderen Voraussetzungen ausgeht und andere Konsequenzen zieht: «...to place topic in contrast with subject is very misleading because they essentially belong to different levels of grammatical organization and, since

Chinese allows a discourse element such as topic to play an important role in sentential organization, it would be better to call it a discourse-oriented language» (Tsao 1979:37). Die Differenz des „diskursorientierten" Chinesisch zu „satzorientierten" Sprachen wie dem Englischen oder Deutschen sieht Tsao wie folgt: «In a sentence-oriented language, a sentence is a well-structured unit syntactically. The grammatical relations such as subject-of, object-of are clearly marked and sentence boundaries clearly defined. In a discourse-oriented language like Chinese, sentences are not clearly defined syntactically» (ibid., S. 94). Diese Differenzierung ist indes ebenso fraglich - wenn nicht fraglicher - wie diejenige in topik- versus subjektprominente Sprachen; es wurde in Kap. 2.6 diskutiert, wie schwierig eine Satzdefinition ist, und in Kap. 1 wurde auf die Probleme hingewiesen, die sich aufgrund unterschiedlicher Datenbasen ergeben. Allerdings gilt, daß die Fundierung von grammatischen Analysen aufgrund diskursiver Daten - sowohl für das Chinesische wie für das Deutsche - eine sinnvolle Strategie ist.

Die Korpusanalyse hat gezeigt, daß im Vorfeld stehende Objekte als Fokuskonstruktionen aufzufassen sind, Kopulasätze eine zweiwertige Kopula *shì* haben. Subjekte und Objekte in indirekten Relationen treten als Serialisierungen, Adjazenzkonstruktionen sowie Kopulakonstruktionen auf. In all diesen Fällen gibt es in der Regel identische Teilstücke, häufig das Prädikat, auf welches sich das voreingestellte Subjekt bzw. Objekt bezieht. Während bei Serialisierungen und Adjazenzkonstruktionen das voreingestellte Subjekt Personen, in der Regel die Interaktionspartner, kodiert und im Diskurs weitergeführt werden, sind bei Kopulakonstruktionen thematische Einheiten voreingestellt.

Die Analysen zum sog. Rezipientenpassiv haben gezeigt, daß in der gesprochenen Sprache *kriegen*-Konstruktionen ohne Partizip in hohem Maße präferiert auftreten. In diesem Fall können *kriegen-* wie auch *bekommen-*Konstruktionen als pseudo-transitive Verben mit obligatorischen Argumenten klassifiziert werden, die eine passivische Lesart haben und als *geben-*Konverse fungieren. *kriegen* ist zweiwertig, wobei das Rezipiensargument häufig durch Personalpronomina kodiert ist, eine Agensangabe kommt in der Regel nicht vor. In Analogie zu diesem Fall wird [*kriegen* + $V_{[-FIN]}$] als Spezialfall des ersten Falles so angesetzt, daß *kriegen* das Rezipiens-Argument als Subjekt regiert; das Partizip hat die Funktion eines koprädikativen Modifikators, der die Bedeutung des pseudo-transitiven Verbs *kriegen* spezifiziert und syntaktisch als verbale Ergänzung angesetzt werden kann. Der resultativen Lesart, die im Korpus nur zwei mal belegt ist, liegt ein pseudo-transitives Verb zugrunde, das durch ein adjektivisches Adverbial modifiziert sein kann bzw. in der Regel modifiziert ist. Tritt *kriegen / bekommen* als trennbares Präfixverb auf, so ist in Abhängigkeit von der Verbbedeutung die resultative und auch passivische Lesart möglich. Die Präfixverben sind transitiv bzw. pseudo-transitiv. Die diskursive Funktion der untersuchten Beispiele besteht in der Fokussierung des Rezipienten einer Handlung und der damit verbundenen Perspektivierung und in der Tendenz der strukturellen Parallelisierung koreferentieller Subjektnominale, also der Herstellung diskursiver Kohärenz.

In Kapitel 5 wurden *daß*-Sätze im diskursiven Zusammenhang analysiert. Aufgrund der Korpusanalyse wurden eingebettete, indirekt eingebettete, pseudo-eingebettete und nicht-eingebettete *daß*-Sätze unterschieden. Eingebettete *daß*-Sätze treten am häufigsten in der Funktion eines direkten Objektes auf, aber auch als Subjekt, Prädikativ, Präpositionalobjekt, Adverbial und Attribut. Beziehen sich *daß*-Sätze auf ein Korrelat, so wurde einheitlich eine Attributrelation angenommen, auch in Relation zu *es*. Pseudo- und nicht-eingebettete *daß*-Sätze treten präferiert als Adjazenzkonstruktionen auf, besonders häufig im therapeutischen Diskurs. Es wurde argumentiert, daß das Vorkommen dieser *daß*-Sätze extrem kontextsensitiv und diskursspezifisch ist. Im Rahmen des gesprächstherapeutischen Diskurses haben die pseudo- bzw. nicht-eingebetteten *daß*-Sätze die Funktion, die Direktivität von Äußerungen seitens des Therapeuten abzuschwächen und das interaktiv zu bearbeitende Thema an den Klienten zurückzuspiegeln.

Die Korpusanalyse von *aber* hat gezeigt, daß *aber* relativ häufig in satzinitialer Position auftritt (70%), jedoch nur zur Hälfte mit vorangehendem Konjunkt. Die Funktionen von *aber* liegen
1. in der Kontrastierung von Personen, Raum und Zeit, Handlungen, Prozessen, Zuständen, Eigenschaften. Neben expliziter und referentieller Kontrastierung gibt es eine Reihe von Fällen der impliziten Kontrastierung, wo sich *aber*-S(p) auf eine vorangehende implizite Voraussetzung bezieht;
2. in der Markierung von Thematisierungen und Themasteuerungen. Themainitierungen, -wechsel, -wiederaufnahmen, -fortführungen und -abschlüsse können durch *aber* als entsprechender Device eingeleitet werden;
3. (in Verbindung mit (2)) in der Gesprächsstrukturierung;
4. in der Markierung spezifischer Sprechhandlungen, nämlich Einwänden, durch die „Disagreement" ausgedrückt wird;
5. im restriktivem Gebrauch und
6. in der Modifikation einer Konstituente als intensivierende Partikel.
Der Gebrauch von *aber* erweist sich in der Tat (vgl. Lang 1988:11) als äußerst kontextsensitiv. Dabei spielt der Grad der Parallelstrukturiertheit eine Rolle. Es besteht eine Präferenzhierarchie dahingehend, daß bei explizit adversativem Gebrauch relativ häufig parallelisierte Konjunkte vorkommen, insbesondere bei der Kontrastierung von Eigenschaften, während bei implizitem Kontrast dies nicht der Fall ist. Bei anderen Funktionen ist der Bezug auf den vorigen Kontext in der Regel entweder nicht an einzelne Sprechhandlungen gebunden oder ein Bezug ist überhaupt nicht gegeben:

Parallelstrukturiertheit
+   —
<————————————————————————————————>
Explizite Kontrastierung > Implizite Kontrastierung > Diskursive Funktionen

Trotz der verschiedenen Funktionen, die *aber* erfüllt, scheint es bis auf den Fall als *Intensifier* eine Grundfunktion zu geben, nämlich die, Diskontinuität auf etwas Vorangehendes zu markieren bzw. auch zu überbrücken. Diese gilt nicht nur dann, wenn ein Kontrast vorliegt, sondern auch dann, wenn *aber* spezifische diskursive Funktionen erfüllt. Als Turngetter markiert *aber* eine Bruchstelle im laufenden Diskurs, als themaorganisierendes Element einen Bruch in der Themakontinuierung, als Einwand einen Bruch in präsupponierten Geltungsansprüchen. Dieser Bruch in der Kontinuität ist immer in bezug auf den vorangehenden Diskurs markiert.

Aufgrund des strukturellen Vorkommens und der Funktionen von *aber* stellt sich die Frage, welcher Wortklasse *aber* zugehört. Es ist meiner Meinung nach nur dann sinnvoll, *aber* als Konjunktion anzusetzen, wenn tatsächlich zwei Konjunkte koordiniert werden. In allen anderen Fällen wird *aber* als Partikel angesetzt, als satzinitiale adversative Partikel dann, wenn ein impliziter Kontrast vorliegt, als satzmediale adversative Partikel, wenn impliziter Kontrast oder expliziter mit vorangehendem Konjunkt vorliegt. Steht *aber* satz- und turninitial und hat die oben beschriebenen Funktionen, so ist *aber* eine Diskurspartikel mit spezifischen kommunikativen Funktionen. Auch in allen anderen Fällen (Intensivierung, Restriktion) kann *aber* als Partikel angesetzt werden. *aber* gehört also zwei Wortklassen an: 1. der Klasse der koordinierenden Konjunktionen mit der spezifischen Leistung, zwei Konjunkte relational zu binden (kgeb) und 2. der Klasse der Partikeln, die in der Regel Vgr direkt subordiniert sind und verschiedene Positionen in Vgr einnehmen können.

In Kapitel 7 wurde der Nexus durch *weil, da* und *denn* untersucht. Die Konjunktion *weil* fungiert in der gesprochenen Sprache als der Kausalkonnektor schlechthin (98%), durch den die asymmetrische Relation zwischen Grund und „Begründungssubstrat" hergestellt wird. Jede Proposition kann prinzipiell als Grund bzw. Begründungssubstrat fungieren; ob durch *weil*-Nexus verbundene Propositionen valide und akzeptabel sind, hängt von alltagsweltlichen Erfahrungen und Kategorisierungen ab.

Sofern nicht eine *warum*-Frage vorangeht oder sich der *weil*-Satz auf einen Satz bezieht, der eine ordinative Angabe oder ein „deshalb"-Korrelat hat, kann *weil* immer durch *da* bzw. *denn*- Paraphrase substituiert werden. Im Hinblick auf Sprechhandlungstypen gibt es keine Klassifikation derart, daß *weil* präferiert bei Erklärungen gegenüber Begründungen steht. Generell gilt, daß *weil* bei Begründungen *und* Erklärungen und entsprechenden Diskursschemata auftritt, aber auch Rechtfertigungen, Kommentare einleitet. Im Bezug auf den Sprechhandlungscharakter von *weil*-Sätzen gilt, was Rudolph (1981:174f.) ansatzweise ausgeführt hat, daß die »pragmatische Verwendungsvielfalt von Kausalsätzen« (ibid., S.175) hoch ist.

Bis auf wenige Ausnahmen treten *weil*-Sätze in Postposition auf. Über ein Fünftel der Belege weisen Verbzweitstellung auf. Das Vorkommen dieser Variante ist besonders häufig im therapeutischen Diskurs, der durch das interaktive Erarbeiten emotional belastender Themen charakterisiert ist. Die Verbzweitstellung ist in Zusammenhang mit dem für diesen Therapiediskurs typisch stockenden, „zögerlichen" Redefluß zu sehen, wobei eine Pause sowohl vor *weil* als auch nach *weil* auftreten kann.

Die in der vorliegenden Arbeit verfolgte Strategie, grammatische Strukturen innerhalb diskursiver Kontexte zu analysieren und somit pragmatische Aspekte in die Analyse einzubeziehen, erweist sich in verschiedener Hinsicht als fruchtbar:

1. es werden im Sprachgebrauch belegbare und nicht aus dem Zusammenhang gerissene Sätze behandelt wie in jenen Ansätzen, bei denen teilweise die isolierten Beispielsätze jeder alltagssprachlichen Kompetenz widersprechen;

2. gegenüber Einzelfallanalysen werden systematische Analysen durchgeführt, so daß der Grad der Generalisierung eine valide Basis hat;

3. es wird die Brücke geschlagen zwischen grammatischen und kommunikativen Funktionen, zwischen der Semantik und den Gebrauchsregeln spezifischer lexikalischer Einheiten, zwischen dem Sprach- und dem Handlungssystem.

Unabhängig davon, welchen Ansatz man im einzelnen verfolgt, ist es meiner Meinung nach sinnvoll, die Analyse sprachlicher Phänomene auf eine solide empirische Basis zu stellen. Nur dann wird es möglich sein, die sprachliche Vielfalt zu erfassen und zu beschreiben.

Literatur

Abraham, Werner (1985). „Grammatik von *kriegen* und *bekommen.*" In: *Osnabrücker Beiträge zur Sprachtheorie* 30:142-165.

Admoni, Wladimir G. (1966). *Der deutsche Sprachbau.* München.

Altmann, Hans (1981). *Formen der Herausstellung im Deutschen: Rechtsversetzung, Linksversetzung, freies Thema und verwandte Konstruktionen.* Tübingen.

Asbach-Schnitker, Brigit (1979). „Die adversativen Konnektoren *aber, sondern* und *but* nach negierten Sätzen." In: *Die Partikeln der deutschen Sprache.* Hrsg. von Harald Weydt. Berlin/New York, S. 457-468.

Askedal, John Ole (1988). „Sprachliche Valenz unter dem Aspekt der Arbitrarität und Konventionalisierung." In: *Linguistische Studien, Reihe A, Arbeitsberichte 180*, S.22-36.

Austin, John L. (1972). *Zur Theorie der Sprechakte.* Stuttgart. [englisch 1962].

Barbaresi, Larina Merlin (1988). „Parameters of Discourse Markedness in Public Service Encounters." In: *Negotiating Service. Studies in the Discourse of Bookshop Encounters.* Hrsg. von G. Ashton. Bologna, S. 167-204.

Barry, Roberta (1975). „Topic in Chinese: An Overlap of Meaning, Grammar, and Discourse Function." In: *Papers from the Parasession of Functionalims, Chicago Linguistic Society.* Chicago, S. 1-9.

Bartsch, Renate (1987). *Sprachnormen: Theorie und Praxis.* Tübingen.

Baskevič, Valentina (1987). „Zum Einfluß kommunikativ pragmatischer Faktoren auf die Valenz." In: *Deutsch als Fremdsprache* 24:153-155.

Behaghel, Otto (1928). *Deutsche Syntax. Eine geschichtliche Darstellung. Band III: Die Satzgebilde.* Heidelberg.

Beneš, Eduard (1968). „Die funktionale Satzperspektive im Deutschen im Vergleich mit dem Tschechischen." In: *Deutsch-Tschechische Beziehungen im Bereich der Sprache und Kultur, Aufsätze und Studien II. Abhandlungen der Sächsischen Akademie der Wissenschaften Berlin, Philosophisch-historische Klasse* Bd. 59, Heft 2, S. 57-59.

— (1979). „Zur Konkurrenz von Infinitivgefügen und *daß*-Sätzen." In: *Wirkendes Wort* 6:375-384.

Bierwisch, Manfred (1966). „Regeln für die Intonation deutscher Sätze." In: *studia grammatica* VII:99-201.

— (1987). „Linguistik als kognitive Wissenschaft - Erläuterungen zu einem Forschungsprogramm." In: *Zeitschrift für Germanistik* 6: 645-667.

— (1988). „On the Grammar of Local Prepositions." In: *studia grammatica* XXIX: 1-63.

Bischoff, Anneliese (1981). „Zusammenfassung der Regelmäßigkeiten im Gebrauch der Konjunktion „daß" - eine Untersuchung." In: *Konnektivausdrücke, Konnektiveinheiten. Grundelemente der semantischen Struktur von Texten.* Hrsg. von Johannes Fritsche. Hamburg, S. 245-304.

Bloomfield, Leonard (1926). „A Set of Postulates for the Science of Language." In: *Language* 2:153-164.

Bluhm, H. (1978). „Über kommunikative Notwendigkeit und Valenz." In: *Valence, Semantic Case, and Grammatical Relations.* Hrsg. von Werner Abraham. Amsterdam, S. 9-20.

Boas, Franz (1911). *Introduction. Handbook of American Indian Languages.* Washington, D.C.

Boettcher, Wolfgang & Horst Sitta (1972). *Deutsche Grammatik III. Zusammengesetzer Satz und äquivalente Strukturen.* Frankfurt/Main.

Bolkestein, Machtelt A. (1985). „Cohesiveness and Syntactic Variation: Quantitative vs. Qualitative Grammar." In: *Syntax and Pragmatics in Functional Grammar.* Hrsg. von Machtelt Bolkestein. & C. de Groot & J. L. Mackenzie. Dordrecht, S. 1-14.

Bresnan, Joan & S.A. Mchombo (1987). „Topic, Pronoun and Agreement in Chichwa." In: *Language* 63/4: 741-782.

Brömser, Bernd (1982). *Funktionale Satzperspektive im Englischen.* Tübingen.

Brown, Gillian & George Yule (1983). *Discourse Analysis.* Cambridge.

Bublitz, Wolfram (1978). *Ausdrucksweisen der Sprechereinstellung im Deutschen und Englischen.* Tübingen.

Bühler, Karl (1920). „Kritische Musterung der neueren Theorien des Satzes." In: *Indogermanisches Jahrbuch* 6:1-20.

— (1982). *Sprachtheorie.* Stuttgart/New York. ([1]1934)

Burridge, Kate (1986). „Topic-prominence in Middle Dutch." In: *Australian Journal of Linguistics* 6: 57-72.

Burzio, Luigi (1981). *Intransitive Verbs and Italian Auxiliaries.* Ph.D., Massachusetts Inst. of Technology.

Buscha, Annerose (1976). „Isolierte Nebensätze im dialogischen Text." In: *Deutsch als Fremdsprache* 13: 274-279.

Buscha, Joachim (1989). *Lexikon deutscher Konjunktionen.* Leipzig.

Button, Graham & Neil Casey (1984). „Generating Topic: The Use of Topic Initial Elicitors." In: *Structures of Social Action. Studies in Conversational Analysis.* Hrsg. von J.M. Atkinson & J.C. Heritage. Cambridge, S. 167-190.

Cao, Yu (1987). „Lei yu". In: ders.: Cao Yu xuan ji. Beijing, S. 38-134.

Cedergren, Henrietta C. & David Sankoff (1974). „Variable Rules: Performance as a Statistical Reflection of Competence." In: *Language* 50(2): 333-355.

Chafe, Wallace L. (1976). „Givenness, Contrastiveness, Definiteness, Subjects, Topics, and Point of View." In: *Subjects and Topic*. Hrsg. von Charles N. Li. New York, S. 25-55.

— (1987). „Cognitive Constraints On Information Flow." In: *Coherence and Grounding in Discourse*. Hrsg. von R. Tomlin. Amsterdam, S. 21-51

— (1988), „Linking Intonation Units in Spoken English." In: *Clause Combining in Grammar and Discourse*. Hrsg. von John Haiman & Sandra A. Thompson. Amsterdam/Philadelphia, S. 1-27.

Chao, Yuen Ren (1968). *A Grammar of Spoken Chinese*. Berkeley.

Cheng, Ying (1988). *Deutsche und chinesische Bewegungsverben. Ein sprachdidaktischer Vergleich ihrer Semantik und Valenz*. Berlin/New York.

Choi, S.-Y. (1986). „Solving the Problem of the Korean Topic/Subject Particles *nun* and *ka*: a Paradigm and a Text Analysis." In: *Linguistics* 24: 351-369.

Chomsky, Noam (1965). *Aspects of the Theory of Syntax*. Cambridge, Mass.

— (1981). *Lectures on Government and Binding*. Dordrecht.

— (1986). *Knowledge of Language. Its Nature, Origin, and Use*. New York.

Comrie, Bernhard (1981). *Language Universals and Linguistic Typology*. Oxford.

Cooreman, Ann (1984). „A Functional Analysis of Passive in Chamorro Narrative Discourse." In: *Papers in Linguistics* 17(3): 395-428.

Copeland, James E./Philip W. Davis (1983). „Discourse Portmanteaus and the German Satzfeld." In: *Essays in Honor of Ch. F. Hocket*. Hrsg. von F. B. Agaro et al.. Leiden, S. 214-245.

Coseriu, Eugenio (1987). „Grundzüge der funktionalen Syntax." In: *E. Coseriu: Formen und Funktionen. Studien zur Grammatik*. Hrsg. von Uwe Petersen. Tübingen, S. 133-176.

Daneš, František (1960). „Sentence Intonation From a Functional Point of View." In: *Word* 16: 34-54.

— (1964). „A Three-Level Approach to Syntax." In: *Travaux Linguistique de Prague* 1: 225-240.

— (1970). „Zur linguistischen Analyse der Textstruktur." In: *Folia linguistica* 4: 72-79.

— (Hrsg., 1974). *Papers on Functional Sentence Perspective*. The Hague/Paris.

Dayley, J. P. (1985). „Voice in Tzutujil." In: *Grammar Inside and Outside the Clause*. Hrsg. von J. Nichols & A. C. Woodbury. Cambridge, S. 192-226.

DeCamp, David (1971). „Implicational Scales and Sociolinguistic Linearity." In: *Linguistics* 73: 30-43.

DeFrancis, John (1967). „Syntactic Permutability in Chinese." In: *Papers in Linguistics in Honour of Leon Dorbert.* Hrsg. von W.A. Austin. The Hague, S. 23-36.

DeLancey, S. (1982). „Agentivity and Causation: Data from Hare (Athabascan)". LSA Winter, San Diego, Ms.

Der Sprachdienst (1989). Hrsg. im Auftrag der Gesellschaft für deutsche Sprache.

„Die Sprache der Wende" (1988). In: DIE ZEIT, Nr.23, S.54.

Dik, Simon C. (1978). *Functional Grammar.* Amsterdam.

— (1980). *Studies in Functional Grammar.* London.

— (1983). „Funktionale Grammatik - eine Übersicht." In: *Studium Linguistik* 14:1-19.

—, et al. (1981). „On the Typology of Focus Phenomena." In: *Perspectives on Functional Grammar.* Hrsg. von T. Hoekstra, H. van der Hulst & M. Moortgat. Dordrecht, S. 41-74.

Dittmar, Norbert (1980). *Soziolinguistik. Exemplarische und kritische Darstellung ihrer Theorie, Empirie und Anwendung.* Königstein/Ts.

— (1988). „Zur Interaktion von Themakonstitution und Gesprächsorganisation am Beispiel des therapeutischen Diskurses." In: *Linguistische Berichte* 113:64-85.

—, & Peter Schlobinski (1988). „Implikationsanalyse." In: *Soziolinguistik. Ein internationales Handbuch zur Wissenschaft von Sprache und Gesellschaft,* Band 2. Hrsg. von Ulrich Ammon, Norbert Dittmar und Klaus Mattheier. Berlin, S. 1014-1026.

Dixon, Robert M.W. (1979). „Ergativity." In: *Language* 55:59-138.

Dragunov, Aleksandr A. (1960). *Untersuchungen zu Grammatik der modernen chinesischen Sprache.* Berlin (Ost). [[1]1952]

Dressler, Wolfgang et al. (1987). *Leitmotifs in Natural Morphology.* Amsterdam.

DUDEN. *Grammatik der deutschen Sprache* (1984). Mannheim.

Dürr, Michael (1987). *Morphologie, Syntax und Textstrukturen des (Maya-)Quiche des Popol Vuh. Linguistische Beschreibung eines kolonialzeitlichen Dokuments aus dem Hochland von Guatemala.* Bonn.

—, & Peter Schlobinski (1990). *Einführung in die deskriptive Linguistik.* Opladen.

Dürrenmatt, Friedrich (1987). *Justiz.* Zürich.

Duranti, Alessandro & Elinor Ochs (1979). „Left-Dislocation in Italian Conversation." In: *Discourse and Syntax.* Hrsg. von T. Givón. San Francisco, S. 377-416.

Ehlich, Konrad (1984). „Eichendorffs *aber*." In: *Pragmatics and Stylistics.* Hrsg. von W. van Peer & J. Renkeman. Leuven, S. 145-192.

— (1986). „Funktional-pragmatische Kommunikationsanalyse - Ziele und Verfahren." In: *Linguistische Studien, Reihe A,* S. 15-40.

Eisenberg, Peter (1989). *Grundriß der deutschen Grammatik.* Stuttgart. [¹1986]

—, & D. Hartmann & G. Klann & H.-H. Lieb (1977). „Syntaktische Konstituentenrelationen des Deutschen." In: *Linguistische Arbeiten Berlin (West)* 4: 61-165.

Engel, Ulrich (1988). *Deutsche Grammatik.* Heidelberg.

Erben, Johannes (1964). *Abriss der deutschen Grammatik.* Berlin.

Eroms, Hans-Werner (1980). „Funktionskonstanz und Systemstabilisierung bei den begründenden Konjunktionen im Deutschen." In: *Sprachwissenschaft* 5:73-115.

— (1988). „Der Artikel im Deutschen und seine dependenzgrammatische Darstellung." In: *Sprachwissenschaft* 13:257-308.

Ervin-Tripp, Susan (1969). „Sociolinguistics." In: *Advances in Experimental Social Psychology* Bd. 4. Hrsg. von L. Berkowitz. New York, S. 91-165.

Felix, Sascha, Siegfried Kanngießer & Gert Rickheit (Hrsg., 1990). *Sprache und Wissen. Studien zur kognitiven Linguistik.* Opladen.

Fillmore, Charles (1968). „The Case for Case." In: *Universal in Linguistic Theory.* Hrsg. von Emmon Bach & Robert T. Harms. New York, S. 1-88.

Finer, D.L. (1985). „The Syntax of Switch-Reference." In: *Linguistic Inquiry* 16-1:35-55.

Firbas, Jan (1964). „On Defining the Theme in Functional Sentence Analysis." In: *Travaux Linguistique de Prague*: 267-280.

— (1974). „Some Aspects of the Czechoslovak Approach to Problems of Functional Sentence Perspective." In: *Papers on Functional Sentence Perspective.* Hrsg. von F. Daneš. The Hague/Paris, S.11-37.

— (1985). „Thoughts On Functional Sentence Perspective, Intonation and Emotiveness." In: *BRNO Studies in English*, Vol. 16, S. 11-47.

Flohkiste (1987). Nr. 16/17. [Jugendzeitschrift für 2./3. Schulklasse]

Foley, William A. & R. D. van Valin (1984). *Functional Syntax and Universal Grammar.* Cambridge.

—, & R.D. van Valin (1985). „Information Packing in the Clause." In: *Language Typology and Syntactic Description, Vol. 1: Clause Structure.* Hrsg. T. Shopen. Cambridge, 282-364.

Fox, Barbara A. (1982). „Figure-Ground in Language: A Study of Several Topic-Continuity Devices in Chamorro." In: *glossa* 16/2: 149-180.

Frake, Charles O. (1975). „How To Enter a Yakan House." In: *Sociocultural Dimension of Language Use.* Hrsg. von M. Sanches & B. G. Blount. New York, S. 25-40.

Frege, Gottlob (1980). „Was ist eine Funktion?" In: ders.: *Funktion, Begriff, Bedeutung.* Göttingen, 81-90. [¹1904]

Fries, Norbert (1989). „Aspekte der Erforschung des Grammatik-Pragmatik-Verhältnisses. " In: *Zeitschrift für Germanistik* 3: 293-308.

— (1991). „Bewertung. Linguistische und konzeptuelle Aspekte des Problems." In: *Sprache und Pragmatik, Arbeitsberichte* 23: 1-31. (Lundt)

Fries, Udo (1984). „Theme and Rheme Revisted." In: *Modes of Interpretation*. Hrsg. von R.J. Watts & V. Weidmann. Tübingen, 177-192.

Fritsche, Johannes (Hrsg., 1981). *Konnektivausdrücke, Konnektiveinheiten. Grundelemente der semantischen Struktur von Texten I*. Hamburg.

Gabelentz, Georg von der (1869). „Ideen zu einer vergleichenden Syntax: Wort und Satzstellung." In: *Zeitschrift für Völkerpsychologie und Sprachwissenschaft* 6:376-84.

— (1960). *Chinesische Grammatik. Mit Ausschluß des niederen Stils und der heutigen Umgangssprache*. Halle (Saale). [1881[1]]

— (1972). *Die Sprachwissenschaft*, ihre Aufgaben, Methoden und bisherigen Ergebnisse. Tübingen [[1]1891].

Galton, Antony (1984). *The Logic of Aspect*. Oxford.

Gaumann, Ulrike (1983). *'Weil die machen jetzt bald zu'. Angabe- und Junktivsätze in der deutschen Gegenwartssprache*. Göppingen.

Gazdar, Gerald & Ewan Klein & Geoffrey Pullum & Ivan Sag (1985). *Generalized Phrase Structure Grammar*. Cambridge, Mass.

Geluykens, Ronald (1987). „Tails (Right-Dislocations) as a Repair Mechanism in English Conversation." In: *Getting One's Words into Line. On Word Order and Functional Grammar*. Hrsg. von Jan Nuyts & George de Schutter. Dordrecht, S. 119-129.

Gibbon, Dafydd (1988). „Intonation and Discourse." In: *Text and Discourse Constitution*. Hrsg. von J.S. Petöfi. Berlin, 3-25.

—, & Helmut Richter (Hrsg., 1984). *Intonation, Accent and Rhythm: Studies in Discourse Phonology*. Berlin/New York.

—, & Margaret Selting (1983). „Intonation und die Strukturierung eines Diskurses." In: *Zeitschrift für Literaturwissenschaft und Linguistik* 49: 53-73.

Givón, Talmy (Hrsg, 1983a). *Topic Continuity in Discourse. A Quantitative Cross-Language Study*. Amsterdam/Philadelphia.

— (1983b). „Topic Continuity and Word-Order Pragmatics in Ute." In: T. Givón 1983a, S. 141-214.

— (1984). *Syntax. A Functional-Typological Introduction. Volume I*. Amsterdam/Philadelphia.

— (1990). *Syntax. A Functional-Typological Introduction. Volume II*. Amsterdam/Philadelphia.

Glinz, Hans (1985). „Der Satz als pragmatische und als grammatische Einheit." In: *Akten des VII. Internationalen Germanisten-Kongresses Göttingen 1985, Band 3.* Tübingen, S. 354-363.

Goffman, Erving (1977). *Rahmen-Analyse.* Frankfurt/Main.

Greenberg, Joseph (1966). *Language Universals, with Special Reference to Feature Hierarchies.* The Hague.

Grimm, Jacob & Wilhelm Grimm (1873). *Deutsches Wörterbuch. Fünfter Band, K.* Leipzig.

Grundzüge einer deutschen Grammatik (1981). Hrsg. von einem Autorenkolektiv unter der Leitung von Karl E. Heidolph, Walter Flämig und Wolfgang Motsch. Berlin.

Gundel, Jeanette K. (1974). *The Role of Topic and Comment in Linguistic Theory.* Ph.D. dissertation. University of Texas at Austin.

— (1985). „Shared Knowledge and Topicality." In: *Journal of Pragmatics* 9/1: 83-107.

Habermas, Jürgen (1981a,b). *Theorie des kommunikativen Handelns. Band I,II* Frankfurt/Main.

Haider, Hubert (1985). „Mona Lisa lächelt stumm - Über das sogenannte deutsche 'Rezipientenpassiv'." In: *Linguistische Berichte* 89:32-42.

Haiman, John & Pamaela Munro (Hrsg., 1983). *Switch Reference. Typological Studies in Language.* Vol. 2. Amsterdam.

Halliday, M.A.K. (1967). „Notes on Transitivity and Theme in English." In: *Journal of Linguistics,* 37-81, 199-244.

— (1985). *An Introduction to Functional Grammar.* London.

Hannay, M. (1983). „The Focus Function in Functional Grammar: Question of Contrast and Context." In: *Advances in Functional Grammar.* Hrsg. von Simon C. Dik. Dordrecht, S. 207-223.

— (1985). „Inferrability, Discourse-boundness, and Sub-Topics." In: *Syntax and Pragmatics in Functional Grammar.* Hrsg. von Machtelt Bolkestein & C. de Groot & J. Mackenzie, S. 49-63.

Hartung, Wolfdietrich (1961). *Systembeziehungen der kausalen Konjunktionen in der deutschen Gegenwartssprache.* Phil. Diss., Berlin.

Harweg, Roland (1972). „*Weil*-haltige Begründungen in Textanfangssätzen. Ein Beitrag zur nicht-substanziellen Textologie." In: *Orbis* 21:5-21.

— (1974). „Zur Textologie der *dass*-Sätze." In: *Zeitschrift für Dialektologie und Linguistik* 41:77-97.

Haueis, Eduard (1987). „Tongruppe, Informationseinheit und Thema-Rhema-Gliederung: Aspekte der kommunikativ-pragmatischen Struktur des Satzes." In: *Osnabrücker Beiträge zur Sprachtheorie* 30: 13-30.

Hawkinson, Anniek & Larry M. Hyman (1974). „Hierarchies of Natural Topic in Shona." In: *Studies in African Linguistics*. Vol. 5, No.2, S. 147-170.

Heger, Klaus (1976). *Monem, Wort, Satz und Text*. Tübingen.

Heiduczek, Werner & Wolfgang Würfel (o.J.). *Der kleine häßliche Vogel*. Berlin.

Heinemann, Wolfgang & Dieter Viehweger (1991). *Textlinguistik. Eine Einführung*. Tübingen.

Helbig, Gerhard (1982). „Valenz und Sprachebenen." In: *Zeitschrift für Germanistik* 3: 68-84.

— (1987). „Valenz, semantische Kasus und 'Szenen'." In: *Deutsch als Fremdsprache* 24(4): 200-203.

— (Hrsg., 1988). Valenz, semantische Kasus und/oder „Szenen". *Linguistische Studien, Reihe A, Arbeitsberichte*. Berlin (Ost).

—, & Joachim Buscha (1984). *Deutsche Grammatik*. Leipzig.

—, & Wolfgang Schenkel (1983). *Wörterbuch zur Valenz und Distribution deutscher Verben*. Tübingen.

Highsmith, Patricia (1979). *Ripley Under Ground*. Zürich.

Hilgendorf, Brigitte (1986). „Überlegungen zu Kausalität und Finalität bei Nebensätzen." In: *Vor-Sätze zu einer neuen deutschen Grammatik*. Hrsg. von Gisela Zifonun. Tübingen, 206-246.

Hockett, Charles F. (1958). *A Course in Modern Linguistics*. New York.

— (1962). *Language, Mathematics, and Linguistics*. The Hague.

Hoekstra, Teun (1984). *Transitivity*. Dordrecht.

Hoffmann, Ludger (1989). „Über Thema und thematische Organisation." In: *Linguistische Arbeiten, Reihe A* 199: 209-223.

Hoppe, (1981).

Hopper, Paul J. & Sandra Thompson (1984). „The Discourse Basis for Lexical Categories in Universal Grammar." In: *Language* 60: 703-752.

Horn, George M. (1988). *Essentials of Functional Grammar. A Structure Theory of Movement, Control, and Anaphora*. Berlin/New York.

Hu, Yushu (1989). Xiandai Hanyu. Shanghai.

Huang, Borong & Xudong Liao (1988). *Xiandai Hanyu*. Lanzhou.

Humboldt, Wilhelm von (1968). „Ueber den Bau der Chinesischen Sprache." In: ders.: *Gesammelte Schriften. Band 5*. Berlin, S. 309-324. [[1]1826]

Jachnow, Helmut (1981). „Sprachliche Funktionen und ihr Hierarchiegefüge." In: *Forms and Functions*. Hrsg. von Jürgen Esser und Axel Häbler. Tübingen, S. 11-24.

Jackendoff, Ray (1987). „The Status of Thematics Relations in Linguistic Theory." In: *Linguistic Inquiry*, Vol.18, No.3: 369-412.

Jacobsen, William H. Jr. (1979). „Noun and Verb in Nootkan." In: *The Victoria Conference on Northwestern Languages*. Hrsg. von B.S. Efrat. British Columbia Provincial Museum, Heritage Record No.4, S. 83-155.

Jakobson, Roman (1960). „Linguistics and Poetics." In: *Style in Language*. Hrsg. von T.A. Sebeok. Cambridge/Mass., S. 350-377.

Jefferson, Gail (1984). „Notes on a Systematic Deployment of the Acknowledgement Tokens 'Yeah' and 'Mm hm'." In: *Papers in Linguistics* 17/2:197-206.

Jesperson, Otto (1969). *Analytic Syntax*. New York.

Jiang, Tian (1980). *Xiandai Hanyu Yufa Tongjie*. Shenyang.

Johnson, David E. & Paul M. Postal (1980). *Arc Pair Grammar*. Princeton.

Joyce, James (1979). *Ulysses*. Frankfurt/Main.

Kafka, Franz (1976). *Heimkehr*. In: ders.: *Gesammelte Werke Band 5*. Frankfurt/Main, S. 107.

Kästner, Erich (1985). *Das fliegende Klassenzimmer*. Berlin.

Kallmeyer, Werner (1978). „Fokuswechsel und Fokussierungen als Aktivitäten der Gesprächskonstitution." In: *Sprechen - Handeln - Interaktion. Ergebnisse aus Bielefelder Forschungsprojekten zur Texttheorie, Sprechakttheorie und Konversationsanalyse*. Hrsg. von R. Meyer-Hermann. Tübingen, S. 191-241.

Kann, Hans-Joachim (1972). „Beobachtungen zur Hauptsatzwortstellung in Nebensätzen." In: *Muttersprache* 82:275-380.

Kanngießer, Siegfried (1977). „Skizze des linguistischen Funktionalismus." In: *Osnabrücker Beiträge zur Sprachtheorie* 3: 188-240.

Keenan, Edward L. & Bernhard Comrie (1977). „Noun Phrase Accessibility and Universal Grammar." In: *Linguistic Inquiry* 8: 63-99.

Kennedy, George (1964). *Selected Works of George A. Kennedy*. New Haven.

Kinkade, M. Dale (1983). „Salish Evidence Against the Universality of 'Noun' and 'Verb'." In: *Lingua* 60:25-40.

Klein, Wolfgang (1974). *Variation in der Sprache. Ein Verfahren zu ihrer Beschreibung*. Kronberg/Ts.

— (1980). „Der Stand der Forschung zur deutschen Satzintonation." In: *Linguistische Berichte* 68:3-33.

— (1982). „Einige Bemerkungen zur Frageintonation." In: *Deutsche Sprache* 4:289-310.

— (1985). „Ellipse, Fokusgliederung und thematischer Stand." In: *Ellipsen und fragmentarische Ausdrücke*. Hrsg. von R. Meyer-Hermann & H. Rieser. Tübingen. Vol. I, S. 1-24.

König, Ekkehard & Johan van der Auwera (1988). „Clause Integration in German and Dutch Conditionals, Concessive Conditionals, and Concessives." In: *Clause Combining in Grammar and Discourse.* Hrsg. von John Haiman & Sandra Thompson. Amsterdam/Philadelphia, S. 101-133.

Kolschanski, G.W. (1985). *Kommunikative Funktion und Struktur der Sprache.* Leipzig.

Korfer, Armin (1979). „Zur konversationellen Funktion von 'ja aber'." In: *Die Partikeln der deutschen Sprache.* Hrsg. von Harald Weydt. Berlin/New York, S. 14-29.

Korhonen, Jarmo (1986). „Valenzvariation in der deutschen Sprache der Gegenwart. Ein Versuch zur Systematisierung." In: *Pragmantax. Akten des 20. linguistischen Kolloqiums Braunschweig 1985.* Hrsg. von Armin & H. Burkhardt & Körner, S. 3-14.

Kuno, Susumu (1987). *Functional Syntax: Anophora, Discourse and Empathy.* Chicago/London.

Küper, Christoph (1991). „Geht die Nebensatzstellung im Deutschen verloren? Zur pragmatischen Funktion in Haupt- und Nebensätzen. " In: *Deutsche Sprache* 2:133-158.

Labov, William (1969). „Contractions, Deletion and Inherent Variability of the English Copula." In: *Language* 45(4): 712-762.

— (1972). *Sociolinguistic Patterns.* Pennsylvania.

— (1980). "Der Niederschlag von Erfahrungen in der Syntax von Erzählungen." In: *William Labov: Sprache im sozialen Kontext.* Hrsg. von Norbert Dittmar & Bert-Olaf Riek. Königstein/Ts., 287-328.

Lakoff, George (1977). „Linguistic Gestalts." In: *Proceedings of Chicago Linguistic Society* 13: 236-87.

Lambrecht, Knud (1981). *Topic, Antitopic and Verb Agreement in Non-standard French.* Amsterdam.

— (1988). „Presentational Cleft Constructions in Spoken French." In: *Clause Combining in Grammar and Discourse.* Hrsg. von John Haiman & Sandra Thompson. Amsterdam/Philadelphia, S. 135-179.

Lang, Ewald (1977). *Semantik der Koordination.* Berlin. (=studia grammatica XIV).

— (1987). „Parallelismus als universelles Prinzip sekundärer Strukturbildung." In: *Linguistische Arbeiten, Reihe A,* 61/I:1-54.

— (1988). *Syntax und Semantik der Adversativkonnektive. Einstieg und Überblick.* Manuskript.

Lang, Martin (1988). *TEXT-TOOLS. Hilfen zur Textverarbeitung in Turbo-Pascal.* Universität Osnabrück.

Langacker, Ronald W. (1987). *Foundations of Cognitive Grammar, Vol. 1: Theoretical Prerequisites.* Stanford.

Last, Anette (1990). *Empirische Untersuchung zum Sprachverhalten einer Gruppe von Jugendlichen.* Magisterarbeit, Universität Osnabrück.

Levinson, Stephen C. (1980). *Pragmatics*. Cambridge.

Li, Charles N. & Sandra A. Thompson (1976). „Subject and Topic: A New Typology of Languages." In: Li, Charles N. (Hrsg, 1976). *Subject and Topic*. New York, S. 453-489.

—, & Sandra A. Thompson (1981). *Mandarin Chinese. A Functional Reference Grammar*. Berkely.

Lieb, Hans-Heinrich (1983). *Integrational Linguistics, Volume I: General Outline*. Amsterdam.

— (1987). „Sprache und Intentionalität: der Zusammenbruch des Kognitivismus." In: *Sprachtheorie - Jahrbuch 1986*. Düsseldorf, 1-33. (=Sprache der Gegenwart. Schriften des IdS).

Liejiong, Xu & D.T. Langendoen (1985). „Topic Structures in Chinese." In: *Language* 61/1: 1-27.

Lin, Helen T. (1984). *Essential Grammar for Modern Chinese*. Boston.

Longacre, Robert E. (1974). „Narrative Versus Other Discourse Genre." In: *Advances in Tagmemics*. Hrsg. von R.M. Brend. Amsterdam (= North Holland Linguistic Series 9), S. 357-376.

Ludwig, Hans-Werner (1981). *Arbeitsbuch Lyrikanalyse*. Tübingen.

Luhmann, Niklas (1984). *Soziale Systeme. Grundriß einer allgemeinen Theorie*. Frankfurt/Main.

Lutz, Luise (1981). *Zum Thema 'Thema'. Einführung in die Thema-Rhema-Theorie*. Hamburg.

Lutzeier, Peter Rolf (1985). *Linguistische Semantik*. Tübingen.

— (1988). „Syntaktisch-semantische Relationen: Ein Versuch fürs Deutsche." In: *Deutsche Sprache* 2: 131-143.

— (1991). *Pillars of German Syntax. An Introduction to CRMS-Theory*. Tübingen.

Maas, Utz (1989). *Grundzüge der deutschen Orthographie*. Osnabrück: Universität Osnabrück.

Magretta, William Ralph (1977). *Topic-Comment Structure and Linguistic Theory: A Functional Approach*. Ph.D. Dissertation, University of Michigan.

Mathesius, Villem (1929). „Zur Satzperspektive im modernen Englisch." In: *Archiv für das Studium der neueren Sprachen und Literatur 155*: 202-210.

— (1971). „Die Funktionale Linguistik." In: *Stilistik und Soziolinguistik. Beiträge der Prager Schule zur strukturellen Sprachbetrachtung und Spracherziehung*. Hrsg. von E. Beneš & J. Vachek. Berlin, S. 1-18. [1 1929]

Maynard, Douglas W. (1980). „Placement of Topic Changes in Conversation." *Semiotica* 30/3: 263-290.

McCawley, John (1981). *Everything that Linguistis Have Always Wanted to Know About Logic But Were Ashamed to Ask*. Oxford.

Merlan, Francesca (1985). „Split intransitivity: Functional Opposition in Intransitive Inflection." In: *Grammar Inside and Outside the Clause*. Hrsg. von Johanna Nichols & A.C. Woodbury 1985, S. 324-362.

Mönnink, Johann (1981). „Die Satzeinheit in der Interaktion." In: Sprache: *Verstehen und Handeln, Akten des 15. linguistischen Kolloquiums Münster 1980, Band 2*. Hrsg. von G. Hindelang & W. Zillig. Tübingen, S. 289-299.

Mühlner, Werner (1982). „Überlegungen zum Wesen der freien (nicht valenzgebundenen) Satzglieder." In: *Zeitschrift für Phonetik, Sprachwissenschaft und Kommunikationsforschung* 35:312-316.

Müller, Beat Louis (1985a). „Geschichte der Satzdefinitionen. Ein kritischer Abriß." In: *Zeitschrift für germanistische Linguistik* 13: 18-42.

— (1985b). *Der Satz. Definition und sprachtheoretischer Status*. Tübingen.

Näf, Anton (1984). „Satzarten und Äußerungsarten im Deutschen. Vorschläge zur Begriffsfassung und Terminologie." In: *Zeitschrift für germanistische Linguistik* 12: 21-44.

Nida, Eugene (1947). *Morphology. The Descriptive Analysis of Words*. Ann Arbor.

Norman, Jerry (1988). *Chinese*. Cambridge.

Ochs-Keenan, Elenor & B. Schieffelin (1976a). „Topic as a Discourse Notion: A Study of Topic in the Conversation of Children and Adults." In: *Subject and Topic*. Hrsg. von Charles N. Li. New York, S. 335-384.

—, & B. Schieffelin (1976b). „Foregounding: A Reconsideration of Left Dislocation in Discourse." In: *Berkeley Linguistic Studies* 2: 240-257.

Oosten, Jeanne van (1984). *The Nature of Subjects, Topics and Agents: A Cognitive Explanation*. Ph.D., Bloomington, Indiana University Linguistics Club.

Oppenrieder, Wilhelm (1989). „Selbständige Verb-Letzt-Sätze: ihr Platz im Satzmodussystem und ihre intonatorische Kennzeichnung." In: *Zur Intonation von Modus und Fokus im Deutschen*. Hrsg. von Hans Altmann et al. Tübingen, S. 163-244.

— (1991). *Von Subjekten, Sätzen und Subjektsätzen. Untersuchungen zur Syntax des Deutschen*. Tübingen.

Ossner, Jakob (1988). „Funktionale Sprachbetrachtung. Systematische und didaktische Überlegungen." In: *Osnabrücker Beiträge zur Sprachtheorie* 39: 82-104.

Pape-Müller, Sabine (1980). *Textfunktionen des Passivs*. Tübingen.

Pasch, Renate (1983). "Die Kausalkonjunktionen *da, denn* und *weil*: drei Konjunktionen - drei lexikalische Klassen." In: *Deutsch als Fremdsprache* 20:332-337.

Paul, Hermann (1968). *Prinzipien der Sprachgeschichte*. Halle. [[1]1880]

Paul, Waltraud (1988). *The Syntax of Verb-Object Phrases in Chinese: Constraints and Reanalysis*. Paris: Centre de Recherches linguistique sur l'Asie Orientale languages Goisés.

Peirce, Charles S. (1983). *Phänomen und Logik der Zeichen.* Frankfurt/Main.

Perlmutter, D.M. (1983). *Studies in Relational Grammar.* Chicago.

Pike, Kenneth L. (1967). *Language in Relation to a Unified Theory of the Structure of Human Behavior.* Den Haag.

Ping-Chien, Ly & Monika Motsch (1989). *Kurze Grammatik der modernen chinesischen Hochsprache.* Bonn-Bad Godesberg.

Pollard, Carl & Ivan A. Sag (1987). *Information-based Syntax and Semantics.* Stanford.

Posner, Roland (1979). „Bedeutung und Gebrauch der Satzverknüpfer in den natürlichen Sprachen." In: *Sprechakttheorie und Semantik.* Hrsg. von Günther Grewendorf. Frankfurt/Main, S. 345-385.

Postal, M. Paul (1986). *Studies in Passive Clauses.* New York.

Prince, Ellen F. (1978). „A Comparision of Wh-Clefts and It-Clefts in Discourse." In: *Language* 54: 883-906.

— (1981). „Towards a Taxonomy of Given-New-Information." In: *Radical Pragmatics.* Hrsg. von P. Cole. New York, S. 223-255.

Quasthoff, Ute M. (1980). *Erzählen in Gesprächen. Linguistische Untersuchungen zu Strukturen und Funktionen am Beispiel einer Kommunikationsform des Alltags.* Tübingen.

Ramsey, Robert S. (1989). *The Languages of China.* Princeton.

Redder, Angelika (1990). *Grammatiktheorie und sprachliches Handeln: „denn" und „da".* Tübingen.

Rehbein, Jochen (1977). *Komplexes Handeln. Elemente zur Handlungstheorie der Sprache.* Stuttgart.

— (1980). „Sequentielles Erzählen - Erzählstrukturen von Immigranten bei Sozialberatungen in England. In: *Erzählen im Alltag.* Hrsg. von Konrad Ehlich. Frankfurt/Main, S. 64-108.

Reichardt, Manfred & Shuxin Reichardt (1990). *Grammatik des modernen Chinesisch.* Leipzig.

Reinhart, Tanya. (1981). „Pragmatics and Linguistics: An Analysis of Sentence Topic." In: *Philosophica* 27: 53-94.

Reis, Marga (1976). „Zum grammatischen Status der Hilfsverben." In: *Beiträge zur Geschichte der deutschen Sprache und Literatur* 98:64-82.

— (1982). „Zum Subjektbegriff im Deutschen." In: *Satzglieder im Deutschen. Vorschläge zur syntaktischen, semantischen und pragmatischen Fundierung.* Hrsg. von W. Abraham. Tübingen, S. 171-220.

— (1985). „Satzeinleitende Strukturen im Deutschen." In: *Erklärende Syntax des Deutschen.* Hrsg. von Werner Abraham. Tübingen, S. 269-309.

Richter, Helmut (1987). *Korrelat-es als Partikel.* Manuskript.

Rickmeyer, Jens (1985). *Morphosyntax der japanischen Gegenwartssprache.* Heidelberg.

Ries, John (1931). *Was ist ein Satz?* Prag.

Romaine, Susan (1981). „The Status of Vairable Rules in Sociolinguistic Theory". In: *Journal of Linguistics* 17:93-119.

Rona, J. P. (1968). „Für eine dialektische Analyse der Syntax." In: *Poetica* 2:141-149.

Rudolph, Elisabeth (1981). „Zur Problematik der Konnektive des kausalen Bereichs." In: *Konnektivausdrücke, Konnektiveinheiten. Grundelemente der semantischen Struktur von Texten.* Hamburg, S. 146-244.

Ružička, Rudolf (1978). „Three Aspects of Valence." In: *Valence, Semantic Case and Grammatical Relations.* Hrsg. von Werner Abraham. Amsterdam, S. 47-53.

Sacks, Harvey (1971). *Lectures.* Unpublished ms.

Sacks, Harvey & Emanuel Schegloff & Gail Jefferson (1974). „A Simplest Systematic for the Organization of Turn-taking in Conversation." In: *Language* 50: 696-735.

Sapir, Edward (1972). *Die Sprache. Eine Einführung in das Wesen der Sprache.* München. [englisch [1]1921].

Sasse, Hans-Jürgen (1988). „Der irokesische Sprachtyp". In: *Zeitschrift für Sprachwissenschaft* 7: 173-213.

Schegloff, Emanuel (1969). „Sequencing in Conversational Openings." In: *American Anthropologist* 70:1075-1095.

— (1979). „The Relevance of Repair to Syntax-For-Conversation." In: *Syntax and Semantics, Vol. 12: Discourse and Syntax.* Hrsg. von Talmi Givón. New York, S. 261-286.

—, & H. Sacks (1973). „Opening Up Closings." In: *Semiotica* 8:289-327.

Schiffrin, Deborah (1988). *Discourse Markers.* Cambridge.

Schlobinski, Peter (1982). „Das Verkaufsgespräch. Eine empirische Untersuchung zu Handlungsschemata und kommunikativen Zielen." In: *Linguistische Arbeiten Berlin*, S. 1-236.

— (1987). *Stadtsprache Berlin. Eine soziolinguistische Untersuchung.* Berlin/New York.

— (1988). „Über die Funktion von nicht-eingebetteten *daß*-Sätzen im therapeutischen Diskurs. Eine Pilotstudie." In: *Linguistische Berichte* 113: 32-52.

— (1989). „'Frau Meyer hat Aids, Herr Tropfmann hat Herpes, was wollen Sie einsetzen?' Exemplarische Analyse eines Sprechstils." In: *Osnabrücker Beiträge zur Sprachtheorie* 41:1-34.

Schmidt, Arno (1963-68). *Zettels Traum.* Berlin [Raubdruck].

Schmidt, Wolfgang (1986). *Kopulasätze des Deutschen und ihre Wiedergabe im Chinesischen.* Frankfur am Main, Bern, New York.

364   Literatur

Schneider, Klaus P. (1987). „Topic Selection in Phatic Communication." In: *Multilingua* 6-3: 247-256.

Seiler, Hansjakob (1990). *Language Universals and Typology in the UNITYP Framework*. Köln. (=Arbeiten des Kölner Universalienprojektes Nr. 82.)

Silverstein, Michael (1980). *The three faces of Function: Preliminaries to a Psychology of Language*. Unpublished ms., University of Chicago.

Sommerfeldt, K.-E. (1982). „Zu einigen Problemen der Beschreibung der Valenz deutscher Prädikate." In: *Zeitschrift für Phonetik, Sprachwissenschaft und Kommunikationsforschung* 35:287-293.

Sperber, Dan & Deidre Wilson (1986). *Relevance. Communication and Cognition*. London.

Stechow, Arnim von (1981). „Topic, Focus and Local Relevance." In: *Crossing the Boundaries in Linguistics*. Hrsg. von W. Klein & J. M. Levelt. Dordrecht, S. 95-130.

—, & Wolfgang Sternefeld (1988). *Bausteine syntaktischen Wissens. Ein Lehrbuch der generativen Grammatik*. Opladen.

Stolt, Birgit (1964). *Die Sprachmischung in Luthers Tischreden. Studien zum Problem der Zweisprachigkeit*. Uppsala.

Strecker, Bruno (1986). „Sprachliches Handeln und sprachlicher Ausdruck. Ein Plädoyer für eine kommunikative Ausrichtung der Grammatik. " In: *Vor-Sätze zu einer neuen deutschen Grammatik*. Hrsg. von Gisela Zifonun. Tübingen, S. 76-127.

Sun, C.-F. & T. Givón (1985). „On the So-called SOV Word Order in Mandarin Chinese: A Quantified Text Study and Its Implications." In: *Language* 61: 329-351.

Suppes, P. (1970). „Probabilistic Grammar for Natural Language." In: *Synthese* 22: 95-116.

Swadesh, Morris (1939). „Nootka Internal Syntax." *International Journnal of American Linguistics* 9:77-102.

Tausch, R. (1974). *Gesprächspsychotherapie*. Göttingen.

Teng, Shou-hsin (1974). „Double Nominatives in Chinese." In: *Language* 50:455-473.

Tesnière, L. (1980). *Grundzüge der strukturalen Syntax*. Stuttgart. [französisch 1965].

Thim-Mabrey, Christiane (1982). „Zur Syntax der kausalen Konjunktionen *weil, da* und *denn*." In: *Sprachwissenschaft* 7:197-219.

Tiee, Henry Hung-Yeh (1986). *A Reference Grammar of Chinese Sentences*. Tucson.

Thompson, Sandra A. (1989). *A Discourse Approach to the Cross-linguistic Category Adjective*. Ms.

Thümmel, Wolf (1979). „Die syntaktischen verschiedenheiten der konjunktionen *da* und *weil* in der deutschen standardsprache." In: *Documentation et recherche en linguistique allemande contemporaire - Vincennes, Papier* No 19. S. 1-18.

Toba, Sueyoshi (1978). „Participant Focus in Khaling Narratives." In: *Papers on Discourse*. Hrsg. von J.E. Grimes. Dallas, S. 157-162.

Toulmin, Stephen (1975). *Der Gebrauch von Argumenten*. Kronberg/Taunus. [englisch 1958]

Ungeheuer, Gerold (1969). „Paraphrase und syntaktische Tiefenstruktur." In: *Folia linguistica* III: 178-227.

Tsao, Feng-fu (1979). *A Functional Study of Topic in Chinese. The First Step Towards Discourse Analysis*. Taipei.

Uszkoreit, Hans (1987). „Linear Precedence in Discontinous Constituents: Complex Fronting in German." In: *Syntax and Semantic, Vol. 20: Discontinouus Constituency*, 405-425.

Vachek, Josef (1966). „On the Integration of the Peripheral Elements into the System of Language." In: *Travaux linguistique de Prague* 2: 23-37.

Valin, Robert D. van (1987). „The Role of Government in the Grammar of Head-Marking Languages." In: *Davis Working Papers in Linguistics* 2:119-129.

Vesterhus, Sverre (1985). „Das *bekommen*-Passiv im Deutschunterricht." In: *Zielsprache Deutsch* 3: 29-33.

Viehweger, Dieter u.a. (1977). *Probleme der semantischen Analyse*. Berlin (DDR).

Wackernagel, Wilhelm (1873). *Poetik, Rhetorik und Stilistik*. Halle.

Wackernagel-Jolles, Barbara (1971). *Untersuchungen zur gesprochenen Sprache. Beobachtungen zur Verknüpfung spontanen Sprechens*. Göppingen.

Wahmhoff, Sybille & A. Wenzel (1979). „Ein *hm* ist noch lange kein *hm* - oder - Was heißt klientenbezogene Gesprächsführung." In: *Arbeiten zur Konversationsanalyse*. Hrsg. von J. Dittmann. Tübingen, S. 258-297.

Wald, Benji (1981). *Topic and Situation as Factors in Language Performance*. Working Papers, National Center for Bilingual Research, Los Alamitos.

Wang, Li (1985). *Zhongguo xiandai yufa*. Beijing.

Wegener, Heide (1984). „'Er bekommt widersprochen' - Argumente für die Existenz eines Dativpassivs im Deutschen." In: *Linguistische Berichte* 96:127-155.

— (1989). „Rektion, Valenz und Selektion. Zur Abhängigkeitsstruktur der Dative im Deutschen." In: *Zeitschrift für Germanistik* 1: 19-33.

Weinrich, Harald. (1982). *Textgrammatik der französischen Sprache*. Stuttgart.

Werlen, Iwar (1987). „Das Passiv als Verfahren der Fokussierung." In: *Cahieres Ferdinand des Saussure* 41: 205-216.

Weuster, Edith (1983). „Nicht-eingebettete Satztypen mit Verb-Endstellung im Deutschen." In: *Zur Wortstellungsproblematik im Deutschen*. Hrsg. von K. Olzok/E. Weuster. Tübingen, S. 7-88.

Wittgenstein, Ludwig (1971). *Philosophische Untersuchungen*. Frankfurt/Main.

Wunderlich, Dieter (1985). „Über die Argumente des Verbs." In: *Linguistische Berichte* 97: 183-227.

— (1988). „Das Prädikat in der Schulgrammatik." In: *Diskussion Deutsch* 103: 460-474.

Wurzel, Wolfgang U. (1984). *Flexionsmorphologie und Natürlichkeit*. Berlin (Ost). (=studia grammatica XXI)

Xing, Fuyi (1986). *Xiandai Hanyu*. Beijing.

Yinsheng & Debing (1979). *Shi yong yu fa xiu chi*. Taiyuan.

Zifonun, Gisela (1987). *Kommunikative Einheiten in der Grammatik*. Tübingen.

Psychologie
und Kommunikation

Thomas Bliesener und Karl Köhle
Die ärztliche Visite
Chance zum Gespräch.
Unter Mitarbeit von C. Simons, P. Christian-Widmaier, Ch. Scheytt und R. Krug. Mit einem Vorwort von Thure von Uexküll. 1986. 334 S. Kart.
ISBN 3-531-11769-6

Das Buch dokumentiert und analysiert Gespräche zwischen schwerkranken Patienten und Ärzten. Es will die Möglichkeiten und Schwierigkeiten während der ärztlichen Visite erkunden und systematisieren, um Anleitungen für die Gesprächsführung des Arztes geben zu können. Die wiedergegebenen Gespräche dokumentieren eindringlich, wie weit die Welt des Patienten und des Arztes auseinanderliegen und wie verschieden die Perspektiven sind, in denen die beiden Gesprächspartner denken.

Konrad Ehlich,
Armin Koerfer,
Angelika Redder und
Rüdiger Weingarten (Hrsg.)
Medizinische und therapeutische Kommunikation
Diskursanalytische Untersuchungen.
1990. 349 S. Kart.
ISBN 3-531-12135-9

Der Band umfaßt eine Reihe von Forschungen zur Kommunikation im ärztlichen und therapeutischen Bereich. Aus diskurs- und gesprächsanalytischer Perspektive werden die Bedingungen für eine gelingende Kommunikation, aber auch mögliche Probleme im Gespräch zwischen Arzt und Patient oder in der therapeutischen Praxis herausgearbeitet. Zugleich spiegeln die Arbeiten den gegenwärtigen Stand der methodologischen Diskussion wider und enthalten Anregungen für weitere Untersuchungen.

Reinhard Fiehler und
Wolfgang Sucharowski (Hrsg.)
Kommunikationsberatung und Kommunikationstraining
Anwendungsfelder der Diskursforschung.
1992. 396 S. Kart.
ISBN 3-531-12244-4

Der Band faßt die Erfahrungen und Erfolge bei der Anwendung von Diskursanalysen zusammen. Er berichtet über Kommunikationsberatung und -training in verschiedenen Einrichtungen (Unternehmen, Verwaltung, Krankenhaus und ärztliche Praxis, Telefonseelsorge, AIDS-Beratung etc.) Vorteile einer diskursanalytisch fundierten Beratung sind das umfangreiche Wissen über Kommunikationsregularitäten und -muster sowie die Verwendung von authentischem Sprachmaterial zur Identifizierung von Problemen und zur Entwicklung alternativer kommunikativer Verhaltensweisen.

WESTDEUTSCHER
VERLAG
OPLADEN · WIESBADEN

Aus dem Programm Linguistik

Michael Dürr und
Peter Schlobinski

Einführung in die deskriptive Linguistik

1990. 315 S. (WV studium, Bd. 163) Pb.
ISBN 3-531-22163-9

Diese Einführung gibt einen Überblick über die Teilgebiete der Linguistik: Phonetik / Phonologie, Morphologie, Syntax, Semantik und Pragmatik. Die grundlegenden linguistischen Fragestellungen und Fachtermini werden anhand von Beispielen aus verschiedenen Sprachen behandelt, wobei die Autoren immer auf Anschaulichkeit Wert legen. Zur Illustration der Beschreibungstechniken und -methoden werden zahlreiche Sprachbeispiele herangezogen – auch aus außereuropäischen Sprachen. Das Buch will vor allem die Fähigkeit vermitteln, Sprachmaterial hinsichtlich linguistischer Fragestellungen analysieren zu können; es enthält daher zahlreiche Übungsaufgaben mit Lösungshinweisen.

Gerhard Helbig

Entwicklung der Sprachwissenschaft seit 1970

1990. Lizenzausgabe der 2., unveränderten Auflage 1988. 323 S. (WV studium, Bd. 161) Pb.
ISBN 3-531-22161-2

Dieser Band ist eine Fortsetzung der „Geschichte der neueren Sprachwissenschaft" und gibt einen Überblick über die Veränderungen, die in der Sprachwissenschaft seit 1970 stattgefunden haben und unter dem Stichwort der „kommunikativ-pragmatischen Wende" in der Linguistik zusammengefaßt werden. Neben den Gründen für diese notwendige Akzentverlagerung und Gegenstanderweiterung werden die neuen Richtungen und Forschungsgebiete – z. B. Textlinguistik, Sprechakttheorie, Gesprächsanalyse, Soziolinguistik –

sowie deren theoretische Grundlagen, Zielsetzungen und Methoden ausführlich vorgestellt.

Werner Ingendahl

Sprachliche Bildung im kulturellen Kontext

Einführung in die kulturwissenschaftliche Gemanistik.

1991. 306 S. (WV studium, Bd. 166) Pb.
ISBN 3-531-22166-3

In jeder kommunikativen Äußerung kommt nicht nur der gemeinte Sachverhalt in bestimmter Sichtweise zum Ausdruck, sondern auch das Beziehungsverhältnis der Beteiligten; zugleich stellt sich der Sprecher selbst dar. In einer sprachlichen Umwelt wächst jedes Kind heran. Es erlernt also nicht nur eine Sprache, sondern über die Sprache erfährt es auch Kulturen, gesellschaftliche Normen und Persönlichkeiten; es lernt seine Welt kennen. Sprachliche Bildungsprozesse müßten also – statt formalistisch Sprache und Texte zu beschreiben – Sprache in ihren kulturellen Kontexten handelnd erfahren und reflektieren lassen. Auf der systematischen Grundlage der Habermas'schen Verständigungstheorie wird dazu eine Didaktik zur Ausbildung einer kommunikativen Kompetenz entwickelt.

WESTDEUTSCHER
VERLAG
OPLADEN · WIESBADEN